“十三五”江苏省高等学校重点教材

（编号:2016-1-017）

高速铁路接触网维护与检修

宋奇吼　陈劲草　主编

张云太　主审

中国铁道出版社有限公司

2019年·北京

内容简介

本书全面系统地介绍了高铁接触网运行维护人员应掌握的基本技能，紧扣岗位标准，以设备维护任务为中心，以技术应用为重点，以设备单元的检修任务为载体，编排了八个项目，分别为：接触网参数测量、支持定位装置的维护检修、接触悬挂的维护检修、软横跨与硬横跨的维护检修、分段绝缘装置与分相绝缘装置的维护检修、接触网其他设备的维护检修、接触网设备故障应急处置、接触网运行管理。

本书可作为中、高等院校相关专业的教科书和培训教材，也可以作为铁道供电技术专业技术人员的参考书。

图书在版编目(CIP)数据

高速铁路接触网维护与检修/宋奇吼，陈劲草主编.—北京：中国铁道出版社，2019.3

"十三五"江苏省高等学校重点教材

ISBN 978-7-113-23186-6

Ⅰ.①高… Ⅱ.①宋…②陈… Ⅲ.①高速铁路-接触网-高等学校-教材 Ⅳ.①U238②U225

中国版本图书馆CIP数据核字(2017)第119417号

书　　名：高速铁路接触网维护与检修

作　　者：宋奇吼　陈劲草　主编

策　　划：阚济存

责任编辑：阚济存　赵　彤　　**编辑部电话**：010-51873133　　**电子信箱**：td51873133@163.com

封面设计：王镜夷

责任校对：王　杰

责任印制：郭向伟

出版发行：中国铁道出版社有限公司(100054，北京市西城区右安门西街8号)

网　　址：http://www.tdpress.com

印　　刷：北京虎彩文化传播有限公司

版　　次：2019年3月第1版　2019年3月第1次印刷

开　　本：787 mm×1 092 mm　1/16　印张：21.25　字数：540千

书　　号：ISBN 978-7-113-23186-6

定　　价：58.00元

前　言

本书为"十三五"江苏省高等学校重点教材(编号:2016-1-017)。本书在编写过程中得到"青蓝工程"项目资助。

我国高速铁路飞速发展,全面实现设计速度 350km/h 牵引供电系统的国产化,牵引供电系统大量采用新技术,形成了统一的高铁供电技术新标准,构建了具有自主知识产权的高铁牵引供电系统技术平台。

与普速铁路相比,高铁接触网零部件、装配形式、技术标准等彻底更新,接触网状态监测广泛采用智能化、适合在线检测的技术装备。"周期检测、限度管理、寿命管理、状态检修"成为最有效发挥设备潜能、预防设备隐患的科学检修模式,对广大高铁接触网运行维护人员在知识上、技能上提出更高要求。因此针对普速铁路接触网编写的教材越来越不能满足高铁现场的需求。

编写团队以自己多年来从事高职高专教学与职工培训经验为基础,结合高铁接触网实际情况,以高铁接触网新技术、新设备、新资料为依据,充分汲取了高职高专在探索培养高端技术应用性人才方面取得的成功经验和教学成果,并在参阅有关行业标准、技术文献和生产厂家技术资料的基础上编写了本书。

本书全面系统地介绍了高铁接触网运行维护人员应掌握的基本知识、技能,紧扣岗位标准,以设备维护任务为中心,以技术应用为重点,力求做到内容新颖、概念准确、技术先进、联系实际,具有较强的实用性。教材内容组织紧密结合高铁现场接触网检修维护岗位的工作过程,力争突破原有传统教材的束缚,以高铁现场接触网设备单元为基础的检修维护任务为载体,分别编写高铁接触网检修与维护各项教学内容,特别增加了接触网设备故障应急处置与接触网运行管理等方面的内容,具有较强的适用性。高速铁路接触网技术是在普速铁路接触网基础上发展而来,故书中保留部分普速铁路接触网内容作为补充,并以选学形式标明。

全书由宋奇吼、陈劲草主编。本书绪论、项目一、项目二由南京铁道职业技术学院宋奇吼撰写;项目三由郑州铁路职业技术学院吉鹏霄撰写;项目四由南京铁道职业技术学院周昌松撰写;项目五由中国铁路上海局集团有限公司南京供电段阮晓宁撰写;项目六中任务一、任务二、任务三由南京铁道职业技术学院周昌松、杨飏、陈莉、张明翰共同撰写;项目六中任务四由周昌松撰写;项目六中任务五由杨飏、陈莉、张明翰共同撰写；项目七由中国铁路上海局集团有限公司调度所陈劲草撰写；项目八由南京铁道职业技术学院冯洪高撰写。本书由中铁电气化勘测设备研究院有限公司张云太担任主审。

在本书编写过程中，得到了中国中铁电气化局集团有限公司、中国铁建电气化局集团有限公司、中国铁路上海局集团有限公司各供电段各位同仁的大力帮助，并提出了许多宝贵意见；武汉铁路职业技术学院陈刚、郑州铁路职业技术学院李学武和南京国铁电气有限责任公司冯正国参与了审稿工作，在此表示衷心感谢。

由于编者水平所限，书中疏漏和错误之处在所难免，诚恳欢迎读者提出宝贵意见，相关技术问题探讨可发送至 ntytdgd@163.com 电子邮箱。

编者

2019 年 1 月

目　录

绪 论

一、电气化铁道概述

1879 年第一条电气化铁路诞生，此后低能耗、高效率、高速度的电力牵引成为世界各国铁路发展趋势，是铁路现代化的标志。目前，电气化铁路在全球 60 多个国家的营运里程已经突破 26 万 km，占世界铁路总营业里程的近四分之一，承担了一半以上的铁路运量，显示了电气化铁路的巨大生命力。截止 2018 年末，我国铁路运营里程达 13.1 万 km，其中高铁营业里程 2.9 万 km 以上。

我国第一条电气化铁路是宝(鸡)成(都)线宝鸡—凤州段，正式通车于 1961 年 8 月 15 日，共长 93 km，从此揭开了我国电气化铁路建设的序幕。从 1961 年到改革开放初期，我国在 20 年内共修建电气化铁路 1 033 km(宝成线、阳安线、襄渝线电气化铁路)。改革开放以来，我国的电气化铁路得到了迅猛的发展。到 2005 年底，国内电气化铁路总里程突破 2 万 km。中国电气化铁路突破第一个 2 万 km 用了 45 年的时间，突破第二个 2 万 km 只用了不到 6 年的时间。改革开放 40 年来，中国电气化铁路实现了向世界电气化铁路强国的跨越，实现了大秦铁路开行 2 万 t 重载列车，实现了牵引供电系统综合自动化，实现了从常速向高速的跨越。

二、高速电气化铁路的发展

1879 年，在柏林的世博会上，西门子和哈尔斯克展出了约 300 m 的电气化铁路，人类第一次采用电力来牵引列车。1964 年 10 月 1 日，日本开通运营世界第一条高速铁路——日本东海道新干线(东京—大阪)高速铁路客运专线系统，这也是全世界第一条载客运营的高速铁路系统。截至 2015 年，日本新干线铁路网进一步完善，总长达 2 765 km，高速列车客运量为世界之最，2000 年客运周转量为 712 亿人公里。法国 1983 年开通第一条现代化高速铁路，现已建成 2 037 km 左右，高速列车 TGV 运行速度为 300～350 km/h，最高实验速度为 515.3 km/h。德国 1985 年开始研究 ICE 高速列车，1991 年投入运营，现有高速铁路 3 000 km 以上，高速列车最高运营速度达 330 km/h。随着电气化铁路技术的发展和成熟，电力牵引成为高速铁路的主要牵引方式。

高速铁路在不同的国家不同时代有不同的规定。国际铁路联盟(UIC)认为高速铁路的定义相当广泛，包含高速铁路领域下的众多系统。高速铁路是指组成这一“系统”的所有元素的组合，包括：基础设施(新线设计速度 250 km/h 以上，提速线路速度 200 km/h 甚至 220 km/h)、高速动车组和运营条件。我国国家铁路局将中国高铁定义为：设计开行 250 km/h(含预留)及以上的动车组列车，初期运营速度不小于 200 km/h 的客运列车专线铁路。

改革开放以来，铁路运输能力远远低于国民经济和社会发展的需求，成为制约国民经济快速发展的瓶颈。基本国情以及量大、集中、行程较长的客流特点，决定了中国主要应发展大容量、环保型、适应性强的公共交通体系。高速铁路就是这样的公共交通体系中的佼佼者。发展高速铁路是交通运输领域贯彻可持续发展战略、优化交通运输结构的重要手段，是铁路高层次、大幅度扩大运输能力及提升运输质量的必然选择。

1997 年 4 月 1 日零时，铁路第一次大面积提速调图全面实施，拉开了中国铁路既有线提速的序幕。从 1997 年到 2007 年，中国铁路既有线进行了六次全面大提速，6 000 多 km 铁路干线实施时速 200 km 提速。1998 年 5 月 28 日，广（州）—深（圳）铁路全线完成电气化改造，成为中国第一条准高速电气化铁路，设计时速为 200 km。2003 年 10 月 12 日我国第一条客运专线秦（皇岛）—沈（阳）客运专线开通运营，设计时速 250 km。2016 年 7 月，国务院常务会议讨论通过了《中长期铁路网规划》，中国铁路进入快速发展的新阶段。到 2020 年，一批重大标志性项目建成投产，铁路网规模达 15 万 km，其中高速铁路 3 万 km，覆盖 80%以上大城市。到 2025 年，铁路网规模达 17.5 万 km 左右，其中高速铁路 3.8 万 km，网络覆盖进一步扩大，路网结构更加优化，骨干作用更加显著，更好的发挥铁路对经济社会发展的保障作用。

三、电气化铁路的基本组成

电气化铁路由电力机车（电动车组）和牵引供电装置组成，牵引供电装置主要由牵引变电所和接触网组成。电力机车（电动车组）、牵引变电所和接触网称为电气化铁路的“三大元件”。我们可以用一个简单的类比来说明三者之间的关系，牵引变电所相当于电源，接触网相当于供电导体，电力机车和电动车组就是负载。和普通电气设备不同的是机车负载是高速移动的。

（一）电力机车（电动车组）

电力牵引和其他牵引方式相比有很多优点，电力机车（电动车组）本身无排放污染、可以综合利用资源降低能源消耗、功率大、速度快、维修方便、乘务工作条件舒适。其本身不携带原动机，靠外部电力系统经过牵引供电系统供给其电能，从而减轻了自重，有更好的加速和高速性能。

电力机车靠其顶部升起的受电弓，直接接触导线获取电能。每台电力机车前后各有一受电弓，由司机控制其升降。受电弓升起工作时，以一定的接触压力[静态时接触压力(7±10)N，车型不同可能有调整]紧贴接触线将电能引入机车，经机车主断路器到机车主变压器，主变降压后，经传动装置供给牵引电动机，牵引电动机通过齿轮传动使电力机车运行，如图 0-1 所示。

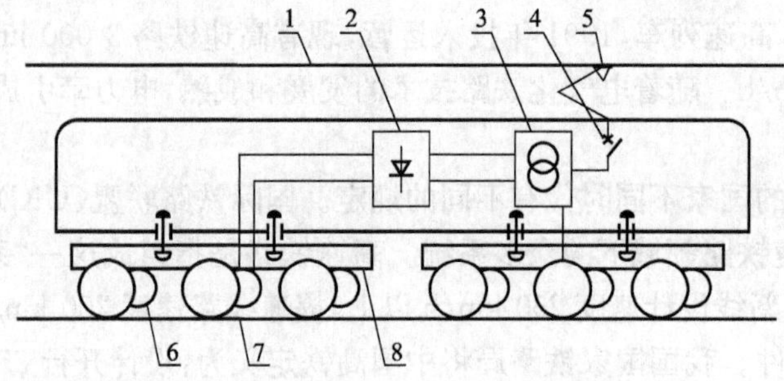

图 0-1 电力机车工作原理图

1—接触网；2—传动系统；3—主变压器；4—主断路器；
5—受电弓；6—牵引电机；7—钢轨；8—转向架

动车组指由两辆或两辆以上带动力的车辆和客车固定编组的列车，按照牵引动力类型分为电动车组和内燃动车组。电动车组按照其动力配置分为动力分散型和动力集中型电动车组。动力分散型电动车组的动力装置（牵引电机）分布在列车的不同位置上，能够实现较大的牵引力。中国铁路的和谐号系列高速动车组都采用动力分散型动力配置，将动力装置分散安装在不同的车厢上。在有固定编组的动车组中，有动力装置的车辆称为动车，不带动力的车辆叫拖车。比如，目前代表我国高速动车组最先进技术的 CRH380 型电动车组 8 辆短编组采用了 6 动 2 拖的动力配置。电动车组的基本工作原理和电力机车是一样的，为了表述简洁，本书后续章节中，用电力机车代替电力机车（电动车组）。

我国目前使用的电力机车主要是国产韶山（SS）系列电力机车和和谐（HXD）系列电力机车，电动车组主要是 CRH 系列的和谐号动车组。

电力机车通过受电弓直接从接触线上滑行取流，其形式一般有单臂式和双臂式两种，目前一般采用单臂式受电弓，其结构如图 0-2 所示。受电弓顶部的滑板紧贴接触线，滑板固定在托架上，托架一般采用 2 mm 的铝板冷压制成。滑板按材质分类主要有纯金属滑板（铜、钢）、粉末冶金滑板、碳滑板和浸金属碳滑板等[1]，根据接触线材质的不同选用不同材质的滑板。碳滑板特别适用于铜及铜合金接触线，在电气化铁路中应用最广泛。受电弓滑板材料和接触线线材的匹配，可以减小接触线的磨耗。

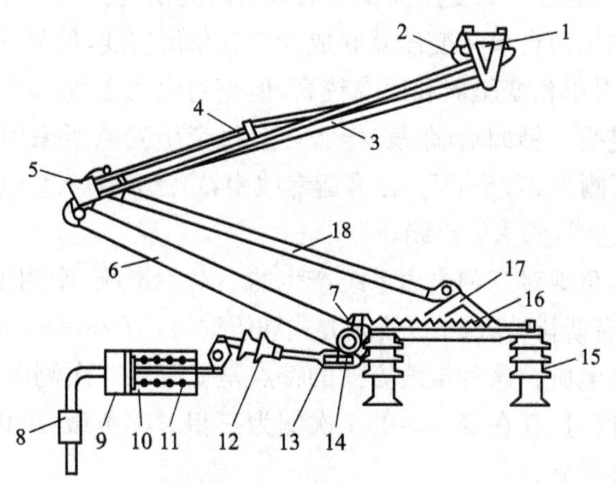

图 0-2　单臂受电弓结构图

1—滑板；2—支架；3—平衡杆；4—上框架；5—铰链座；6—下臂杆；7—扇形板；8—缓冲阀；9—传动气缸；10—活塞；11—降弓弹簧；12—连杆绝缘子；13—滑环；14—连杆；15—支持绝缘子；16—升弓弹簧；17—底架；18—推杆

干线铁路中使用的受电弓主要有 TSG1、TSG3、DSA、CED180 等型号，从弓头长度上分为 2 085 mm、1 950 mm 两种，其弓头滑板长度即最大允许工作范围对应为 1 250 mm、950 mm。将接触线布置“之”字形，以减少对受电弓滑板的磨损。受电弓结构和接触线与受电弓滑板间的位置关系如图 0-3 所示。当受电弓从 A 位置运行到 B 位置时，接触线和受电弓的接触点从滑板的上方移动到下方，在每一个跨距内，受电弓滑板都能较均匀的磨耗。

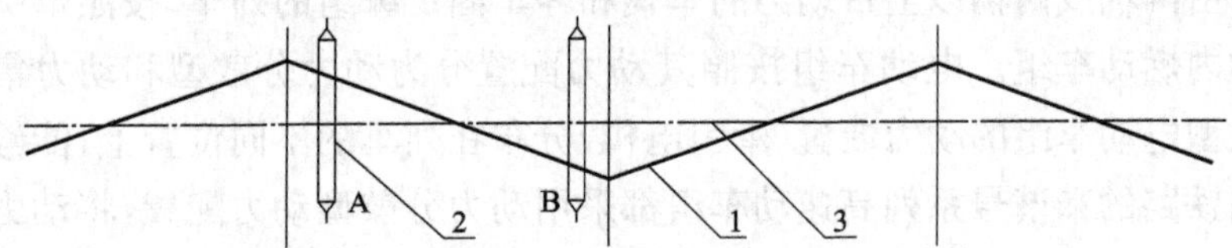

图 0-3 接触线和受电弓滑板位置关系图

1—接触线；2—受电弓弓头（俯视）；3—受电弓中心线

（二）牵引变电所

牵引变电所的主要任务是将电力系统输送来的电能降压，然后以单相供电方式经馈电线送至接触网上。电压变换由牵引变压器进行，电力系统三相交流电改变为单相交流电是通过牵引变压器的电气接线来实现的。牵引变电所一般设有备用电源，采用双回路电源供电，以提高供电的可靠性。我国目前所用的牵引变压器有三相式、单相式及三相—二相式三种类型。

三相式变压器线圈接成星－三角形连接组，连接标号为 Yd11，二次侧为三角形连接。三角形的一角（c 相）与钢轨和接地网连接，另两角（a、b 相）分别接至牵引变电所两边供电分区的接触网上（又称两个供电臂），因此接触网对地为单相工频交流电。三相变电所高压侧电压等级为 110 kV（或 220 kV），低压侧（又称牵引侧）电压为 27.5 kV。在 AT 供电区段，牵引变电所低压侧电压为 55 kV，配合 AT 变压器实现对牵引网的供电。

单相变电所一般采用两台单相变压器联成开口三角形接线，符号为 V/V 接法。单相变电所接线方式比较简单，对单相变压器利用率较高，但是对电力系统负载对称性影响较大，一般采用较高电压等级的进线。例如哈（尔滨）－大（连）线牵引变电所采用的接线形式，高压侧电压等级为 220 kV，低压侧为 27.5 kV。在客运专线中，广泛采用 AT 供电方式，单相变压器采用 V/X 接法，220 kV 进线，55 kV 出线。

为了减少单相牵引负载对三相电力系统产生的不对称影响，牵引变电所的变压器采用较特殊的接线方式，主要有斯科特（Scott）接线方式和伍德桥（Wood Bridge）接线方式，这样的变电所称为三相—二相变电所。这种接线方式的特点是变压器二次侧电压为相角差 90°的二相交流电，在两相负载平衡时，其在变压器的一次侧为三相对称负载，可以大大消除牵引系统对电力系统产生的不对称影响。

（三）接触网

接触网在供电回路中起着十分重要的作用。为了满足铁路运输需要，接触网必须全天候不间断供电。接触网作为一种露天设备，要经受气候和温度的考验及环境污染的影响；接触网作为无备用的供电设备，必须保证较高的可靠性。电力机车的受电弓与其高速滑动接触，要求接触网和受电弓之间有严格的机电匹配关系。接触网电负载具有很大的波动性，接触网系统应该有充足的过负载能力和承载短路电流的能力。

（四）基本牵引回路

牵引供电回路由牵引变电所—馈电线—接触网—电力机车—钢轨—地—回流线—牵引变电所构成，如图 0-4 所示。

馈电线是连接变电所和接触网的一段线路。馈电线一般采用架空输电线形式，尽量和接触网同杆合架，一端从牵引变电所的馈线隔开引出，一端通过电连接线夹连接在接触网上，馈电线和接触网连接处称为上网点。在高速铁路中，变电所二次侧采用GIS设备时，馈电线采用电缆转架空线形式。当牵引所距离上网点距离较近时（比如小于100 m）或高架桥段不方便采用架空线上网时，馈电线采用电缆形式。为了电缆检修方便，在上网点应设置隔离开关。

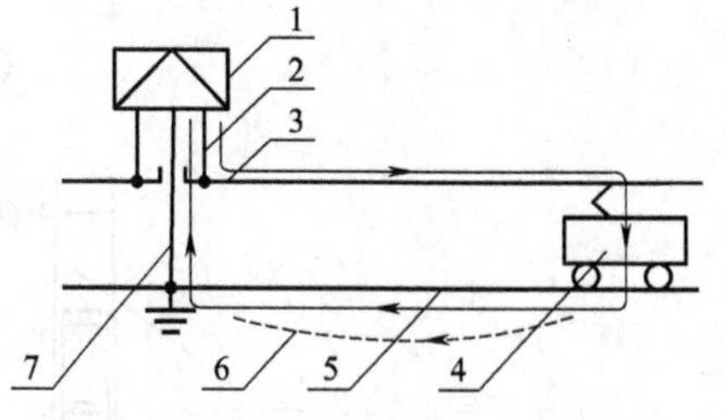

图 0-4　基本牵引回路

1—牵引变电所；2—馈电线；3—接触网；4—电力机车；5—钢轨；6—地中电流；7—回流线

机车从受电弓得到电能，电流通过机车主断路器进入机车牵引变压器，牵引电流流经机车主变压器后，通过设置在机车轮对轴两端的接地碳刷经轮对流向钢轨和大地，最终流回牵引变电所的主变压器。钢轨是回流导体的重要组成部分，应保证钢轨接头间的电气连接的可靠性。由机车所在处流回牵引变电所的电流称为回流，回流的路径可以经过钢轨（称为牵引轨）、大地或者架设的回流线，最终流入牵引变电所的接地系统。

四、接触网组成

架空接触网是由多个锚段构成的，锚段是接触网中相对独立的机械分段，如图 0-5 所示。锚段和锚段间通过锚段关节进行过渡，在锚段的中部设置中心锚结，锚段的两端设置下锚固定装置。在机车行进中连续的供电实际上是通过受电弓在不同的锚段间切换过渡实现的。

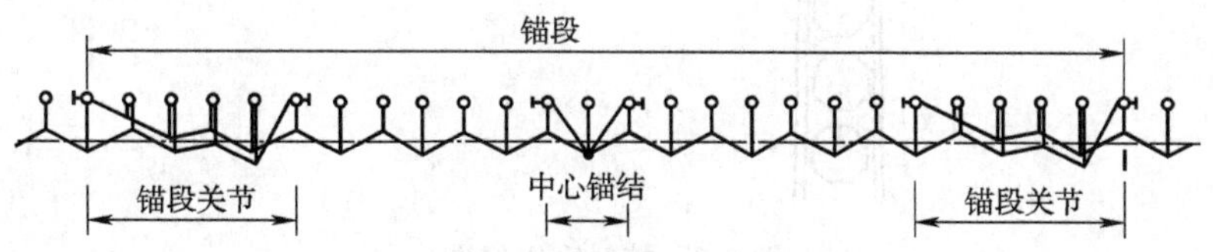

图 0-5　接触网基本结构图

在学习接触网装配结构时，我们习惯将接触悬挂、支持装置、定位装置、支柱与基础称为接触网的四大组成部分。按触网的组成如图 0-6 所示。

（一）接触悬挂

接触悬挂包括接触线、吊弦、承力索和补偿器及连接零件。接触悬挂通过支持装置架设在支柱上，其作用是从牵引变电所获得电能输送给电力机车。电力机车运行时，受电弓顶部的滑板紧贴接触线摩擦滑行得到电能（简称“取流”）。为了保证滑板的良好取流，接触悬挂应达到下列要求：

（1）接触悬挂的弹性应尽量均匀。接触悬挂弹性是指接触悬挂在受电弓抬升力作用下所具有的抬高性能，用单位垂直力使接触线升高量表示，常用字母 η，单位为 mm/N。衡量弹性好坏的标准有：①弹性的大小，它取决于接触线索张力；②弹性均匀程度，它取决于悬挂结构、悬挂类型和某些附在接触线上的集中负载的集中程度等，当接触线本身不平直或者在接触线的某一位置存在着较大的集中负载，接触线将出现硬点，影响接触网受流质量。

（2）接触线对轨面的高度应尽量相等，限制接触线坡度。接触线坡度是指一个跨距两端的支柱悬挂处，接触线距轨面高度差与跨距值的千分比。

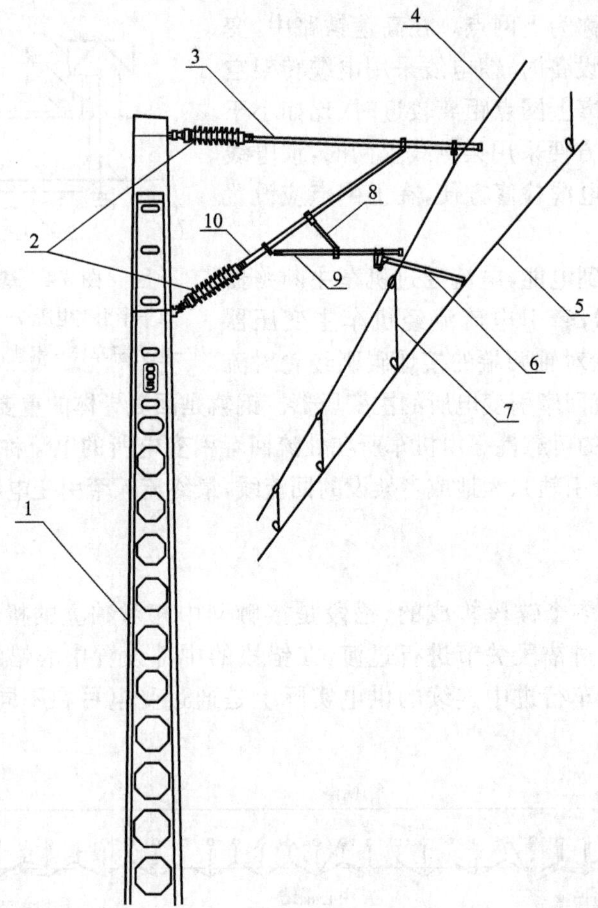

图 0-6 接触网组成图

1—支柱；2—棒式绝缘子；3—平腕臂；4—承力索；5—接触线；6—定位器；
7—吊弦；8—定位管支撑；9—定位管；10—单耳腕臂

$$i=\frac{H_A-H_B}{1\,000\times l}\times 1000‰ \qquad (0\text{-}1)$$

式中 i——接触线坡度；

H_A、H_B——跨距两端的接触线距轨面高度差(mm)；

l——跨距(m)。

接触线坡度对机车运行速度有很大影响，坡度选择不当，会产生离线、起弧等不正常情况。

(3)接触悬挂在受电弓压力及风力作用下应有良好的稳定性。即电力机车运行取流时，接触线不发生剧烈的上、下振动，在风力作用下接触线不发生过大的横向摆动。这就要求接触线有足够的张力，并能适应气候的变化。

(4)接触悬挂的结构及零部件应力求轻巧、简单、可靠。做到标准化，以便检修和互换，缩短施工及运行维护时间，并且具有一定的抗腐蚀能力和耐磨性，以延长使用年限。另外，要结合国情尽量节省有色金属及钢材的使用，降低造价。

(二)支持装置

支持装置是接触网中支持接触悬挂，并将其机械负荷传给支柱的部分。支持装置包括腕臂、平腕臂(或水平拉杆、悬式绝缘子串)、棒式绝缘子及接触悬挂的悬吊零件。根据接触网所在区间、站场和大型建筑物需要的不同,支持装置表现为不同的形式,如:腕臂结构、软横跨、硬横跨及隧道、桥梁和其他大型建筑物上的特殊支持结构。

(三)定位装置

定位装置包括定位管、定位器、定位线夹及其连接零件。其作用是固定接触线的横向位置,使接触线水平定位在受电弓滑板运行轨迹范围内,保证接触线与受电弓不脱离,使受电弓磨耗均匀,同时将接触线的水平负荷传给支柱。

(四)支柱与基础

支柱与基础用以承受接触悬挂、支持和定位装置的全部负荷,并将接触悬挂固定在规定的位置和高度上。我国接触网中主要采用预应力钢筋混凝土支柱和钢柱。基础用来承载支柱负荷,即将支柱固定在地下用钢筋混凝土制成的基础上,由基础承受支柱传给的全部负荷,并保证支柱的稳定性。预应力钢筋混凝土支柱可不设单独的基础,支柱直接埋入地下,起到基础的作用。

五、接触悬挂的类型

接触网的分类大多以接触悬挂的类型来区分。在一条接触网线路上,接触线和承力索在延伸一定长度后,为了满足供电和机械方面的要求,总是将接触网分成若干一定长度且相互独立的分段,就是接触网的锚段。我们所讲的接触悬挂分类是针对架空式接触网中的每个锚段而言。根据接触悬挂结构的不同分成简单接触悬挂和链形悬挂两大类。

(一)简单接触悬挂

简单接触悬挂(以下简称简单悬挂)是由一根接触线直接固定在支持装置上的悬挂形式。它在发展中经历了未补偿简单悬挂、季节调整式简单悬挂和目前采用的带补偿装置及弹性吊索式简单悬挂。未补偿简单悬挂、带补偿装置及弹性吊索式简单悬挂的结构分别如图 0-7 和图 0-8 所示。

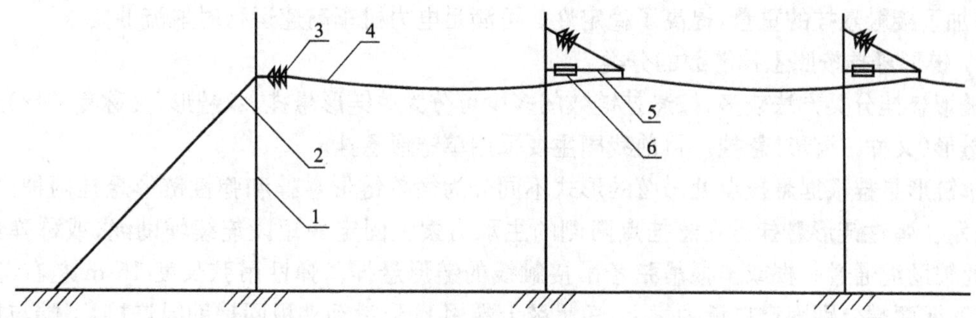

图 0-7　未补偿简单悬挂结构示意图

1—支柱;2—拉线;3—绝缘子串;4—接触线;5—腕臂;6—棒式绝缘子

接触线(或承力索)端头同支柱的连接称为线索的下锚。下锚分两种方法,一是将线索端头同支柱直接固定连接,称为硬锚或者未补偿下锚;另一种是加装补偿装置,以调整线索的弛度和张力,称为补偿下锚。

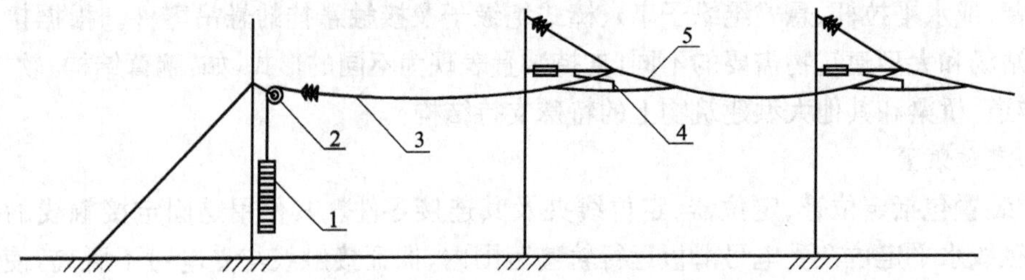

图 0-8 带补偿装置及弹性吊索简单悬挂结构示意图

1—坠砣;2—补偿滑轮;3—接触线;4—定位器;5—弹性吊索

未补偿简单悬挂的结构简单,要求支柱高度较低,因此建设投资低,施工和检修方便。其缺点是导线的张力和弛度随气温的变化较大,接触线在悬挂点受力集中,形成硬点,弹性不均匀,不利于电力机车高速运行时取流。

在悬挂点两侧的接触线上固定一段吊索,此吊索直接固定在支持结构上的简单悬挂称为弹性吊索简单悬挂。一般接触线下锚处装设了张力补偿装置,称为带补偿装置及弹性吊索简单悬挂。在悬挂处加装的弹性吊索长 8~16 m。通过弹性吊索悬挂接触线,增加了悬挂点,减小了悬挂点处产生的硬点,改善了取流条件。另外,跨距适当缩小,增大接触线张力的同时改善弛度对取流的影响。根据国内的试验,这种弹性简单悬挂在行车速度 90 km/h 时,弓线接触良好,取流正常,所以在多隧道的山区和行车速度不高的线路上可采用。例如:在干线铁路机务段机车库线、整备线和地铁车辆段内可以采用该悬挂形式。

(二)链形悬挂

链形悬挂主要由承力索、接触线、吊弦及悬挂零件等组成,是由一根或多根接触线通过吊弦悬吊于承力索上的接触悬挂形式。承力索通过钩头鞍子、承力索座或悬吊滑轮等悬挂在支持装置的腕臂上。链形悬挂是一种运行性能较好的悬挂形式。它的结构特点是接触线通过吊弦悬挂在承力索上,使接触线在不增加支柱的情况下增加了悬挂点,通过调节吊弦长度使接触线在整个跨距中对轨面的高度基本保持一致。减小了接触线在跨中的弛度,改善了接触线弹性,增加了接触悬挂的重量,提高了稳定性。可满足电力机车高速运行时取流的要求。

1. 链形悬挂按照悬挂链数的分类

链形悬挂分类方法较多,按悬挂链数的多少可分为单链形悬挂、双链形(又称复链形)悬挂和多链形(又称三链形)悬挂。目前我国主要采用单链形悬挂。

单链形悬挂根据悬挂点处吊弦的形式不同分为简单链形悬挂和弹性链形悬挂两种,如图 0-9 所示。弹性链形悬挂是在悬挂点两侧的主承力索上固定一短段连续辅助绳(或称弹性吊索),此辅助绳通过一根或多根吊弦悬吊接触线的链形悬挂。弹性吊弦长度 15 m 左右,安装时,辅助绳两端分别固定在承力索上,短吊弦上端用 U 形滑动夹板同辅助绳连接,下端与接触线定位器相连,当温度变化时,可避免短吊弦产生过大偏斜。

弹性吊弦的作用是增加支柱处接触线固定点(又称定位点)的弹性,使一个跨距内接触线弹性均匀,有利于机车受电弓取流。

简单链形悬挂结构简单,造价较便宜,运行、检修经验丰富。弹性链形悬挂和简单链形悬挂相比,有更好的弹性均匀性,但接触悬挂的施工检调比简单链形悬挂复杂。两者都能够适应高速电气化铁路的受流要求。目前,在设计时速小于 200 km 的电气化铁路中,简单链形悬挂

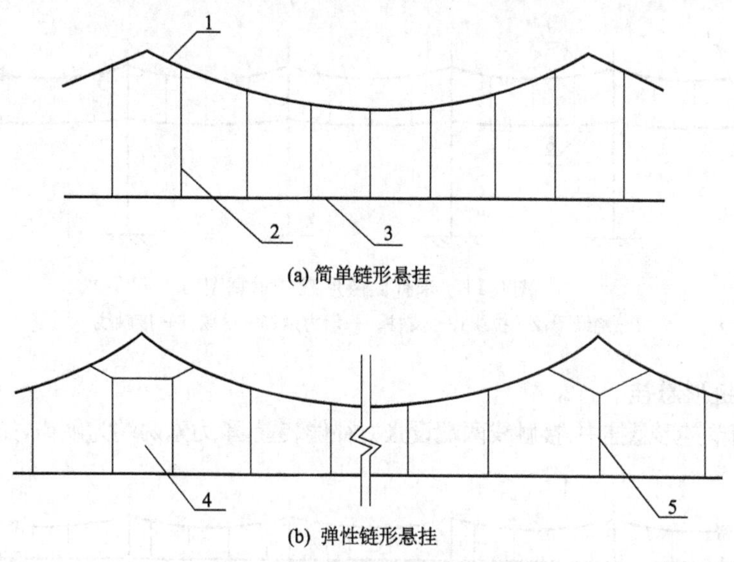

(a) 简单链形悬挂

(b) 弹性链形悬挂

图 0-9　链形悬挂示意图

1—承力索；2—吊弦；3—接触线；4—链形弹性吊弦；5—Y 形弹性吊弦

是中国电气化铁路使用的主要悬挂类型。在高速电气化铁路中，简单链形悬挂适用于单弓取流、跨距缩小、接触线张力加大的接触网系统，比如设计时速 350 km 的京津城际铁路就采用了简单链形悬挂形式。弹性链形悬挂适用于双弓或多弓的高速取流，应使弹性不均匀度尽可能低[2]。目前，弹性链形悬挂是中国高速铁路接触悬挂的主要形式，京沪、武广、石武、郑西等正线都采用了这种形式。

双链形悬挂的接触线经短吊弦悬挂在辅助吊索上，辅助吊索通过吊弦悬挂在承力索上，如图 0-10 所示。

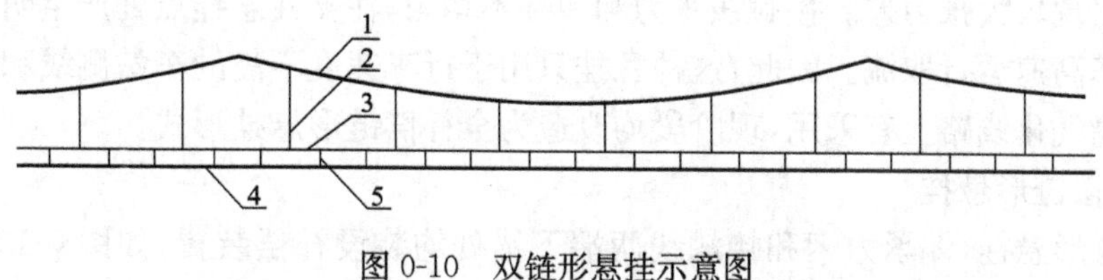

图 0-10　双链形悬挂示意图

1—承力索；2—吊弦；3—辅助吊索；4—接触线；5—短吊弦

双链形悬挂接触线弛度小，受流稳定性和风稳定性都比较优越，弹性均匀度好，有利于电力机车高速运行取流。但结构较复杂，投资及维修费用高，我国仅在个别地段试验使用。

多链形悬挂及其他悬挂类型由于结构复杂、不易施工、维修困难、设计烦琐、造价高等原因，目前没有得到广泛应用。

2. 链形悬挂按照线索锚定方式的分类

(1)未补偿链形悬挂

这种悬挂方式的承力索和接触线两端无补偿装置，均为硬锚。在大气温度变化时，因为承力索和接触线的热胀冷缩，承力索和接触线的张力、弛度变化较大，造成受流状态恶化，一般不采用。其结构形式如图 0-11 所示。

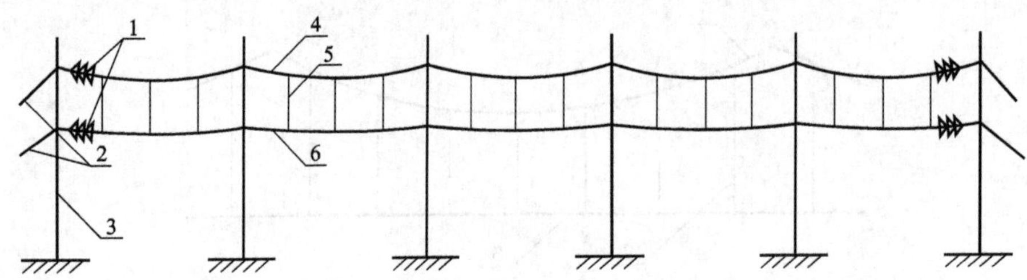

图 0-11 未补偿链形悬挂示意图

1—绝缘子;2—拉线;3—支柱;4—承力索;5—吊弦;6—接触线

(2)半补偿链形悬挂

在半补偿简单链形悬挂中,接触线两端设张力补偿装置,承力索两端为硬锚,如图 0-12 所示。

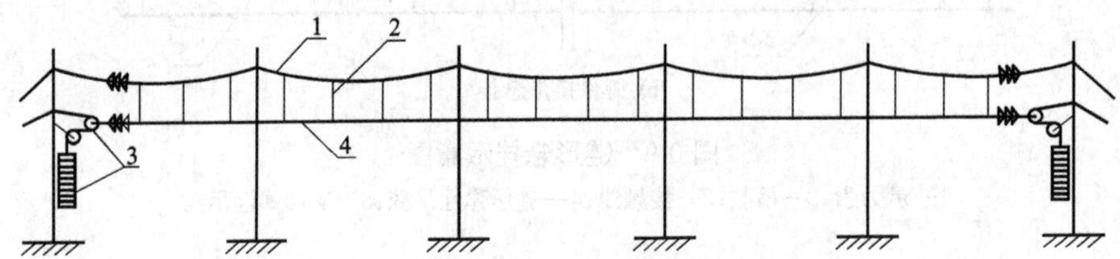

图 0-12 半补偿链形悬挂示意图

1—承力索;2—吊弦;3—补偿装置;4—接触线

半补偿链形悬挂比未补偿链形悬挂在性能上得到了很大改善,但由于承力索为硬锚,当温度变化时,承力索的张力和弛度随之发生变化,对接触线产生一定影响。同时,在温度变化时,承力索的弛度变化使吊弦上端产生上、下位移,而吊弦下端随接触线发生顺线路方向偏斜。由于各吊弦的偏斜,造成接触线纵向张力不均匀,特别是在极限温度下,使接触线在锚段中部和下锚端之间出现较大张力差。接触线张力和弹性不均匀,在支柱悬挂点处产生明显的硬点,不利于电力机车高速运行取流。因此,这种悬挂只用于行车速度不高的车站侧线和支线上,我国早期修建的电气化线路上有采用,现阶段均改造为全补偿链形悬挂形式。

(3)全补偿链形悬挂

全补偿链形悬挂,即承力索和接触线两端下锚处均装设补偿装置,如图 0-13 所示。全补偿链形悬挂在温度变化时由于补偿装置的作用,承力索和接触线的张力基本不发生变化,弹性比较均匀,承力索和接触线均产生同方向纵向位移,因而吊弦偏斜大大减小(接触线和承力索为相同材质时,偏斜更小,几乎可以忽略),有利于机车高速运行取流,因此得到广泛使用。在一些较短的锚段(如:渡线锚段,分相处的中性锚段等),接触网采用一端硬锚,一端补偿下锚的全补偿链形悬挂形式。

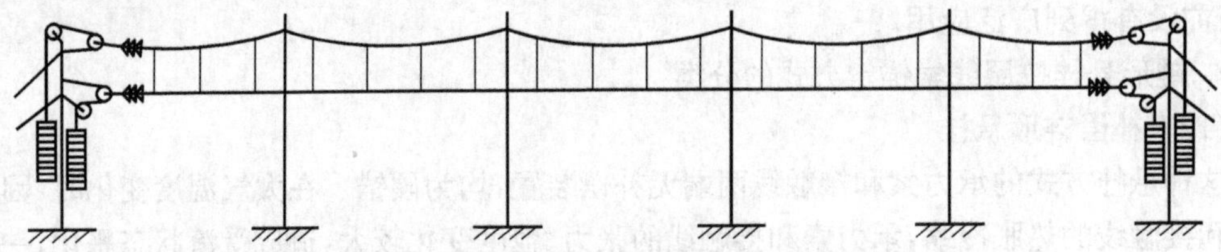

图 0-13 全补偿链形悬挂示意图

全补偿链形悬挂也分为全补偿简单链形悬挂和全补偿弹性链形悬挂两种形式。全补偿链形悬挂是目前我国电气化铁路使用的主要悬挂类型。

3. 链形悬挂按其承力索和接触线的相对位置不同的分类

(1)直链形悬挂

直链形悬挂是承力索和接触线布置在同一垂直平面内，它们在轨平面上的投影是一条直线。

直链形悬挂的风稳定性较差(和半斜链形悬挂相比)，在大风作用下接触线易产生横向摆动，造成接触线与受电弓脱离而发生事故(简称脱弓事故)。在很长一段时间内，我国电气化铁路主要在曲线区段采用这种悬挂形式，即在曲线处承力索和接触线在垂直于轨面的正上方，如图 0-14 所示。

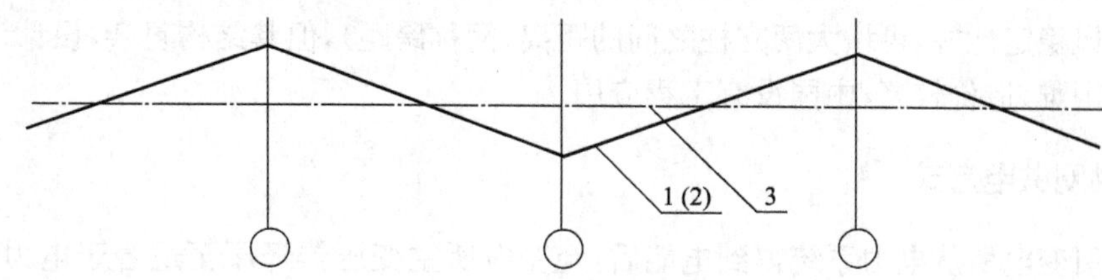

图 0-14 直链形悬挂示意图

1—接触线；2—承力索；3—线路中心线

近年铁路提速改造和高速铁路建设中，认为采用直链形悬挂时，可使接触线、承力索在一个平面内，便于吊弦长度计算(采用整体吊弦后，吊弦长度计算非常重要)，并可以提高施工精度，避免接触线在吊弦纵向倾斜时出现接触线偏磨甚至是线夹与受电弓的碰撞。因此，新建电气化铁路、提速改造线路和高速铁路应采用直链形悬挂。

(2)半斜链形悬挂

在半斜链形悬挂中，承力索沿线路中心线布置，接触线在每一支柱定位点处，通过定位装置被布置成“之”字形，承力索与接触线不在同一垂直平面内，它们在水平面上的投影有一个较小的偏移，如图 0-15 所示。

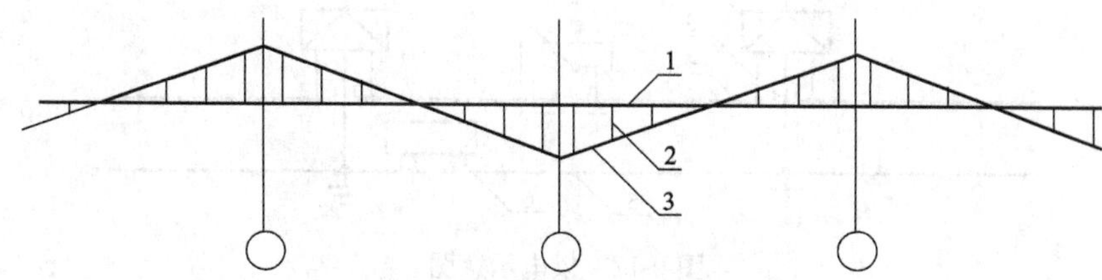

图 0-15 半斜链形悬挂示意图

1—承力索；2—吊弦；3—接触线

半斜链形悬挂风稳定性好，中国在既有线路(非提速区段)的直线区段大量采用这种悬挂方式。

(3)斜链形悬挂

斜链形悬挂是指接触线和承力索均布置成方向相反“之”字形，接触线和承力索在水平面上的投影有一个较大的偏移。在直线区段如图 0-16 所示。

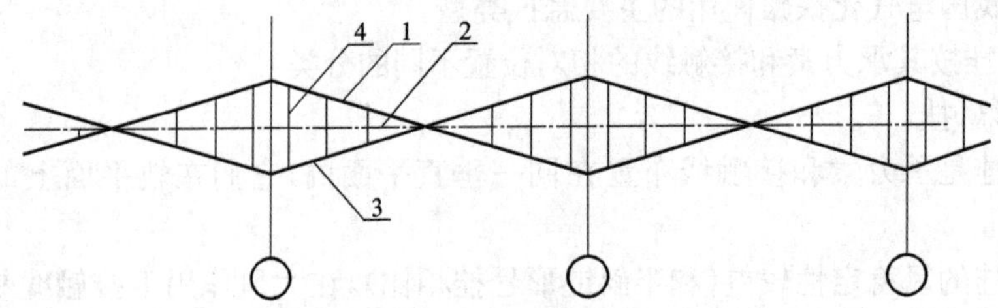

图 0-16　斜链形悬挂示意图

1—承力索；2—线路中心线；3—接触线；4—吊弦

在曲线区段，承力索对线路中心线向外侧有一个较大的偏移，吊弦的倾斜角较大。这种悬挂的优点是风稳定性好，可增大两支柱之间的距离（简称跨距），但其结构复杂，设计计算烦琐，施工和检修困难，造价较高，中国没有工程应用。

六、接触网供电方式

铁路牵引变电所从电力系统得到电能后，经变电所主变压器降压至适合于电力机车使用的电压等级后，再经馈电线将电能送到接触网上，因此接触网是向电力机车供电的特殊输电线路。

我国接触网采用 25 kV 工频单相交流电，牵引变电所牵引侧母线上的额定电压为 27.5 kV（AT 供电方式为 2×27.5 kV），接触网的额定电压为 25 kV，最高电压为 29 kV。在供电距离较长时，电能在输电线路和接触网中产生电能损耗，使接触网末端电压降低，但接触网末端电压不应低于电力机车的最低工作电压 20 kV，系统在非正常运行情况（检修或事故）下，机车受电弓上的电压不得低于 19 kV。因此两牵引变电所之间的距离一般为 40～60 km，具体间距需经供电计算确定。图 0-17 所示为直接供电方式的供电系统图。

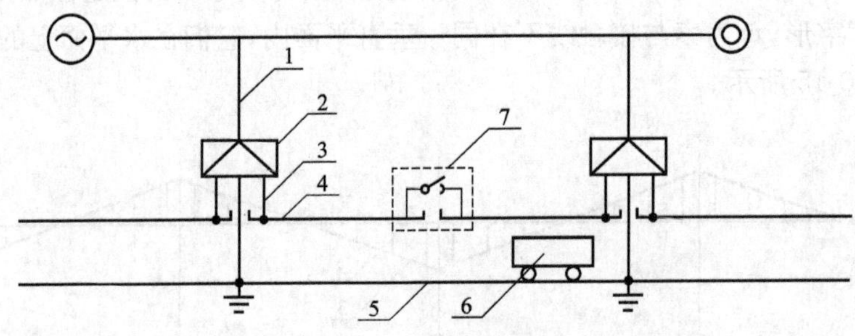

图 0-17　供电示意图

1—输电线；2—牵引变电所；3—馈电线；4—接触线；5—钢轨；6—电力机车；7—分区所

接触网的供电方式主要有：

1. 单边供电

两个牵引变电所之间将接触网分成两个供电分区（又称供电臂），正常情况两相邻供电分区之间的接触网在电气上是绝缘的，在两个供电分区间设置分相绝缘装置（又称电分相），分属不同变电所的供电臂间设置分区所。

每个供电分区只从一端牵引变电所获得电能的供电方式称为单边供电。单边供电时，相邻供电臂电气上独立，运行灵活。接触网发生故障时，只影响到本供电分区，故障范围小；牵引变电所馈线保护装置较简单。单边供电是我国电气化铁路采用的主要供电形式。

2. 双边供电

在两个供电分区间设置的分区所是设有开关设备的场所，它使牵引变电所可以实现双边供电，也可以进行越区供电，在复线区段可以实现上、下行接触网并联。若两个供电分区在分区所处通过开关设备在电路上连通，两个供电分区可同时从两个牵引变电所获得电能，这种供电方式称为双边供电。双边供电可提高接触网电压水平，减少电能损耗。但馈线及分区所的保护及开关设备都较复杂，目前在我国干线电气化铁路采用较少。双边供电是城市轨道交通直流牵引供电系统中采用的主要供电方式。

3. 越区供电

单边和双边供电均为正常的供电方式。还有一种非正常供电方式(也称事故供电方式)叫越区供电，如图 0-18 所示。

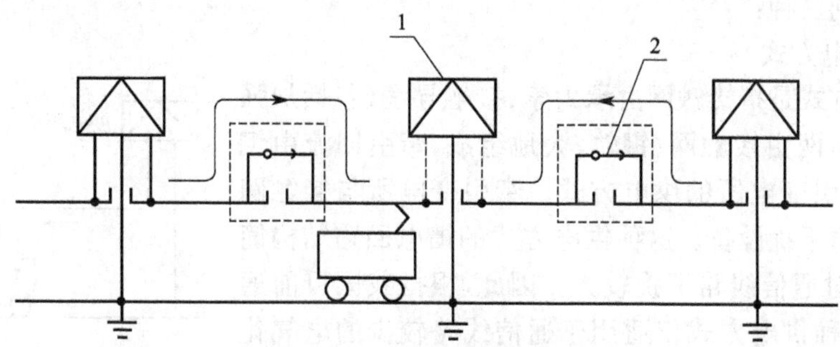

图 0-18　越区供电示意图

1—故障变电所；2—分区所开关闭合

越区供电是当某一牵引变电所因故障不能正常供电时，故障变电所担负的供电臂经分区所开关设备与相邻供电臂接通，由相邻牵引变电所进行临时供电的供电方式。因越区供电增大了该变电所主变压器的负荷，对电气设备安全和供电质量影响较大，因此，只能在较短时间内进行越区供电。越区供电是避免中断运输的临时性措施。

4. 并联供电

复线区段供电方式与上述基本相同，如图 0-19 所示。但每一供电臂分别向上、下行接触网供电，称为同相单边供电，因此牵引变电所馈出线有四条。同一侧供电臂上、下行线通过设在分区所的开关设备或者并联上、下行的电连接线实现并联供电。在我国的电气化铁路中，并联供电多由分区所通过开关设备并联实现。并联开关可以使用负荷开关和断路器两种方案。使用负荷开关时，当某一供电臂发生短路事故时，两供电臂的馈线断路器同时跳闸，事故影响范围大，但是负荷开关的设备投资相对较小。当使用断路器时，设备投资较大，但是当某一供电臂发生短路时，该供电臂馈线断路器、分区所跳闸，短路因素消除后，两供电臂正常供电，重新闭合分区所开关，实现并联供电。复线上、下行同相并联供电可提高供电臂末端电压，减少接触网上的能量损失。近年来，并联供电方式在提速区段、高速铁路中应用越来越多。

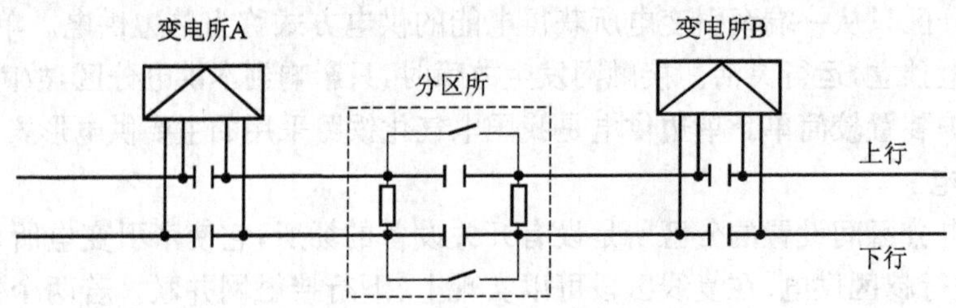

图 0-19　复线区段供电示意图

七、牵引供电系统的供电方式

我国电气化铁路采用单相工频交流制，其牵引网是一种不对称回路。当牵引电流流过接触网时，在线路周围空间产生较强电磁场，对邻近架空通信线路、广播设备等产生杂音干扰和感应电压。为减少电气化铁路对沿线通信设备的干扰，保障其设备、人身安全及正常工作，在牵引供电系统中采取了许多防干扰措施，形成了不同的牵引供电方式。目前我国的牵引供电方式主要有下列三种：

1. 直接供电方式

直接供电方式是指接触网由承力索、接触导线（包括加强导线）组成，牵引网由接触网、钢轨、大地组成，牵引回流由钢轨、大地返回牵引变电所的供电方式。牵引变电所与接触网间不设置任何防干扰设备。这种供电方式的馈电回路结构简单，造价低，但对通信线路干扰较大。因此，根据我国目前通信设备状况，此种供电方式仅适用于通信线路较少的电气化铁路区段，或将通信线路改迁至远离电气化铁路的地区。其工作原理如图 0-20 所示。

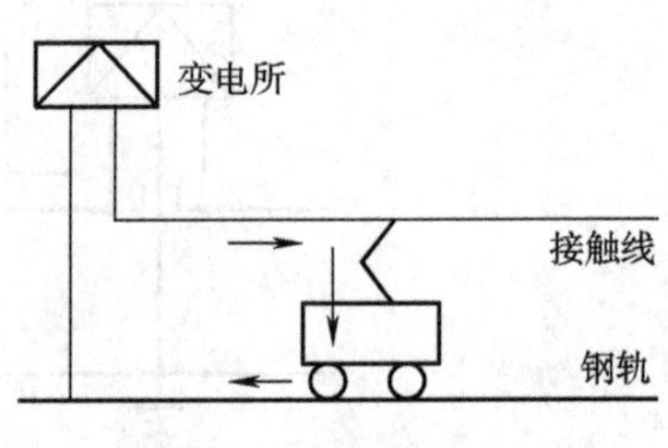

图 0-20　直接供电方式

2. 吸流变压器供电方式（简称 BT 供电方式，Booster Transformer Feeding System）

吸流变压器供电方式是指接触网由承力索、接触导线（包括加强导线）组成，牵引网由接触网、钢轨、大地、回流线、吸流变压器组成，牵引回流大部分由回流线返回牵引变电所的供电方式。接触网中每隔一定距离设置吸流变压器，其一次侧、二次侧分别串入接触导线和回流线中。BT 供电方式能迫使由轨道回路和从大地返回牵引变电所的机车牵引电流的绝大部分经由回流线路流回牵引变电所。这样，回流线中流回的电流与接触网内流过的牵引电流方向相反，它们形成的电磁场互相抵消。

吸流变压器（BT）采用变比为 1∶1 的特殊变压器，其特点是要求励磁电流小（不超过额定电流值的 2%）。吸流变压器的一次侧串接在接触网中，二次侧串接在回流线 NF（Negative Feeder）中，每隔 2～4 km 设一台吸流变压器，在两个吸流变压器中间，把轨道和回流线连接起来，这个连接线称为吸上线 BW（Boosting Wire），它是机车电流返回回流线的通路，其接线图如图 0-21 所示。

吸流变压器—回流线的防护原理是基于吸流变压器的作用。当牵引电流 I_J 流经吸流变压器一次侧时，在二次侧的回流线中将产生很大的互感电势，由于电磁的作用，将强迫流经轨道的大部分电流通过吸上线（BW）流到回流线中去（如图 0-21 中的 I_H），并返回牵引变电所。由于回流线电流抵消了绝大部分因接触网电流产生的电磁感应影响，因而对通信线的影响大

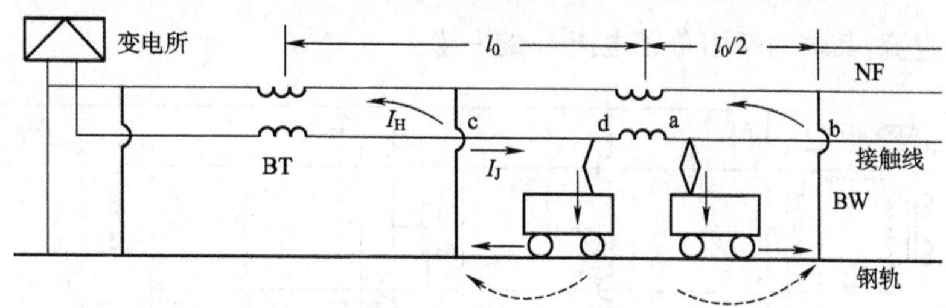

图 0-21　BT 供电方式示意图

为减轻。实践证明，回流线越靠近接触网越好，这样就把范围很大的接触网—地回路改变成范围较小的接触网—回流线回路，从而极大地减弱了接触网的空间磁场。

但是这种装置并不能完全抵消牵引网对通信线路的感应影响，未能抵消掉的对通信线路残留的感应影响称为长回路感应影响。这种长回路感应影响是由于机车电流和返回电流不相等、接触网和回流线相对于通信线的位置不相等、互感系数不同引起的。这种残留影响约为无吸流变压器—回流线装置电气化铁路对通信线路影响的 5%。除了长回路感应影响以外，机车运行时所在的位置对防护效果也有很大影响，如图 0-21 所示，当机车在吸流变压器附近的 a 点时，机车牵引电流将经过轨道、大地，然后经回流线流回，这时，在 ab 段内接触网中没有电流，在回流线中却有电流，即在 ab 段内相当于没有防护；若机车在吸流变压器附近 d 点时，在 cd 段内接触网中有电流，回流线中却没有电流，即在 cd 段内相当于没有防护。以上这两种情况都为吸流变压器—回流线间的长度之半，所以称这种效应为半段效应。由此可知，在设置吸流变压器—回流线时，对通信线路仍然存在残余影响，这种影响为长回路感应和半段效应的叠加。

吸流变压器—回流线方式虽存在长回路感应和半段效应，但仍有较好的防护性能。此外，这种吸流变压器—回流线装置还存在着一些问题：

①安设了 BT 变压器后，牵引网单位长度阻抗加大，供电电压损失及电能损失均增加，在接触网回路中增加了变压器设备和电气分段，结构复杂，维护工作量大；

②接触网中串接 BT 变压器，需要在接触网电气上设置断口(一般为绝缘锚段关节)，增加了接触网结构复杂性，机车受电弓通过吸流变压器断口时，将产生电弧，烧损接触线和受电弓滑板。在高速及大负荷运行时，这种烧损更为严重。

目前我国电气化铁路中采用 BT 供电方式的线路中，大部分 BT 变压器已经退出运行。

3. 自耦变压器供电方式(简称 AT 供电方式，Auto-Transformer Feeding System)

自耦变压器供电方式是接触网由承力索、接触导线(包括加强导线)组成，牵引网由接触网、钢轨、大地、正馈(AF)线、保护(PW)线、自耦变压器组成，接触导线和钢轨之间电压为 25 kV，牵引回流沿 AF 线回归牵引变电所的供电方式。自耦变压器(Auto-Transformer，简称 AT)是一种电力变压器，它并接于接触网(T)、钢轨(R)和正馈线(AF)之中，其接入方式如图 0-22 所示。这种方式由接触网、钢轨、正馈线和自耦变压器组成供电回路，并在接触网与正馈线之间每隔 10～15 km 并联接入一台自耦变压器，其中心抽头与钢轨联结。正馈线与接触悬挂同杆架设，架设于接触网支柱的田野侧。吸上线(CPW)将钢轨与保护线并联，降低钢轨电位。在 AT 牵引变电所中，牵引变压器将 110 kV 三相电降压至单相 55 kV，则钢轨与接触网间的电压正好是自耦变压器两端电压的一半即 27.5 kV。图中 i_1 是 AF 和 T 时 AT 变压器

55 kV 侧原边电流，其值为牵引负载电流 i_2 的一半。

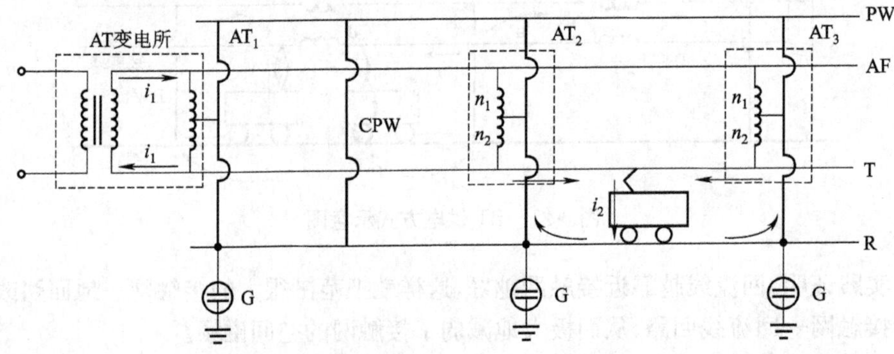

图 0-22　AT 供电方式示意图

自耦变压器供电方式具有良好的防干扰性能，这是由于自耦变压器本身的耦合性能决定的。例如，当机车运行于 AT_2 与 AT_3 之间的位置时(如图 0-22 所示)，由 AT_{2n_1}、AT_{3n_1} 绕组同时向机车供应电流，根据变压器安匝平衡的原理，必定有一定的机车电流分量被吸入 n_1 绕组中，并经正馈线返回电源。当忽略变压器的励磁电流，且在 $n_1=n_2$ 时，两绕组(n_1 与 n_2)中的电流大小相等，方向相反。也即在 AT_2 与 AT_3 的区间内，接触网与正馈线中将对称地流过供给机车的电流(如果机车处于正中间，将流过 1/2 机车电流)，而且方向相反，因而它们产生的感应影响互相抵消。当机车运行于 AT_2 与 AT_3 之间或任意两相邻变压器之间时，牵引电流将由两侧流向机车，且在机车两侧钢轨内的电流方向相反，因而在通信线中的影响也起抵消作用。同时，机车的回归电流除了机车在 AT_2 与 AT_3 区间之外，均被限制在正馈线内。由于接触网和正馈线相隔较近，电流大小相等，方向相反，因而能有效地减弱对通信线的电磁影响。

在 AT 供电方式区段，与接触网同杆架设在田野侧的还有一条保护线，它相当于架空地线，通过保护线连接线和 AT 变压器的中点相连。保护线电位一般在 500 V 以下，正常情况下无电流通过。当绝缘子发生闪络时，短路电流可通过保护线作为回路，提供金属性短路，使继电保护装置可靠动作，减少短路了对铁路信号轨道电路的干扰。同时，保护线还能起到架空地线的保护和屏蔽作用，减少接触网架空通信线的干扰。通过横向连接线将钢轨与保护线并联，可以在钢轨对地泄漏电阻和机车取流较大时，降低钢轨电位。

AT 供电方式使牵引网电压增高，电流减小，牵引变电所间距离增大，提高了网压水平。自耦变压器并联于接触网上，不需增设电分段，能适应高速、大功率电力机车运行。其缺点为 AT 供电方式的接触网结构复杂，保护方式烦琐，电力损耗较大，需要增设 AT 所等。AT 供电方式主要用于高速和重载线路。在我国，速度目标值在 250～350 km/h 的高速铁路，一般应采用 AT 供电方式，有利于高电能的传输和接触悬挂的轻型化及系统匹配设计，有利于减少外部电源的投资和减少电分相；枢纽地区跨线列车联络线、动车组走行线和动车段(所，场)等可采用 25 kV 的直供加回流线供电方式。开行 2 万 t 重载列车的大秦铁路，也采用了 AT 供电方式。

4. 直供加回流线供电方式

直供加回流线的供电方式是在接触网支柱田野侧，架设一条与钢轨并联起回流作用的导线。在直供加回流线供电方式下，回流径路为钢轨和大地、吸上线(钢轨和回流线间的连接导线)、回流线。与直接供电相比,流经钢轨和大地的回流减少了 50%～55%。这样既保持供电回路结构简单的特点,又能起到一定的防护作用。

在设计回流线时应设法使回流线尽量靠近接触线,以增加二者之间的互感作用,迫使更多的牵引电流沿着回流线流回牵引变电所,以降低对通信线路的感应影响。回流线一般架设在接触网支柱田野侧,每隔一定的距离,通过一定电气设备和钢轨相连。总的来说,这种方式的防护效果要比吸流变压器方式差些,但是经济性好、可靠性高、故障率低、维修工作量小,且防干扰性能不随负荷电流改变。同时,这种方式馈电回路简单,回路阻抗较小,一次投资及运营费用均较低,是可推广的方式之一。其工作原理见图 0-23 所示。

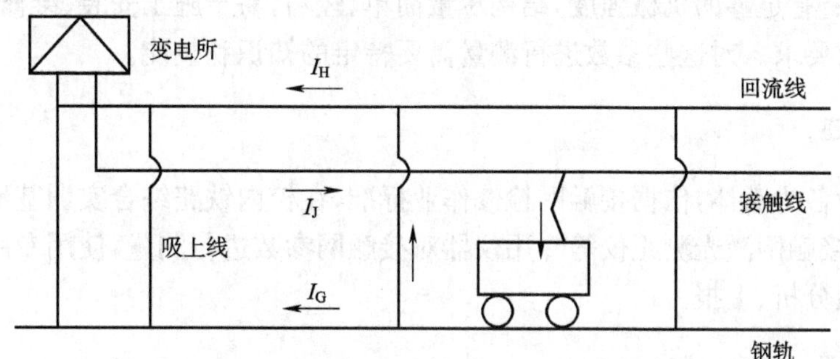

图 0-23　直供加回流供电方式示意图

这种供电方式目前在我国应用最为广泛,除 AT 供电区段外,几乎全部采用这种供电方式。

项目一　接触网参数测量

接触网是沿铁路上空架设的一条特殊形式的输电线路，它由接触悬挂、支持装置、定位装置、支柱与基础等几部分组成。为了安全可靠的向电力机车供电，就必须要使接触网始终处于良好的工作状态：有足够的机械强度，结构尽量简单、轻巧，易于施工安装、维修更换，还要满足一定的技术参数要求。对这些参数进行测量需要特定的知识和技能。

一、项目描述

以接触网设备为载体，依据接触网检修作业标准，在校内铁路综合实训基地和校外供电段实训基地，使用接触网激光测距仪等专用仪器对接触网参数进行测量，使用专用表格对测量结果进行登记并做分析、上报。

二、教学目标

1. 了解接触网设备技术状态的判断方法，熟悉常用接触网参数测量方法；
2. 能熟练分析接触网参数测量结果；
3. 能按规定填写接触网参数测量记录单。

三、技能和知识要求

1. 技能要求

接触网参数需要采用特殊方法进行测量，除了要掌握普通工程参数测量所需技能外，特别需要以下技能：

(1)会使用接触网参数测距仪等专用仪器；
(2)会测量导高；
(3)会测量侧面限界；
(4)会测量拉出值；
(5)会分析接触网参数测量结果；
(6)会填写接触网参数测量记录单。

2. 知识要求

为掌握以上技能，需要以下知识作为基础：

(1)理解接触网参数定义；
(2)掌握接触网参数合格范围；
(3)理解导高测量方法和步骤；
(4)理解侧面限界测量方法和步骤；
(5)理解拉出值测量方法和步骤；
(6)掌握接触网参数测量记录填写规定。

接触网参数测量是接触网维护与检修工作的基础，其教学目标、技能和知识要求是接触网维护与检修的基础，其他模块在此基础上提升。

任务　接触网参数测量

一、任务书——接触网参数测量

接触网如图 0-6 所示，根据试图进行参数测量，将测量结果填入表 1-1 中。

表 1-1　接触线综合检测记录

区间(站场)：　　测量时气温：　　℃　测量日期：

<table>
<tr><th rowspan="2">支柱(隧道悬挂点)号</th><th rowspan="2">曲线半径(m)</th><th rowspan="2">外轨超高(mm)</th><th rowspan="2">侧面限界(mm)</th><th colspan="3">定位点处导高(mm)</th><th rowspan="2">设计(标准)拉出值(mm)</th><th colspan="3">实测值(mm)</th><th rowspan="2">跨中偏移(mm)</th><th rowspan="2">定位器坡度</th><th rowspan="2">设备缺陷内容</th><th rowspan="2">处理日期/处理人</th><th rowspan="2">处理结果</th><th rowspan="2">备　注</th></tr>
<tr><th>标准</th><th>实测</th><th>跨中</th><th>m</th><th>c</th><th>a</th></tr>
<tr><td></td><td></td><td></td><td></td><td></td><td></td><td></td><td></td><td></td><td></td><td></td><td></td><td></td><td></td><td></td><td></td><td></td></tr>
<tr><td></td><td></td><td></td><td></td><td></td><td></td><td></td><td></td><td></td><td></td><td></td><td></td><td></td><td></td><td></td><td></td><td></td></tr>
<tr><td></td><td></td><td></td><td></td><td></td><td></td><td></td><td></td><td></td><td></td><td></td><td></td><td></td><td></td><td></td><td></td><td></td></tr>
<tr><td></td><td></td><td></td><td></td><td></td><td></td><td></td><td></td><td></td><td></td><td></td><td></td><td></td><td></td><td></td><td></td><td></td></tr>
<tr><td></td><td></td><td></td><td></td><td></td><td></td><td></td><td></td><td></td><td></td><td></td><td></td><td></td><td></td><td></td><td></td><td></td></tr>
<tr><td></td><td></td><td></td><td></td><td></td><td></td><td></td><td></td><td></td><td></td><td></td><td></td><td></td><td></td><td></td><td></td><td></td></tr>
</table>

二、知识准备

1. 导高 H

导高是接触线悬挂点高度的简称，是指接触线无弛度时定位点处(或悬挂点处)接触线距轨面的垂直高度，一般用 H 表示。

2. 侧面限界 C_X

支柱侧面限界是指轨平面处，支柱内缘至线路中心的距离。

3. 拉出值 a

即在定位点处接触线距受电弓中心的水平距离，这个距离在直线区段叫作接触线的“之”字值，在曲线区段称拉出值。

4. 结构高度 h

链形悬挂的结构高度是指接触网悬挂点处承力索和接触线的铅垂距离。

思考

1. 结构高度的确定，一般应考虑几个方面的因素？
2. 在曲线区段，拉出值应该考虑什么因素？
3. 接触网与货物之间的绝缘距离有什么关系？

三、工作流程与任务

1. 接触网检修作业的工作流程如图 1-1 所示。

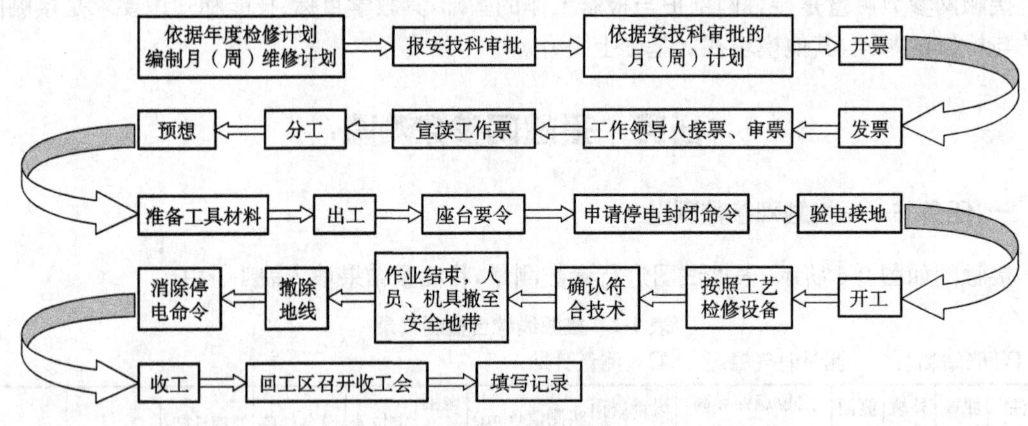

图 1-1　接触网检修作业工作流程图

2. 标准化作业程序检查内容及相关标准(表 1-2、表 1-3)

表 1-2　接触网作业现场检查项目及标准

序号	检查要点	检查标准	备　注
1	验电	地线操作人在验电前应穿戴好绝缘靴、绝缘手套;提前确认验电器良好;验电程序应正确,操作规范	
2	接地	接地前应确认好位置;接地应接触良好;作业时按规定加设地线和短接线;程序应正确、操作规范	
3	作业开始	工作领导人下达验电接地命令;验电接地完毕后,下达开工命令 配合施工时,地线设置完毕,驻站联络员向施工单位提交一式两份停电通知单,允许开工作业	
4	防护	工作领导人、现场防护员做好行车防护,每 15 min 和驻站联络员联系一次,确保联系畅通,随时了解列车运行情况	
5	作业结束	作业完毕工作领导人下达拆除安全措施命令;工作领导人接到地线全部拆除信息后,向驻站联络员下达消令命令 配合作业时,工作领导人在驻站联络员收到施工单位提供的允许送电通知单后,通知现场拆除地线;在确保人员机具撤离后,通知驻站联络员申请消令	

表 1-3　驻站联络员检查项目及标准

序号	检查要点	检查标准	备　注
1	准备	备好相应的停电申请单、停电命令票、纸笔等,报话机、录音笔、备用通讯的手机等器材完好且电源充足;提前 40 min 到车站登记(抢险时到达车站后立即登记)并通知值班员,协助办理轨道车运行手续	
2	停电申请	按计划(抢险时根据工作领导人要求)向电调申请停电并做好录音和记录,需要办理封锁的向行调办理线路封锁 配合作业时,由施工主体单位办理线路封锁	
3	作业通知	收到电调停电命令和相关线路封锁命令后及时通知工作领导人 配合作业时,还要根据工作领导人的命令向施工单位签发停电通知单	
4	作业进程	掌握列车运行情况,及时通知现场防护员和工作领导人,及时传达各方联系协调信息,每 15 min 与现场联系 1 次	

续上表

序号	检查要点	检查标准	备　注
5	作业结束	工作领导人作业完毕并确认满足供电条件后(拆除地线、供电设备满足供电行车条件、人员及机具撤至安全地带等)通知消令 在配合作业时,收到施工单位书面“施工(作业)停电配合结束允许送电通知单”后及时通知工作领导人,然后按上述步骤执行	
6	消令	根据工作领导人的通知分别向电调、行调消令	
7	结束离开	车站登记消令并通知值班员,确认供电正常后离开	

3. 使用激光测距仪的基本要求

(1)测量架的紧固旋钮要在操作人员的右手边;

(2)使用前应该将电池充满电,充电时间 6~8 h;

(3)主机液晶显示屏的端面指向操作者;

(4)测量拉出值时不需要调水平,测量值即为接触网实际状态下的参数值。

4. 使用激光测距仪的注意事项

(1)仪器应安放在轨道上,并旋紧脚架旋钮;

(2)观测时应精心对光,消除视差影响;

(3)激光测距仪的调平、保养执行有关规程;

(4)观测时,强光下需撑伞消除反光的影响;

(5)测量中,按规定设置安全防护员。

5. 导高测量的方法

(1)拉伸测量架,使两测量脚紧靠钢轨内侧,旋紧紧固旋钮;

(2)将主机固定轴插入测量架的滑块上,通过观察窗瞄准接触线的投影,左右移动滑块和前后移动测量架,使接触线投影与十字丝的竖线重合,接触线上的被测量点投影与十字丝中心重合;

(3)按下主机上的测量按钮,即可在主机液晶屏上读出导高;

(4)读取的导高值填入表 1-1。

6. 拉出值测量的方法

(1)拉伸测量架,使两测量脚紧靠钢轨内侧,旋紧紧固旋钮;

(2)将主机固定轴插入测量架的滑块上,通过观察窗瞄准接触线的投影,左右移动滑块和前后移动测量架,使接触线投影与十字丝的竖线重合,接触线上的被测量点投影与十字丝中心重合;

(3)当接触线上的被测量点投影与十字丝中心严格重合时,滑块上的指针与拉出值读数尺相交处的刻度即为拉出值;

(4)读取的拉出值填入表 1-1。

7. 侧面限界测量的方法

(1)拉伸测量架,使两测量脚紧靠钢轨内侧,旋紧紧固旋钮,主机侧放;

(2)打开超高尺,旋动超高尺手轮,调整水平,使气泡居中,旋紧紧固旋钮;

(3)移动滑块至靠近支柱侧的测量架拉出值刻度尺标记红点处,按长光按钮,使激光束垂直打在支柱上,按测量按钮,读数即为侧面限界的数值;

(4)读取的侧面限界值填入表 1-1。

8. 结构高度测量的方法

(1)拉伸测量架,使两测量脚紧靠钢轨内侧,旋紧紧固旋钮;

(2)瞄准定位点处承力索,按下测量按钮测出承力索高度后再按下“—”键;

(3)瞄准定位点处接触线,按下测量按钮测出接触线高度后再按下“确认”键,此时液晶屏上显示的数值即为结构高度;

(4)读取的侧面限界值填入表 1-1。

四、分析与思考

本任务主要是测量接触网的参数。填写“接触线综合检测记录”关系到接触网的结构和技术标准要求,因此,如何保证数据的准确至关重要。本任务在实际工作中容需要注意以下问题:

(1)由于野外作业受天气影响较大,测量容易造成误差,如何消除测量误差显得尤为重要;

(2)对测量结果及时记录是分析的基础;

(3)对测量结果分析是判断接触网参数是否超标的关键环节,各项接触网技术参数的合格范围需要熟练掌握。

项目二　支持定位装置的维护检修

支持装置是接触网中支持接触悬挂，并将其机械负荷传给支柱固定的部分。支持装置包括腕臂、平腕臂（或水平拉杆、悬式绝缘子串）、棒式绝缘子及接触悬挂的悬吊零件。

定位装置包括定位管、定位器、定位线夹及其连接零件。其作用是固定接触线的横向位置，使接触线水平定位在受电弓滑板运行轨迹范围内，保证接触线与受电弓不脱离，使受电弓磨耗均匀，同时将接触线的水平负荷传给支柱。

对于支持定位装置的检修维护需要特定的知识和技能。

一、项目描述

以接触网设备为载体，依据接触网检修作业标准，在校内铁路综合实训基地和校外供电段实训基地，对支持定位装置进行检调并分析、上报相关资料。

二、教学目标

1. 熟悉支持定位装置的维修作业标准；
2. 能熟练进行支持装置检调；
3. 能熟练进行定位装置检调；
4. 能按规定填写检修记录单。

三、技能和知识要求

1. 技能要求

支持定位装置的检修维护，除了要掌握机械部件维修所需技能外，特别需要以下技能：

(1)会使用接触网检修作业车、接触网参数测距仪等专用工具、仪器；

(2)会进行定位装置检调；

(3)会进行支持装置检调；

(4)会填写检修记录单。

2. 知识要求

为掌握以上技能，需要以下知识作为基础：

(1)理解支持定位装置的作用；

(2)理解支持定位装置的结构；

(3)理解支持定位装置的类型；

(4)理解支持定位装置检调方法和步骤；

(5)掌握检修记录单填写规定。

任务一 支持装置的维护检修

高速铁路接触网支持装置是接触网的核心组成部分，用以支持接触悬挂，并将其负荷传给支柱或其他建筑物，根据接触网所在区间、站场和大型建筑物不同而有所不同。支持装置包括腕臂、水平拉杆、悬式绝缘子串、棒式绝缘子以及其他建筑物的特殊支持设备。本任务的教学目标和技能、知识需求是接触网维护和检修的重要组成部分，和其他模块共同组成接触网的日常维护和检修工作。

一、任务书——支持装置的检调

平腕臂中间柱装配图（正定位）如图 2-1 所示，零配件见表 2-1。根据实训基地实物进行支持装置检调，并将检调结果填入表 2-1 中。

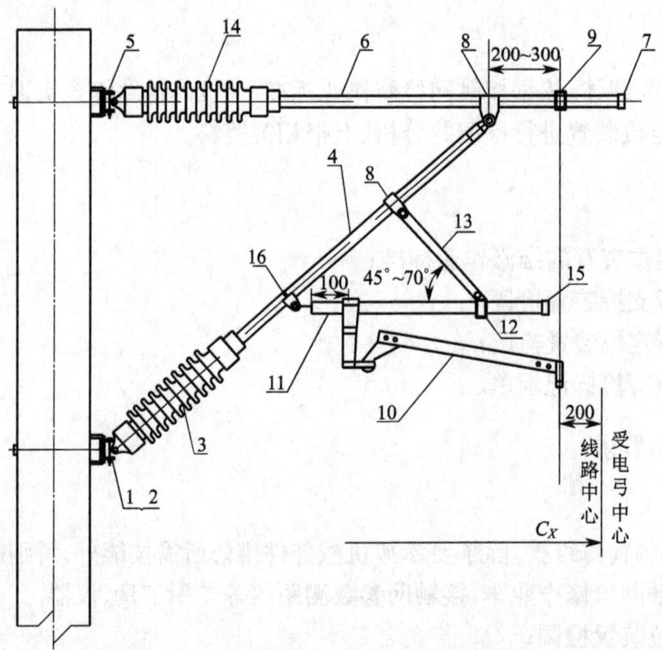

图 2-1 平腕臂中间柱（正定位）装配图（单位：mm）

表 2-1 平腕臂中间柱装配材料表

序号	名　称	材　料	单位	数量	质量(kg)
1	单腕臂底座槽钢		套	1	—
2	T 型旋转腕臂底座		套	1	—
3	棒式绝缘子	瓷	套	1	—
4	X 型腕臂	Q235A	件	1	—
5	压管底座	Q235A	件	1	—
6	P 型腕臂	Q235A	件	1	—

续上表

序号	名　　称	材　　料	单位	数量	质量(kg)
7	管帽	L3	件	1	0.49
8	套管双耳	Q19-4	套	2	—
9	承力索座	ZCZZB-500	套	1	—
10	定位器		套	1	—
11	定位管	LY12	套	1	2.08
12	定位管卡子	Q235A	套	1	0.23
13	定位管支撑	Q235A	套	1	0.78
14	棒式绝缘子	瓷	套	1	—
15	管帽	L3	件	1	0.49
16	定位环	Q419-4	套	1	—

二、知识准备

腕臂是从支柱上伸出的由一根或几根横臂组成的支持结构，一般使用圆形钢管或槽钢、角钢加工制成，用以支持接触悬挂，并起传递负荷的作用。

腕臂按其与支柱之间是否绝缘分为绝缘腕臂和非绝缘腕臂两类。

1. 绝缘腕臂

我国目前在接触网上普遍采用绝缘腕臂，安装结构如图 2-2 所示。由于腕臂与水平拉杆均通过绝缘子对地绝缘，故称为绝缘腕臂。

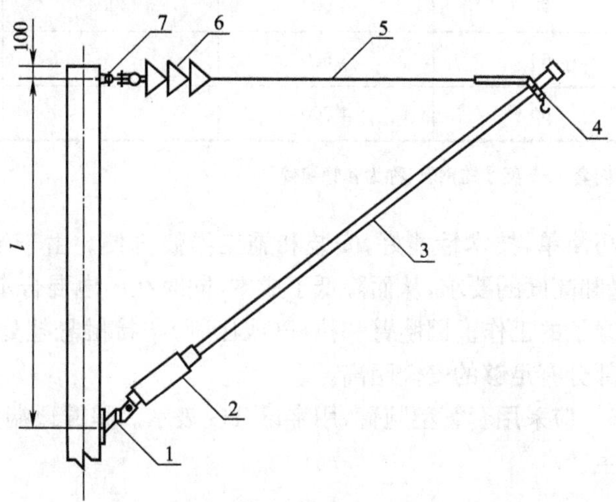

图 2-2　绝缘腕臂安装结构图(单位：mm)

1—旋转腕臂底座；2—棒式绝缘子；3—绝缘腕臂；4—套管绞环；5—水平拉杆；6—悬式绝缘子；7—拉杆底座

绝缘腕臂是用外径 48 mm($1\frac{1}{2}$英寸)或 60 mm(2 英寸)圆形热镀锌钢管经加工而成，其根部通过棒式绝缘子与安设在支柱上的腕臂底座相连，顶端经套管绞环、调节板、水平拉杆(或压管)并通过悬式绝缘子串(或棒式绝缘子)固定在支柱顶部水平拉杆底座处。当水平拉杆受压时采用水平压管,悬式绝缘子改为棒式绝缘子。绝缘腕臂类型和规格见表 2-2。

表 2-2 绝缘腕臂类型与规格表

<table>
<tr><th>型号、规格</th><th>外径(mm)</th><th>长度(mm)</th><th>单件重量(kg)</th><th>参考应用范围</th></tr>
<tr><td>$1\frac{1}{2}$—2.75</td><td>48</td><td>2 750</td><td>11.0</td><td rowspan="7">直线或曲线半径 $R\geqslant$ 600 m 区段,腕臂只承受一支接触悬挂时</td></tr>
<tr><td>$1\frac{1}{2}$—3.0</td><td>48</td><td>3 000</td><td>12.0</td></tr>
<tr><td>$1\frac{1}{2}$—3.15</td><td>48</td><td>3 150</td><td>12.6</td></tr>
<tr><td>$1\frac{1}{2}$—3.3</td><td>48</td><td>3 300</td><td>13.2</td></tr>
<tr><td>$1\frac{1}{2}$—3.55</td><td>48</td><td>3 550</td><td>14.2</td></tr>
<tr><td>$1\frac{1}{2}$—3.8</td><td>48</td><td>3 800</td><td>15.2</td></tr>
<tr><td>$1\frac{1}{2}$—4.0</td><td>48</td><td>4 000</td><td>16.0</td></tr>
<tr><td>2-3.0</td><td>60</td><td>3 000</td><td>15.2</td><td rowspan="5">直线或曲线半径 600 m $\leqslant R \leqslant$1 000 m 区段;
曲线半径 $R\geqslant$1 000 m 的区段有反定位时;
曲线半径 $R<$600 m 的区段,腕臂承受一支悬挂时</td></tr>
<tr><td>2-3.15</td><td>60</td><td>3 150</td><td>16.0</td></tr>
<tr><td>2-3.55</td><td>60</td><td>3 550</td><td>18.0</td></tr>
<tr><td>2-3.8</td><td>60</td><td>3 800</td><td>19.3</td></tr>
<tr><td>2-4.0</td><td>60</td><td>4 000</td><td>20.3</td></tr>
<tr><td>TG-3.55</td><td>60</td><td>3 550</td><td></td><td rowspan="2">C 型道岔柱或曲线半径 $R<$1 000 m 处,中间支柱反定位时</td></tr>
<tr><td>TG-4.0</td><td>60</td><td>4 000</td><td></td></tr>
</table>

注:TG 表示在 2 英寸管内套 $1\frac{1}{2}$英寸的钢管,称为套管腕臂。

绝缘腕臂结构灵巧简单,技术性能好,安装和施工维修方便。由于绝缘子安装在靠支柱侧,减少了对支柱容量和高度的要求,从而降低了成本,同时在内电混合牵引区段不易被污染,减少了清扫和维护绝缘子的工作。因腕臂和拉杆(或压管)与接触悬挂处于同等电位,现场开展带电作业时和接地部分有足够的安全距离。

当腕臂受力较大时,应采用套管型腕臂,用字母 TG 表示。腕臂顶端为防雨水或雪水流入可配用管帽防止管内生锈。

2. 非绝缘腕臂

非绝缘腕臂结构中,通过悬吊在腕臂上的绝缘子串来悬挂承力索。腕臂和支柱间不绝缘,因此称为非绝缘腕臂。非绝缘腕臂结构笨重,要求支柱高度和支柱容量大,安装维修困难,绝缘子容易脏污,不便开展带电作业,应尽量减少使用。目前多存在于 2～3 股道受限不能为每条线路单独布置支柱时使用(也称为跨线腕臂)。结构如图 2-3 所示。

按照不同的分类标准,腕臂有多种形式。按腕臂结构可分为带拉杆的水平腕臂、带斜撑的平腕臂、带拉杆(或压管)的斜腕臂等;按腕臂在支柱上的固定方法分为固定腕臂、半固定(或半

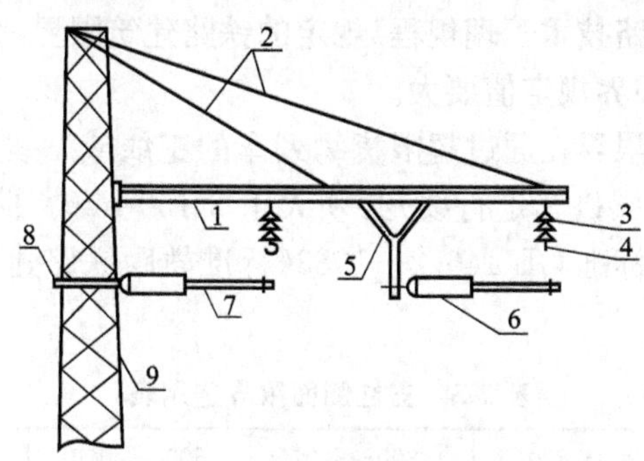

图 2-3　非绝缘腕臂安装结构

1—直腕臂；2—斜拉杆；3—悬式绝缘子；4—承力索；5—定位支架；6—棒式绝缘子；7—定位器；8—定位肩架；9—钢柱

旋转)腕臂、旋转腕臂等；按照腕臂跨越的股道数分为单线路腕臂、多线路腕臂等。

3. 影响腕臂装配的基本参数

根据线路需要来决定腕臂采用哪种装配形式，要求腕臂既有足够的机械强度，结构尽量简单、轻巧，易于施工安装、维修更换，还要满足一定的技术要求：包括腕臂跨越线路股道的数目、接触悬挂的结构高度、接触线高度、支柱侧面限界和支柱所在位置(即支柱设在直线上还是设在曲线区段，是在曲线内侧还是在曲线外侧)等因素。腕臂跨越股道数目越多，接触悬挂结构高度越高，支柱侧面限界越大，则腕臂就应越长。在曲线上，腕臂还要根据受力状况决定是否配合拉杆或压管使用。

(1)导高

导高是接触线悬挂点高度的简称，是指接触线无弛度时定位点处(或悬挂点处)接触线距轨面的垂直高度，一般用 H 表示。接触线的最高高度，是根据受电弓的最大工作高度确定的，中国电力机车 TGS 型受电弓的工作高度为 5 183～6 683 mm。考虑到接触线可能出现负弛度及保证受电弓接触线工作压力的需要，接触线距轨面的最高高度不应大于 6 500 mm。而最低高度的确定，在考虑了带电体对接地体之间的空气绝缘距离及通过超限货物的要求后，应符合下列规定：站场和区间(含隧道)接触线距轨面的高度宜取一致，其最低高度不应小于 5 700 mm；编组站、区段站等配有调车组的线、站，正常情况可不小于 6 200 mm，确有困难时不应小于 5 700 mm；既有隧道内(包括按规定降低高度的隧道口外及跨线建筑物范围内)正常情况不应小于 5 700 mm，困难情况不应小于 5 650 mm，特殊情况不应小于 5 330 mm；开行双层集装箱列车的线路，接触线距轨面的最低高度应根据双层集装箱的高度和绝缘距离计算确定，一般采用 6 450 mm 导高；对于客运专线，不存在超限货物列车通过问题，为了提高接触悬挂稳定性，导高较低，一般采用 5 000～5 500 mm；目前国内运行的高速铁路的导高为 5 300 mm。

接触线高度的允许施工偏差为±30 mm。对于行车速度在大于 160 km/h 时，对施工误差要求更加严格：定位点两侧第一吊弦处接触线高度应等高，相对该定位点的接触线高度的施工偏差为±10 mm，但不得出现“V”字形；两相邻悬挂点等高相对差不得大于 30 mm；同一跨内相邻吊弦处的导高差应符合设计预留弛度的要求，施工偏差不得大于 5 mm。

(2)支柱侧面限界

支柱侧面限界是指支柱内缘与邻近铁路轨顶连线的线路中心线的水平距离，一般用 CX 表示。电气化铁路接触网是沿铁路架设的，为了确保行车安全，要求接触网支柱及其他电气装置的建筑不得侵入根据《铁路技术管理规程》规定的铁路建筑限界，为了安全起见，支柱侧面限界的设计取值比铁路建筑限界规定值要大。

在直线区段，支柱侧面限界在通过超限货物列车的正线或站线必须大于 2 440 mm，不通行超限货物列车的站线（比如机车走行线）必须大于 2 150 mm。曲线区段，受外轨超高的影响，上述距离应按现行国家标准 GB 146.2—1983《标准轨距铁路建筑限界》的规定加宽，见表 2-3。

表 2-3 支柱侧面限界选用表

曲线半径(m)	200～300	300～599	600～1 000	>1 000	∞
曲线外侧限界(m)	2.85	2.70	2.60	2.60	2.50
曲线内侧限界(m)	3.10	3.10	2.80	2.70	—

采用大型机械化养护的路基路段，接触网支柱侧面限界应满足大型机械作业的需要：不应小于 3 000 mm，一般取 3 100 mm。

牵出线处支柱侧面限界一般不应小于 3 500 mm，困难情况下不应小于 3 100 mm。

站场上的软横跨支柱其侧面限界一般为 3 000 mm，基本站台上的软横跨柱为 5 000 mm。软横跨支柱的侧面限界较大的原因是为了照顾车站的美观以及客流行人的方便。中间站台上支柱的内缘距站台边缘应有不小于 1 500 mm 的轻型车通道。

桥墩台上的支柱，其设置条件受桥墩台的制约。桥墩台上支柱的侧面限界见表 2-4。

表 2-4 桥上支柱侧面限界选用表

线路条件	曲线外侧		曲线内侧		
曲线半径(m)	250～1 500	>1 500	250～1 500	1 500～2 000	2 000～4 000
侧面限界(m)	2.90	2.70	3.00	2.90	2.80

(3)结构高度

链形悬挂的结构高度是指接触网悬挂点处承力索和接触线的垂直距离，用符号 h 表示。确定一个技术、经济都合理的结构高度，一般应考虑几个方面的因素：

①最短吊弦长度不要过小，在极限温度时，其顺线路方向的偏角不超过 30°；

②在条件许可时，尽可能降低支柱高度；

③选择适当的悬挂类型，全补偿比半补偿要求更低的结构高度；

④考虑适当的调整范围，如起道的影响；

⑤便于调整和维修。

结构高度一般取 1 100～1 700 mm，目前多采用钢承力索的既有线，结构高度多为 1 100 mm，既有线提速区段为 1 400 mm。高速铁路中，为了改善定位点接触线弹性，结构高度取值一般大于 1 400 mm，比如我国的高速铁路 h 为 1 600 mm。结构高度可由下式表示。

$$h=F_0+C_{min} \tag{2-1}$$

式中 h——结构高度(mm)；

F_0——接触线无弛度时承力索弛度(mm)；

C_{min}——最短吊弦长度(mm)。

由式 2-1 可知，结构高度与承力索的弛度有关。在已知 F_0 时，就可以确定结构高度 h。最小的结构高度必须满足最短吊弦(一般不小于 500 mm)在最高温度时,其顺线路方向的偏角不超过 30°(全补偿链形悬挂不超过 20°)。最短吊弦的计算是以选择最长的锚段为依据的,速度在 300～350 km/h 区段,最短吊弦长度不小于 600 mm,结构高度不得小于 1 100 mm;速度在 200～250 km/h 区段,最短吊弦长度不小于 500 mm;其他地段最短吊弦长度不小于 350 mm。在满足上述条件的情况下,结构高度的取值以偏大为好。

隧道内的结构高度一般为 450～550 mm,不得低于 300 mm。结构高度过小,会在吊弦处形成硬点,甚至在受电弓通过时,发生接触线与承力索相碰撞。同时,结构高度偏低,欲改善悬挂工作状态,必然会增加滑动吊弦的使用数量。因此,在条件许可时,增大结构高度会相应地改善悬挂的运营条件。高速铁路隧道断面大,采用和非隧道区间一样的结构高度 1 600 mm。

4. 高速铁路接触网腕臂支柱装配

腕臂支柱装配根据悬挂类型的不同分为简单悬挂、半补偿链形悬挂、全补偿链形悬挂等支柱装配。根据支柱用途的不同分为中间柱、转换柱、道岔定位柱、锚柱和中心柱的装配,以及直线与曲线支柱装配。根据装配零件、形式不同可以分为水平拉杆式腕臂、平腕臂和铝合金腕臂支柱装配。这里以中间柱为例,说明不同类型的腕臂装配形式。其他用途的腕臂装配,后续章节逐渐介绍。

在中间支柱上,只安装一个腕臂,悬吊一支接触悬挂,并把承力索和接触线定位在所要求的位置上,这种支持装置称为中间柱支持装置。中间柱支持装置是用量最大的支持结构形式。在线路的直线区段,支柱一般立于线路的同一侧,但是接触线需要按"之"字形布置,其拉出值一般在支柱点处要变换方向,所以定位为一正一反,保证定位器处于受拉状态。

高速铁路接触网使用 L 型腕臂,其主要零件为铝合金构成的腕臂装配形式。在高速铁路建设中,广泛使用以铝合金零件为主的腕臂装置,其主要零件组成见图 2-4。铝合金腕臂的腕臂管及腕臂连接件、承力索支撑线夹、腕臂支撑及其连接件、定位管、定位环、定位器均采用高强度铝合金材料,其防腐性能好、重量轻、比强度高、外观美化、安装简便、便于施工、无须维护。

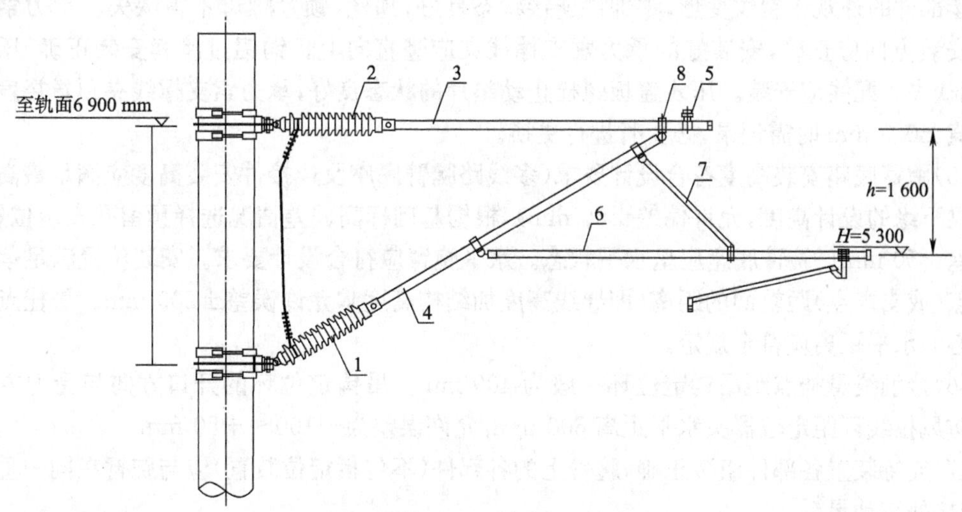

图 2-4　高速铁路接触网平腕臂中间柱装配图(单位:mm)

1、2—棒式绝缘子;3—平腕臂;4—斜腕臂;5—承力索底座;6—定位管;7—定位支撑;8—套管双耳

腕臂支持装置长期在振动环境中工作,连接零件的防松和可靠性至关重要。在腕臂装配中典型的连接形式有三种:螺栓连接、钩环连接、销钉连接。采用螺栓连接时,可采取的防松手段有:采用带开口销的螺栓,即在螺栓上带孔,拧上螺帽后穿入开口销,开口销两支掰开夹角120°~130°,防止螺帽脱落;采用带有止动垫圈的螺栓,即在螺母下垫止动垫圈,完成紧固后,将止动垫圈的长肢弯向零件本体贴紧,短肢弯折与螺栓头六方侧平面贴紧;采用背母锁紧,多见于管件和连接零件间的连接,先将背母松开到螺栓头部,杯口螺栓紧固到规定力矩(75 N·m),然后将背母紧固到50 N·m防止松动。在不方便使用上述方法时,比如在定位器电连接线、锚支定位卡子处,可以使用螺栓锁固胶进行防松。

L型腕臂装配中,要注意承力索和承力索支撑线夹、定位器电连接线等处铜铝导体材料间可能出现的电化学腐蚀。在承力索、承力索中心锚结绳、支撑线夹配线和承力索支撑线夹有铜铝衬垫处,应用包线钳将开口夹紧,其开口朝向水平一侧,正定位时在靠近支柱侧,反定位时在远离支柱侧。衬垫应与承力索密贴。锚结绳、配线上铜铝衬垫压接后开口与承力索上的开口相对。

5. 支持装置检修要点

(1)腕臂本体

铝合金件本体无开裂、麻点。平腕臂挠度不大于1%,目视不得有明显变形。一般平腕臂端部余长为200 mm,低头约200 mm。斜腕臂斜度合理,不得侵入动态包络线;管帽完备。

(2)棒式绝缘子

与腕臂连接件安装正确、完备,瓷瓶无破损,滴水孔朝下。

(3)双套筒连接器

承力索支持线夹距双套筒连接器除特殊标明外一般为300 mm。零部件的外观无裂纹变形,零部件连接状态良好,顶丝、锁紧螺母等不得缺失。连接器本体连接后,部件竖直面上应垂直于轨面。连接器本体顶丝裕度大于标准值±0.5 mm时需记录,必要时进行更换。

(4)承力索支撑线夹

零部件的外观无裂纹变形,零部件连接状态良好,顶丝、锁紧螺母不得缺失。承力索支撑线夹安装方向应正确,安装好的承力索支撑线夹应竖直向上。铜铝过渡套安装正确、压合密贴,无缺失。配线应安装。压线盖板螺栓止动垫片的状态良好,承力索支撑线夹顶丝裕度大于标准值±0.5 mm时需记录,必要时进行更换。

(5)腕臂底座安装高度符合设计要求(多线路腕臂底座及连接件安装高度应满足最高轨面至横梁下缘的设计高度,允许偏差±50 mm),根据基础标高偏差情况选择预留孔安装位置,允许偏差±50 mm。腕臂底座应呈水平状态。水平腕臂应符合设计要求。安装位置满足承力索悬挂点(或支撑点)距轨面的距离(即导线高度加结构高度),允许误差±200 mm。悬挂点距线路中心的水平距离应符合规定。

(6)接触线悬挂点距吊钩定位环一般为400 mm。吊钩定位环的开口方向与受力方向相反。防风拉线环距定位器头水平距离600 mm,允许误差为-100~+50 mm。

(7)支持装置各部件组装正确,腕臂上的各部件(不包括定位装置)应与腕臂在同一垂直面内,铰接处转动灵活。

①防风拉线环的U螺栓穿向补偿下锚方向(以中心锚结为界),防风拉线长环在定位管端。

②承力索座下悬挂定位管吊弦钩缺口，背向斜拉线安装，正定位朝远离支柱侧，反定位朝支柱侧。

③腕臂棒式绝缘子排水孔朝下。

④承力索座内的承力索置于受力方向指向轴心的槽内。

⑤销钉安装方向正确(由上向下)。使用β销时，β销的圆弧要锁在销钉的圆柱面上。

(8)无偏移温度时腕臂应垂直于线路中心线，温度变化时腕臂偏移应符合腕臂偏移安装曲线要求。

(9)定位管吊弦两端均装设心形环，线鼻子采用压接方法固定。

(10)各部零部件无裂纹、变形，顶丝、锁紧螺母无缺失，各螺栓紧固力矩复合标准要求。

思考

1. 绝缘腕臂与非绝缘腕臂的结构有何区别?
2. 现场一般采用旋转腕臂主要考虑什么因素?
3. 在运行设备上绝缘腕臂中哪些部分是带电的?

三、工作流程与任务

(一)流程图

支持装置检修流程如图 2-5 所示。

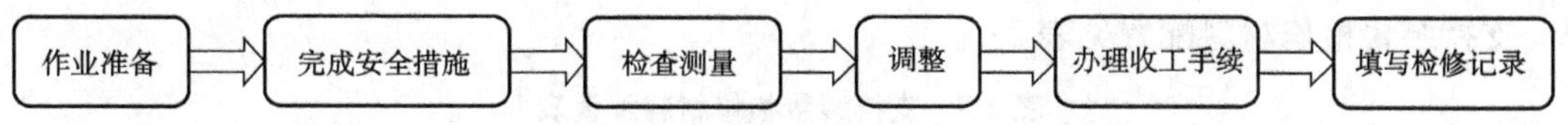

图 2-5　支持装置检修流程图

(二)任务组织

支持装置检修人员配置见表 2-5。

表 2-5　支持装置检修人员配置表

序号	项　目	单位	数量	备　注
1	工作领导人	人	1	全面负责现场作业组织
2	主防护员	人	1	负责办理停电和封锁，传递防护信息
3	地线监护人	人	2	监护地线操作人按标作业
4	地线操作人员	人	2	负责接挂接地线
5	高空作业人员	人	2	负责高空设备的检修作业
6	高空作业监护人	人	2	负责监护高空作业人员的安全
7	司乘人员	人	2	司机、学习司机各 1 人
8	行车防护员	人	2	负责作业区段的行车安全防护

支持装置检修工具配置见表 2-6。

表 2-6 支持装置检修工具配置表

序号	名称	规格或型号	单位	数量	备注
1	作业车(车梯)	—	台	1	—
2	接触网多功能检测仪	DJJ	台	1	—
3	单滑轮	—	个	1	曲线处备用
4	坡度测量尺	—	把	1	—
5	小绳	—	根	1	—
6	梅花扳手	—	套	2	—
7	力矩扳手	20～100 N·m	套	2	含套筒
8	温度计	—	支	1	—
9	手扳葫芦	0.75 t	个	1	—
10	钢丝套子	—	套	2	—
11	木锤(橡皮锤)	—	把	1	—
12	三段径塞棒	—	套	1	—
13	线坠	—	个	1	—
14	盒尺	5 m	把	1	—
15	扭面器	—	套	1	—

支持装置检修材料配置见表 2-7。

表 2-7 支持装置检修材料配置表

序号	名称	规格	单位	数量	备注
1	铝合金定位环	根据现场确定	套	1	—
2	铝合金定位管	根据现场确定	套	1	—
3	Z 型定位支座	根据现场确定	套	1	—
4	W 型定位支座	根据现场确定	套	1	—
5	定位器	根据现场确定	套	1	—
6	铝合金定位管支持	根据现场确定	套	1	—
7	定位线夹	根据现场确定	套	1	—
8	电气连接跳线	根据现场确定	套	1	—
9	螺栓	—	套	若干	根据现场实际需要
10	开口销	—	个	若干	根据现场实际需要
11	定位管管帽	根据现场确定	个	2	—
12	电力复合脂	—	管	1	—
13	铁线	ϕ4.0 mm	kg	若干	—

(三)技术标准

1. 腕臂底座应与支柱密贴,且呈水平状态,底座角钢(槽钢)应水平安装,两端高差不大于 10 mm。安装高度符合设计要求,允许偏差±50 mm。多线路腕臂底座及连接件安装高度应满足最高轨面至横梁下缘的设计高度,允许偏差±50 mm。双腕臂底座间距应满足要求。极限温度时,两支悬挂及零部件间距不得小于 60 mm。

2. 腕臂不得有明显弯曲且无永久性变形。平腕臂端部余长为 200 mm,平腕臂绝缘子端头距套管单耳 100 mm,承力索座距双套筒连接器一般为 300 mm,接触线悬挂点距吊钩定位环一般为 400 mm,防风拉线环距定位器头水平距离 600 mm,允许偏差−100～+50 mm。双线路腕臂应保持水平状态,其允许仰高不超过 100 mm,无永久性变形。定位立柱应保持铅垂状态。

平腕臂安装位置满足承力索悬挂点(或支撑点)距线路中心的水平距离规定,距轨面距离(即导线高度加结构高度)应满足下述要求:

标准值:设计值;

标准状态:标准值±50 mm;

警示值:标准值±200 mm;

限界值:(以跨距中最短吊弦长度为依据界定)最短吊弦长度不小于 300 mm。

腕臂偏移应满足下列要求:

标准值:无偏移温度时垂直于线路中心线,温度变化时腕臂顶部的偏移要和该处的承力索伸缩量相对应,符合安装曲线要求;

标准状态:标准值±50 mm;

警示值:标准值±100 mm;

限界值:任何情况下不得超过腕臂垂直投影长度的 1/3。

平腕臂抬头时,斜腕臂应安装管帽,水平或低头时不宜安装管帽。

3. 支持装置各部件组装正确。腕臂上的各部件应与腕臂在同一垂直面内,铰接处转动灵活。定位管吊弦钩开口,正定位时朝远离支柱侧,反定位时朝支柱侧。腕臂棒式绝缘子排水孔朝下。承力索座内的承力索置于受力方向指向轴心的槽内。

(四)检修方法

1. 作业准备

按规程要求填写工作票并交付工作领导人,工作领导人向作业组全体成员宣读工作票、分工,并进行安全预想,检查工具、材料。

2. 完成安全措施

做好安全措施,工作领导人确认完成安全措施后,通知各作业组开工。

3. 检查测量

①腕臂底座检查

检查腕臂底座应无锈蚀、裂纹等现象,腕臂底座各部位连接螺栓及螺母应无缺失、锈蚀及断裂等现象,开口销掰开角度应为 120°。其他要求参照技术标准。

②腕臂绝缘子检查

检查腕臂棒式绝缘子外观状态,应无破损、放电痕迹,瓷绝缘子釉面剥落面积不超过 300 mm²。

腕臂绝缘子铁锚压板应安装正确，U螺栓上应为双螺母，无偏斜、锈蚀现象。横向销钉状态良好，无缺失，销钉上的开口销安装角度大于120°。应按照清扫周期定期对绝缘子进行清扫。腕臂绝缘子如图2-6所示。

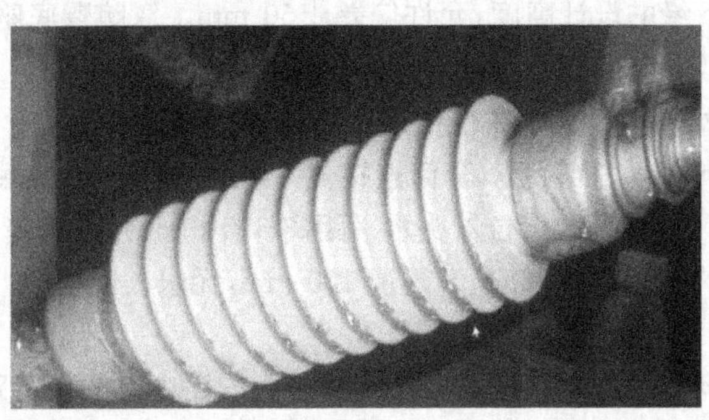

图2-6 腕臂绝缘子实物图

③支持装置外观检查

a. 腕臂管

检查平、斜腕臂管外观状态，应无弯曲、变形、锈蚀等现象，管帽应安装齐全、无破损，平腕臂应水平。其他要求参照技术标准。

b. 双套管连接器(套管座)

检查双套管连接器外观状态，应无弯曲、变形、裂纹、锈蚀及零部件缺失、损坏等现象。连接螺栓应朝来车方向。双套管连接器应与平、斜腕臂垂直如图2-7、图2-8所示。

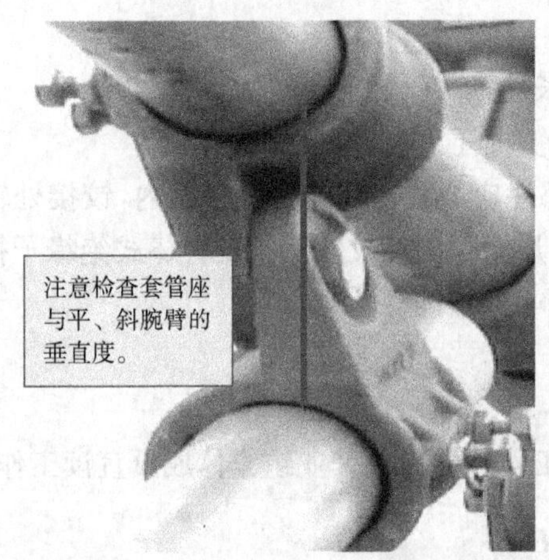

图2-7 套管连接器安装实物图(一)

图2-8 套管连接器安装实物图(二)

c. 腕臂支持

检查腕臂支持外观状态，应无弯曲、变形、裂纹、锈蚀及零部件缺失、损坏等现象。腕臂支持位置应正确，支持的一端套管单耳距平腕臂绝缘子为100 mm，另一端套管单耳安装在斜腕臂上与定位环间距100 mm处，正定位时(图2-4)在定位环上方，反定位时(图2-9)在定位环下方。腕臂支持双耳套筒顶紧螺栓应朝上安装，如图2-10所示。

图 2-9　高速铁路接触网腕臂(反定位)实物图

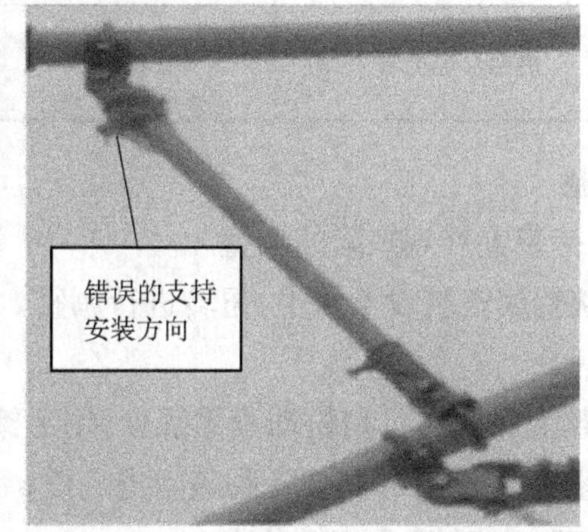

图 2-10　腕臂支持双耳套筒顶紧螺栓安装图

d. 承力索座外观检查

检查承力索座外观状态,应无变形、裂纹、锈蚀及零部件缺失、损坏等现象,承力索座应安装正确,底座安装位置应与接触线位于同一竖直平面内,方向竖直朝上。

④支持装置几何尺寸检查

a. 腕臂结构高度检查

用钢卷尺测量上下腕臂底座高度及定位点处承力索至导线高度,测量结果应与设计图及一杆一档数据相符。

b. 腕臂偏移检查

无偏移温度时腕臂应垂直于线路中心线,温度变化时腕臂偏移应符合腕臂偏移安装曲线要求。

⑤螺栓力矩检查

各部位螺栓紧固力矩见表 2-8。

表 2-8　支持装置各部位力矩表

序号	零件名称	对应图号	紧固件名称	对应紧固力矩(N·m)	建议测试力矩(N·m)
1	70 铝合金承力索座	BJL0103D	顶紧螺丝 12	75	70
			背母 M12	50	46
			压紧螺栓 M12	50	46

续上表

序号	零件名称	对应图号	紧固件名称	对应紧固力矩（N·m）	建议测试力矩（N·m）
2	铝合金套管座	BJL0104D	顶紧螺丝 M12	75	70
			连接螺栓 M20	100	95
			背母 M12	50	46
3	腕臂支持	BJL0105C	顶紧螺丝 M12	75	70
			背母 M12	50	46
4	55 型套管单耳	BJL0106C(55)	U 螺栓 M16	70	65
5	70 型套管单耳	BJL0106C(70)	U 螺栓 M16	70	65
6	铝合金定位管	BJL0310C	顶紧螺丝 M12	75	70
			背母 M12	50	46

4. 调整

(1)支持装置外观缺陷的调整

①对腕臂底座装设不水平、扭转进行调整。

方法一：

a. 调整上底座时可稍松动紧固螺栓，用手锤敲击，调整上底座水平和扭转状态。

b. 调整下底座时可在上下底座间搭 1.5 t 手扳葫芦拉住下底座，稍松动紧固螺栓，用手锤敲击，调整下底座水平和扭转状态。

c. 紧固底座螺栓。

方法二：

先卸载承力索，卸载步骤如下：

a. 直线、曲线外侧区段时，在柱顶搭 1.5 t 手扳葫芦拉住承力索，紧手扳葫芦，使腕臂不受力；用 ϕ4.0 mm 铁线把接触线吊到腕臂上，使吊弦不受力；从承力索座内抬出承力索，慢慢松动 ϕ4.0 mm 铁线至铁线不受力，拆除铁线。

b. 曲线内侧时，先摘除腕臂管帽，在腕臂管插入一根带两个定位环的 1 m 长定位管，调整定位管的外漏长度，在定位管上搭 1.5 t 手扳葫芦拉住承力索，紧手扳葫芦使腕臂不受力后从承力索座内抬出承力索，松手扳葫芦至手扳葫芦不受力状态，拆除手扳葫芦、插管。

再卸载接触线，卸载步骤如下：

a. 直线区段时，松开定位线夹，拆除定位装置。

b. 曲线外侧时，在支柱上搭 1.5 t 手扳葫芦拉住接触线，紧手扳葫芦使定位器不受力后拆除定位装置。

c. 曲线内侧时，拆除定位管管帽，在定位管端部搭 1.5 t 手扳葫芦，紧手扳葫芦使定位器不受力后松开定位线夹，松手扳葫芦至手扳葫芦不受力状态，拆除手扳葫芦和定位装置。

d. 稍松动底座固定螺栓，用手锤敲击底座调整底座水平状态和扭转状态。

e. 紧固底座螺栓。

②各零部件有锈蚀、变形、裂纹、氧化腐蚀时，更换相应零部件，如图 2-11 所示。对缺少的

开口销进行补装，对锈蚀开口销进行更换，开口销掰开角度为 120°～130°，如图 2-12 所示。

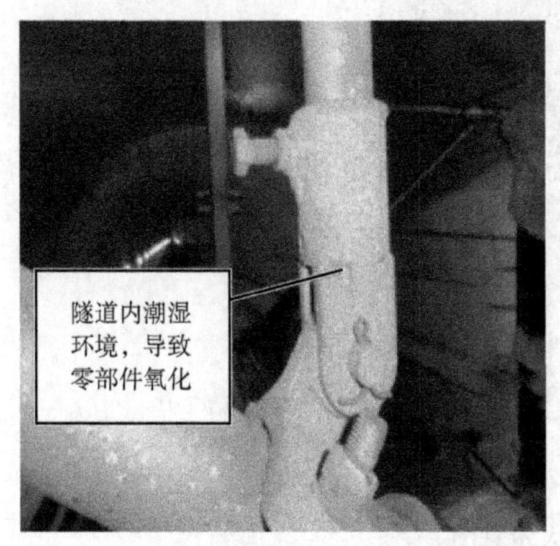

图 2-11　零部件锈蚀、氧化实物图

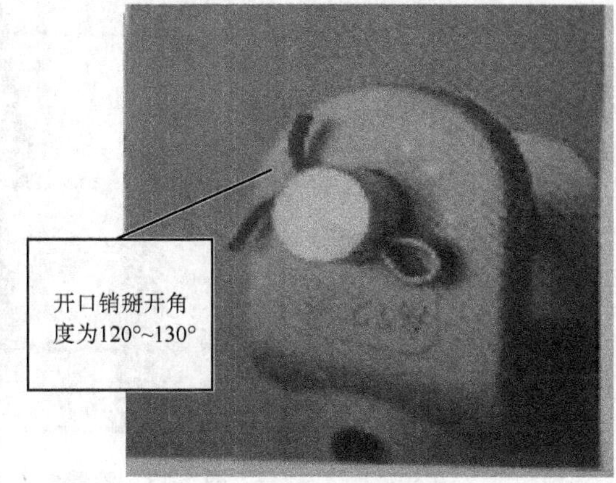

图 2-12　开口销角度实物图

③对有破损和放电痕迹、瓷绝缘子釉面剥落面积超过 300 mm^2 的棒式绝缘子进行更换。

④对有弯曲、变形的腕臂管进行更换。

a. 测量原平、斜腕臂长度，按照测量长度预制腕臂。

b. 卸载(方法同腕臂底座调整方法二)。

c. 更换斜腕臂时卸载接触线、拆除定位装置后，拆除斜腕臂，更换新腕臂。

d. 更换平腕臂时卸载承力索，摘下平腕臂，更换新腕臂。

⑤对有弯曲、变形、裂纹，锈蚀的腕臂支持进行更换，对支持方向安装错误的进行调整，对缺少开口销的进行补装。

(2)结构高度调整

对结构高度不符合要求的腕臂进行调整，可以通过调整上下腕臂底座高度和双套管连接器位置的方式调整结构高度。结构高度调整达标后必须对定位器限位间隙和坡度进行检查，避免结构高度调整导致定位器限位间隙超标。

(3)腕臂偏移调整

对腕臂偏移值不符合要求的进行调整(图 2-13 为腕臂偏移过大)，调整前先卸载承力索(方法同腕臂底座调整方法二)。查看现场温度，对照腕臂偏移对照表将腕臂调整到标准位置，随后将承力索导入到承力索座中。调整完成后必须对定位点及相邻吊弦点进行高度检查，如高差超标(定位点及相邻吊弦点高差超过 10 mm)，则需对相应吊弦进行更换。

腕臂偏移值通过腕臂偏移计算公式进行计算：

$$E=La(T_x-T_p)$$

式中　E——腕臂偏移值(负值表示偏向中锚侧，正值表示偏向下锚侧)，mm；

L——调整腕臂到中锚中心柱的距离，mm；

a——线涨系数(铜的线涨系数为 17×10^{-6})；

T_x——现场温度，℃；

T_p——无偏移温度(根据设计值)，℃。

图 2-13　腕臂偏移过大示意图

(4)接地跳线有烧蚀、断股现象需更换

①测量平、斜腕臂之间棒式绝缘子上两接地跳线连接板的距离和接地跳线至回流线连接点的路径尺寸。

②预制接地跳线：跳线长度＝测量长度＋400 mm(两端预留长度)＋600 mm(3 个弹簧圈长度)。

③安装接地跳线：接地跳线两端各预留 200 mm 长留头与跳线连接板绑扎在一起，端头预留 50 mm 后绑扎 2 圈，间距 50 mm；接地跳线在平腕臂跳线连接板绑扎后在跳线至跳线肩架中间处绕 3 个直径 60 mm弹簧圈，在跳线肩架上固定后与回流线用线夹连接，如图 2-14 所示。

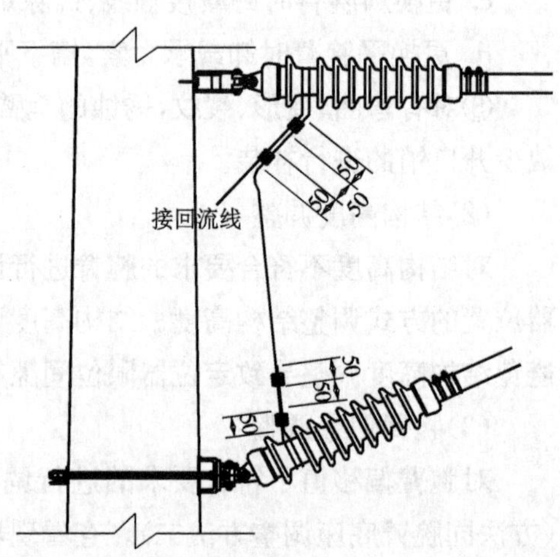

图 2-14　单腕臂接地跳线安装图(单位：mm)

④双腕臂接地跳线呈门型，平、斜腕臂间同单腕臂，两腕臂间绕 3 个直径 60 mm 弹簧圈，与回流线连接一段跳线单独预制，两端用线夹与回流线、腕臂接地跳线连接，如图 2-15 所示。

5. 办理收工手续

(1)工作领导人确认各作业组工作结束，人员机具均已撤至安全地带后，通知监护人员撤除地线及其他安全措施。

(2)工作领导人确认安全措施撤除后，通知驻站联络员申请消除停电作业命令和线路封锁命令。

(3)工作领导人召开收工会，办理收工手续。

6. 填写检修记录

按照当天检修情况填写检修记录。

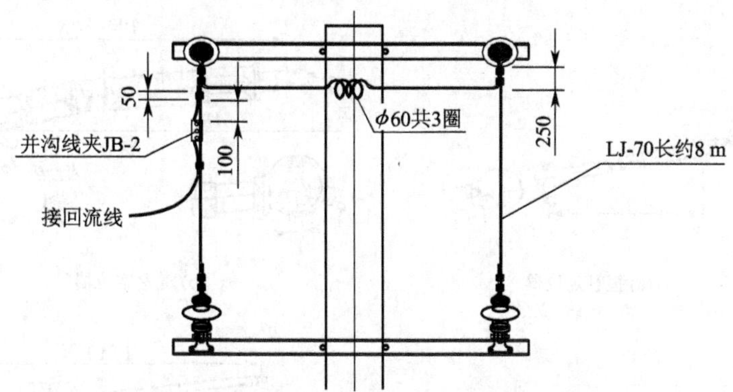

图 2-15　接地跳线连接示意图(单位:mm)

四、分析与思考

本任务主要是支持装置检调。填写“接触线综合检测记录”关系到接触网的结构和技术标准要求,因此,如何保证数据的准确至关重要。本任务在实际工作中需要注意以下问题:

(1)安装更换支持装置时,应避免上、下层同时作业,上、下部作业人员应分别位于支柱的两侧。杆上作业必须系好安全带,安全带使用前应做好检查。

(2)作业人员不宜位于线索受力方向的反侧,并采取防止线索滑脱的措施。

任务二　定位装置的维护检修

定位装置是支持结构中的主要组成部分,它是在定位点处实现接触线相对于线路中心进行横向定位的装置。也就是说,定位装置的作用就是根据技术要求,把接触线进行横向定位,保证接触线始终在受电弓滑板的工作范围内,保证良好受流状态。在直线区段,相对于线路中心把接触线拉成“之”字形状,在曲线区段,相对于受电弓中心行迹则拉成折线或割线,使受电弓滑板磨耗均匀。同时,定位装置要承担接触线水平负载,并将其传递给腕臂。

对定位装置的技术要求:其一,动作要灵活,在温度发生变化,接触线沿顺线路发生移动时,定位装置应能以固定点为圆心,灵活地随接触线沿线路方向相应移动;其二,重量应尽量轻,受电弓通过定位点时,在受电弓抬升力作用下,定位装置应上下动作自如,并且有一定的抬升量,不产生明显硬点,其静态弹性和跨距中部应尽量一致;其三,具有一定的风稳定性,在受风时,保证定位状态的稳定性。

一、任务书——定位装置的检调

各种型号定位器结构如图 2-16 所示,定位器规格见表 2-9。根据实训基地实物进行接触网定位装置的检调,并将检调结果填入表 1-1。

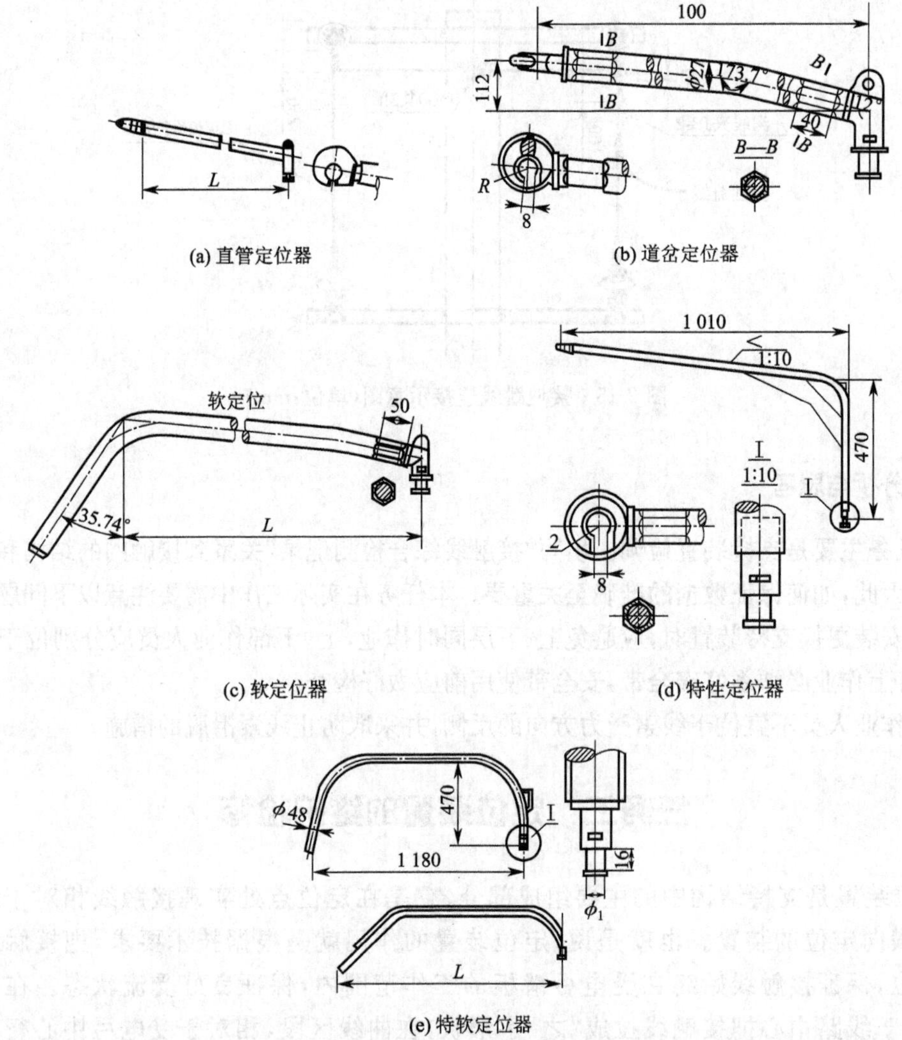

(a) 直管定位器
(b) 道岔定位器
(c) 软定位器
(d) 特性定位器
(e) 特软定位器

图 2-16 各种型号定位器结构图(单位:mm)

表 2-9 定位器规格表

类别	定位器型号	焊接套筒形式	定位器套管外径(mm)	安装倾斜度	总长(mm)	单件质量(kg)	使用范围
直管定位器	$\frac{1}{2}$-960	有环	21.25	1∶10	0~970	1.51	直线或R>1 000 m曲线定位
	$\frac{3}{4}$A-960	无环	26.75	1∶10	0~970	1.88	曲线内侧反定位R≤1 000 m定位
	$\frac{3}{4}$B-1150	无环	26.75	1∶6	0~1 145	2.20	软横跨定位
弯管定位器	道岔定位器	$\frac{3}{4}$DC-1000	27	有环	1 000	1.88	道岔处固定接触线位置

续上表

类别	定位器型号	焊接套筒形式	定位器套管外径（mm）	安装倾斜度	总长（mm）	单件质量（kg）	使用范围
弯管定位器	定位器（时速120 km的接触线定位）	$\frac{1}{2}L_1$-745	22	有环	745	0.74	直线定位处
		$\frac{3}{4}L_2$-1000	28	有环	1 000	1.21	$R\leqslant$1 000 m处定位
		$\frac{1}{2}A_1$-745	28	有环	1 200	1.41	软横跨定位
		$\frac{3}{4}A_2$-1000	23	有环	745	1.38	直线及$R\leqslant$1 000 m定位
		$\frac{3}{4}A_3$-1200	27	有环	1 000	2.08	$R\leqslant$1 000 m定位
		1-980	27	有环	1 200	2.40	软横跨定位
	软定位器	1	—	无环	0～980	3.35	300$\leqslant R\leqslant$800 m曲线外侧定位
		J-1010	33.5	—	—	3.24	$R\leqslant$1 000 m软定位
	特型定位器	T-1180	—	有环	0～1 010	7.11	直线及大半径曲线外侧中心柱处
	特型软定位器	T	48	无环	0～1 180	8.15	$R<$1 000 m曲线外侧中心柱处
		—	33.5	无环	—	6.8	$R<$1 000 m曲线外侧中心柱处

二、知识准备

1. 定位装置结构

定位装置是由定位管、定位器、定位线夹及连接零件组成的。定位装置分为采用定位管支撑结构形式(图 2-17)和采用斜拉线结构形式(图 2-18),其中各部件名称见表 2-10。

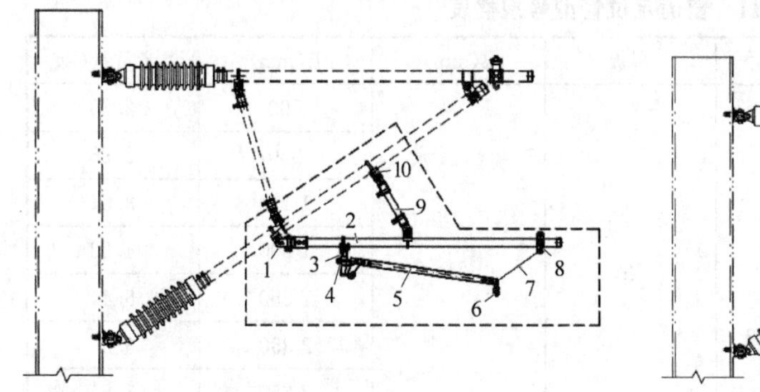

图 2-17　定位装置采用定位管支撑结构图

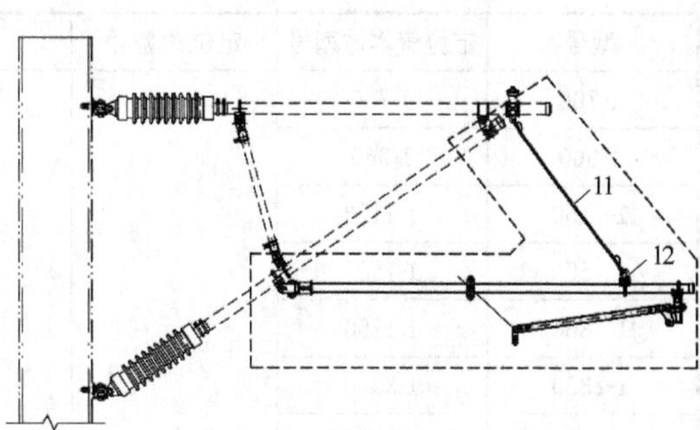

图 2-18　定位装置采用斜拉线结构图

表 2-10　定位装置各部件名称表

序号	名　称	序号	名　称
1	定位环	7	防风拉线
2	定位管	8	防风拉线定位环
3	定位支座	9	定位管支撑
4	电气连接跳线	10	套管单耳
5	矩形铝合金定位器	11	定位管斜拉线
6	定位线夹	12	拉线定位钩

根据支柱所在位置及受力情况不同，定位装置采用不同形式，一般有正定位、反定位、软定位、双定位及特型定位方式。

(1)定位管

定位管有两种类型，普通定位管和特型(T 型)定位管。普通定位管是用镀锌钢管加工制成的，尾部焊有定位钩，以便通过定位环连接在腕臂上使用。定位管安装后应呈水平状态，为保持其水平，可将其端部用 ϕ4.0 mm 镀锌铁线绑扎。为了保证定位管稳定性，现在多用定位管支撑代替铁线。在高速铁路的定位装置中，定位管可以有 150 mm/m 的低头(反定位)或抬头(正定位)。设置普通定位管目的是为了定位器在水平方向和坡度方向便于调节，使定位装置结构较灵活，增加定位点的弹性。定位管的长度和外径的选用是根据支柱所在位置和定位管受力情况而确定的。普通定位管结构如图 2-19 所示，型号规格见表 2-11。

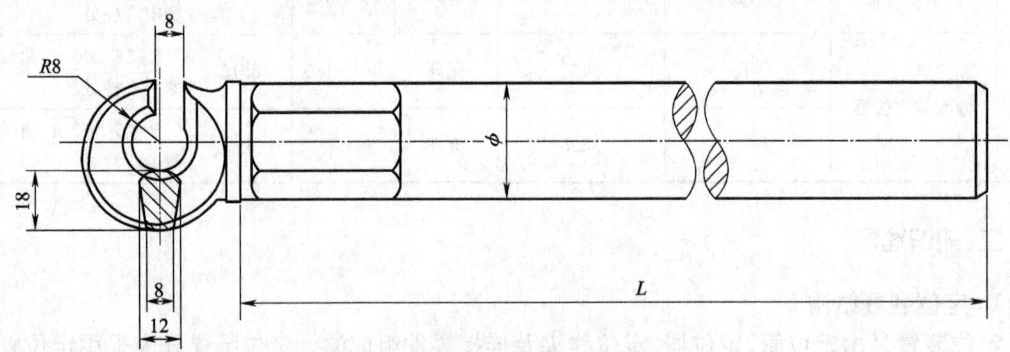

图 2-19　普通定位管结构图(单位：mm)

表 2-11　普通定位管型号规格表

型号	定位管本体型号	定位钩型号	端板	ϕ(mm)	L(mm)	参考重量(kg)
1-700	1-700				700	2.20
1-960	1-960				960	2.86
1-1150	1-1150				1 150	3.34
1-1500	1-1500	1	有	34	1 500	4.22
1-1850	1-1850				1 850	5.44
1-2350	1-2350				2 350	6.37
1-2850	1-2850				2 850	7.64
1-3200	1-3200				3 200	8.52

续上表

型号	定位管本体型号	定位钩型号	端板	ϕ(mm)	L(mm)	参考重量(kg)
$1\frac{1}{2}$—2500	$1\frac{1}{2}$—2500	$1\frac{1}{2}$	无	48	2 500	10.57
$1\frac{1}{2}$—2850	$1\frac{1}{2}$—2850				2 850	11.97
$1\frac{1}{2}$—3200	$1\frac{1}{2}$—3200				3 200	13.38
$1\frac{1}{2}$—3550	$1\frac{1}{2}$—3550				3 550	14.78

T 型定位管又称套管式定位管，它仅与普通定位管的尾部不同，加焊了一段套管来代替定位钩，便于与棒式绝缘子配套并增加其尾部的机械强度。T 型定位管多用于隧道定位和多线路腕臂支柱装配使用。由棒式绝缘子、T 型定位管、支持器、定位线夹及其他连接零件构成的特殊定位装置如图 2-20 所示。T 型定位管如图 2-21 所示，型号规格见表 2-12。该种型号的定位管，新建线路已较少采用。

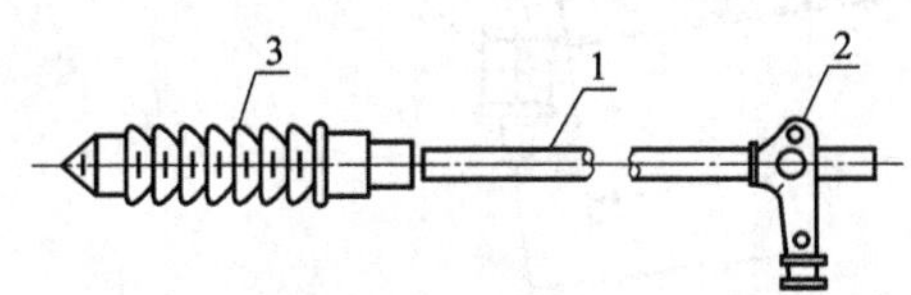

图 2-20　带支持器的定位器结构图

1—T 型定位管；2—支持器；3—棒式绝缘子

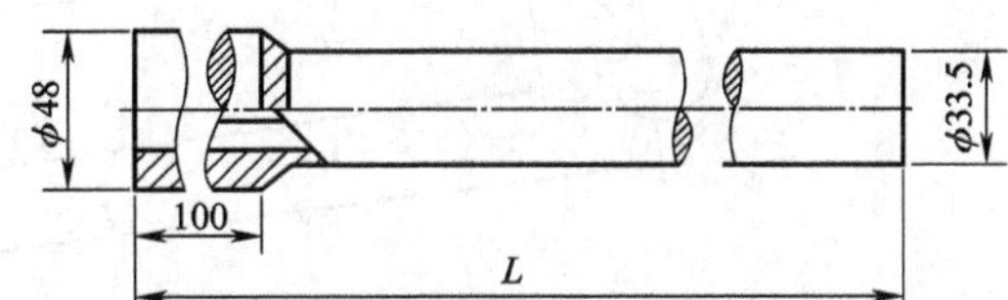

图 2-21　T 型定位管结构图(单位：mm)

表 2-12　T 型定位管型号规格表

型号	适用范围	主要尺寸 L(mm)	最大工作负荷 (kN)	破坏负荷 (kN)	重量 (kg)
JL62(T960)-89	接触线特殊定位	960	2.5	≥7.6	2.8
JL62(T1150)-89		1 150	2.5	≥7.6	3.3
JL62(T1500)-89		1 500	2.5	≥7.6	4.1
JL62(T1850)-89		1 850	2.5	≥7.6	5.1
JL62(T2350)-89		2 350	2.5	≥7.6	6.4

(2)定位器

定位器是定位装置中的关键部件，其作用是通过定位线夹按设计标准拉出值把接触线固定在一定位置，保证接触线工作面平行于轨面，并承受接触线的水平力。从材质上，定位器分为铝质定位器(用 L 表示)和钢质定位器(用 G 表示)，其主要构成部分由 T6 铝合金管和无缝钢管组成，和两端的定位销钉套筒、定位钩间涂抹环氧树脂后压接。钢质定位器热浸镀锌、铝制定位管阳极氧化防锈蚀。

定位器从形状上可分为普通定位器、T 型定位器、软定位器等几种常用的定位器，如图 2-22 所示，其中普通定位器型号规格见表 2-13。

表 2-13　普通定位器规格表

型号	标准代号	普通定位器材质	*D* (mm)	*L* (mm)	*H* (mm)	参考重量 (kg)
G1	TB/T 2075.4A(G1)-10	20号	28	745	105	1.78
G2	TB/T 2075.4A(G2)-10	20号	28	1 000	150	2.08
G3	TB/T 2075.4A(G3)-10	20号	28	1 200	200	2.40
DCG	TB/T 2075.4A(DCG)-10	20号	28	1 000	112	—
L1	TB/T 2075.4A(L1)-10	6082(T6)	28	750	105	1.50
L2	TB/T 2075.4A(L2)-10	6082(T6)	28	1 000	150	1.82
L3	TB/T 2075.4A(L3)-10	6082(T6)	28	1 200	200	2.15
DCL	TB/T 2075.4A(DCL)-10	6082(T6)	28	1 000	112	1.69

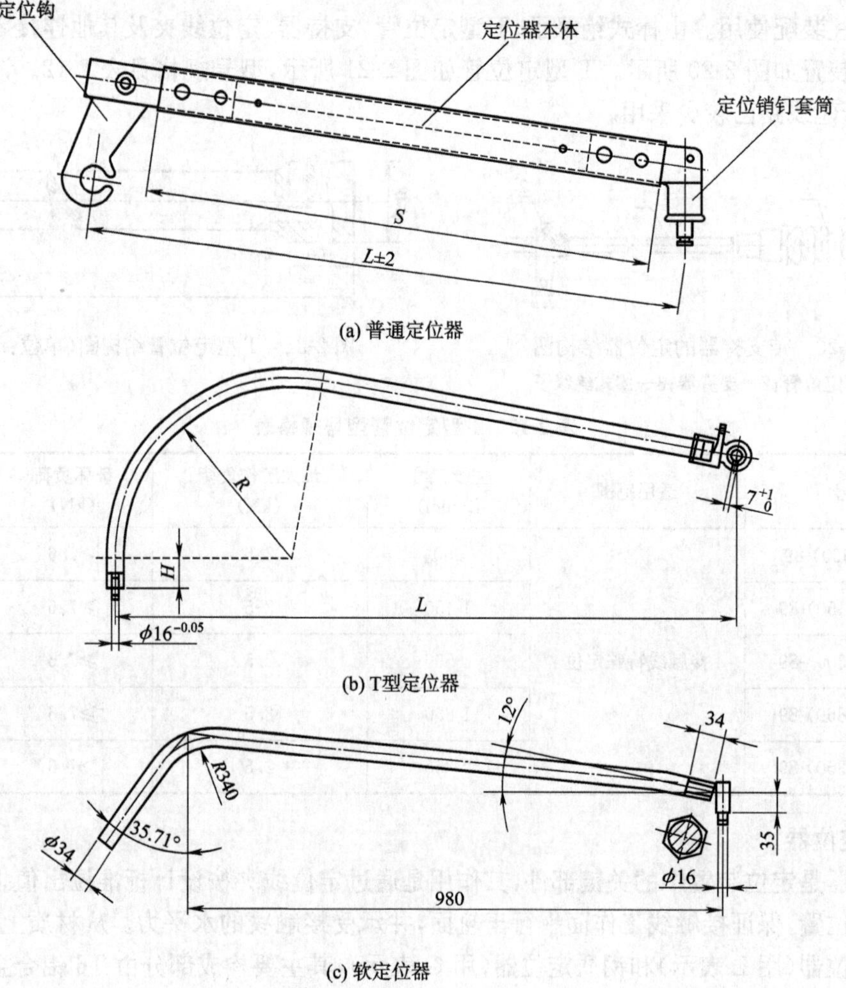

图 2-22　定位器示意图(单位:mm)

为了适应高速电气化铁路的要求,定位器的重量要轻,一般采用轻型铝合金材料。在定位点处不产生硬点或集中重量。保持定位点的弹性尽量和跨距中部的状态接近或一致。同时,在铅垂方向应有足够的灵活性及能适应受电弓较大的抬升量。

在曲线区段，由于电力机车车身随线路的外轨超高而向内轨侧倾斜，机车的受电弓也呈倾斜状。为了防止定位器碰撞受电弓，要求定位器安装后应有一定的倾斜度（现场称定位坡度），即定位器根部在安装后要适当抬高一些，其倾斜度要求为1∶5～1∶10之间。

定位器在平均温度时，应该垂直于线路中心线。温度变化时，沿接触线纵向偏移在极限温度下不得超过定位器管长的1/3。

(3)定位线夹

定位线夹如图2-23所示。定位线夹由两片铜合金夹板和连接螺栓、止动垫圈等组成，其中有环夹板上带有环孔，通过定位器的固定销穿入和定位器连接起来。受电弓滑板条与定位线夹之间的夹角必须小于20°，以避免受电弓滑板与线夹螺栓头相接触。承力索、接触线间横向电流沿腕臂流入接触线的最后一个连接零件为定位线夹，所以，定位线夹安装前，需用钢刷对线夹表面、接触线上的夹持部分进行清除灰尘及氧化物处理，涂电力复合脂。定位线夹主要承受接触线水平力，其主要荷重应该有有环夹板承担，不能装反。

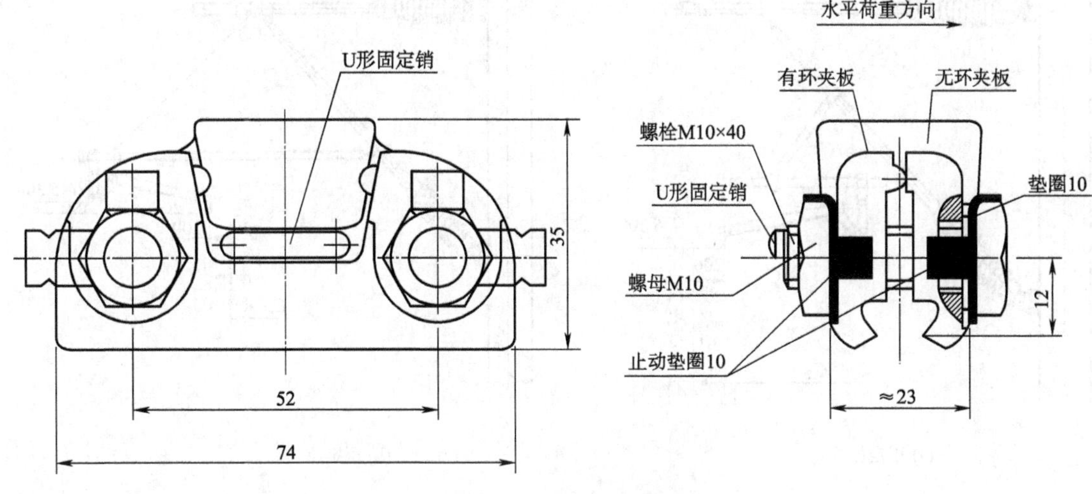

图2-23　定位线夹示意图

2. 定位方式

(1)正定位

正定位是Z型工作支非限位定位装置的简称，根据定位器材质不同分为ZL、ZG型。在直线区段或曲线半径$R>1\ 200$ m区段，采用这种定位方式。该定位装置由直管定位器和定位管组成。定位器的一端利用定位线夹固定接触线，另一端通过定位环与定位管衔接，定位管又通过定位环固定在腕臂上。其结构如图2-24(a)所示。

(2)反定位

反定位是F型工作支非限位定位置的简称，一般用于曲线内侧支柱或直线区段“之”字值方向与支柱位置相反的地方。定位器附挂在较长的定位管上。定位管受压力较大，为保证其稳定性，反定位管一般用1英寸、1.5英寸或2英寸的镀锌钢管制成。为了使定位管保持水平，一般用两条斜拉线将定位管吊住，固定在承力索上。为了保证定位器与主定位管之间有一定的距离(大于等于 300 mm),定位器通过长支持器与主定位管连接。其结构如图 2-24(b)所示。

(3)软定位

软定位是 RD 型工作支非限位定位装置的简称,这种定位装置弯管定位器通过两股 ϕ4.0 mm锌铁线拧成的定位拉线(现场称为软尾巴)固定在绝缘腕臂上的定位环里,定位拉线活固定端在定位管侧,死固定端在腕臂侧,结构如图 2-24(c)所示。在定位器受到较大水平拉力时使用,因而它用于曲线半径 $R<1\ 000$ m 的区段。为避免在某些特殊情况下拉力过小,经过计算,在曲线力抵消反方向的风力之后,拉力需保持 0.2 kN 以上方能使用这种方式。

(4)特型定位(T 定位)

图 2-24(d)是使用 T 型定位器进行工作支非限位定位的一种形式,主要应用在有两支工作支时,定位器须跨过另一支接触悬挂,不影响其抬升或者保持绝缘时采用,比如道岔和锚段关节处使用。

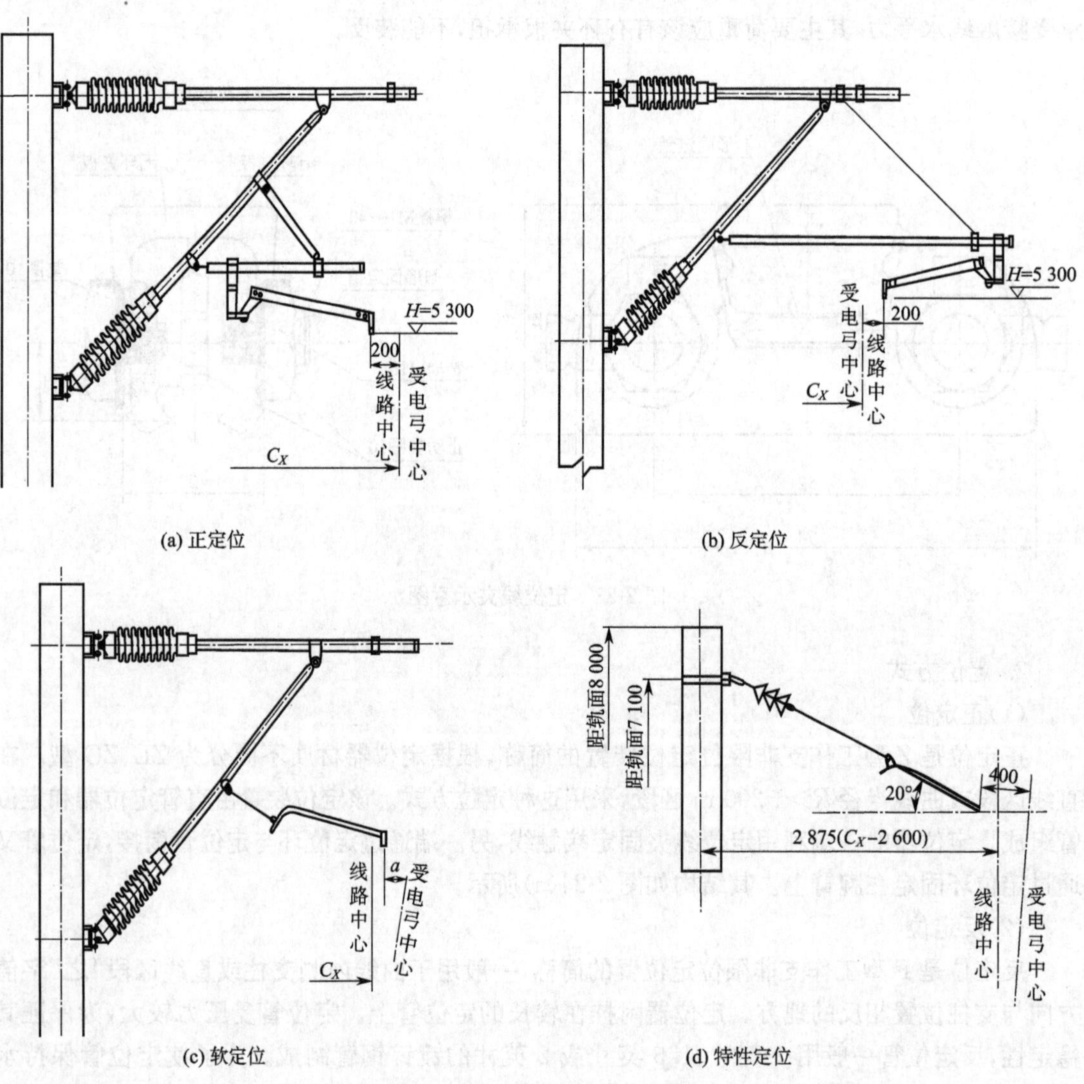

图 2-24 定位方式安装图(单位:mm)

(5)ZC 型定位

ZC 型工作支非限定定位装置,采用定位管、支持器(长支持器)方式,对接触线进行定位,该种定位方式中,没有采用定位器零件,常见于城市轨道交通中。

(6)组合定位

组合定位装置用于锚段关节的转换支柱、中心支柱及站场线岔处的定位,这些地方在同一支柱处均有两组悬挂,分别固定在所要求的位置上。组合定位的方式较多,各种组合定位的作用也不相同,主要由地形条件及悬挂条件决定,其结构如图 2-25(a)、(b)、(c)、(d)所示。其中图(a)为组合定位器的拉(L)定位。所谓拉定位,就是两定位器都使定位管受到拉力,定位器把两支接触线拉向支柱,这种形式多用于道岔柱处的定位,其特点是两支接触线等高。图(b)为组合定位器的拉压(LY)定位,两定位器一支使定位管受拉力,一支使定位管受到压力。其一支接触线拉向支柱,另一支接触线拉向支柱的反方向(反定位),且两支接触线等高,都处于工作状态,这是道岔定位最常用的定位形式。道岔处组合定位的第三种形式是压(Y)定位,即双定位器都使定位管受压力,定位器将两支接触线拉离支柱。图(c)为非绝缘转换柱使用的组合定位,它的一组接触悬挂为工作支,通过定位器实现定位,另一组接触悬挂为非工作支,用来抬高下锚。图(d)为中心柱使用的组合定位,通过两组定位器实现对两支接触悬挂的定位。

近年来设计修建的电气化铁路中,锚段关节的转换柱、中心柱等需要对两支接触悬挂定位的场合,多采用单支柱加双底座槽钢,两支接触悬挂各自采用独立腕臂的结构。对通过车速要求较高的线岔柱,两支接触悬挂采用两套独立腕臂,这样可以避免两支接触悬挂在温度变化时,顺线路方向的偏移量不同甚至相反(比如锚段关节处)造成两定位器偏斜量不同甚至相反。习惯上依然采用组合定位 L、LY、Y 来描述线岔处两腕臂的定位方式。

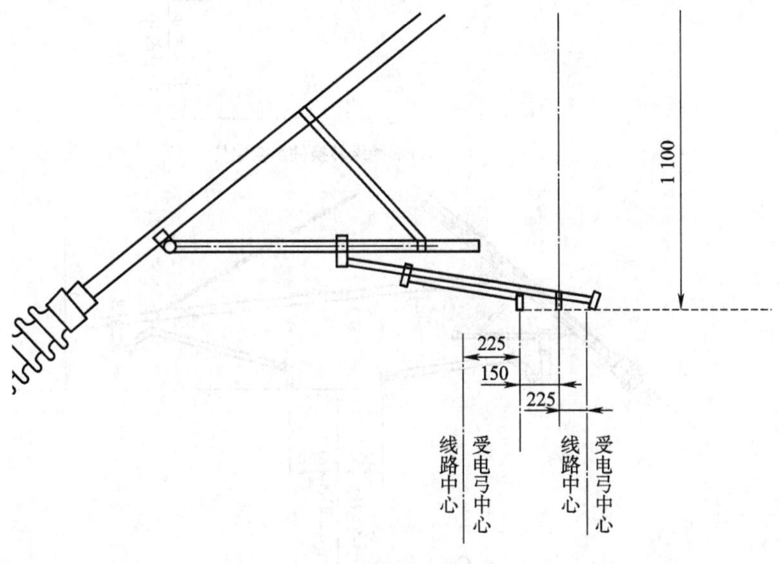

(a) L型道岔组合定位

图 2-25

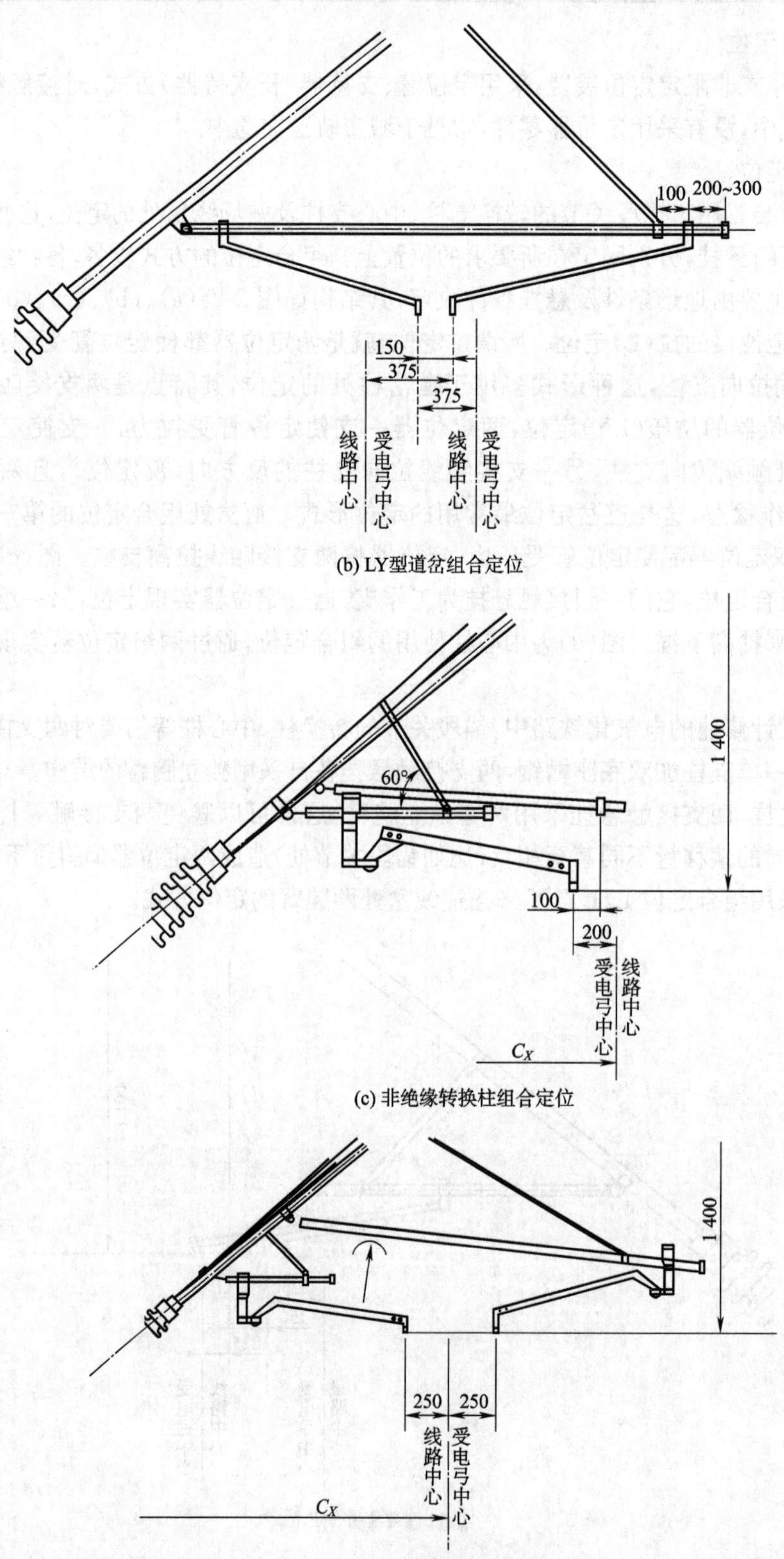

(b) LY型道岔组合定位

(c) 非绝缘转换柱组合定位

(d) 中心柱柱组合定位

图 2-25 组合定位安装图(单位:mm)

从上面的叙述上可以看出，以上六种定位方式，都是对工作支接触悬挂的定位。事实上，非工作支的定位也是保持接触网良好技术状态的一部分。非工作支相对工作支需要定位于一定抬升和一定距离处。FG定位主要由定位管、锚支定位卡子等零件构成。

以上介绍的几种定位器、定位装置都属于非限位定位器、非限位定位装置，没有限制接触线抬升量的功能，非限位定位器主要用于普速铁路、高速铁路的站线等车速较低场所。

3. 高速铁路定位装置

定位装置是在受电弓通过时，与其最接近的部件之一，它的性能好坏直接影响弓网间的受流质量，特别是在高速电气化线路上，是决定接触悬挂弹性均匀性的关键部件之一，因而高速接触网对定位装置的结构及性能要求甚为严格。在受电弓高速通过定位装置时，定位器的动态抬升量大，抬升量与接触线的高度变化、悬挂特性、线路状态、运行速度等因素有关。法国TGV的研究表明，定位器的最大抬升量可以达到400 mm。定位装置在受电弓最大抬升量下不能和受电弓滑板发生碰撞。高速定位装置有非限位定位装置和限位定位装置两种类型，“限位”的含义是限制定位器的最大抬升量。限位定位装置通过限位定位器定位钩端的限位间隙大小来限制定位器的最大抬升量。为了减小定位器重量，高速定位器的材质多选用铝合金。

我国目前规定最大抬升量一般为：

$v \leqslant 120$ km/h时，抬升量为100 mm；

120 km/h$<v\leqslant$160 km/h时，抬升量为120 mm；

$v>160$ km/h时，抬升量150 mm。

在高速铁路接触网设计中，接触器最大抬升量按不小于150 mm进行安全校验设计(由线路设计速度决定)。非限位式定位装置的结构抬升量至少应是接触线最大抬升量的2倍。限位式定位装置结构的抬升量则至少应是接触线最大抬升量的1.5倍。中国的高速铁路正线主要采用限位定位装置。非限位定位装置主要应用于法国高速铁路。高速定位装置的关键零件是适合高速列车受流的高速定位器。国内常见的高速接触网定位装置主要有多功能定位器和限位定位器等。

(1)多功能定位器

我国在京秦线的东段和漳厦线的南段引进了日本的多功能定位器。1994年西安铁路科研所研制的XTK多功能定位器和其性能相当。与普通定位器相比多功能定位器具有以下特点：

①防过量抬高功能

防抬高功能的实现是在定位器根部的铜支持环上做出一凸台，在支座上焊一三角形限位板，当定位器抬高到100 mm时，两者相撞起到限位作用。定位器在正常安装位置，软横跨定位器的此间隙为5～7 mm，直线定位器的此间隙为7～9 mm，此间隙值是靠调整减振阻尼装置下部的螺母位置来实现的。

②防离线功能

离线指电力机车正常运行时受电弓与接触线之间失去接触的现象。机车在运行中发生的离线是一种十分有害的现象，离线导致机车供电质量下降、影响机车稳定运行、弓网间拉电弧、发生高温熔蚀、损坏接触线和滑板、加速磨损、缩短寿命、离线瞬间产生的高次谐波对无线电通信设备产生干扰等。

产生离线的原因有许多,但主要是运行速度提高和风力造成的。在运行速度较低时,风力是产生离线的主要原因。当风速达到6～10 m/s以上时不仅会使接触线产生水平偏移,还会使接触线发生自振荡或舞动,使受电弓不能追随接触线而发生离线现象,破坏正常取流。当运行速度增加到100 km/h以上时,由于速度效应,受电弓滑板与接触线均发生相当大的振动而容易引起周期性的离线现象。避免离线现象应提高跨距内各点弹性均匀性,提高定位的弹性,加装减振阻尼装置,减小接触线的振动。

XTK多功能定位器选用弹簧式装置。在正常安装位置,弹簧处于受压状态,在受电弓抬起定位器时,弹簧卸载到预压值但始终支持着定位器。这样的装置不仅能起振动阻尼作用,而且使定位器处的弹性增大。

③XTK多功能定位器安装维护

a. 安装定位器前,首先对照图纸检查定位器、定位器支座等部件是否符合图纸要求。定位器应与对应的定位支座配套使用,切勿装错。检查其外观无损伤方可使用。

b. 将减振弹簧装置的螺母松开到底端,但勿松掉。先将定位器的定位支持环固定在定位支座下螺栓中,再用力压缩减振弹簧装置,使其螺环杆固定在定位支座上螺栓中(可利用螺环杆上工艺孔),将螺母拧紧打上开口销。

c. 将定位线夹固定在接触线上合适的位置,将接触线拉向定位器方向,使定位销钉套入定位器中,并穿入圆柱销钉,打上开口销。

d. 调整定位支座,在定位管上左右移动(软横跨调整线夹本体在定位绳上左右移动),使"之"字值达到规定的要求,拧紧螺栓使定位支座固定在垂直位置。

e. 对正定位,在定位管与腕臂之间加装支持杆,使定位管、腕臂和支撑杆之间呈三角形并固定。对软横跨定位,在上、下部定位绳之间垂直安装固定支持角钢并固定。

f. 调整定位器减振弹簧装置上的螺母,使定位支持环上的支点到定位支座之间的间隙为:

正、反定位器:7～9 mm;

软横跨定位器:5～7 mm。

可取厚度为7～9 mm和5～7 mm的硬质样板,将其塞入支点到定位支座的间隙中,拧紧减振装置上的螺母,使间隙顶死为止,拔出样板。然后打入螺母上的开口销。

g. 检查全部安装好的零件。轻轻向上抬起定位器100 mm,定位器将被顶死,松开定位器有较明显的减振效果,无卡滞现象。所有开口销处于开口状态。

h. 日常维护中应检查定位器整体外观是否良好,定位支座是否牢固、垂直,螺母应无松动,定位器上下左右活动自如,无卡滞现象,减振弹簧装置无卡滞现象,弹簧无断裂,调整定位支持环上支点到定位支座之间的间隙应符合要求。定位器安装后的定位坡度为1∶5～1∶10之间。

该种定位器结构较复杂,在我国铁路提速改造初期有使用,近年来逐渐被限位定位器代替。

(2)限位定位器

在中国的高速铁路中,一般采用对定位器的抬升量进行限制的设计方案,即采用限位定位器。从哈大线建设开始，我国从德国 Re200～Re330 型接触悬挂技术中引进了新型的限位定位器，近年在提速区段和高速铁路建设中得到了广泛的应用。

高速限位定位器应用较多的是材质为铝合金的 L 型限位定位器，它具有轻巧、灵活、结构简单、安装方便等特点。L 型限位定位器的主要类型有两种：直型矩形管定位器、折角型矩形管定位器，如图 2-26 所示。直型矩形管定位器主要用于直线区段和曲线超高小于 125 mm 的区段，折角型矩形管定位器一般用于曲线超高大于 125 mm 的曲线区段。

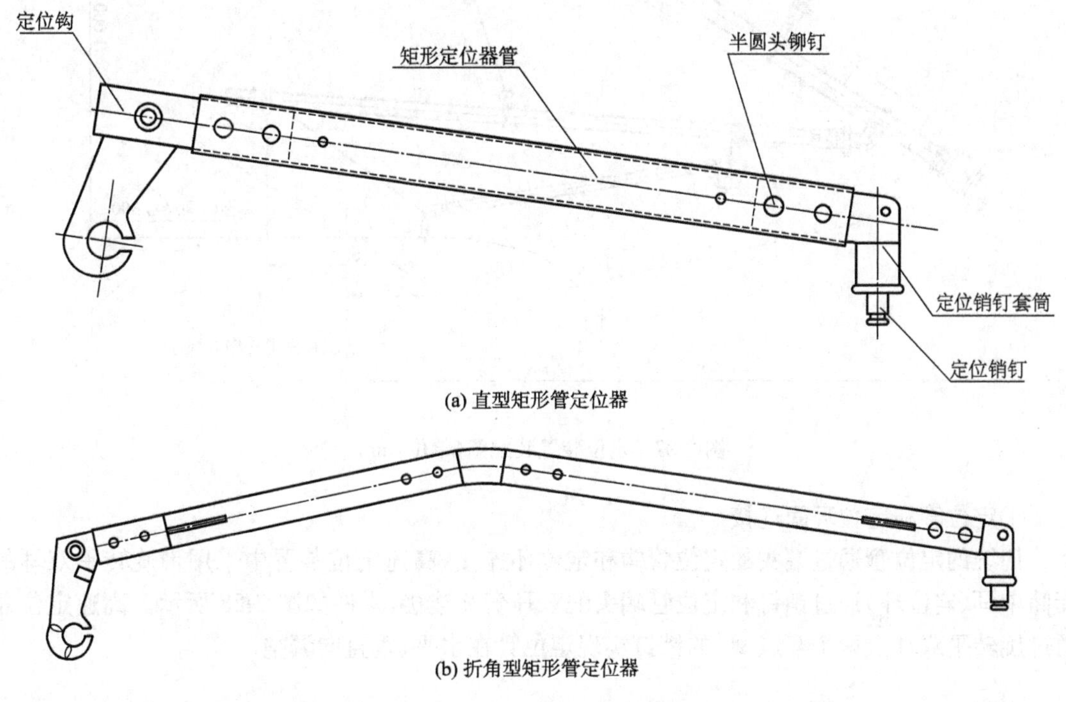

(a) 直型矩形管定位器

(b) 折角型矩形管定位器

图 2-26　L 限位定位器结构图

高速限位定位器的定位钩和配套的定位支座之间为钩环连接，定位支座的环处于水平位置（传统定位环的环孔安装后处于垂直位置），定位器支架上有一凸台，当定位器被抬高后，定位器定位钩侧上端的一圆形挡块和凸台间隙（即限位间隙）减小。定位器抬高达到允许的最大值时，凸台和挡块接触，从而使定位器的抬高被限制在允许范围内。定位器的抬升量和坡度都是由定位器限位间隙决定的，定位器限位间隙的施工允许偏差为±1 mm。

当挡块和凸台接触后，限制抬升的作用力由定位器支架传递给定位管，定位管受到抬升力。当该抬升力可能导致定位管向上旋转时，定位管不应该采用斜拉线悬吊，而应该用撑杆结构。在软横跨上使用时，下部固定绳不能提供反力矩保持定位支座的稳定性，为了保持定位支座不发生旋转，必须将定位器支架固定于立柱上，或者采用专用的软横跨吊架（定位环）配合钢管、定位器挂板使用。立柱、软横跨吊架用来提供限制定位管抬高的力矩。

(3)高速定位装置的装配

高速铁路定位装置的装配如图 2-27 所示，虚线框内的是定位装置部分。高速铁路装配与普通线路定位装置的不同主要有以下几个方面：

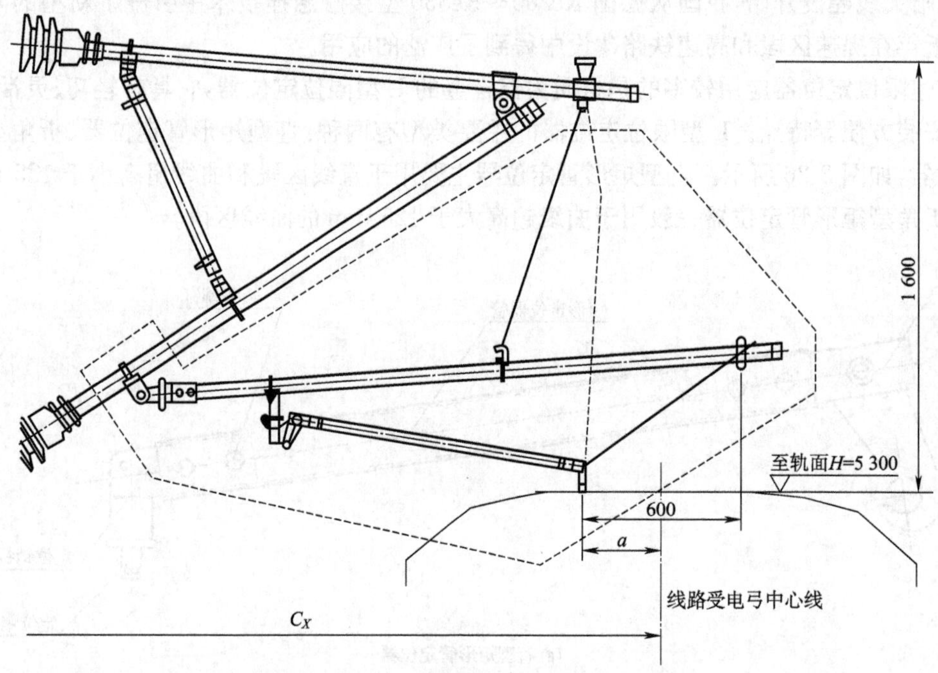

图 2-27　定位装置装配图(单位:mm)

①定位管和定位环间连接

传统的定位管通过端头的定位管钩和定位环连接,高速定位装置中采用带旋转平双耳的套筒单耳(定位环)通过销钉和定位管端头的双耳套筒连接,零件如图 2-28 所示。高速定位器通过旋转平双耳上两个互成 90°的销钉实现定位管在水平、垂直向调整。

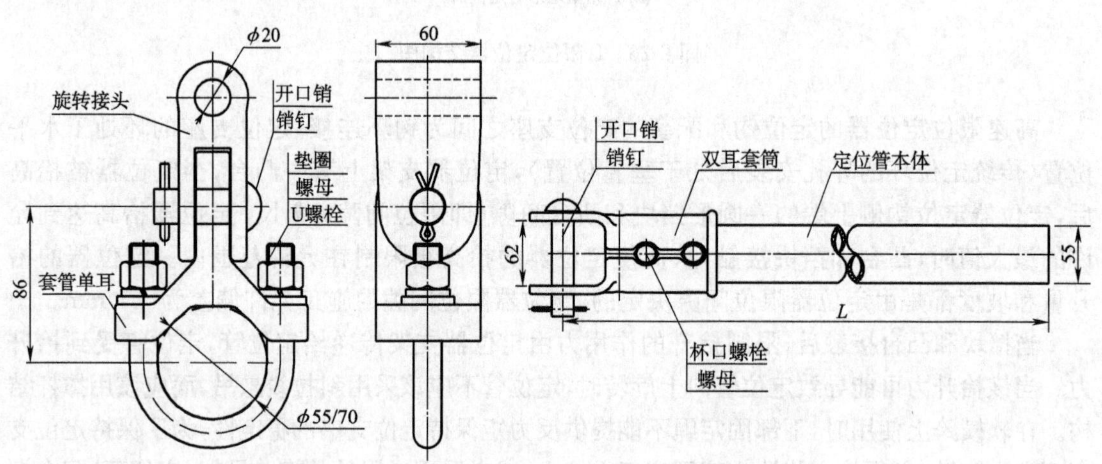

图 2-28　套筒单耳和定位管的连接图(单位:mm)

定位管和双耳套筒间通过两个杯口螺栓相连。首先根据预配计算的长度剪裁定位管,松开杯口螺栓(顶紧螺栓)和背母(锁紧螺帽),将定位管本体插入套筒双耳,并通过套筒双耳上的观察孔确认观测到定位本体。交替拧紧顶紧螺栓到 50 N · m,然后拧紧背母到 50 N · m。最后通过销钉连接双耳套筒和旋转平双耳,将销钉开口销两肢掰开夹角在 120°～130°。

要特别注意的是,顶紧杯口螺栓在紧固后,杯口部分会压入定位管本体,起到紧固作用。顶紧螺栓可反复松、紧 5 次,松、紧次数增加有可能降低铝合金零件的螺纹强度和产品安全性能。

②定位支座和定位器的电气连接

定位器和定位支座间采用钩环进行机械连接,同时在定位支座和定位器间,设置电气连接线。电气连接线的作用是在定位支座和定位器间形成可靠电气连接,防止由承力索流向接触线的横向电流使定位器定位钩和定位支座上定位环间产生电蚀。电气跳线采用两端带连接端子的 35 mm^2 软铜绞线。在定位支座电气安装位置穿入 M10×45 螺栓,然后依次装上铜铝复合垫圈、连接端子、弹垫、螺母。安装时注意铜铝复合垫圈的铝面与定位支座侧相贴,铜面与电气连接跳线相贴,防止定位支座(铝合金)和电气跳线(铜)间产生电化学腐蚀。连接线夹平侧与铜铝复合垫圈的铜面相贴。相同方法安装定位钩侧电气跳线,连接端子平侧与铜铝复合垫圈铜面相贴。螺栓紧固力矩 25 N·m。定位器工作在振动场所,为了防松,可在安装电气跳线螺栓上使用螺栓锁固剂。

③防风拉线

在定位管和定位线夹间设置防风拉线,如图 2-29 所示。防风拉线由 ϕ3 mm 不锈钢线预制而成,长环(上端)套在定位管上的防风定位环内,短环(下端)与定位器顶端的专用孔相连。在安装时,拉线环要成水平方向。为了便于日常维护,防风定位环应装在面向补偿装置一侧。将防风拉线上的卡箍向上推,并在末端作一个弯。

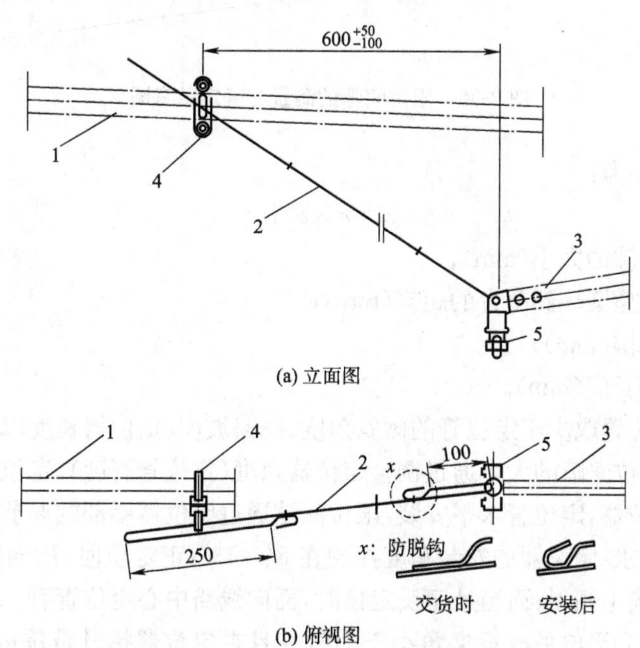

图 2-29　防风拉线安装图(单位:mm)

1—定位管;2—防风拉线;3—定位器;4—防风定位环;5—定位线夹

防风吊弦的作用是防止定位管和定位器在外界压力负荷下产生位置变化，并保证风力负荷条件下拉出值不受影响。定位器正常工作状态下，承受接触线水平力拉力。当和水平力反方向的接触线风负载接近或大于该水平力时，定位器状态变的不稳定或发生向下偏转，影响接触网技术状态稳定性。防风拉线限制了定位器向下的偏转量，而且不影响定位器的正常抬升。只有设计计算接触线的风力负荷大于接触线的横向负荷的情况下才使用防风拉线，即一般应用于定位器受水平力相对较小的直线和半径大于 1 200 m 的曲线上。现场运行表明，防风拉线的存在，在大风天气、接触线覆冰情况下，可以有效地限制接触线舞动的幅值。

④限抬间隙的调整

限位定位器的限抬量应满足受电弓动态抬升量的 1.5 倍(225 mm，该值由设计车速决定)，定位器的抬升量由定位支座、定位钩处的限抬间隙大小决定，如图 2-30 所示。

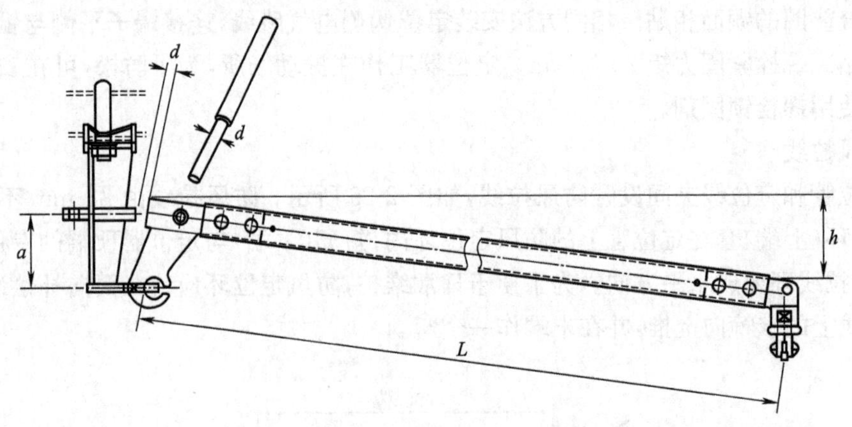

图 2-30　限位间隙的测量与确定示意图

限抬间隙的大小为：

$$d=h\times a/L \tag{2-2}$$

式中　d——限位间隙的大小(mm)；

a——定位支座圆环到凸台的距离(mm)；

h——限位范围(mm)；

L——定位器长度(mm)。

精确的定位器位置取决于定位管的倾斜角度、线路坡度、定位器长度以及导线的抬升。对于直管型定位器，限位间隙的大小通过调整定位器角度(定位管高度)、定位管坡度来实现。对于折角型矩形管定位器，定位管水平安装，限位间隙通过定位器尾部的调节螺栓来调整。保证限位间隙的同时，要求：定位器的安装角度控制在 8°～13°；正定位时，面向线路中心定位管有 20～150 mm/m 的向上倾斜；而当处于反定位时，面向线路中心定位管有 20～150 mm/m的向下倾斜；定位器线夹和受电弓滑板夹角小于 20°，并且在定位器抬升范围内，不能和任何支持装置发生机械碰撞。

⑤定位管斜拉线与定位管支撑

为保持定位管位置的稳定性，采用定位管斜拉线来悬吊定位管。定位管斜拉线采用

ϕ6.0 mm 不锈钢钢丝绳铜套管压接，将压接好的定位管斜拉线一端通过心形环套入承力索座下部的钩环里，另一端通过心形环套入拉线固定钩的钩环里。套入时应先把线环顺绞制方向旋转 90°后套入钩环里，再恢复正常的位置。安装时应注意避免使两端挂钩的开口处在拉线的连线段内。

当定位器抬升限位间隙顶紧后，可能导致定位管向上旋转，故不应采用定位管斜拉线，应该采用定位管支撑。定位管支撑结构和零件同腕臂支撑。在我国石(家庄)—武(汉)客专、(北)京—沪(上海)客专的设计中，更倾向于全部使用定位管支撑，以提高定位装置的稳定性。

4. 接触线拉出值

接触线直接与电力机车受电弓接触且发生摩擦，为了保证受电弓和接触线可靠接触、不脱线和保证受电弓磨耗均匀，要求接触线在线路上按技术要求固定位置，即在定位点处保证接触线与电力机车受电弓滑板中心有一定偏移量，称为拉出值，一般用符号“a”表示。

接触线拉出值可以使运行中的电力机车受电弓滑板工作面与接触线摩擦均匀(否则会使滑板工作面某些部分磨出沟槽，降低受电弓使用寿命)，保证接触线与受电弓接触，不发生脱弓，避免因脱弓造成的弓网事故。

(1)拉出值的大小

接触线的拉出值的大小由电力机车受电弓最大允许工作范围、线路情况、行车速度等因素决定。在直线区段，线路中心线与机车受电弓中心线重合，接触线沿线路中心线上空成“之”字形对称布置，即直线区段接触线拉出值也称“之”字值的原因，其标准值为±200～±300 mm。拉出值的正负表示定位点处接触线的位置。当定位点位于线路中心线和支柱之间时记为正，否则记为负。在高速铁路设计中采用西门子 Candrop 软件进行腕臂、吊弦预配计算时，接触线至支柱距离大于线路中心距支柱距离记为正，否则为负，这种规定和我国传统设计中对接触网拉出值正负的规定是相反的，在应用中要注意。拉出值的允许误差范围为±30 mm。

曲线区段电力机车车身随线路的外轨超高向曲线内侧(简称曲内)倾斜，受电弓也呈倾斜状，线路中心线与受电弓中心不重合。曲线区段上随曲线半径不同拉出值有差异，一般在150～400 mm 之间。拉出值的允许误差为±30 mm。

如果地理环境受限或设备特殊，拉出值也可适当增大(或减小)，但拉出值最大不超过受电弓滑板允许工作范围(950 mm)的 1/2，即拉出值最大不得大于 475 mm。在高铁应用中，一般规定拉出值不大于 400 mm。拉出值的选用必须保证最大风偏移时，跨距中任一点接触线产生的最大水平偏移不超过规定的受电弓允许工作范围。

(2)拉出值的施工与检调

①直线区段拉出值检调

现场对接触线拉出值施工或检修时，借助于测杆和道尺，将定位点处接触线的位置通过测杆上的线坠垂直投影到轨面放置的道尺上，可以方便地确定接触线与线路中心线之间的水平距离。在直线区段，线路中心线和受电弓中心线重合，定位点处接触线的垂直投影距线路中心线的距离也就是定位点处接触线距受电弓中心的距离，即接触线的拉出值。根据实际拉出值和标准拉出值间的误差大小来进行检调。

②曲线区段拉出值检调

在曲线区段，为平衡列车在转弯时产生的离心力，将曲线外侧轨道抬高，称为外轨超高。外轨超高值由线路曲线半径和线上列车允许通过的最大时速而定，可按下列公式计算：

$$h=\frac{7.6v_{\max}^{2}}{R} \tag{2-3}$$

式中 h——外轨超高值(mm)；

R——线路曲线半径(m)；

$v_{\max}$——线路允许最大行车速度(km/h)。

为了应用方便，高速铁路外轨超高值也可以查表 2-14。在现场检调中，超高值一般采用现场测量值。为了减少误差，测量应该尽量准确到 mm。

表 2-14 高铁曲线外轨超高参考表

曲线半径 R(m)	实设超高值 h(mm)
5 500	155
7 000	155/175
8 000	155
9 000	140
10 000	125
11 000	115
12 000	105
13 000	100
14 000	90

曲线上，由于线路外轨超高，机车车身向曲线内侧方向倾斜，机车受电弓随之偏斜，受电弓中心线与线路中心线有一定偏斜距离。在使用测杆线坠测量检调中，测杆上的线坠将定位点处接触线投影到轨平面(道尺)处，测得的是线路中心线与接触线距离，无法直接测量接触线距受电弓中心线的水平距离(即 a 值)。在确定曲线拉出值时，要通过定位处接触线对线路中心线投影的位置(即 m 值)间接确定对受电弓中心的位置，如图 2-31 所示。

其中定位点处接触线距受电弓中心的水平距离(拉出值)用符号“a”表示。定位点处接触线距线路中心的距离用符号“m”表示。线路中心线距机车受电弓中心的偏斜值用符号“c”表示。三者的关系为：

$$a=m+c \tag{2-4}$$

公式中的 m 值有正、负之分，当接触线定位点投影在线路中心线与外轨间时，m 值为正值，如图 2-32(a)所示。当在线路中心线与内轨间时，m 值为负值，如图 2-32(b)所示。

式中的 c 值可以根据图中的几何关系求得：

$$c=\frac{h\cdot H}{L} \tag{2-5}$$

式中 h——曲线外轨超高(mm)；

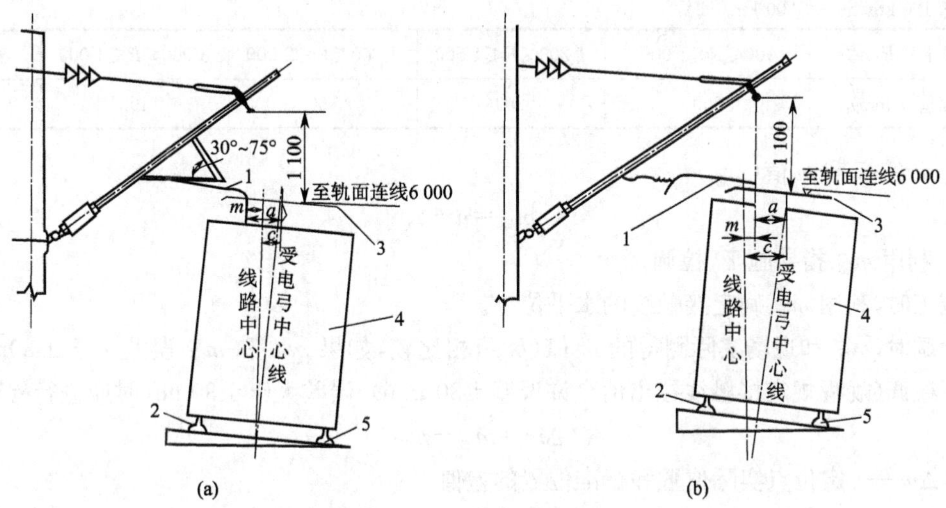

图 2-31　曲线区段外轨超高对受电弓位置的影响及 a、m、c 的关系图(单位:mm)

1—定位器;2—外轨(超高轨);3—受电弓;4—电力机车;5—内轨

H——接触线至轨面的高度(导高)(mm);

L——轨距(mm)。

现场进行简化计算,当导高为 6 000 mm 时:

$$c \approx 4h \tag{2-6}$$

曲线外轨超高 h 值可在现场接触线拉出值检调时用轨道尺实际测量得到。虽然工务施工或检修时一般将超高值标记在曲线内轨的内侧,但由于线路在运行中外轨超高略有变化,故在计算偏移值 c 时,应用实际测得的外轨超高值(曲线内侧标记值仅供参考)。接触线的高度 H 值可在现场实际测量得到。轨距 L 值系指钢轨轨顶下面 16 mm 处的两轨之间的距离,可以用轨道尺测量得到。我国铁路直线区段轨距为 1 435 mm,称为标准轨距;在曲线上考虑机车车辆转弯,轨距需加宽,曲线区段轨距情况见表 2-15。

表 2-15　轨距参考表

曲线半径 R(m)	$R\leqslant 350$	$350<R\leqslant 450$	$450<R\leqslant 650$	$R>650$
轨距 L(mm)	1 450	1 445	1 440	1 435

曲线拉出值的施工与检调,其主要计算就是根据现场实际情况求标准 m 值,过程为:

a. 确定计算条件

a 值为设计标准拉出值,一般可以在接触网平面图中查到。如果图纸中没有标注,可以参考表 2-16。h、H、L 可以通过现场实测得到。

表 2-16　拉出值参考表

车速 120 km/h<$v\leqslant$120 km/h 时:

曲线半径 R(m)	$180\leqslant R\leqslant 1\ 200$	$1\ 200<R<1\ 800$	$1\ 800\leqslant R$	直线
拉出值 a(mm)	400	250	150	±300

车速 120 km/h<v≤200 km/h 时：

曲线半径 R(m)	900≤R≤1 000	1 200≤R≤1 500	1 800≤R≤2 000	3 000≤R≤4 000	直线
拉出值 a(mm)	300	250	150	100	±200

b. 计算标准 m 值($m_{标}$)

$$m_{标}=a-c \tag{2-7}$$

c. 利用 $m_{标}$ 指导施工、检调

施工时，利用 $m_{标}$ 确定接触线的水平位置。

检调时，$m_{标}$ 和现场实际测得的 m 值($m_{实}$)相比较，如果 $m_{标}$ 和 $m_{实}$ 误差小于±30mm 时可以不检调(规程规定接触线拉出值允许误差±30 mm)，误差大于±30mm 时应进行检调。

$$\Delta m=m_{标}-m_{实} \tag{2-8}$$

式中 Δm——定位点实际位置和标准位置的差值。

在拉出值检调中，将定位点向曲线外侧移动，称为拉；将定位点向曲线内侧移动，称为放。当 Δm 为正时，需要将定位点向曲外拉$|\Delta m|$，Δm 当为负时，需要将定位点向曲内放$|\Delta m|$，现场简称为“正拉、负放、零不动”。在检调过程中，特别要注意的是 $m_{实}$、$m_{标}$ 的符号，当接触线定位点垂直投影在线路中心线至外轨间时 m 为正值，在线路中心线至内轨间时 m 为负值。代入上式计算时，要带符号进行运算。下面举例说明曲线拉出值检调的运算过程。

近年来，为了提高接触网几何参数测量效率和精度，广泛使用各种接触网几何参数测量仪。接触网几何参数测量仪可以克服测杆测量的一些明显缺点：要对高压进行接触测量带来的绝缘、安全问题、绝缘工具的定期检验、线坠重力改变接触网工作状态、测量受到风干扰比较大、测量结果需要换算等。

接触网几何参数测量仪有主机和测量架两部分组成。先将测量架按照放置标准放置在钢轨上，主机放置在测量架固定座上，形成一个钢轨面和钢轨中心为基准的测量平台。旋转主机或者前后移动测量架，使得激光点打在目标测量点中心后，按下测量键，仪器内部会完成角度、距离、水平位移等数据的测量，计算输出导高、拉出值、轨距、水平等几何参数，并能进行测量结果的存储和处理。根据测量结果，进行检调。

以现在比较流行的 DJJ-8 型激光接触网测量装置为例，其测量原理为如图 2-32 所示。

$$H=H'\sin\alpha+h_0 \tag{2-9}$$

$$a=\left(\frac{1}{2}D-b\right)-H'\cos\alpha \tag{2-10}$$

$$h=D\sin\beta \tag{2-11}$$

式中 H'——接触线距仪器的距离(mm)；

α——光栅测量得到的旋转角度(°)；

h_0——主机高度(mm)；

D——轨距传感器测得的轨距(mm)；

b——主机在测量架上的固定补偿值；

β——水平传感器测得的倾角(°)。

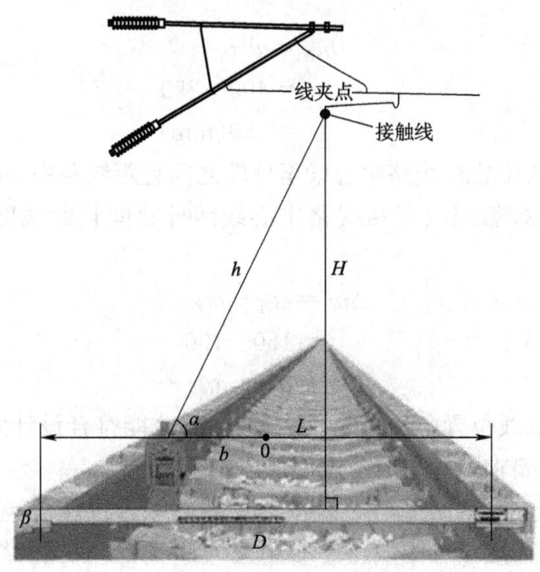

图 2-32　DJJ-8 测量原理图

接触网几何参数测量仪主要通过四个传感器实现其测量。激光测距装置将激光经过连续脉冲调制后，通过光学系统发射至输电导线，漫反射回到激光探测器，探测器经过解调、放大、整形后进行数字检相，通过微处理电路精确计算出距离值。光栅测角装置可以精确测得旋转角度 α。通过水平传感器来确定测量架的水平。通过位移传感器来测量轨距的实际值。利用接触网几何参数测量仪的基本原理，可以测量支柱垂直度、支柱跨距、定位器坡度、承力索接触线高差、线岔中心测量、非支抬高测量、线岔两接触悬挂间距 500 mm 处高差测量、红线标高测量、侧面限界测量等功能。配合系统的存储、计算机数据管理功能，可以提高接触网测量效率。利用接触网几何参数测量仪测量来指导检调，可以直接测得 a 值，省去了 a、m、c 间的计算过程，减少了作业程序，提高了劳动效率。

【例 2-1】 某区间接触网定位点处接触线高度(导高)H＝6 000 mm，所处区段为曲线，曲线半径 R＝600 m，外轨超高为 h＝60 m，设计拉出值 a＝400 mm，求该定位处接触线的位置。若现场实测该定位处接触线投影在线路中心线距外轨间，距线路中心线距离为 100 mm 时，是否应该调整？

解：求定位点处接触线的位置就是求该处接触线相对线路中心线的位置，也就是求 $m_{标}$ 值。

(1)已知 H＝6 000 mm，R＝600 m，h＝60 m，a＝400 mm。根据 R 查表 2-15 得：L＝1 440 mm。

$$c=\frac{h\cdot H}{L}$$

$$=\frac{60\times 6\ 000}{1\ 440}$$

$$=250(\text{mm})$$

由公式(2-7)得：

$$\begin{aligned} m_{标} &= a - c \\ &= 400 - 250 \\ &= 150(\text{mm}) \end{aligned}$$

即该定位点接触线的位置在线路中心线至外轨之间且距线路中心线距离为 150 mm。

(2)现场实际定位处接触线投影在线路中心线距外轨间且距线路中心线为 100 mm，即 $m_{实}=100$ mm。

$$\begin{aligned} \Delta m &= m_{标} - m_{实} \\ &= 150 - 100 \\ &= 50(\text{mm}) \end{aligned}$$

所以应使定位处接触线位置向外轨侧“拉”50 mm，才能符合设计定位要求。当曲线区段检调定位时，不满足标准要求可能造成严重后果。

【例 2-2】 甲作业组在某区间 90 号～108 号支柱间综合检修，调整拉出值，当检调到 104 号支柱定位时，实测接触线定位点距线路中心距离为 80 mm，且接触线定位投影在线路中心至外轨之间，测得外轨超高为 115 mm，查接触网平面图可知该定位标准拉出值为 400 mm，工作领导人让操作人将该定位向外轨侧再拉 140 mm。结果作业组作业结束消令后，第一趟电力机车通过时即发生了弓网事故，请分析弓网事故发生的原因。

解：已知 $m_{实测}=80$ mm，$h=115$ mm，$a_{标}=400$ mm，$\Delta m=140$ mm。检调后现场实际 m 值：

$$m_{实} = m_{实测} + \Delta m = 80 + 140 = 220(\text{mm})$$

调整后的定位实际拉出值为：

$$\begin{aligned} a_{实} &= m_{实} + c \\ &\approx 220 + 4h \\ &= 220 + 4 \times 115 \\ &= 680(\text{mm}) \end{aligned}$$

调整后的定位实际拉出值 $a_{实}=680$ mm，大于受电弓允许最大工作范围的一半 475 mm（接触网拉出值最大值规定为 475 mm，当拉出值大于 475 mm 时，必须降弓）。所以，事故原因是拉出值超标造成弓网事故。

该处拉出值正确检调方法如下：

该定位处距线路中心的标准距离 $m_{标}$ 为：

$$\begin{aligned} m_{标} &= a_{标} - c \\ &\approx a_{标} - 4h \\ &= 400 - 4 \times 115 \\ &= -60(\text{mm}) \end{aligned}$$

$m_{标}=-60$ mm 说明该定位处接触线距离线路中心标准距离应该为 60 mm，且投影位置应在线路中心线至内轨之间。

$$\begin{aligned} \Delta m &= m_{标} - m_{实测} \\ &= (-60) - 80 \\ &= -140(\text{mm}) \end{aligned}$$

正确的检调应该是将接触线定位点向内轨侧放 140 mm。

上例提醒大家，在进行曲线拉出值检调的时候，一定要注意 m 值的符号和检调方向。在测量、计算、检调每一个步骤中认真记录好符号。

【例 2-3】 某线路曲线半径 $R=400$ m，接触线高度 $H=6\ 000$ mm，外轨超高 $h=75$ mm，轨距 $L=1\ 450$ mm，相邻两跨距长度均为 30 m，当中间一支柱折断后，如图 2-33 所示，将定位甩开。导线高度足够送电需要，相邻两支柱处拉出值保持 400 mm 不变，问送电后电力机车是否需要降弓通过？

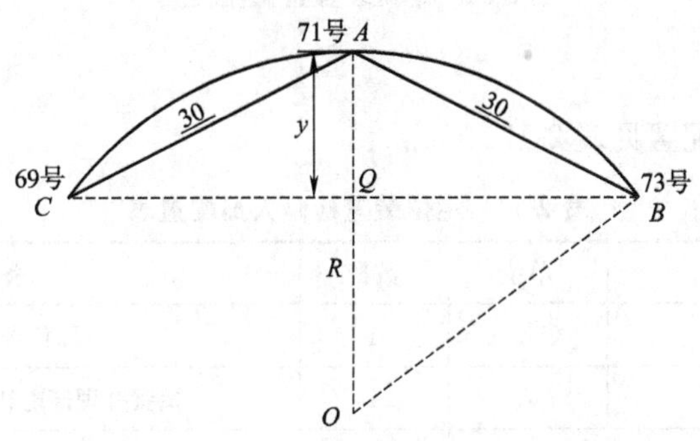

图 2-33　曲线中间柱折断后示意图

解：设中间 71 号支柱折断后，该处定位相对原来偏移为 y，$y=QA$，根据图 2-33 所示：

$$QB^2=OB^2-OQ^2=R^2-(R-y)^2$$

$$QB^2=AB^2-QA^2=l^2-y^2$$

所以，$l^2-y^2=R^2-(R-y)^2$，整理可得：$y=\dfrac{l^2}{2R}$

中间支柱折断后，相当两个跨距合成一个大跨距，原来中间支柱定位处相当于支柱折断后大跨距的跨中，此时跨中导线对受电弓中心偏移值设为 x，则

$$x=y-a=\frac{l^2}{2R}-a$$

$$=\frac{30^2}{2\times400}-0.4$$

$$=0.725(\text{m})$$

因为跨中导线对受电弓中心偏移 $x=725$ mm，大于受电弓允许最大工作范围的一半 475 mm，所以机车通过时，必须降弓通过。

思考

1. 几种定位方式的应用场合有何不同？
2. 曲线区段哪一点接触线产生的最大水平偏移最大？
3. “正拉、负放、零不动”如何理解？

三、工作流程与任务

(一)流程图

定位装置检修流程如图 2-34 所示。

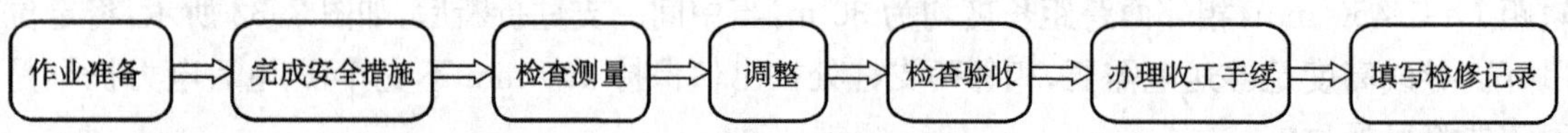

图 2-34 定位装置检修流程图

(二)任务组织

定位装置检修人员配置见表 2-17。

表 2-17 定位装置检修人员配置表

序号	项　目	单位	数量	备　注
1	工作领导人	人	1	全面负责现场作业组织
2	主防护员	人	1	负责办理停电和封锁,传递防护信息
3	地线监护人	人	2	监护地线操作人按标作业
4	地线操作人员	人	2	负责接挂接地线
5	高空作业人员	人	2	负责高空设备的检修作业
6	高空作业监护	人	2	负责监护高空作业人员的安全
7	司乘人员	人	2	司机、学习司机各 1 人
8	行车防护	人	2	负责作业区段的行车安全防护

定位装置检修工具配置见表 2-18。

表 2-18 定位装置检修工具配置表

序号	名　称	规格或型号	单位	数量	备　注
1	作业车(车梯)	—	台	1	—
2	接触网多功能检测仪	DJJ	台	1	—
3	单滑轮	—	个	1	曲线处备用
4	坡度测量尺	—	把	1	—
5	小绳	—	根	1	—
6	梅花扳手	—	套	2	—
7	力矩扳手	20～100 N·m	套	2	含套筒
8	温度计	—	支	1	—
9	手扳葫芦	0.75 t	个	1	—
10	钢丝套子	—	套	2	—

续上表

序号	名　称	规格或型号	单位	数量	备　注
11	木锤(橡皮锤)	—	把	1	—
12	三段径塞棒	—	套	1	—
13	线坠	—	个	1	—
14	盒尺	5 m	把	1	—
15	扭面器	—	套	1	—

定位装置检修材料配置见表 2-19。

表 2-19　定位装置检修材料配置表

序号	名　称	规格	单位	数量	备　注
1	铝合金定位环	根据现场确定	套	1	—
2	铝合金定位管	根据现场确定	套	1	—
3	Z 型定位支座	根据现场确定	套	1	—
4	W 型定位支座	根据现场确定	套	1	—
5	定位器	根据现场确定	套	1	—
6	铝合金定位管支持	根据现场确定	套	1	—
7	定位线夹	根据现场确定	套	1	—
8	电气连接跳线	根据现场确定	套	1	—
9	螺栓	—	套	若干	根据现场实际需要
10	开口销	—	个	若干	根据现场实际需要
11	定位管管帽	根据现场确定	个	2	—
12	电力复合脂	—	管	1	—
13	铁线	ϕ4.0 mm	kg	若干	—

(三)技术标准

定位装置结构及安装状态应保证接触线工作面平行于轨面连线，定位点处接触线的弹性符合规定。当电力机车、动车组受电弓通过和温度变化时，接触线能上下左右自由移动。

(1)定位器

①定位器应与腕臂顺线路偏移的方向、角度相一致。

②定位器限位间隙应符合设计要求，允许偏差为±1 mm。且应满足受电弓最大动态抬升量的限位要求，在 1.5 倍最大动态抬升量时限位间隙为 0。非限位定位器根部与接触线高差符合设要求，允许偏差为±10 mm；

③定位器应处于受拉状态(拉力＞80 N)，定位器静态角度(定位器与轨面连线之间的夹角)标准如下：

标准值：8°；

标准状态：6°～10°；

警示值：6°～13°；

限界值：4°～15°。

④定位器偏移

标准值：平均温度时垂直于线路中心线，温度变化时沿接触线纵向偏移与接触线在该点的伸缩量相一致；

标准状态：标准值±偏移量的10%；

警示值：同标准状态；

限界值：极限温度时，偏移值不得大于定位器(定位管)长度的1/3。

⑤转换支柱处两定位器能分别随温度变化自由转动，不得卡滞。非工作支和工作支定位器、管之间的间隙不小于50 mm。

(2)定位管

①正、反定位管状态均应符合设计要求。定位管应与腕臂在同一垂面内；

②定位管端部余长为50～150 mm。吊钩定位环距接触线悬挂点一般为400 mm。吊钩定位环开口正定位时朝支柱侧，反定位时朝远离支柱侧。

(3)其他

①防风拉线环的U螺栓穿向补偿下锚方向(以中心锚结为界)，防风拉线长环在定位管端，短环在定位器端。

②防风拉线固定环距定位器端头水平距离为600 mm，允许误差－100～＋50 mm，面向下锚侧安装，防风拉线与水平方向呈45°。防风拉线短环端回头100 mm，长环端回头250 mm。防风拉线固定环应位于长环中间位置。

③定位管吊弦应顺直受力，与弹性吊索间隙大于50 mm。

④定位环应垂直线路方向安装，避免与旋转平双耳出现剪切力。

⑤定位管水平或抬头时应安装管帽，低头时不宜安装管帽。

⑥定位器支座处电气连接线安装应符合设计要求，且不应与定位支座限位止钉相互摩擦。铜铝双面垫片安装正确，铝面与定位器和底座接触，铜面与电气连接线鼻子接触。

⑦定位线夹安装正确，接触面应涂导电介质。定位线夹或锚支定位卡子受力面符合要求，有环夹板远离定位钩和定位支座侧。U形销向上弯折60°。

(四)检修程序和方法

1. 作业准备

按规程要求填写工作票并交付工作领导人，工作领导人向作业组全体成员宣读工作票、分工并进行安全预想，检查工具、材料。

2. 完成安全措施

做好安全措施，工作领导人确认完成安全措施后，通知各作业组开工。

3. 检查测量

检查定位管、定位环、定位管支持、定位器、定位支座、定位线夹及U形销，外观应无裂纹、锈蚀、损伤、变形，定位器电气连接线应无缺失或烧伤等异常情况。

检查定位装置结构及状态应符合要求，定位环、定位管支持套管单耳、双耳套筒、定位支座等位置应无变化，定位管、定位器应状态良好，确保接触线工作面正确，定位点处弹性满足技术要求。

(1)定位管(含双耳套筒、定位环)(图2-35)检查

①上、下行定位管间距检查：检查锚段关节时，上、下行定位管间距是否符合标准，正常情

图 2-35　定位管实物图

况下不应小于 2 000 mm,困难情况下不应小于 1 600 mm。

②定位管状态检查:按照设计及规范要求,标准情况下定位管应当水平,坡度允许误差不得大于 150/1 000,且正定位只允许抬头、反定位只允许低头。

③定位管与双耳套筒连接状态检查:双耳套筒上销钉应无裂纹、变形、锈蚀等异常情况;双耳套筒销钉上开口销安装正确无缺失;双耳套筒顶紧螺栓状态良好。定位管端部余长一般为 50～150 mm。

④定位管管帽检查:按照设计要求,首先判断该定位管是否需要加设管帽,再检查管帽状态,定位管管帽应无破损。

(2)定位环(图 2-36)检查

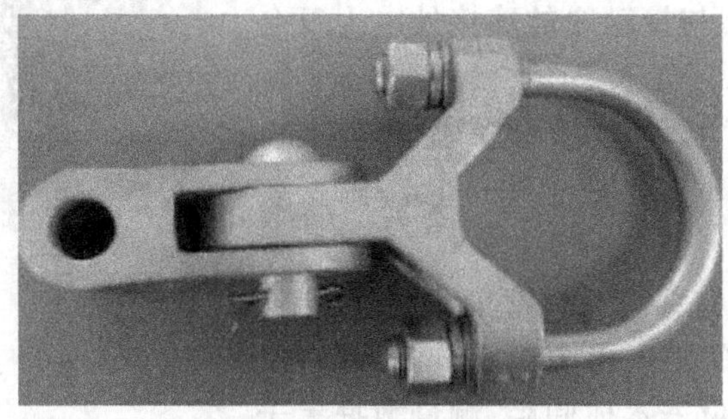

图 2-36　定位环实物图

①定位环是连接定位管与斜腕臂的主要连接受力件,检查零件外层氧化情况、本体是否有裂纹、受力是否均匀,横向、纵向转动是否灵活等。

②连接销钉开口销应安装正确无缺失。

③观察单耳套管 U 形螺栓弹簧垫圈的状态,若弹簧垫圈处于不受力状态,则说明螺栓力矩偏小,若弹簧垫圈被压平,则说明螺栓处于正常的受力状态。

(3)定位支撑(图 2-37)检查

①定位支撑是稳定定位管水平的一个主要部件,由两个双耳套筒和一个支持管组成。检查定位管支持本体、双耳套筒应完好无裂纹,顶紧螺栓及螺母无缺失。

②通过观察双耳套筒本体上面的小孔,检查支持管是否安装到套筒底部。

(4)定位器检查

①检查定位器型号是否符合设计要求,定位器有无弯曲、损坏。

②定位器端部定位钩是否存在烧伤磨损现象。

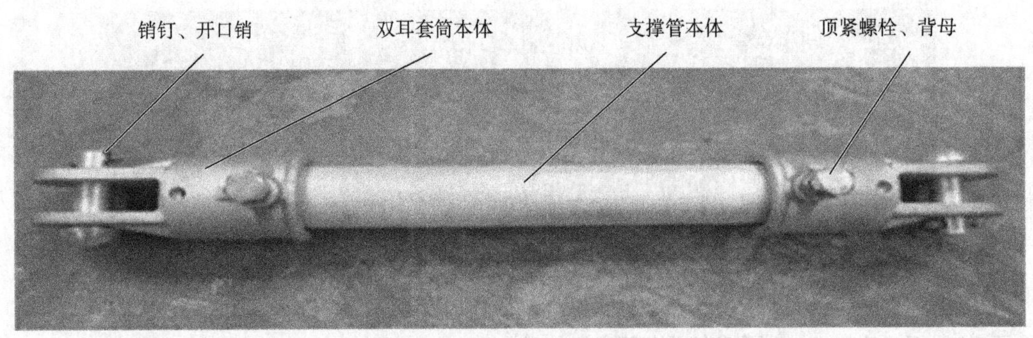

图 2-37　定位支撑

③定位器若处于受压状态易对定位器本体造成损伤,因此在定位器定位钩环和定位器支座连接处两个钩环应该处于相互拉伸的状态,若出现相互对顶说明安装错误应及时调整。

(5)定位线夹(图 2-38)检查

①检查定位线夹(锚支定位卡子)本体是否有影响使用的质量缺陷或裂纹,受力面安装是否正确;定位线夹 U 形销无敲击痕迹、无损伤,状态良好。

②检查定位线夹本体,不得出现裂纹、紧固螺母缺少等现象,观察定位线夹与接触线的连接处电力复合脂是否涂抹到位。

③检查定位线夹受力面是否安装正确,有环夹板要处于受压状态,若无环夹板处于受压状态则安装错误。

图 2-38　定位线夹

④定位线夹 U 形销钉穿向及折弯角度检查:定位线夹顶面与定位器本体间隙不得大于 5 mm。用盒尺测量定位线夹顶面与定位器本体间隙,测量数据大于 5 mm时,说明无环夹板牙型未卡入定位器固定销凹槽,存在严重安全隐患,应打开定位线夹重新安装,确保无环夹板牙型卡入定位器固定销凹槽。

定位线夹 U 形销正确安装方法为从无环夹板穿向有环夹板方向,若安装时 U 形销从有环夹板穿向无环夹板,则定位线夹与定位器连接不牢靠,存在严重安全隐患。

U 形销钉从无环夹板穿出有环夹板后,为防止振动脱落,应将 U 形销钉向上折成 60°角,在检查定位线夹时要对 U 形销钉的折弯角度进行检查,若角度不足应及时进行调整,防止脱落。同时要检查定位线夹紧固螺栓穿向是否正确,按照安装标准,紧固螺栓的穿向应该是与 U 形销钉的穿向是一致,即从无环夹板穿向有环夹板。

⑤止动垫圈安装工艺检查:定位线夹的止动垫圈的两个止动垫片长短是不一致的,安装时互成 180°掰折安装,长支向定位线夹本体侧掰折,短支向紧固螺母方向掰折,且要求止动垫圈与线夹本体、紧固螺母连接密贴。

(6)定位器电气连接线检查

检查定位器电气连接线无烧伤、断股、散股,连接线夹压接状态良好,安装角度符合要求,铜铝复合垫圈、弹簧垫圈无缺失，状态良好。

(7)定位器坡度检查

根据不同曲线半径，定位器静态角度一般控制在 8°～13°。

使用 DJJ-8 激光测量仪，根据定位器坡度测量功能提示，分别选取定位线夹接触线和定位器根部钩环位置进行测量。

(8)定位器限位间隙检查

控制定位器抬升量是接触网设计安装中一个重要指标。在目前的设计中往往单独给出限位间隙或最大抬升量两个相互独立的数值，但是在实际调整过程中发现两个数值是相互联系的，因此在日常的检查中要同时对限位间隙和最大抬升量进行检查，检查标准见表 2-20。

表 2-20　限位间隙和最大抬升量对照表

序号	定位器长度(mm)	定位器坡度	定位管坡度	最大抬升量为200 mm 时的限位间隙(mm)	最大抬升量为225 mm 时的限位间隙(mm)	最大抬升量为240 mm 时的限位间隙(mm)
1	1 050	8°～13°	$0 \leqslant X_{正} \leqslant 0.15$；$-0.15 \leqslant X_{反} \leqslant 0$	17.1	19.3	20.6
2	1 150	8°～13°	$0 \leqslant X_{正} \leqslant 0.15$；$-0.15 \leqslant X_{反} \leqslant 0$	15.7	17.6	18.8
3	1 250	8°～13°	$0 \leqslant X_{正} \leqslant 0.15$；$-0.15 \leqslant X_{反} \leqslant 0$	14.4	16.2	17.3
4	1 350	8°～13°	$0 \leqslant X_{正} \leqslant 0.15$；$-0.15 \leqslant X_{反} \leqslant 0$	13.3	15.0	16.0

4. 调整

(1)定位管上、下行间距不足调整

当锚段关节处上、下行定位管间距不足 1 600 mm 时，如图 2-39 所示，采取减小两定位管外露长度的方法，适当切除两定位管端部，使上、下行定位管间距符合规范要求。

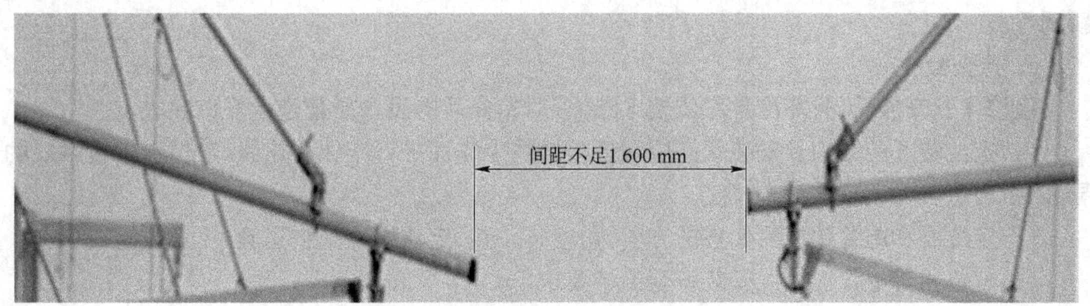

图 2-39　定位管上、下行间距示意图

(2)定位器偏移值不符合标准调整

①根据测量数据，确定调整方向和调整量。

②先在承力索上做好标记，松动承力索座螺栓，推动腕臂移到标准位置。

③用小绳或手扳葫芦将定位器卸载，松动定位线夹螺栓，将定位器调至标准位置，按标准力矩紧固。

④拆除小绳或手扳葫芦。

(3)定位器坡度不符合标准调整

①在保证接触线高度的前提下,确认调整量和调整方向。

②利用小绳或手扳葫芦将定位器卸载,松动定位环线夹螺栓,调整定位管高度。

③调整后用坡度仪复测定位器坡度,直至符合要求。

④所有参数都符合要求后,用力矩扳手按设计要求对各部螺栓进行紧固。

(4)限位间隙不符合标准调整

调整定位管高度,参照定位器坡度不符合标准调整。

(5)定位线夹受力面反倒装或损伤更换

①用小绳或手扳葫芦将定位器卸载。

②松动定位线夹螺栓,对受力面反的定位线夹进行倒装(或对损伤的定位线夹零部件进行更换)。

③更换完毕,检查各参数符合要求后,拆除小绳或手扳葫芦。

(6)定位器弯曲、损坏更换

①用小绳或手扳葫芦将定位器卸载。

②松动定位线夹螺母,使定位器与接触线脱离,拆除定位器。

③更换定位器,定位线夹处涂抹电力复合脂,紧固定位线夹螺母。

④拆除小绳或手扳葫芦,复测调整后的导高、拉出值,直至符合标准,否则重新调整。

(7)定位支座磨损更换

①正定位将手扳葫芦挂套子一端打在腕臂支持处,另一端打接触线上;反定位将手扳葫芦一端打在反定位管端头,另一端打在接触线上。摇动手扳葫芦将定位器卸载(应对接触线采取保护措施)。

②松动定位支座U形螺栓,拆除更换损坏的定位支座,按原位置恢复并紧固。

③松动手扳葫芦恢复定位装置,复测更换定位支座后的导高、拉出值应符合标准,否则重新调整。

5. 检查验收

检修作业完成后,需复测各部位技术参数,对检修后的设备质量进行复核验收。

(1)定位装置的结构及安装状态应保证接触线工作面平行于轨面连线,定位点处接触线的导高、拉出值及弹性要求符合规定。

(2)定位器和腕臂顺线路偏移的方向、角度相一致,定位线夹安装正确。

(3)定位器等电位连接线安装符合设计要求。

(4)根据不同曲线半径,定位器静态角度符合 8°～13°要求。

6. 办理收工手续

(1)工作领导人确认各作业组工作结束,人员机具均已撤至安全地带后,通知监护人员撤除地线及其他安全措施。

(2)工作领导人确认安全措施撤除后,通知驻站联络员申请消除停电作业命令和线路封锁命令。

(3)工作领导人召开收工会,办理收工手续。

7. 填写检修记录

按照当天检修情况填写检修记录。

四、分析与思考

本任务主要是定位装置检调。填写“接触线综合检测记录”关系到接触网的结构和技术标准要求，因此，如何保证检调作业的正确至关重要。本任务在实际工作中需要注意以下问题：

(1)拉出值、定位坡度、定位偏移不得超过安全值，线夹不得偏斜，不得人为造成定位硬点。

(2)拉出值调整要考虑接触线与承力索的布置，保证其连线能够垂直于轨面连线，在曲线区段要防止承力索向区线外侧偏斜。

(3)调整弹性支座时，应保证其腕臂在任何条件下对固定接地体的空气间隙不小于300 mm。

(4)作业人员不宜位于线索受力方向的反侧，并采取防止线索滑脱的措施。

(5)定位器上的定位线夹安装时，应使其螺栓母受压，定位线夹与接触线接触面应涂电力复合脂。

(6)定位环应沿线路方向垂直安装，定位管上定位环的安装位置距定位管根部不小于40 mm，定位装置各部件之间应连接可靠，定位钩与定位环的铰接状态良好。

(7)软定位器的定位拉线调整端在定位器侧，固定端在腕臂侧。

项目三　接触悬挂的维护检修

接触悬挂包括接触线、吊弦、承力索和补偿器及连接零件。接触悬挂通过支持装置架设在支柱上，其作用是将从牵引变电所获得的电能输送给电力机车。电力机车运行时，受电弓顶部的滑板紧贴接触线摩擦滑行得到电能(简称“取流”)。

对于接触悬挂装置的检修维护需要特定的知识和技能。

一、项目描述

以接触网设备为载体，依据接触网检修作业标准，在校内铁路综合实训基地和校外供电段实训基地，对接触悬挂进行检调，并分析、上报相关资料。

二、教学目标

1. 熟悉接触悬挂的维修作业标准；
2. 能熟练进行接触线检调；
3. 能熟练进行承力索检调；
4. 能熟练进行吊弦检调；
5. 能按规定填写检修记录单。

三、技能和知识要求

1. 技能要求

接触悬挂的检修维护，除了要掌握机械部件维修所需技能外，还需要掌握以下技能：

(1)会使用接触网检修作业车、接触网参数测距仪等专用工具、仪器；

(2)会进行接触线检调；

(3)会进行承力索检调；

(4)会进行吊弦检调；

(5)会填写检修记录单。

2. 知识要求

为掌握以上特别技能，需要以下知识作为基础：

(1)理解接触悬挂的作用；

(2)理解接触悬挂的结构；

(3)理解接触悬挂的类型；

(4)理解接触悬挂检调方法和步骤；

(5)会描述检修记录单填写规定。

任务一　接触线的维护检修

接触线是接触网的核心组成部分，其学习目标和典型工作任务是接触网维护与检修的重要组成部分，和其他模块共同组成接触网的日常维护与检修工作。

一、任务书——接触线的检调

图 3-1 是常见接触线的截面图。根据实训基地实物进行接触线检调，并将检调结果填入表 3-1 和表 3-2 中。

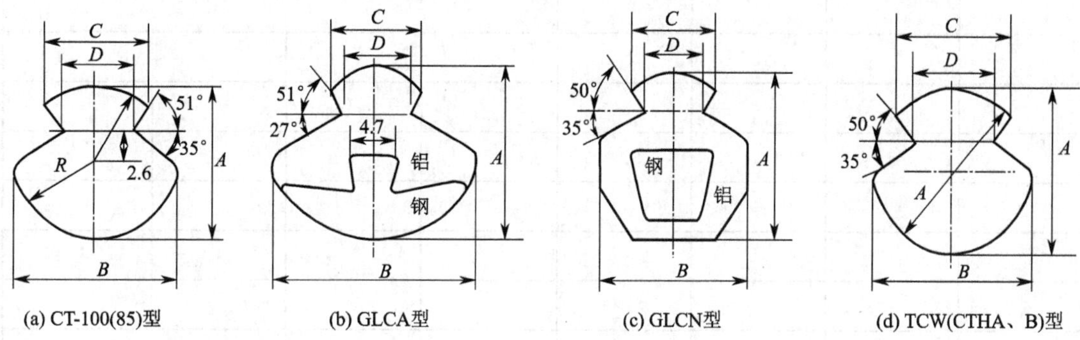

(a) CT-100(85)型　(b) GLCA型　(c) GLCN型　(d) TCW(CTHA、B)型

图 3-1　常见接触线类型

表 3-1　接触网全面检查记录

站场(区间)：

支柱号	接触悬挂				定位及支撑装置					支柱、基础及横梁	电连接	附加导线	螺栓紧固力矩	缺陷处理情况	检查人	互检人	日期
	接触线	承力索	吊弦	其他	支撑装置状态	定位装置状态	定位器坡度	限位间隙	软横跨								

设备负责人：　　　　工长：　　　　领工员：

表 3-2 接触导线磨耗损伤测量记录

区间(站场):

支柱号	接触线剩余高度		接头及其他			测量人	日期
	定位点	跨中	位置	类别	剩余高度		

设备负责人： 工长： 领工员：

二、知识准备

接触线是接触网中直接与受电弓滑板接触摩擦取流的部分，电力机车从接触线上获得电能。接触线的材质、工艺及性能对接触网起着重要影响，因此要求它具有较小的电阻率、较大的导电能力、良好的抗磨损性能、较长的使用寿命、高强度的机械性、较强的抗张能力。

接触线制成上部带沟槽的圆柱状，沟槽是为了便于安装接触线的线夹，同时又不影响受电弓取流。接触线底面与受电弓接触的部分呈圆弧状。

1. 接触线按照材质的分类

按照材质主要分为铜接触线、铜合金接触线和复合金属接触线。

(1)铜、铜合金接触线

在电气化铁路建设初期，接触网主要采用铜接触线，其主要型号为 TCG-110、TCG-100 和 TCG-85 型。

其中：T——材质为铜；

C——电车线；

G——沟槽型；

110/100/85——接触线的截面积(mm^2)。

TCG-110、TCG-100截面积较大,有较大的载流量,分别用于站场正线和区间,TCG-85主要用于站场侧线。

现在,铜、铜合金接触线在电气化铁路中的应用非常广泛,其型号表示为:

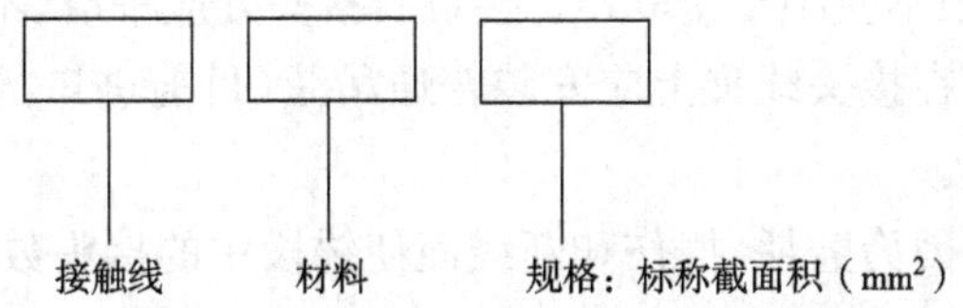

其中,材料部分:铜——T;铜银合金——TA;高强度铜银合金——TAH;铜锡合金——TS;铜镁合金[ω(Mg)=0.2%]——TM;高强度铜镁合金[ω(Mg)=0.5%]——TMH。如:CT110表示截面积为110 mm^2的铜接触线,等同于TCG-110。

随着电气化铁路的大幅度提速和高速电气化铁路的建设,铜接触线已经不能满足接触网技术发展的要求。高速接触网要求受流性能好、稳定性能好、抗张性能好、导电性能好、电流强度大的接触线,而铜合金接触线满足高速接触网的要求,目前成为我国繁忙干线或提速干线接触导线的主流产品。

(2)复合金属接触线

复合金属接触线常见的类型是钢铝复合接触线。为了减少有色金属铜的使用量,20世纪70年代我国研制了以铝代铜的GLCA $\frac{100}{215}$和GLCB $\frac{80}{173}$型钢铝复合接触线,以及内包钢的CGLN195、CGLN250型钢铝接触线。

其中:G——材质为钢;

L——材质为铝;

C——电车线;

A/B——截面形状;

N——内包;

100/80——相当于100/80 mm^2截面的铜接触线的导电能力;

215/173——导线的几何截面积(mm^2)。

它是由导电性能较好的铝和机械强度较高的钢滚压冷轧而成,钢的部分用于保证应有的机械强度和耐磨性能,和受电弓接触受流,铝的部分用于导流。钢铝接触线具有很好的机械强度,不容易断线,线密度低,安全性较好,导电性可以到达46.3%IACS,并具有价格便宜、材料来源广泛的优点。缺点是其刚度和截面积较大,形成的硬弯和死弯不易整直,影响受流。另外,钢的部分耐腐蚀性能差,气候潮湿或酸雨地区,接触线与受电弓滑板接触的摩擦面易锈蚀,若有电弧烧伤,锈蚀速度更快,且会形成恶性循环。内包钢式钢铝接触线是钢铝接触线的改进型,在接触线没有磨耗的情况下,铝覆钢的结构可以有效防止钢材料的氧化。在运行过程中,受电弓将接触线下部铝磨耗后,开始发挥钢材料的耐磨性,这种结构有效地防止了非工作支钢铝接触线中裸露钢材和接触线钢材侧面的氧化。为了提高复合金属接触线的导电性,日本研发了铜包钢复合接触线,拟用于高速电气化铁路。

2. 接触线的接头和磨耗

(1)接触线接头

对于常速和中速铁路，为了保证整个接触网线路质量，在新架设的车站正线及区间干线上规定：每个锚段中接触线的接头数目，正线不应超过1个，站线不应超过2个（不包括下锚处非工作支上接头）。接头间距不应小于150 m。接触线接头处应平滑、不打弓，螺栓应紧固，扭矩应符合有关标准的要求。在接头线夹上应安装普通吊弦（目前进口的铜接头线夹不带吊弦），将线夹吊起避免出现硬点。

运行中的接触线可能因为磨耗、损伤和断线而使锚段中的接头数量增加，一个锚段内的接触线和承力索接头、补强和断股的总数应符合如下规定：锚段长度在800 m及以下时，不超过4个；锚段长度超过800 m时，铜合金及铜线不超过8个，钢线、铝线、钢铝复合线不超过6个。接头距悬挂点应不小于2 m，两接头之间距离应不小于80 m。

对于时速200 km的提速区段，运行检修中对接触线接头的规定更加严格。接触线锚段长度在800 m及以下时接头数量不超过2个；锚段长度超过800 m时不超过4个，并且接头距悬挂点不得小于2 m。接头线夹属于锚段中受力较大的重要零部件，应该严格按照安装工艺要求进行螺栓紧固，防止抽脱事故发生。在高速铁路中，正线锚段接触线在施工和运行中不允许有接头。

(2)接触线磨耗

接触线在运行中，受电弓和接触线的摩擦会造成接触线截面积减小，称为接触线磨耗。接触线的磨耗使接触线截面积减小，会影响到接触线的强度安全系数。《铁路电力牵引供电规范》(TB 10009—2016)对磨耗和张力的规定为：铜或铜合金接触线在最大允许磨耗面积20%的情况下，其强度安全系数不应小于2.0。运营中，要求每年至少进行一次接触线磨耗测量，当接触线磨耗达到一定限度时应更换或局部补强。如发现全锚段接触线平均磨耗超过该型接触线截面积的20%时应全部更换，局部磨耗超过30%时可进行补强，当局部磨耗达到40%时应切换做接头。

接触线磨耗测量点通常选在定位点、电连接线、导线接头、中心锚结、电分相、电分段、锚段关节、跨距中间等处。利用游标卡尺测量磨耗后接触线的直径残存高度，根据直径残存高度可以计算得到接触线磨耗截面积，如图3-2所示。

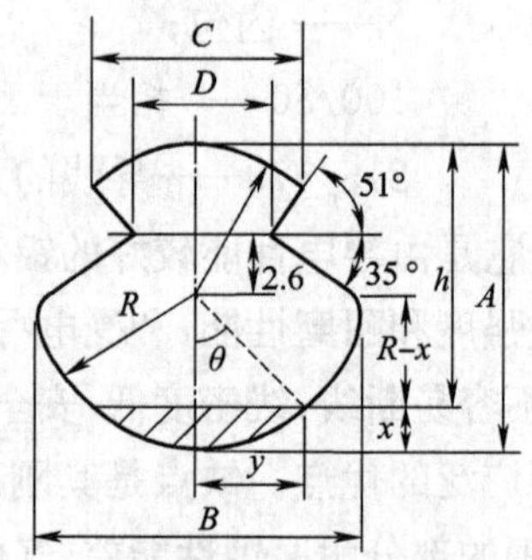

图3-2 接触线磨耗截面积示意图

设接触线的磨耗面积为a，单位为mm^2，

$$a=2\left[\pi R^2\frac{\theta}{360}-\frac{R-x}{2}y\right]=\pi R^2\frac{\theta}{180}-(R-x)y \quad (3\text{-}1)$$

将$y=\sin\theta$代入上式得：

$$a=\pi R^2\frac{\theta}{180}-(R-x)R\sin\theta \quad (3\text{-}2)$$

$$\theta=\arccos\left(1-\frac{A-h}{R}\right) \quad (3\text{-}3)$$

式中 R——接触线下圆截面半径(mm)；

x——实际磨耗高度(mm)，$x=A-h$。

随着磨耗面积加大，又未达到更换程度时，为了改善其运行条件，逐渐减少接触线的实际张力，可减少坠砣数目，使接触线内的实际张力保持约 100 N/mm（对铜接触线而言）。调整时可按图 3-3 进行。

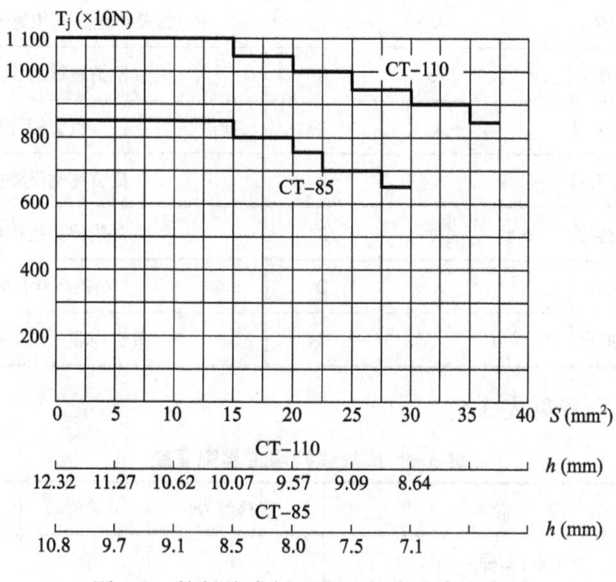

图 3-3　接触线磨耗面积及相应张力变化图

S—磨耗截面积；h—导线残存高度；T_j—接触线张力

现场应用中，一般不采用计算的方法来求磨耗面积，而是根据接触线的直径残存高度，对照该型号接触线磨耗换算表，查出该点接触线磨耗截面积。

思考

1. 接触线制成上部带沟槽的圆柱状的原因是什么？
2. 接触线接头数量为什么不宜过多？
3. 在运行设备上接触线磨损后应该采取什么措施保证接触线张力的基本恒定？

三、工作流程与任务

（一）流程图

接触线检修流程如图 3-4 所示。

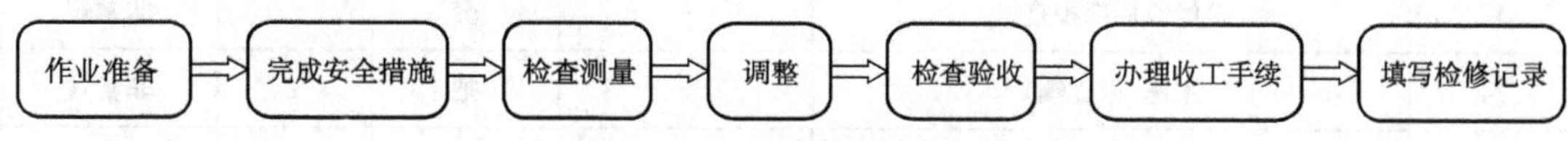

图 3-4　接触线检修流程图

（二）任务组织

接触线检修人员配置见表 3-3。

表 3-3 接触线检修人员配置表

序号	项　目	单位	数量	备　注
1	工作领导人	人	1	全面负责现场作业组织
2	主防护员	人	1	负责办理停电和封锁，传递防护信息
3	地线监护人	人	2	监护地线操作人按标作业
4	地线操作人员	人	2	负责接挂接地线
5	高空作业人员	人	2	负责高空设备的检修作业
6	高空作业监护	人	2	负责监护高空作业人员的安全
7	司乘人员	人	2	司机、学习司机各 1 人
8	行车防护员	人	2	负责作业区段的行车安全防护

接触线检修工具配置见表 3-4。

表 3-4 接触线检修工具配置表

序号	名　称	规格型号	单位	数量	备　注
1	作业车(车梯)	—	台	1	—
2	接触网激光测量仪	DJJ-8	台	1	—
3	水平尺	—	把	1	—
4	坡度测量尺	—	把	1	—
5	小绳	—	条	1	—
6	塞尺	—	套	1	—
7	钢卷尺	5 m	把	1	—
8	单滑轮	—	个	1	—
9	扭面器	—	套	2	—
10	手扳葫芦(含套子)	4 t	台	1	非常规
11	断线钳	—	把	1	非常规
12	接触线直弯器	五轮	套	1	非常规
13	接触线局部校直机	—	套	1	非常规
14	木锤(橡皮锤)	—	把	1	非常规
15	卡线器	4 t	个	2	非常规
16	力矩扳手	0～100 N·m	把	2	非常规
17	平锉	—	把	1	非常规

接触线检修材料配备见表 3-5。

表 3-5　接触线检修材料配置表

序号	名　　称	规格	单位	数量	备　注
1	电力复合脂	—	管	1	—
2	细砂纸	—	张	若干	—
3	铁线	ϕ4.0 mm	kg	若干	—
4	接触线接头线夹	根据现场确定	套	2	非常规
5	接触线	根据现场确定	m	若干	非常规

(三)技术标准

1. 强度安全系数

铜或铜合金接触线在最大允许磨耗面积 20%的情况下,其强度安全系数不应小于 2.0。

2. 接触线的张力和弛度

标准值:符合安装曲线的规定;

安全值:半补偿链形悬挂和简单悬挂弛度允许误差为 15%,全补偿链形悬挂弛度允许误差为 10%,弛度误差不足 15 mm 者按 15 mm 掌握;

限界值:同安全运行值。

3. 接触线拉出值(含最大风偏时跨中偏移值)

标准值:设计值;

标准状态:标准值±30 mm;

警示值:400 mm;

限界值:450 mm。

4. 接触线高度

标准值:设计值;

标准状态:标准值±30 mm;

警示值:标准值±60 mm;

限界值:标准值±100 mm 且小于 6 500 mm。

5. 接触线坡度(工作支接触线相邻悬挂点高度变化)

标准值:$v \leqslant 250$ km/h 时,坡度$\leqslant$1‰;$v > 250$ km/h 时,坡度为 0;

标准状态:$v \leqslant 250$ km/h 时,坡度$\leqslant$1‰;$v > 250$ km/h 时,坡度$\leqslant$0.5‰;

警示值:$v \leqslant 250$ km/h 时,坡度$\leqslant$1‰;$v > 250$ km/h 时,坡度$\leqslant$0.5‰;

限界值:$v \leqslant 250$ km/h 时,坡度$\leqslant$1.5‰;$v > 250$ km/h 时,坡度$\leqslant$1‰。

6. 接触线偏角(水平面内改变方向)

标准值:设计值;

标准状态:标准值±1°,且$\leqslant$4°;

警示值:6°;

限界值:8°。

7. 接触线局部磨耗、变形及损伤

(1)接触线磨耗和损伤后不能满足该线通过的最大电流时,若系局部磨耗和损伤,可以加电气补强线,若系普遍磨耗和损伤则应更换。

(2)接触线磨耗和损伤后不能满足规定的机械强度安全系数时,若系局部磨耗和损伤,可以加补强线或切除损坏部分重新接续,若系普遍磨耗和损伤则应更换。

(3)接触线接头、补强处过渡应平滑。该处接触线高度不应低于相邻吊弦点,允许高于相邻吊弦点 0～10 mm,必要时加装吊弦。

(4)接触线局部磨耗达到或超出限界值,立即进行更换;达到或超出警示值,进行重点监控,纳入三级修(精测精修)更换。

(5)检查接触线与检测尺之间的间隙,其间隙不得大于 0.1 mm/m。

(6)接触线扭面角度:

标准值:0°;

标准状态:5°;

警示值:15°;

限界值:20°。

8. 接头、补强和断股的总数量

一个锚段内接触线接头、补强和断股的总数量应符合表 3-6 的规定(不包括分段、分相及下锚接头)。接头距悬挂点应不小于 2 m,同一跨距内不允许有两个接头。

表 3-6 接触线接头、补强、断股总数标准表

项目 运行速度(km/h)	标准值	安全值		限界值	
		锚段长度在800 m及以下	锚段长度在800 m以上	锚段长度在800 m及以下	锚段长度在800 m以上
$v \leqslant 120$	0	3	4	3	4
$120 < v \leqslant 160$	0	2	4	2	4
$v > 160$	0	2	4	2	4

(四)检修程序和方法

1. 作业准备

按规程要求填写工作票并交付工作领导人,工作领导人向作业组全体成员宣读工作票、分工并进行安全预想,检查工具、材料。

2. 完成安全措施

做好安全措施,工作领导人确认完成安全措施后,通知各作业组开工。

3. 检查测量

(1)接触线外部检查

①接触线表面无腐蚀现象:重点检查环境湿度较大以及污染较为严重地区。

②无弯曲、扭转、刷蹭、异常磨耗等机械性损伤现象,如图 3-5 所示:接触线磨耗和损伤后不能满足规定的机械强度安全系数或不能满足该线通过的最大电流时(≥20%)应更换。

图 3-5　接触线扭面及硬弯示意图

③无热熔、麻点等电气烧伤现象。接触线不允许有接头。

④使用接触网多功能激光测量仪测量接触线坡度、坡度变化率、弛度、定位点拉出值、跨中偏移值。

a. 坡度

测量相临悬挂点(定位点或吊弦悬挂点)的接触线高度和水平间距,并按如下公式进行计算。

$$P=(H_1-H_2)/L\times100\% \tag{3-4}$$

式中　H_1——第一测量点的接触线高度(mm);

H_2——第二测量点的接触线高度(mm);

L——两测量点水平间距(mm);

P——坡度变化率。

$$\Delta P=|P_1-P_2| \tag{3-5}$$

式中　P_1——测量点左侧的接触线坡度;

P_2——测量点右侧的接触线坡度;

ΔP——接触线坡度变化率。

b. 弛度

$$f_X=(H_1+H_2)/2-H_{min} \tag{3-6}$$

式中　f_x——弛度;

H_{min}——本跨距内最小接触线高度。

⑤测得的相关数据需满足以下要求。

a. 接触线坡度:250 km/h 以上区段接触线导线高度设计坡度一般为 0;250 km/h 以下区段接触线导线高度最大允许设计坡度≤1‰,坡度变化率不大于 0.5‰;联络线、动车线接触线导线高度最大允许坡度满足设计规定,一般坡度≤3.3‰。

b. 悬挂点处接触线距轨面水平连线高度应符合设计值,最大允许误差为±30 mm。

c. 定位点及定位点两侧第一吊弦处导线高度差为 0,相对该定位点的接触线高度允许偏差为±10 mm,但不得出现"V"字形。

d. 测量跨中最低点导高、两相邻悬挂点导高,进行三点控制,导高应相对于轨面连线,三点的导高高差误差为±10 mm。

e. 相邻悬挂点导高高差误差为±15 mm。

f. 接触线之字值、拉出值(含最大风偏移时的跨中偏移值)应符合设计要求，最大允许偏差为±30 mm。

g. 跨中不设预留弛度。吊弦与吊弦之间的导高差最大允许值为±10 mm。

⑥用塞尺检查接触线与检测尺之间的间隙，其间隙不得大于 0.1 mm/m。

⑦用游标卡尺检查接触线的磨耗程度：一般接触线允许最大磨损为标称截面的 20%。一个锚段长度内如果有一个点达到这一临界值时，应更换接触导线。根据经验，CTMH150 型接触线最大磨损 20% 时，剩余厚度为 10.95 mm。

4. 调整

(1)接触线拉出值调整

通过对定位装置的调整，使拉出值符合设计要求。拉出值调整作业如图 3-6 所示。

调整拉出值时，应时刻注意：人员系好安全带，不得站立在接触线受力方向的反侧，防止线索滑脱击伤作业人员！

图 3-6 接触线拉出值调整示意图

①直线区段调整

a. 根据测量值和设计值计算出差值，确定调整量，用记号笔在即有定位支座上做好标记，选取一个基准点，根据差值用盒尺在定位管上以所做标记为起点，标记出差值位置。

b. 一人松开定位支座螺母，一人向拉出值调整方向轻轻推动接触线，将定位支座调整至标记位置，再对定位支座螺栓进行紧固至支座与定位管件密贴为止。

c. 复核拉出值，当拉出值仍未满足设计要求时重复以上操作，直至达到设计标准值，作业人员对定位支座连接螺栓紧固至设计力矩。

②曲线区段调整方法

a. 根据测量值和设计值计算出差值，确定调整量，用记号笔在即有定位支座上做好标记，选取一个基准点，按照差值用盒尺在定位管上以所做标记为起点，标记出差值位置。

b. 在接触线受力反方向安装手扳葫芦，安装方法如下：

➢ 曲线内侧：反定位装置拉出值调整时，将手扳葫芦链条钩钩在定位管管头上，在接触线上安装绳套子，将葫芦本体侧钩与绳套子连接；正定位装置拉出值调整时，先将管帽取下，再将插管插入定位管内，将手扳葫芦链条钩安装在插管管头位置，在接触线上安装绳套子，将葫芦本体侧钩与绳套子连接。

➢ 曲线外侧：反定位装置拉出值调整时，先将绳套子安装在定位环位置，与手扳葫芦链条钩连接，然后在接触线上安装绳套子与葫芦本体侧钩连接；正定位装置拉出值调整时，手扳葫芦安装方法同反定位装置。

➢ 手扳葫芦安装到位后，缓缓收紧手扳葫芦至定位器卸载，一人松开定位支座螺母，一人根据拉出值调整方向收紧或松开手扳葫芦，将定位支座调整至标记位置，再对定位支座螺栓紧固至支座与定位管件密贴为止，松开手扳葫芦至不受力，复核拉出值。

d. 当拉出值仍未满足设计要求时重复以上操作，直至达到设计标准值，作业人员对定位支座连接螺栓紧固至设计力矩。

③接触线转角位置或落锚前锚支定位调整

a. 根据测量值和设计值计算出差值，确定调整量，用记号笔在锚支定位卡子上做好标记。选取一个基准点，按照差值用盒尺在定位管上以所做标记为起点，标记出差值位置。

b. 在接触线受力反方向安装手扳葫芦，先将定位管管帽取下插入插管，将手扳葫芦链条钩钩在插管管头位置，在接触线上安装绳套子，将葫芦本体侧钩与绳套子连接。

c. 手扳葫芦安装到位后，缓缓收紧手扳葫芦至葫芦链受力，锚支定位卡子不受力，一人松开锚支定位卡子 U 螺栓，一人根据拉出值调整方向收紧或松开手扳葫芦，使锚支定位卡子调整至标记位置，再对锚支定位卡子 U 螺栓进行紧固至标准力矩，松开手扳葫芦至不受力，复核拉出值。

d. 当拉出值仍未满足设计要求时重复以上操作，直至达到设计标准值，作业人员对定位支座连接螺栓紧固至设计力矩。

(2)接触线跨中偏移值调整

①测量两侧定位点拉出值、跨中偏移值，进行记录。

②计算出悬挂点拉出值与标准值的差值，选取引起跨中偏移值超标作用因素较大的定位点，即与标准值相差较大的定位点，根据实测跨中偏移值与标准值的差值，对其拉出值进行调整，调整方法同拉出值调整。

③将定位点拉出值调整至标准值后，对跨中偏移值进行复测，如仍未满足设计值，则调整另一侧定位点拉出值，直至跨中偏移值符合设计要求。

(3)两吊弦间高差调整

对吊弦点接触线高度测量值与设计值进行对比，计算出于差值，发生以下情况时：

①当发现单根吊弦点接触线高度不符合设计标准，两侧吊弦符合设计值时，需对接触线高度不符合设计标准值位置处吊弦进行更换，操作方法如下：

a. 根据现场实测吊弦长度，预制可调式整体吊弦(注：一端钳压管按照标准压接，一端钳压管待调整完成后进行压接)，吊弦长度根据接触线差值略短或略长于现场安装吊弦。

b. 在吊弦点位置安装可调式整体吊弦，初始安装时以吊弦略受力为宜。

c. 根据高差值对可调式整体吊弦进行调整，可先将吊弦调整侧载流环略微弯曲，防止松手后吊弦线滑动。对两侧吊弦进行测量，重复此项工作直至接触线高度符合设计要求。

d. 将吊弦可调侧钳压管按照压接标准进行压接。

②当发现吊弦点接触线高度出现连续或波浪形变化时，需对接触线高度不符合设计标准值处吊弦进行更换，操作方法同上。

(4)两悬挂点高差调整

①当发现两悬挂点高差不符合标准值时，首先根据测量值确定出接触线高度不符合设计标准的悬挂点，然后对其两侧吊弦及悬挂点接触线高度进行测量。当发现两侧相邻悬挂点接触线高度符合设计要求，而跨中吊弦成逐步抬高或逐步降低变化时，需对接触线高度不符合设计标准值悬挂点支持装置进行调整，达到此位置接触线高度符合设计标准的目的。调整方法如下：

a. 根据测量值计算出差值，确定调整值。

b. 手扳葫芦一端固定在支柱侧，一端固定在承力索上，缓缓收紧手扳葫芦至葫芦链受力，松开套筒座顶紧螺栓，再收紧手扳葫芦，测量接触线高度；

c. 重复进行以上操作，直至接触线高度符合设计要求，按照设计力矩对套筒座顶紧螺栓进行紧固。

②当发现悬挂点接触线高度不符合标准值时，须对悬挂点两侧吊弦点接触线高度进行调整，调整方法同"两吊弦高差调整"。

(5)悬挂点与相邻吊弦高差调整

当悬挂点与相邻吊弦点高差不符合设计标准时，发生以下情况，调整方法如下：

①有弹性吊索区段，首先对弹性吊索张力进行复核，当弹性吊索张力符合设计标准，需对此位置处吊弦进行更换，更换方法同上；当弹性吊索张力不符合设计标准时，首先对弹性吊索进行调整，然后对接触线高度进行复测；仍未满足设计标准，则参照上述操作方法进行调整。

②无弹性吊索区段，调整方法按照(3)两吊弦间高差调整操作方法。

(6)接触线弯曲、变形处理

①接触线弯曲：用直弯器进行直弯。其处理方法和步骤如图 3-7 所示：

a. 转动手轮打开接触线直弯器。

b. 在靠近弯曲接触线附近将接触线直弯器安装在接触线上，转动手轮关闭直弯器，直到将接触线推到和直弯器所有轮子接触，并使轮子方便移动即可。

c. 用手柄沿着要校直的接触线扭歪部位来回移动直弯器直至校直。如有必要，拧紧手轮重复操作。

d. 松开直弯器观察接触线平直状态，达不到要求时重复以上操作，直到接触线符合平直要求。

e. 操作完成后，打开手轮，从接触线上取下直弯器。

②接触线局部变形：用接触线局部校直机进行校直。处理方法和步骤如下：

a. 将接触线局部校直机液压头模具安装在接触线弯曲部位。

b. 按动接触线局部校直机操作开关(操作方法见说明书)。

c. 按动接触线局部校直机关闭开关，打开液压头模具观察接触线平直状态。达不到要求时重复以上操作，直到接触线符合平直要求。

d. 操作完成后，打开液压头模具，从接触线上取下接触线局部校直机。

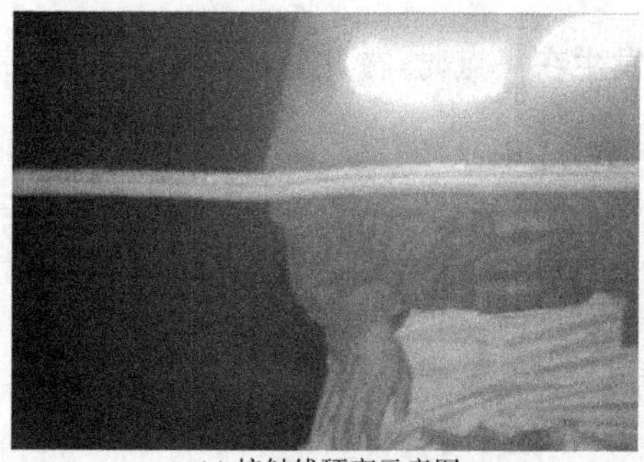
(a) 接触线硬弯示意图

(b) 接触线直弯器实物图

(c) 接触线直弯器上线紧固示意图

(d) 接触线直弯器作业示意图

图 3-7　接触线硬弯处理方法和步骤示意图

(7)接触线扭面处理

当发现接触线线面出现局部或大范围偏斜角度不符合设计标准时,应对接触线线面进行调整,如图 3-8 所示。

a. 首先用一个扭面器卡在接触线扭面起始位置。

b. 用另一个扭面器卡在接触线扭面终点位置上。如距离过长,两扭面器中间可适当安装扭面器。

c. 将第一个扭面器固定不动,根据接触线扭面方向和扭面程度旋转另一个扭面器。

d. 松开两个扭面器使接触线处于无外力状态,观察接触线线面情况。如果一次调整不到位,重复步骤 c 直至接触线面符合要求为止。

e. 对接触线偏磨的另一端采取同样方法进行校正。

图 3-8　接触线扭面整正示意图

(8)接触线补强

①当接触线局部磨耗、损伤面积≤20%且只发生在一点时,在此处加一个导线接头线夹进行补强,补强效果如图 3-9 所示。

图 3-9 接触网局部磨耗补强示意图

根据接触线接头线夹安装方法将接触线接头线夹安装在接触线缺陷位置,按照设计力矩进行紧固。

②若磨耗损伤为一个范围,在磨耗、损伤范围外两端用两个接头线夹及同材质副线进行加强。接触线损失截面积和接触线残余直径对应关系见表 3-7 和表 3-8。

表 3-7 CTHA120 接触线磨耗换算表

接触线残余直径(mm)	损失截面积(mm^2)	损失截面积百分比(%)	接触线残余直径(mm)	损失截面积(mm^2)	损失截面积百分比(%)
12.9	0.16	0.14	11.1	12.86	10.72
12.8	0.46	0.38	11.0	13.86	11.55
12.7	0.84	0.70	10.9	14.87	12.39
12.6	1.29	1.07	10.8	15.91	13.25
12.5	1.80	1.50	10.7	16.96	14.13
12.4	2.36	1.96	10.6	18.03	15.02
12.3	2.96	2.47	10.5	19.12	15.93
12.2	3.61	3.01	10.4	20.22	16.85
12.1	4.30	3.58	10.3	21.34	17.78
12.0	5.02	4.19	10.2	22.48	18.73
11.9	5.78	4.82	10.1	23.63	19.69
11.8	6.57	5.48	10.0	24.79	20.66
11.7	7.39	6.16	9.9	25.97	21.64
11.6	8.24	6.87	9.8	27.16	22.64
11.5	9.12	7.60	9.7	28.37	23.64
11.4	10.02	8.35	9.6	29.59	24.66
11.3	10.94	9.12	9.5	30.81	25.68
11.2	11.89	9.91	9.4	32.05	26.71

续上表

接触线残余直径（mm）	损失截面积（mm^2）	损失截面积百分比（%）	接触线残余直径（mm）	损失截面积（mm^2）	损失截面积百分比（%）
9.3	33.30	27.75	7.8	53.05	44.21
9.2	34.56	28.80	7.7	54.42	45.35
9.1	35.83	29.86	7.6	55.78	46.49
9.0	37.11	30.93	7.5	57.16	47.63
8.9	38.40	32.00	7.4	58.53	48.78
8.8	39.70	33.08	7.3	59.91	49.93
8.7	41.00	34.17	7.2	61.29	51.08
8.6	42.32	35.26	7.1	62.68	52.23
8.5	43.64	36.36	7.0	64.06	53.39
8.4	44.96	37.47	6.9	65.45	54.54
8.3	46.30	38.58	6.8	66.84	55.70
8.2	47.64	39.70	6.7	68.23	56.86
8.1	48.98	40.82	6.6	69.62	58.02
8.0	50.33	41.94	6.5	71.01	59.18
7.9	51.69	43.07			

表 3-8　CTHA 85 接触线磨耗换算表

接触线残余直径（mm）	损失截面积（mm^2）	损失截面积百分比（%）	接触线残余直径（mm）	损失截面积（mm^2）	损失截面积百分比（%）
11.0	0	0	9.4	9.15	10.76
10.9	0.15	0.18	9.3	9.99	11.75
10.8	0.42	0.50	9.2	10.85	12.76
10.7	0.77	0.91	9.1	11.73	13.80
10.6	1.18	1.39	9.0	12.63	14.86
10.5	1.65	1.94	8.9	13.54	15.93
10.4	2.16	2.54	8.8	14.48	17.03
10.3	2.72	3.20	8.7	15.43	18.15
10.2	3.31	3.90	8.6	16.39	19.28
10.1	3.94	4.63	8.5	17.37	20.44
10.0	4.60	5.41	8.4	18.36	21.61
9.9	5.29	6.23	8.3	19.37	22.79
9.8	6.01	7.07	8.2	20.39	23.99
9.7	6.76	7.95	8.1	21.42	25.20
9.6	7.53	8.86	8.0	22.46	26.43
9.5	8.33	9.80	7.9	23.52	27.67

续上表

接触线残余直径(mm)	损失截面积(mm^2)	损失截面积百分比(%)	接触线残余直径(mm)	损失截面积(mm^2)	损失截面积百分比(%)
7.8	24.58	28.92	6.6	37.98	44.69
7.7	25.66	30.18	6.5	39.14	46.04
7.6	26.74	31.46	6.4	40.30	47.41
7.5	27.83	32.74	6.3	41.46	48.78
7.4	28.93	34.04	6.2	42.63	50.15
7.3	30.04	35.34	6.1	43.79	51.52
7.2	31.16	36.66	6.0	44.97	52.90
7.1	32.28	37.98	5.9	46.14	54.28
7.0	33.41	39.30	5.8	47.31	55.66
6.9	34.54	40.64	5.7	48.49	57.05
6.8	35.69	41.98	5.6	49.67	58.43
6.7	36.83	43.33	5.5	50.84	59.82

a. 根据接触线损伤长度截取同型号接触线，截取的接触线副线长度＝接触线损伤长度＋两端接头线夹长度。

b. 根据接触线接头线夹安装方法将接触线接头线夹安装在接触线缺陷位置，按照设计力矩进行紧固。

③局部接触线磨耗、损伤面积≥20%，将磨耗处导线切除，重新接续，如图 3-10 所示。

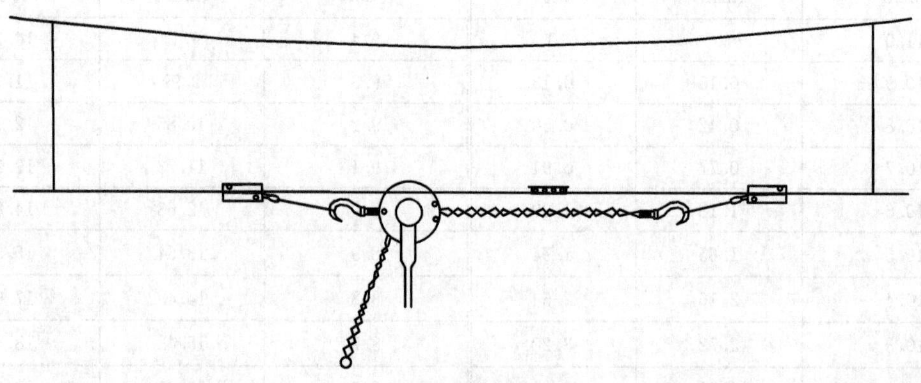

图 3-10　接续导线示意图

a. 在接触线磨耗超标两端各 1 m 处安装接触线紧线器，挂上手扳葫芦紧线使接触线卸载。

b. 用钢锯截下磨耗超限的接触线，对两个端头打磨，将两接触线头紧线至紧密接触后做接头。

c. 接头线夹螺栓力矩为 50 N · m。螺栓紧固顺序先内后外，按左内—右内—左外—右外循序紧固，先紧固螺栓，再紧固备母。

d. 检查接触线接头安装牢固可靠后，缓慢松开手扳葫芦，确认接触线接头牢靠后，拆除手扳葫芦。

e. 接头完成后，检查两侧吊弦偏移，不符合要求时要按标准进行适当调整。

(9)接头线夹调整

接头线夹外形与尺寸如图 3-11 所示。

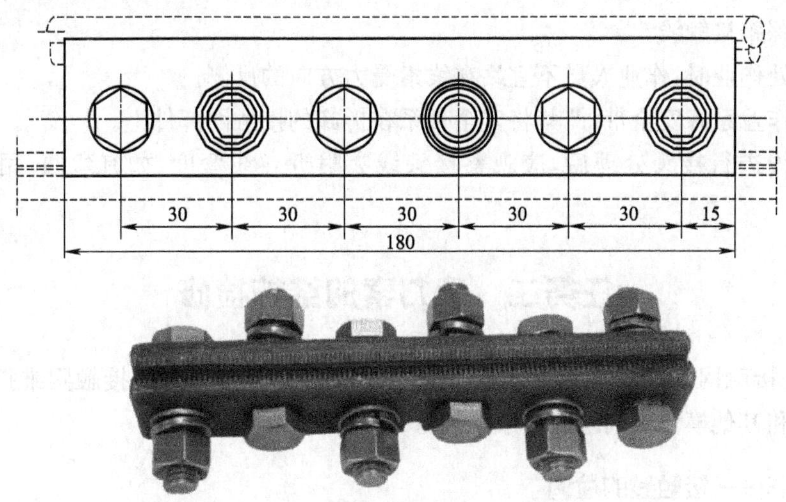

图 3-11　接头线夹示意图(单位:mm)

①接头线夹裂纹:更换接头线夹。用紧线器、手扳葫芦连接两侧接触线使线夹不受力，拆下旧线夹，换上新接头线夹。

②螺栓松动、锈蚀:松动情况按照标准力矩重新紧固，锈蚀情况需更换同型号新螺栓，更换时必须用紧线器和手扳葫芦连接两侧接触线。

③接头过渡不平滑:用平锉、砂纸对不平滑处打磨。

④两接触线缝隙过大:用紧线器、手扳葫芦连接两侧接触线使线夹不受力，松开接头线夹螺栓，对缝隙进行调整。如果因为两接头断面不平滑导致缝隙不能缩小，则重新接头。

⑤接头线夹处高度低于相邻吊弦点:调整两侧相邻吊弦，必要时加装吊弦。

5. 检查验收

检修作业完毕后，对检修后的设备质量进行检查验收。

(1)接触线平直度符合设计要求。

(2)接触线拉出值符合设计要求，误差不大于±30 mm。

(3)接触线高度符合设计规定。

6. 办理收工手续

(1)工作领导人确认各作业组工作结束，人员机具均已撤至安全地带后，通知监护人员撤除地线及其他安全措施。

(2)工作领导人确认安全措施撤除后，通知驻站联络员申请消除停电作业命令和线路封锁命令。

(3)工作领导人召开收工会，办理收工手续。

7. 填写检修记录

按照当天检修情况填写检修记录。

四、分析与思考

本任务主要是接触线检调。填写"接触网全面检查记录"和"接触导线磨耗损伤测量记录"关系到接触网的结构和技术标准要求,因此,如何保证数据的准确至关重要。本任务在实际工作中需要注意以下问题:

(1)严禁踩踏接触线。

(2)曲线处作业时,作业人员不宜站在线索受力方向的反侧。

(3)高空作业系好安全带,严禁将安全带系在拆卸的接触网部件上。

(4)对导线进行接头处理后,应观察接头线夹附近导线弯度,如有弯曲,用直弯器及时处理。

任务二 承力索的维护检修

承力索是接触网的核心组成部分,其学习目标和典型工作任务是接触网维护与检修的重要组成部分,和其他模块共同组成接触网的日常维护与检修工作。

一、任务书——接触线的检调

根据实训基地实物进行承力索检调,并将检调结果填入表 3-1 接触网全面检查记录表中。

二、知识准备

承力索的作用是通过吊弦将接触线悬挂起来。承力索通过钩头鞍子、承力索座或悬吊滑轮悬挂在支持装置的腕臂上,使接触线在不增加支柱的情况下增加了悬挂点,整个跨距中对轨面的高度基本保持一致,减小了接触线在跨中的弛度,改善了接触线弹性,增加了接触悬挂的重量,提高了稳定性,可满足电力机车高速运行时取流的要求。

承力索根据材质一般可分为铜承力索、钢承力索、铝包钢承力索三类多种规格。按照设计时承力索是否通过牵引电流,可以将承力索分为载流承力索和非载流承力索。

1. 铜和铜合金承力索

铜承力索导电性能好,可做牵引电流的通道之一,和接触线并联供电,提高接触网的负载能力,降低压损和能耗,且抗腐蚀性能高。但铜承力索消耗铜多,造价高且机械强度低,不能承受较大的张力,温度变化时弛度变化也大。为了提高承力索的机械强度,采用新型铜镁合金承力索,铜镁合金承力索允许工作温度高、载流能力强,在高速、重载电气化线道上有广阔应用前景。铜和铜合金承力索按铜及其合金元素含量不同分类,各类中又按截面积分为不同规格。产品型号按下列形式表示。

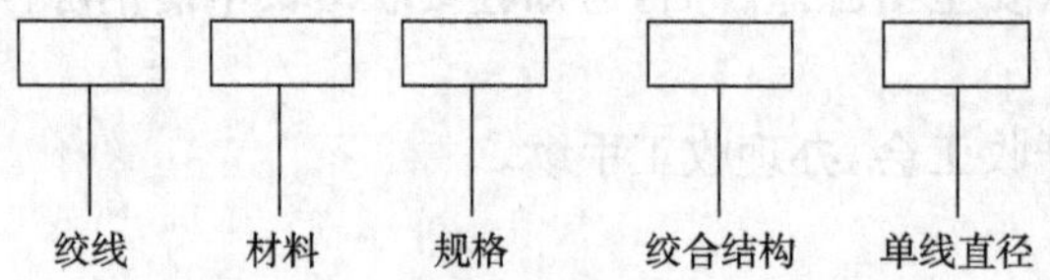

常见铜和铜合金承力索的规格见表 3-9。

表 3-9　铜和铜合金承力索结构和规格表

型号	截面积（mm^2）		计算外径（mm）	结构	单线直径（mm）	单线			绞线（计算值）			载流量（95℃）（A）
	标称	计算				抗控强度（MPa）不小于 绞前	绞后	伸长率（%）	拉断力（kN）	直流电阻（20℃）（Ω/km）	单位质量（kg/km）	
JT	70	65.81	10.5	1×19	2.10	439	417	0.7	27.45	0.275	599	350
JT	95	93.27	12.5	1×19	2.50	435	413	0.8	38.54	0.194	849	435
JT	120	93.27	14.0	1×19	2.80	432	410	0.9	48.01	0.155	1 065	505
JT	150	148.07	15.8	1×19	3.15	428	407	1.0	60.21	0.122	1 347	585
JT	150	147.11	15.8	1×37	2.25	438	416	0.8	61.21	0.123	1 342	580
JTM	70	65.81	10.5	1×19	2.10	520	494	—	32.51	0.346	599	310
JTM	95	93.27	12.5	1×19	2.50	520	494	—	46.08	0.244	849	385
JTM	120	116.99	14.0	1×19	2.80	520	494	—	57.79	0.195	1 065	445
JTM	150	147.11	15.8	1×37	2.25	520	494	—	72.67	0.155	1 342	515
JTMH	70	65.81	10.5	1×19	2.10	618	587	—	38.64	0.430	599	280
JTMH	95	93.27	12.5	1×19	2.50	618	587	—	54.76	0.303	849	345
JTMH	120	116.99	14.0	1×19	2.80	608	578	—	67.57	0.242	1 065	400
JTMH	150	147.11	15.8	1×37	2.25	618	587	—	86.37	0.193	1 342	465

2. 钢承力索

钢承力索用镀锌钢绞线制成，强度高、耐张力大，安装弛度小且弛度变化小，节省有色金属且造价低。但电阻大，导电性能差，一般为非载流承力索。钢承力索不耐腐蚀，使用时还要采用防腐措施。常用规格有 GJ-100、GJ-80、GJ-70 等类型，GJ 表示钢绞线，数字是绞线的截面积。GJ-100 用于 3T 系悬挂，GJ-70 用于 2.5T 系悬挂（接触线与承力索张力之和为 3 t 或 2.5 t）。钢绞线作为承力索在常速和中速铁路中应用广泛。

3. 铝包钢承力索

铝包钢承力索是铝覆钢线和铝线绞合而成，主要以铝覆钢线中的钢芯部分承受张力，覆铝层和铝线载流，导电性能好，机械强度和抗腐蚀性能较好。

常见型号为 GLJE-30/50、GLJN-120/35 两种。GLJE-30/50 表示铝标称截面积为 30 mm^2，钢标称截面积为 50 mm^2 的铝包钢绞线承力索；GLJN-120/35 表示铝标称截面积为 120 mm^2，钢标称截面积为 35 mm^2 的铝包钢芯铝绞线。其综合拉断力分别大于 63、55 kN，载流量分别为 190、380 A（80℃），是镀锌钢绞线承力索的替代产品。

承力索目前使用的类型较多，其技术性能差异也较大。从国外情况来看，承力索的类型较单一，普遍采用铜或铜合金绞线。从技术角度来分析，承力索与接触线采用同类材质，可改善接触网的性能、简化施工、提高施工精度、免去电气连接类线夹的特殊处理程序，并可降低运营维护的工作量。我国的运营实践也表明：铜或铜合金材质的承力索技术性能可靠、安全性好。

为了提高系统的安全可靠性，干线电气化铁路承力索一般采用铜或铜合金绞线，一些次要线路（如矿山铁路、地方专用线等），承力索可采用其他材质的绞线。

4. 钢绞线的防腐

钢绞线的弱点是易生锈腐蚀。虽然出厂时表面镀了一层锌，但因污染，外表镀锌层很快就会氧化、脱落。为了延长寿命，使用时一律涂防腐油脂。一般规定每 3～4 年涂防腐油一次，在夏秋季节进行。

防腐油配方为中性工业凡士林占 77%，松香占 15.4%，煤油占 7.6%。配制方法是先将凡士林油脂加热稀释并将松香碾成粉末状，按比例倒入煤油中搅拌。两个小时后，待松香溶于煤油中，再加入凡士林油中搅拌均匀即可使用。

进行涂油时，先用钢丝刷子将钢绞线上的锈和污垢除掉，然后用毛刷清扫干净，再涂防腐油，使油脂完全覆盖钢索表面。雨雾天不能进行涂油，否则影响质量，带来隐患。

思考

1. 采用承力索把接触线悬挂起来有什么技术优点？
2. 承力索和接触线采用不同材质的情况下此承力索是否适合作载流承力索，为什么？

三、工作流程与任务

（一）流程图

承力索检修流程如图 3-12 所示。

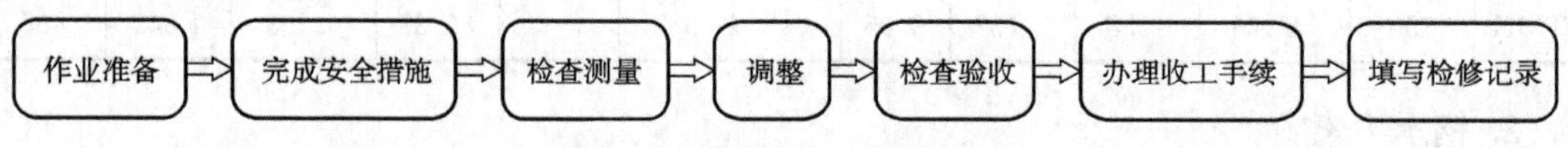

图 3-12　承力索检修流程图

（二）任务组织

承力索检修人员配置见表 3-10。

表 3-10　承力索检修人员表

序号	项　目	单位	数量	备　注
1	工作领导人	人	1	全面负责现场作业组织
2	主防护员	人	1	负责办理停电和封锁，传递防护信息
3	地线监护人	人	2	监护地线操作人按标作业
4	地线操作人员	人	2	负责接挂接地线
5	高空作业人员	人	2	负责高空设备的检修作业
6	高空作业监护	人	2	负责监护高空作业人员的安全
7	司乘人员	人	2	司机、学习司机各 1 人
8	行车防护员	人	2	负责作业区段的行车安全防护

注：其他检修人员根据现场情况确定。

承力索检修所需工具见表 3-11。

表 3-11　承力索检修工具表

序号	名　　称	规格型号	单位	数量	备　注
1	作业车(车梯)	—	台	1	—
2	接触网激光测量仪	DJJ-8	台	1	—
3	钢卷尺	5 m	把	1	—
4	小绳	—	条	1	—
5	手扳葫芦	3 t	台	1	—
6	断线钳	—	把	1	—
7	卡线器	—	个	2	—
8	木锤(橡皮锤)	—	把	1	—
9	组合扳手	—	套	1	—
10	力矩扳手	0～100 N·m	把	2	—

承力索检修所需材料见表 3-12。

表 3-12　承力索检修材料表

序号	名　　称	规格	单位	数量	备　注
1	绑扎线	ϕ2.0 mm	m	若干	—
2	铁线	ϕ4.0 mm	m	若干	—
3	电力复合脂	—	管	1	—
4	预绞式保护条	—	套	1	—

(三)技术标准

1. 承力索应采用铜合金材质,容许载流量符合运能需求。

2. 承力索的位置。

标准值:直链形悬挂位于接触线正上方;

标准状态:标准值±50 mm;

警示值:标准值±150 mm;

限界值:标准值±200 mm。

3. 承力索的磨耗及损伤。

(1)承力索应满足设计要求的最大电流通过条件。

(2)承力索应满足设计要求的机械强度安全系数。

(3)承力索在悬吊滑轮处应转动灵活、无卡滞,悬吊滑轮与线索相匹配。

(4)承力索在承力索座、悬吊滑轮等处悬吊固定时,应加装与承力索材质匹配的预绞式保护条。

标准值:无损伤;

标准状态:无损伤;

警示值:无散股、损伤3股;

限界值:断股。

4. 一个锚段内,承力索接头和断股补强的总数量应符合表3-13的规定(不包括分段及下锚接头)。

表3-13 承力索技术标准值规定表

项目 运行速度(km/h)	标准值	安全值		限界值	
		锚段长度在800 m及以下	锚段长度在800 m以上	锚段长度在800 m及以下	锚段长度在800 m以上
$v\leqslant120$	0	4	5	4	5
$120<v\leqslant160$	0	3	4	3	4
$v>160$	0	2	4	2	4

接头距悬挂点应不小于2 m,同一跨距内不允许有两个及以上接头。承力索用钢芯铝绞线或铝包钢绞线时,其钢芯若断股,必须切断重新接续。

5. 螺栓紧固力矩按标准值进行紧固。

(四)检修程序和方法

1. 作业准备

按规程要求填写工作票并交付工作领导人,工作领导人向作业组全体成员宣读工作票、分工并进行安全预想,检查工具、材料。

2. 完成安全措施

做好安全措施,工作领导人确认完成安全措施后,通知各作业组开工。

3. 检查测量

(1)承力索外观检查

①无腐蚀现象

重点检查环境湿度较大以及污染较为严重的地区。

②无断股、散股等损伤现象

承力索损伤后不能满足该线通过的最大电流时,若系局部损伤,可以加电气补强线,若系普遍损伤则应更换;承力索损伤后不能满足规定的机械强度安全系数时,可以加补强线或切除损坏部分重新接续,若系普遍磨损伤则应更换。承力索断股实物如图3-13所示。

图3-13 承力索断股实物图

一个锚段内承力索接头和断股补强数量标准见表3-13。

③无电气烧伤现象

重点检查上跨建筑下方、车站雨棚、隧道等处所,以及关节式电分相、线索交叉、附加导线弛度较大等情况出现的地方。

(2)参数测量

①承力索位置检查

标准值:直链形悬挂,位于接触线正上方。曲线区段承力索与接触线之间的连线垂直于轨面连线;

安全值:直线区段允许误差±150 mm;曲线区段允许向曲线内侧偏移 100 mm;

限界值:标准值±200 mm。

②承力索交叉点检查

检查承力索交叉点处是否存在互磨现象,对于线索交叉间距小于 60 mm 的需安装预绞式保护条,对于线索间距小于 200 mm 的需安装短接线。

③承力索对地绝缘距离检查

承力索与上跨建筑物的绝缘距离不小于 500 mm。

4. 调整

(1)承力索位置调整:当检查发现承力索位置不符合设计标准时,需通过调整承力索安装位置对承力索位置进行调整。

①使用激光测量仪测量出承力索应该处于的标准位置,并用记号笔在平腕臂上做出相应的位置标记。

②通过手扳葫芦将承力索卸载。正定位时,手扳葫芦通过支柱与承力索连接,紧固手扳葫芦卸载承力索;反定位时,手扳葫芦通过平腕臂管口或者相邻行别支柱与承力索连接,紧固手扳葫芦卸载承力索。

③手扳葫芦链条受力后,松开承力索座的压紧螺栓,将承力索从承力索座中取出。通过调整手扳葫芦使承力索移至目标位置。

④依次松开承力索座的顶紧螺栓备母和顶紧螺栓,将承力索座移至目标位置后,重新对承力索座的顶紧螺栓和备母依次进行紧固。

⑤将承力索放回承力索座中,紧固压紧螺栓。

⑥力矩紧固标准见表 3-14。

表 3-14　承力索部件力矩紧固标准表

零件名称	紧固件名称	对应紧固力矩(N·m)	建议测试力矩(N·m)
70 铝合金承力索座	顶紧螺栓 12	75	70
	背母 M12	50	46
	压紧螺栓 M12	50	46

(2)承力索补强:承力索通过预绞式全张力补强保护条补强,将预绞式全张力补强保护条中心线与损伤位置对齐,依次进行缠绕,如图 3-14 所示。

(3)镁铜合金绞线的承力索 JTMH70～JTMH150、硬铜绞线的承力索 JT95～JT150 断股数达到总股数的 20%及以下(如:当 19 股断 1～3 股)时,用同型号、同材质的承力索对断股处进行补强处理。

①用平锉将承力索断股头打磨平整,并将其按原在承力索上的缠绕方向、位置重新缠绕,再用绑扎线将两断头侧分别绑扎。

图 3-14　承力索预绞式保护条安装方法示意图

②在距承力索断股头处合适的位置安装紧线器，并挂手扳葫芦连与其中紧线。紧线至两紧线器间的承力索略有松弛不受力后，停止紧线。

③在平均温度安装时，将补强线贴在承力索上并在断股点两侧平均分配。先装一侧的钢线卡子，当一侧钢线卡子紧固螺母后，一人抓住补强线末端上钢线卡子的端侧拉直并与承力索紧贴，另一人安装此侧的钢线卡子。

使用钢线卡子进行补强线与被补强的承力索固定时，断股两侧的钢线卡子各安装 3 个，且为两正一反或两反一正，严禁同侧的三个钢线卡子同方向安装。钢线卡子间距 100 mm，留头 100 mm，留头中间用铜绑线绑扎 20 mm。

④紧固各部螺母，检查受力情况。

⑤待确认无误后，稍松一下手扳葫芦，确认补强线受力良好后完全松开并撤除所有紧线工具。

⑥再次检查、紧固螺母，涂电力复合脂。

(4)镁铜合金绞线承力索 JTMH70～JTMH150、硬铜绞线的承力索 JT95～JT150 断股数超过总股数的 20%以上(如：当 19 股断 4 股及以上)、硬铜绞线的承力索 JT70 断 1 股及以上时，采取以下处理方法。

方法一：采用锥套式承力索接头线夹进行接头处理。

a. 旋开线夹

对接头线夹规格型号及外观进行检查，确认与承力索型号一致，无裂纹和损伤，旋开接头线夹取出线夹内的楔子，如图 3-15 所示。

图 3-15　接头线夹分布图

b. 穿线

将接头的承力索端部绑扎后剪成齐头，用钢锉锉平，达到光滑无毛刺。将左右两螺纹大楔套分别套入两边的承力索端头上。用木锤轻轻垂直敲打楔套，使承力索端头向线夹内穿绞线端部绑扎线随之向上移动，留在线夹外面，如图3-16所示。

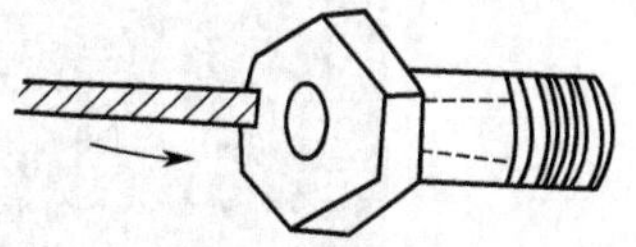

图 3-16　穿线示意图

c. 穿楔子

当承力索端头外露时，绞线外层自动松股散开，把楔子穿进承力索绞线的芯线股上。同时将绞线外层的每股线自然、均匀分布在内楔子四周表面上；两手配合，一手向外拉承力索，一手顶紧大楔子，使内小楔子平端部外露于绞线端部 2 mm，如图 3-17 所示。

d. 紧固

两人配合把左、右两楔套对准线夹本体，先用手把住左、右两楔套，将线夹本体逐渐旋进楔套，直至用手旋不动为止。

用三把 450 mm 扳手，二把分别卡住接头线夹的左、右螺纹楔套六棱上，另一把扳手卡住线夹本体，两边扳手不动，中间扳手旋转紧固，如图 3-18 所示；用力矩扳手复合紧固力矩，使达到标准要求力矩。

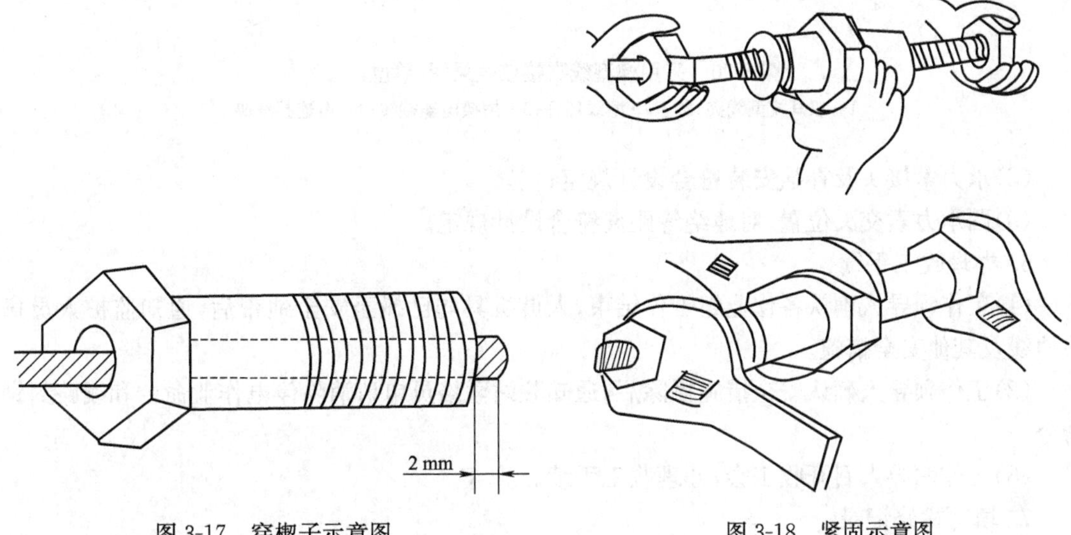

图 3-17　穿楔子示意图

图 3-18　紧固示意图

e. 结束

接头完毕，拆除留在楔套外边绞线上绑扎线。接续后的效果如图 3-19 所示。

方法二：采用 2 套双耳楔型线夹、1 件 770 型双环杆、1 组短接电连接的方式进行接头处理。其接续效果如图 3-20 所示。

(5)承力索锈蚀、腐蚀情况：承力索局部锈蚀，用砂纸打磨后涂电力复合脂进行防腐处理。

(6)螺栓紧固力矩：各部位螺栓紧固力矩值按标准执行。

5. 检查验收

检修作业完毕后，对检修后的设备质量进行检查验收。

(1)承力索状态良好，无断股、散股、烧伤等情况；

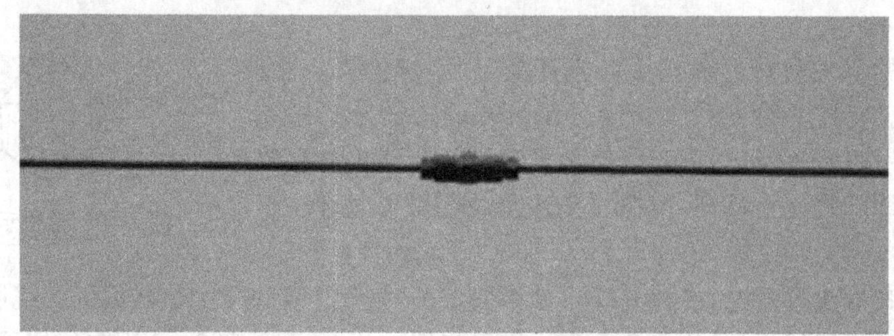

图 3-19 承力索接续效果图

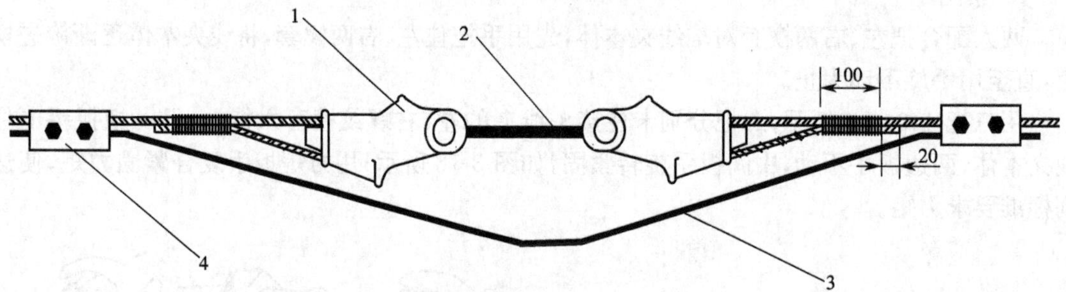

图 3-20 采用楔型线夹接续效果图(单位:mm)

1—双耳楔型线夹;2—770 型双环杆;3—短接电连接线;4—电连接线夹

(2)承力索接头及补强安装符合设计规定;

(3)两承力索交叉位置、对地绝缘距离符合设计规定。

6. 办理收工手续

(1)工作领导人确认各作业组工作结束,人员机具均已撤至安全地带后,通知监护人员撤除地线及其他安全措施。

(2)工作领导人确认安全措施撤除后,通知驻站联络员申请消除停电作业命令和线路封锁命令。

(3)工作领导人召开收工会,办理收工手续。

7. 填写检修记录

按照当天检修情况填写检修记录。

四、分析与思考

本任务主要是支持装置检调。填写"接触网全面检查记录"和"接触导线磨耗损伤测量记录"关系到接触网的结构和技术标准要求,因此,如何保证数据的准确至关重要。本任务在实际工作中需要注意以下问题:

(1)做锥套式承力索接头时应注意接头线夹规格、型号是否与线材一致,外观有无损伤,配件是否完整。

(2)螺纹楔套有左右之分,左螺纹楔套和本体有槽沟,操作时不得装反。

(3)作业人员不宜位于线索受力方向的反侧,并应采取防止线索滑脱的措施;在曲线区段进行接触网悬挂的调整工作时，要有防止线索滑跑的后备保护措施。

任务三　吊弦的维护检修

吊弦是接触网的核心组成部分，其学习目标和典型工作任务是接触网维护与检修的重要组成部分，和其他模块共同组成接触网的日常维护与检修工作。

一、任务书——接触线的检调

图 3-21 是目前得到广泛使用的整体吊弦，根据实训基地实物进行承力索检调，并将检调结果填入表 3-1 接触网全面检查记录表中。

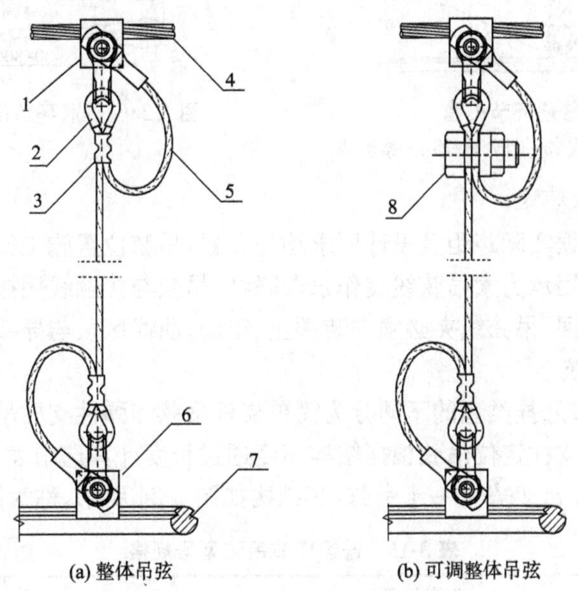

图 3-21　整体吊弦

1—承力索吊弦线夹；2—心形环；3—压接管；4—承力索；5—导流尾线；6—接触线吊弦线夹；7—接触线；8—可调螺栓

二、知识准备

吊弦是接触网的重要组成部件之一。纵向承力索或横向承力索悬吊接触线、定位索或辅助承力索所用的部件，称为吊弦。接触线通过吊弦挂在承力索上，调节吊弦的长度可以保证接触悬挂的结构高度和接触线距轨面的工作高度，增加了接触线的悬挂点，提高电力机车受电弓的取流质量。为了满足不同的需要，吊弦从材质、形式上多种多样。

(一)吊弦按照使用场合的分类

1. 普通环节吊弦

普通环节吊弦在链形悬挂中应用相当广泛，采用 ϕ4 mm(或称为 8 号线)的镀锌铁线或者不锈钢线制作环节型。为增加悬挂弹性，每根吊弦不少于两节，吊弦制作成两端带环孔的形状，环孔直径为线径的 5～10 倍(20～40 mm)，呈水滴形环孔的高宽比应约为 3∶2；环孔收口处尾线要缠绕主线两圈半，不留缝隙，制作过程不能损伤镀锌层。两节连接处的环孔应互相垂直。与接触线相连的一节吊弦，一端制成环孔，另一端成直线状，安装时可穿过固定在接触线上的吊弦线夹，多余的回头拧成 8 字形状，如图 3-22 所示。环节吊弦主要应用于常速电气化铁道，采用钢承力索的非载流区段。

普通环节吊弦尺寸和结构如图 3-23 所示。

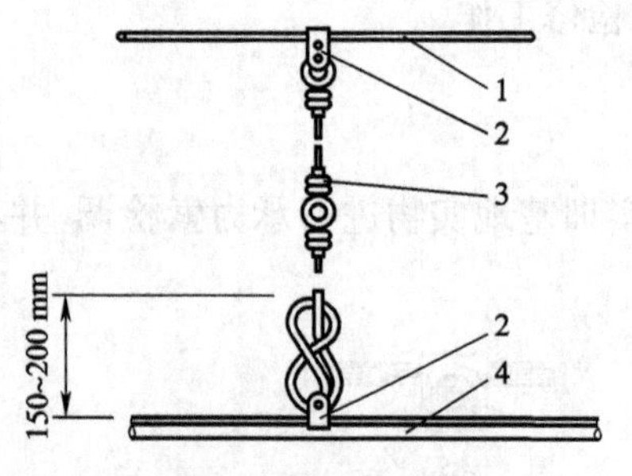

图 3-22　普通环节吊弦

1—承力索；2—吊弦线夹；3—可调螺栓；4—接触线

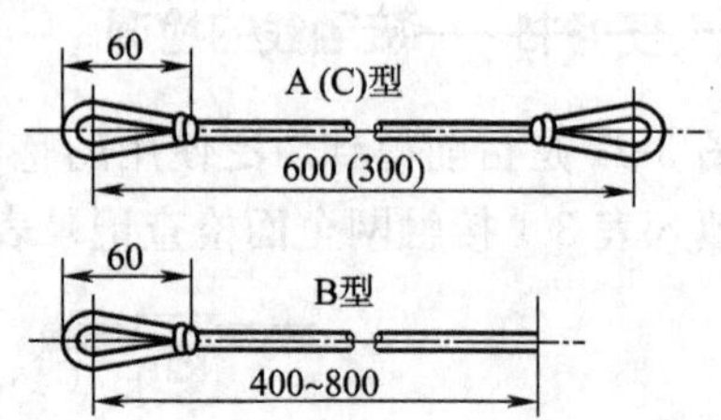

图 3-23　普通环节吊弦类型(单位：mm)

环节吊弦安装技术要求：

(1)环节吊弦应根据实际跨距及设计要求均匀布置，吊弦位置施工偏差为±300 mm；

(2)吊弦与承力索用承力索吊弦线夹作永久联结，吊弦与接触线用接触线吊弦线夹临时固定，吊弦回头应均匀迂回，吊弦线夹必须安装端正、牢固，曲线区段与导线倾斜度一致。

2. 支柱定位处吊弦

支柱定位处吊弦按悬挂类型的不同分为简单支柱吊弦和弹性支柱吊弦两种。

简单链形悬挂时，支柱定位吊弦根据结构高度通过长度计算选用表 3-15 中的普通环节吊弦。在定位点两侧各 4 m 处安装一组吊弦，其结构如图 3-24 所示，称为简单支柱吊弦。

表 3-15　普通环节吊弦型号规格

类型	组合情况	长度(mm)	节数
Ⅰ	$A+A+B$	1 450～1 650	3
Ⅱ	$A+C+B$	1 150～1 450	3
Ⅲ	$A+B$	900～1 150	2
Ⅳ	$C+B$	700～900	2

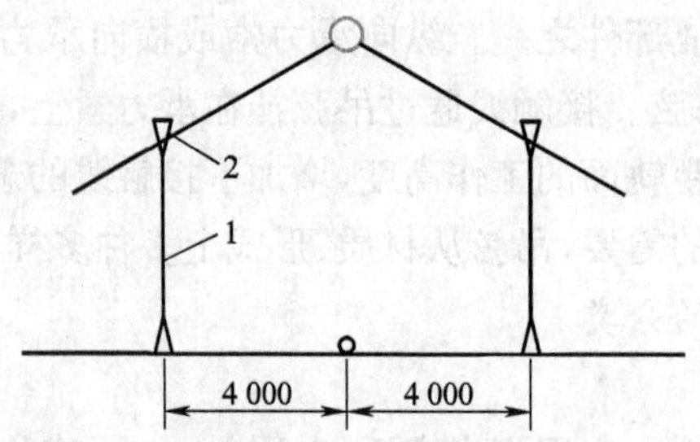

图 3-24　简单支柱吊弦安装图(单位：mm)

1—吊弦；2—吊弦线夹

当为弹性链形悬挂时，应安设弹性支柱定位吊弦，亦称弹性吊弦，如图 3-25 所示。有 Y 形结构或 Π 形结构两种形式，实际应用中 Π 形弹性吊弦在时速超过 200 km 的高速铁路中应用较多。

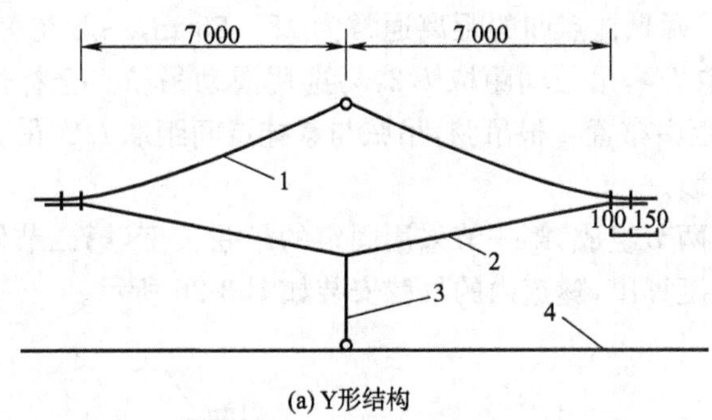

(a) Y形结构

1—承力索；2—弹性吊索；3—吊弦；4—接触线

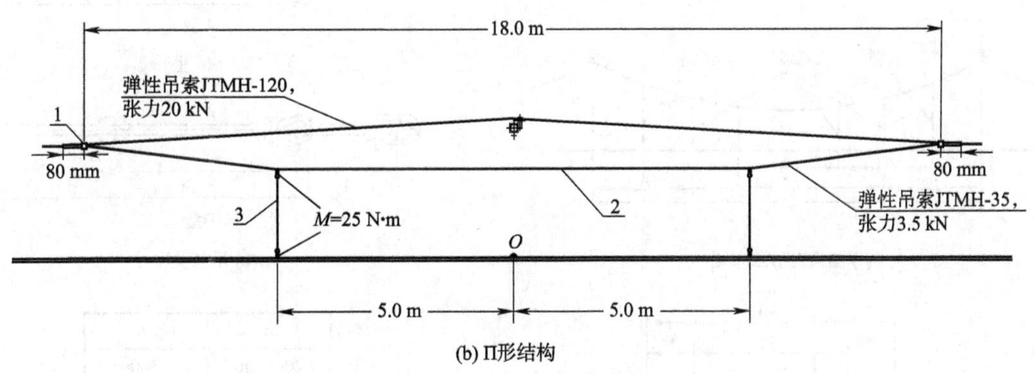

(b) Π形结构

1—弹性吊索线夹；2—弹性吊索；3—弹性吊索用整体吊弦

图 3-25　弹性支柱吊弦图

弹性吊弦由一根弹性吊索、弹性吊索用整体吊弦和弹性吊弦线夹组成，弹性吊索的长度主要由跨距决定，当跨距 55 m$\leqslant L \leqslant$60 m 为 18 m，44 m$\leqslant L \leqslant$55 m 为 14 m，当跨距小于 44 m 或者线路曲线半径小于 1 200 m 时取消弹性吊索。弹性吊索用 JTMH35 铜镁绞线制成，工作张力 3.5 kN。该吊弦形式可增加定位弹性，减少定位器重量对受电弓通过定位点时的作用力，有利于消除硬点，增加接触悬挂弹性均匀性。

弹性吊索与整体吊弦的结构和整体吊弦类似，区别主要是弹性吊弦线夹比承力索吊弦线夹稍小。两吊弦与接触线定位点的距离为 4.0 m(14 m 弹性吊索时)、5.0 m(18 m弹性吊弦时)。

电分段锚段关节内有因弹性吊弦造成两接触悬挂的各带电部分间的空气绝缘距离不足时，应将弹性吊弦撤除，并适当增设普通吊弦。

3. 软横跨直吊弦(选学)

软横跨是多股道站场的横向支持装置，软横跨直吊弦安设在软横跨横向承力索与上部固定绳之间，不分环节，采用两股 ϕ4 mm 的镀锌铁线拧合而成，根据技术要求，最短不小于 0.4 m。软横跨直吊弦应保持垂直，在直线区段应在线路中心线处，曲线区段应在纵向承力索的正上方。软横跨直吊弦也可以采用软不锈钢绞线，可以提高直吊弦的耐腐蚀能力，但成本较高。

4. 隧道内吊弦

在隧道内，由于净空高度的限制，接触悬挂高度较小，吊弦形式不同于区间或站场。隧道内为半补偿链形悬挂时，两悬挂点间的距离通常为 18～25 m，一般在每个跨距中布置两根吊弦，吊弦与悬挂点间距取 $l/4$，吊弦间距取 $l/2$，易选用滑动吊弦。全补偿链形悬挂时，跨距为 35～42 m，一般每个跨距中布置 4 根吊弦，吊弦与悬挂点间距取 $l/8$，吊弦间距取 $l/4$。吊弦在顺线路方向应该垂直安装。

隧道内吊弦一般由两节组成，第一节采用固定的吊弦长度，第二节做成可调节长度，吊弦长度可根据承力索的弛度算出，隧道内的吊弦安装如图 3-26 所示。

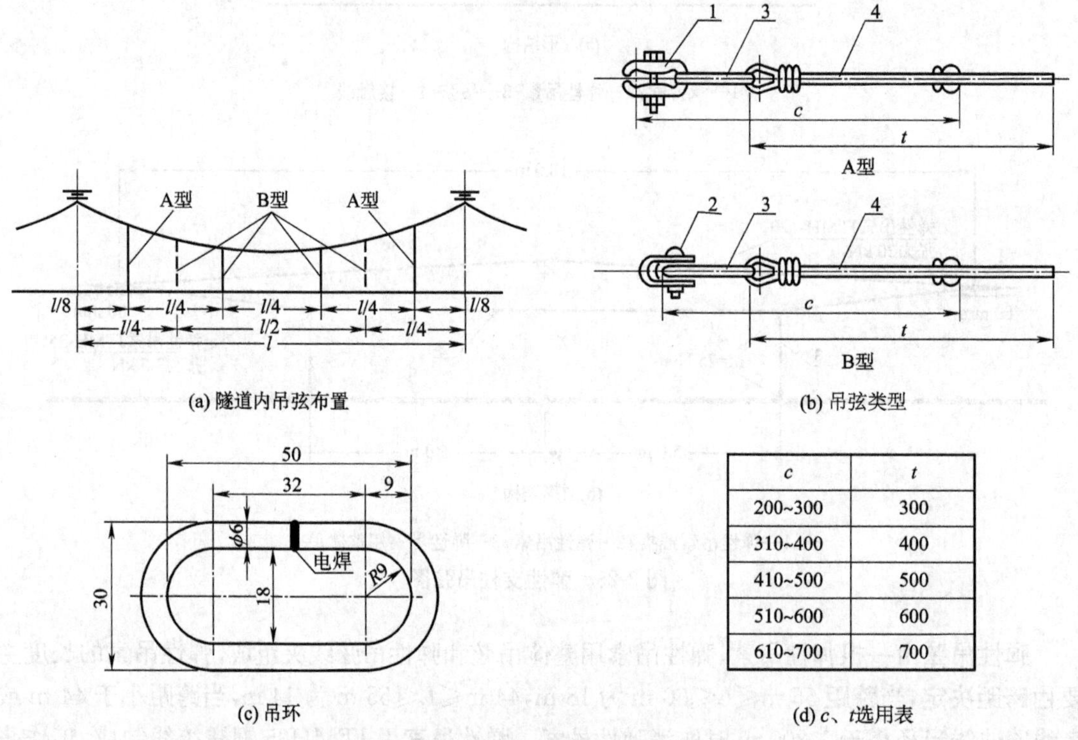

c	t
200~300	300
310~400	400
410~500	500
510~600	600
610~700	700

图 3-26 隧道内吊弦安装图(单位:mm)

1—接触线夹；2—滑动吊弦线夹；3—吊弦护套环；4—吊弦绞线

当隧道内为简单悬挂时，净空高度允许安装悬挂点，则可设滑动吊弦和人字吊弦，人字吊弦如图 3-27 所示。

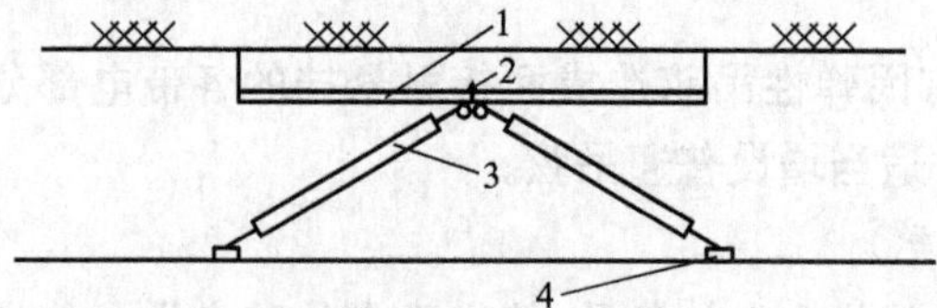

图 3-27 隧道简单悬挂人字吊弦安装图

1—滑动杆；2—云形板；3—硅橡胶绝缘子；4—定位线夹

隧道净空不能满足安装悬挂点，则采用局部开挖拱顶安设滑动吊弦如图 3-28 所示。

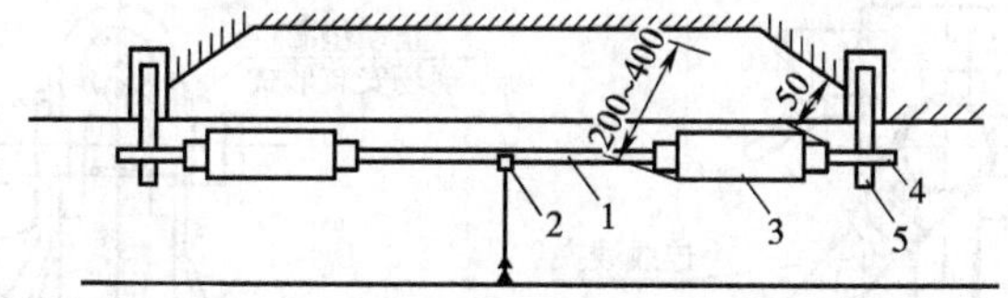

图 3-28 隧道简单悬挂开挖拱顶式滑动吊弦安装图(单位：mm)

1—滑动杆；2—U 形夹板；3—棒式绝缘子；4—连接调整板；5—埋入杆

这里介绍的隧道内吊弦主要出现在早期修建的隧道净空条件受限场合。在新建线路中，一般隧道都能较好地满足电气化空间的净空要求。高铁中考虑列车高速通过隧道空气气压的变化隧道界面更大，这时隧道内吊弦和非隧道区间相同。

(二)整体吊弦

随着我国电气化铁路不断向高速发展，接触网施工安装精度要求也越来越高。运行表明，用镀锌铁线制作的环节吊弦，普遍存在安装精度差，接触线高度需经常调整；在有电分段处(如绝缘锚段关节处)，因横向电流而发生烧断吊弦的事故。在高速电气化铁路接触悬挂结构上，对导线高度要求十分严格，即各悬挂点导线高度必须等高，其相对误差越小越好；吊弦要有较高的可靠性；采用载流承力索时，横向电流会造成环节吊弦各环节连接处明显的烧蚀。带有导流线的整根由耐腐蚀铜合金软铜绞线制成的整体吊弦逐步替代了传统的环节吊弦，越来越多地在我国电气化铁道中应用。

整体吊弦具有如下特点：

1. 采用整体导流式吊弦结构由于吊弦与线夹间为压接连接工艺，接续可靠，工艺简单，机械强度高，整体导流式结构，避免了环节吊弦产生的磨损和电火花烧蚀等情况；

2. 耐腐蚀、寿命长，适于机械化加工制作，有利于批量生产；

3. 经过精确计算后，一次性安装不需调整，减轻了维修工作量。

整体吊弦由接触线吊弦线夹、承力索吊弦线夹、心形环、钳压管、连接线夹、吊弦线及吊弦线固定螺栓等组成。吊弦结构采用心形环结构，吊弦线在接触线端的连接采用钳压管压接连接。整体吊弦可以适用于 70 mm^2、95 mm^2、120 mm^2 铜及铜合金绞线承力索上悬挂截面为 85 mm^2、120 mm^2、150 mm^2 铜及铜合金接触线，对于不同截面线索吊弦的不同在于使用了对应型号的吊弦线夹，95 mm^2、70 mm^2 型整体吊弦承力索吊弦线夹上使用 U 形螺纹卡子。吊弦线采用 JTMH10 铜镁合金 49 股单丝绞线。其最大垂直工作荷重为 1.3 kN，与承力索、接触线间的滑动荷重不小于 1.0 kN，吊弦综合拉断力不小于 3.9 kN。

整体吊弦主要有三种形式：不可调(压接式)整体吊弦、可调式整体吊弦和滑动吊弦。其区别在于承力索吊弦端一个为压接管压接一个用吊弦线固定螺栓。整体吊弦施工精度、工艺要求较高，必须准备充分、测量准确、精确计算、严格控制安装精度和工艺。当吊弦的长度不能适应在极限温度范围内接触线的伸缩和弛度的变化时，应采用滑动吊弦。在高速铁道中主要用于交叉吊弦连接的两支接触悬挂存在较大水平位移时，使用滑动吊弦应该保证防水塑料能够可靠的将承力索和吊弦绝缘开，不得装偏，在吊弦因为滑动需要可靠的横向电流通道时，应绝缘安装，如图 3-29 所示。整体吊弦有多种形式，其主要区别是吊弦线夹和是否可调。主要的线夹类型有：传统的冲压型吊弦线夹、高铁较常用的冲压型线夹和合页型承力索线夹等几类。

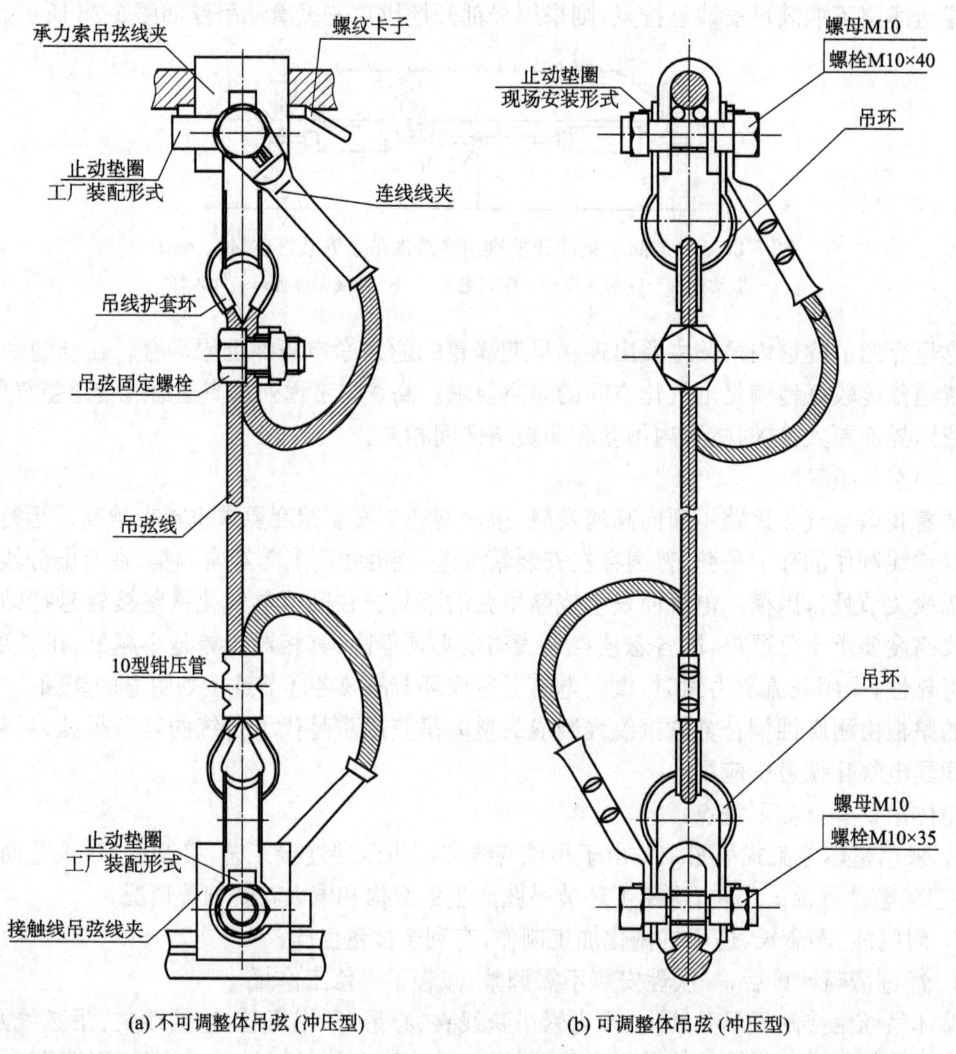

图 3-29　整体吊弦类型图

整体吊弦一般采用计算机预制计算结果进行工厂化预装配，编号后到现场安装，安装时要注意：按照计算表精确确定吊弦的安装位置；吊弦线夹安装应该先用刷子将安装线夹位置的承力索和接触线、线夹与承力索和接触线的接触面的灰尘和氧化物等清除干净，并涂一层电力复合脂，保证线索、线夹间电气连接良好；吊弦的导流环，接触线端朝向行车前进方向侧，承力索端朝向行车的反方向侧；吊弦应端正；吊弦垂直及线夹倾斜角度小于 15°时，线鼻子应安装在螺栓头侧，否则装于螺母端；在曲线区段，接触线吊弦线夹的螺栓上的螺母和线鼻子应朝向低轨(曲内)，如图 3-30 所示。

(三)吊弦相关计算

1. 吊弦的布置

吊弦一般是均匀布置在跨中，吊弦间距规定为 8～12 m，从定位点开始向跨中的第一根吊弦，即定位处吊弦的安装位置是由接触悬挂的结构决定的，其他吊弦的位置，在两侧的定位处

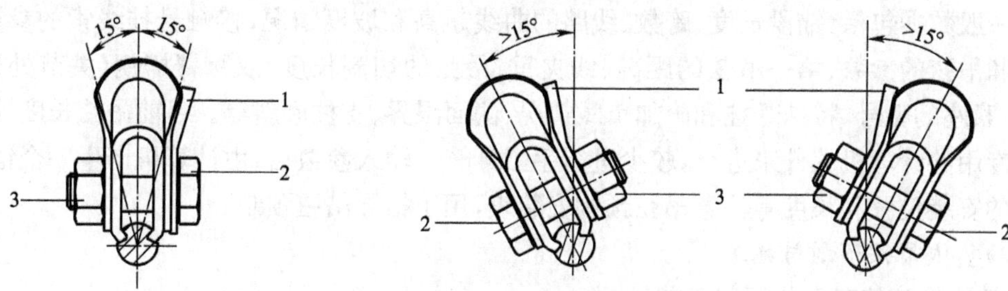

图 3-30　接触线吊弦线夹倾斜示意图

1—锁片；2—螺栓；3—螺母

吊弦间均布。高铁设计中关于吊弦根数的规定：跨距 55～60 m 时，采用 6 根整体吊弦；跨距 44～55 m 时，采用 5 根整体吊弦；跨距 36～44 m 时，取消弹性吊弦，采用 4 根吊弦。

根据吊弦间距确定吊弦的根数 K，不同跨距下吊弦间距 X_0 由下式计算。

弹性链形悬挂：
$$X_0=\frac{L-2\times8.5}{K-1} \tag{3-7}$$

简单链形悬挂：
$$X_0=\frac{L-2\times4}{K-1} \tag{3-8}$$

式中　L——跨距长度(m)。

2. 吊弦偏移的计算

在设有补偿装置的链形悬挂中，当气温变化时，线索因热胀冷缩的物理特性，顺线路方向产生移动。当为半补偿链形悬挂时，承力索不设张力补偿装置，只产生垂直方向的弛度变化。而接触线在张力补偿装置作用下，顺线路移动使吊弦出现偏移。检修规程规定，吊弦偏移后与其垂直方向的夹角，顺线路不得超过 30°，横线路方向不得超过 20°。为保证吊弦偏斜角不超过上述标准，在安装吊弦时，应根据当时的气温计算出吊弦偏移值，根据偏移值装设吊弦。当吊弦的长度不能适应在极限温度范围内接触线的伸缩和弛度的变化时，应采用滑动吊弦。

全补偿链形悬挂，由于承力索和接触线在气温变化时，均产生顺线路移动，因此相对半补偿链形悬挂吊弦的偏移较小，当线材不同时由下式计算：

$$E=L(\alpha_J-\alpha_C)(t_x-t_p) \tag{3-9}$$

式中　E——所计算吊弦的偏移值(m)；

L——计算吊弦距中心锚结的距离(m)；

α_J——接触线的线胀系数(1/℃)；

α_C——承力索的线胀系数(1/℃)

t_x——安装时的温度(℃)；

t_p——设计采用的平均温度(℃)。

当承力索和接触线采用相同材质时，吊弦无论在什么温度安装，都应该垂直安装。

3. 吊弦长度的计算

吊弦长度计算的工程意义是对整体吊弦进行预制计算，精确的确定各个吊弦的安装位置和长度。影响吊弦长度的因素很多。在高速铁路施工中，对吊弦长度计算是按照锚段进行的。

锚段的一般数据包括：锚段长度、跨数、线路的曲线超高和坡度情况；接触悬挂线索的参数、弹性吊弦和吊弦的参数、第一吊弦的距离、线夹重、吊弦的切割长度、双腕臂槽钢（关节处）的长度；承力索座的型号、特殊悬挂和附加负载情况、侧面限界、支柱倾斜等。目前吊弦长度计算主要应用专用的计算机软件来进行，较少进行手工计算。输入参数后，由计算机产生一个锚段内各吊弦的安装位置和长度等信息吊弦预制安装表，用于指导吊弦预制。

（四）整体吊弦预制与施工

1. 整体吊弦的工厂化预制工艺

（1）工前检查

来料检查：确定零件是否与线材相匹配，吊弦线夹尺寸是否正确，有无断股、散股、磨伤等现象。

工装检查：检查压接模的尺寸、表面质量以及有无影响正常压接的缺陷；检查压接模与压接钳是否连接良好；检查量具及尺寸标定装置是否准确；检查设备及其他辅助装置的安全防护。

（2）预拉

根据预制场地大小，每次从线盘中放出 30～50 m 长的吊弦线，在线索两端串接紧线器和拉力计，按 1.5 kN 张力对吊弦线进行预拉。

（3）吊弦线下料

按照吊弦预制安装表中吊弦下料长度，将吊弦线头部无散股处用细铜线绑扎，用断线钳截取线索。截断后线头应无松散、毛刺等现象。

（4）穿线

取掉吊弦线上的铜扎线，将吊弦线穿过压接管，并放在压接装置护环的圆弧槽内，压接管尽量靠近护环，拉紧吊弦线，吊弦线剩余长度 20 mm，防止单线未穿入及伤线现象。

（5）压接

将穿好的吊弦线放入工装，按高度方向垂直放置，压接管中心应与型腔中心重合，将吊弦一端合模压接。将压好的一端套在压制平台的固定钢筋柱上，把吊弦拉直，用钢板尺复核吊弦的长度。合模压接另一端回头，压接时应使线鼻子与心形环在同一断面内。

（6）检查

对压接完毕的吊弦尺寸进行校核，确保工装达到设计要求、压接部位光滑。

（7）标识、包装

将吊弦实际长度打印在吊弦线夹背面，并按照跨距分类、装箱。

2. 整体吊弦的施工要求

（1）整体吊弦布置应符合设计要求。普速线路传统吊弦安装位置应从悬挂点向跨中测量，其偏差应在跨中调整，施工偏差为±100 mm。在高铁施工中，吊弦间距按计算值布置，安装测量应从中心锚结向下锚侧进行，吊弦间距测量的起测点与闭合点均以悬挂点为准，吊弦间距测量偏差小于 150 mm 时，应将误差均布在各间距内。如大于 150 mm 时安装允许偏差为±50 mm，整体吊弦制作长度偏差应不大于 1.5 mm。

（2）先安装承力索上的吊弦线夹，再安装接触线上的吊弦线夹。安装前用刷子清除掉承力索、接触线安装吊弦线夹部位的灰尘和氧化物层，并在安装位置涂一层电力复合脂，保证连接处导电性良好。悬挂点高度符合设计要求，允许偏差±30 mm；相邻吊弦点接触线高度施工偏差为±10 mm。

(3)在平均温度时，吊弦顺线路方向应垂直安装。温度变化时，吊弦顺线路方向的偏移量为：承力索、接触线采用不同材质时，应按设计提供的曲线表安装，或按计算公式计算的偏移量安装，顺线路方向施工偏差不应大于 20 mm；承力索、接触线采用同一材质时，在任何温度下均应垂直安装，误差控制在 20 mm 以内(交叉吊弦除外)。

(五)吊弦检调要点

1. 吊弦线夹外观状态检查

检查线夹本体及螺栓有无损伤、变形、裂纹、烧伤或其他不良状态，止动垫片是否安装到位。紧固力矩 23 N·m，无严重超负荷或欠负荷紧固、无变形、本体和螺栓无开裂。压接环压接牢靠、无松动现象。

2. 吊弦线夹螺栓检查维修标准

(1)直线段与曲线内侧：接触线吊弦线夹螺帽在田野侧，即接触线吊弦线夹螺栓由线路侧向田野侧穿；承力索吊弦线夹螺栓穿向与接触线吊弦线夹螺栓穿向相反。

(2)曲线外侧：接触线吊弦线夹螺帽在线路侧，即接触线吊弦线夹螺栓由田野侧向线路侧穿；承力索吊弦线夹螺栓穿向与接触线吊弦线夹螺栓穿向相反。

在导线扭面的情况下，螺栓从低侧向较高的一侧穿。

(3)吊弦载流环线鼻子始终在螺栓头一侧(即不在螺帽侧)，吊弦线夹的载流圈固定在吊弦线夹的螺栓侧。承力索吊弦线夹载流圈与接触线吊弦线夹载流圈安装方向相反，接触线吊弦线夹载流圈面向列车前进方向，线鼻子与接触线夹角不得小于 30°。

3. 吊弦线检查维修标准

外观状态检查应无损伤、变形、断股、烧伤或其他不良状态；吊弦与鸡心环接触密贴；压接应按要求将本线及载流辅线一道压接成 W 形，且一个压槽在主线上，两个压槽在辅线上。吊弦承力索线夹 U 形卡环无变形超力矩紧固，吊弦螺栓有安装止松垫片。70 mm^2、95 mm^{2}承力索吊弦线夹的 U 形螺纹卡子，在承力索载流环侧。

弹性吊索无断线、断股、松弛，外露长度达标。承力索座应该在弹性吊索的中心外置，允许偏差为±20 mm。弹性吊索工作张力符合设计规定，允许偏差为±50 N。弹性吊索吊弦处与定位点处接触线高度相等。

吊弦的长度要能适应在极限温度范围内接触线的伸缩和弛度的变化，否则应采用滑动吊弦。吊弦预制长度应与计算长度相等，误差不大于±2 mm。吊弦截面损伤不得超过 20%。

思考

1. 吊弦的长度和接触线的导高有关系吗，为什么？

2. 一般情况一个跨距的接触悬挂采用多少个吊弦？

三、工作流程与任务

(一)流程图

吊弦检修流程如图 3-31 所示。

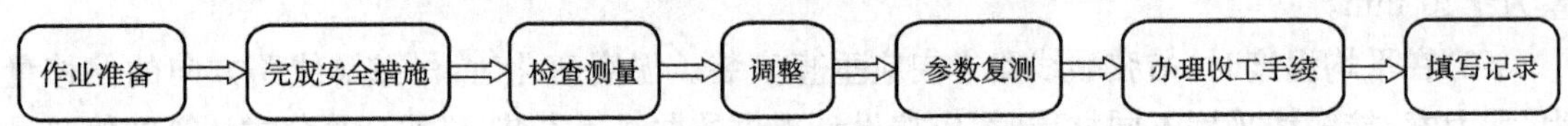

图 3-31 吊弦检修流程图

（二）任务组织

吊弦检修人员配置见表 3-16。

表 3-16 吊弦检修维护人员配置表

序号	项 目	单位	数量	备 注
1	工作领导人	人	1	全面负责作业组织
2	主防护员	人	1	负责办理停电和封锁，传递防护信息
3	地线监护人	人	2	监护地线操作人按标作业
4	地线操作人员	人	2	负责接挂接地线
5	高空作业人员	人	2	负责高空设备的检修作业
6	高空作业监护	人	2	负责监护高空作业人员的安全
7	司乘人员	人	2	司机、学习司机各 1 人
8	行车防护员	人	2	负责作业区段的行车安全防护

吊弦检修所需工具见表 3-17。

表 3-17 吊弦检修工具配置表

序号	名 称	规格或型号	单位	数量	备 注
1	作业车（或车梯）	—	台	2	—
2	数字化激光接触网检测仪	DJJ-8	台	1	—
3	钢卷尺	5 m	把	1	—
4	力矩扳手	0～100 N·m	套	1	—
5	小绳	—	条	1	—
6	皮尺	50 m	把	1	—
7	吊弦压接钳	—	把	1	—
8	扭面器	—	套	2	—

吊弦检修所需材料见表 3-18。

表 3-18 吊弦检修材料配置表

序号	名 称	规格	单位	数量	备 注
1	铁线	ϕ4.0 mm	kg	若干	—
2	砂纸	—	张	若干	—
3	电力复合脂	—	管	若干	—
4	吊弦（含零部件）	—	套	若干	—

(三)技术标准

1. 吊弦偏移

接触线与承力索同材质时,顺线路方向吊弦偏移应达到以下技术标准(交叉吊弦除外)。

标准值:0;

标准状态:20 mm;

警示值:50 mm;

限界值:100 mm。

2. 吊弦状态

吊弦的长度要能适应在极限温度范围内接触线的伸缩和弛度的变化,否则应采用滑动吊弦。吊弦预制长度应与计算长度相等,偏差不大于±2 mm。

3. 吊弦线夹状态

吊弦线夹在直线处应保持铅垂状态,曲线处应垂直于接触线工作面。曲线处接触线吊弦线夹螺栓应穿向曲线外侧。

4. 载流环

吊弦载流环应固定在吊弦线夹螺栓的外侧,接触线吊弦线夹处载流环应与列车前进方向一致,线鼻子与接触线夹角保持 30°～45°。承力索吊弦线夹处载流环应与列车前进方向相反。

5. 吊弦位置

标准值:设计值;

标准状态:标准值±50 mm;

警示值:标准值± 100 mm;

限界值:标准值±200 mm。

6. 两相邻吊弦点接触线高差

标准值:0;

标准状态:10 mm;

警示值:10 mm;

限界值:15 mm。

定位点两侧第 1 吊弦处(弹性链形悬挂时为弹性吊索外第 1 吊弦)接触线高度应相等。相对于定位点处接触线高度差为±10 mm,且不得出现 V 形。

7. 吊弦损伤

标准值:无损伤;

标准状态:无损伤;

警示值:断 3 根单丝;

限界值:断 7 根单丝。

(四)检修程序和方法

1. 作业准备

按规程要求填写工作票并交付工作领导人,工作领导人向作业组全体成员宣读工作票、分工并进行安全预想,检查工具、材料。

2. 完成安全措施

做好安全措施,工作领导人确认完成安全措施后,通知各作业组开工。

3. 检查测量

(1)吊弦外观检查

整体吊弦如图 3-32 所示。

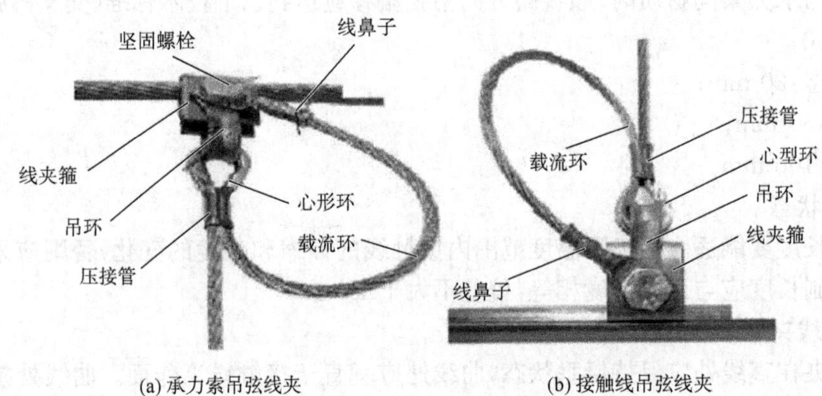

(a) 承力索吊弦线夹　(b) 接触线吊弦线夹

图 3-32　整体吊弦示意图

a. 检查吊弦线本体是否出现断丝断股情况,吊弦截面损伤不得超过 20%;吊弦线本体压接部位不得出现压伤情况,压接环位置不得出现折断情况。

b. 吊弦载流环上线鼻子和压接管在压接的时候由于压力的不均匀或用力过猛,导致线鼻子或压接管内里受伤,长期使用可能使得线鼻子及压接管出现锈蚀或裂纹。吊弦线鼻子出现裂纹如图3-33所示。

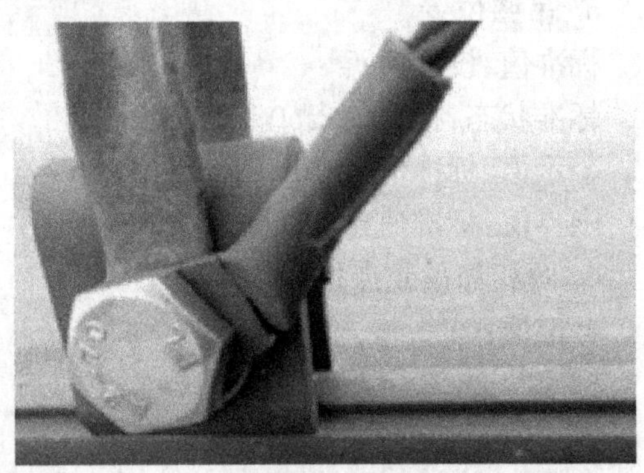

图 3-33　吊弦线鼻子锈蚀开裂图

c. 吊弦载流环应固定在吊弦线夹螺栓的外侧,载流环应朝向列车前进方向,线鼻子与接触线夹角不得小于 30°。

d. 心形环与吊弦线接触密贴,心形环距压接管的距离不小于 5 mm。吊弦心形环在制作安装时不得出现脱槽的情况。吊弦心形环脱槽的案例如图 3-34 所示。

图 3-34　吊弦心形环脱槽图

e. 吊弦载流环不得与吊弦线本体产生交叉和相磨，如图 3-35 所示。接触线吊弦线夹不得出现脱槽情况，如图 3-36 所示，锁片长端掰至线夹本体侧，锁片短端掰至螺母侧。

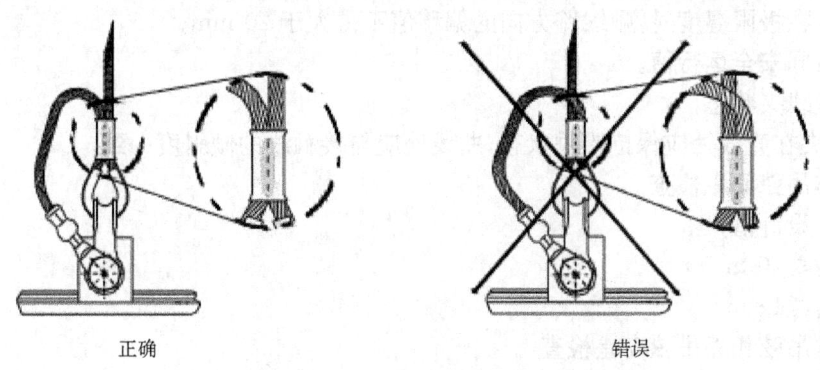

图 3-35　吊弦线载流环与本体相磨示意图

图 3-36　接触线吊弦线夹脱槽图

f. 承力索吊弦线夹的螺纹卡子不得有裂纹，螺纹卡子安装在载流环反方向，外露 5 mm。吊弦线本体与心形环连接、心形环与吊环连接的部分不得出现烧伤痕迹。

g. 吊弦正常情况下应处于受力状态，不得出现松弛、线体扭曲的情况。吊弦不受力情况如图 3-37 所示。

图 3-37　吊弦不受力情况图

h. 接触线与承力索同材质时，吊弦在任何情况下均垂直(交叉吊弦除外)。

标准值：在无偏移温度时垂直；

安全值：在极限温度时，顺线路方向的偏移值不得大于 20 mm；

限界值：同安全运行值。

(2)吊弦线夹状态

吊弦线夹在直线处应保持铅垂状态，曲线处应与接触线的倾斜度一致。

(3)整体吊弦间距检查

标准值：设计值；

安全值：≤10 m；

限界值：≤12 m。

(4)整体吊弦相邻吊弦高差检查

标准值：相邻吊弦高差≤10 mm；

安全值：同标准值；

限界值：相邻吊弦高差≤15 mm。

跨中第一吊弦与相邻弹性吊索吊弦的高度差必须小于 10 mm。弹性吊弦与定位点处接触线高度相等。

(5)安全距离

整体吊弦与线索或支持定位装置间距离不得小于 50 mm，如图 3-38 所示。当吊弦位于关节交叉侧时注意根据线索偏移值对吊弦进行调整。

图 3-38　吊弦距其他线索距离不足图

(6)螺栓紧固力矩检查

吊弦螺栓紧固力矩要求见表 3-19。

表 3-19　吊弦线夹螺栓紧固力矩表

名　　称	螺栓直径(mm)	标准紧固力矩(N·m)	测试力矩(N·m)
吊弦线夹	M10	25	23

4. 调整

(1)吊弦偏移调整

①承力索吊弦线夹偏移:松开承力索吊弦线夹螺栓,移动承力索吊弦线夹位置,使之与接触线吊弦线夹在同一垂面内。

②接触线吊弦线夹偏移:松开接触线吊弦线夹螺栓,移动接触线吊弦线夹位置,使之与承力索吊弦线夹在同一垂面内。

(2)吊弦位置调整

①根据吊弦所在跨距内吊弦安装数量和跨距计算出吊弦安装位置。

标准值:设计值。

标准状态:标准值±50 mm。

警示值:标准值±100 mm。

限界值:标准值±200 mm。

②用皮尺以定位点为起测点,测量出吊弦安装位置,并使用记号笔在接触线上做好标记。

③将吊弦移至标记位置进行安装。

(3)载流环角度调整

掰开吊弦线夹锁片,松开线夹连接螺栓,将载流环调整至与线索呈大于30°角,紧固螺栓至25 N·m,恢复锁片。

(4)电气距离调整

①当吊弦与其他设备距离小于50 mm时,应对其进行调整,调整后导高超出安全值时,应对此位置吊弦进行更换。

②当吊弦位于关节交叉侧、距离邻近线索小于50 mm时,调整时应考虑线索偏移,计算出两线索最大偏移值,根据现场实际温度进行安装。

(5)吊弦不受力调整

①可调吊弦:松开承力索吊弦线夹螺栓,根据测量数据确定需要调整数值,对吊弦长度进行调整。

②整体吊弦:根据测量数据确定吊弦长度,压接新吊弦进行更换。

③滑动吊弦:根据测量数据确定吊弦长度,压接新吊弦进行更换。

(6)吊弦本体不良检修调整

吊弦线本体断股、散股、受损及氧化严重的,需压接新吊弦,尺寸与既有吊弦保持一致,对既有吊弦进行更换。

整体吊弦更换方法如下:

a. 拆除原吊弦,用ϕ2.0 mm铁丝模拟测出长度。

b. 制作吊弦:

根据预制计算单和吊弦部件图、整体吊弦类型领取材料,吊弦部件图如图3-39所示。将吊弦线穿过压接套环,在线的终端形成一个环后,再将线头穿回压接套环,并拉出。测量压接套环外的直线长度(200 mm),做上标记。在这个位置上,轻压压接套环的回头侧,将压接套环固定在该位置,如图3-40所示。拿一个心形环固定在载流环弯曲处,将线和压接套环置于压接槽内,压接套环紧靠导向板,并处于压模相对中心的位置,如图3-41所示。拉紧线尾,使线套按顺时针方向紧固在心形环上。在此过程中，导向板起着终点挡板的作用。压接套环两端应对称。检查两线在压接套环中是否互相密贴，确认后，启动冲压。使用液压设备时，通过启动控制阀门打开压接槽，取出心形环。压接完一个心形环后，测量吊弦线切割的长度，在切割处两边缠捆胶带，以防吊弦线散股，再用断线钳切断吊弦线。按上述第一个心形环制作程序制作第二个心形环，复核吊弦长度，在载流环线头上安装线鼻子，心形环和线鼻子的排列方向如图 3-42 所示。固定线鼻子在压接钳口位置，压接第一个压痕和第二个压痕。重复上述程序固定压接另一头的线鼻子，并注意线鼻子的相对位置。

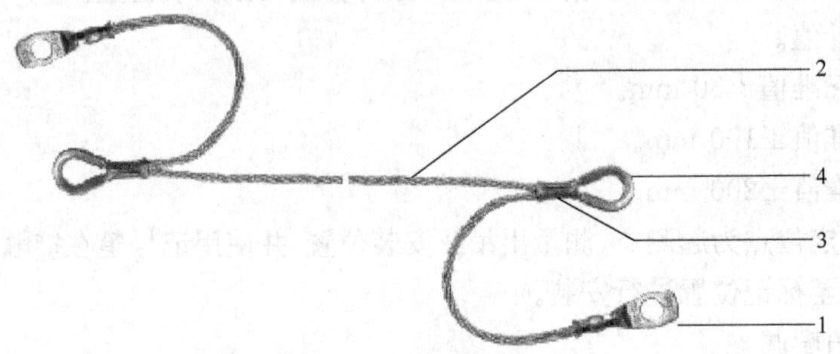

图 3-39　吊弦部件图

1—线鼻子；2—吊弦线；3—压接环；4—心形环

图 3-40　固定压接套环图

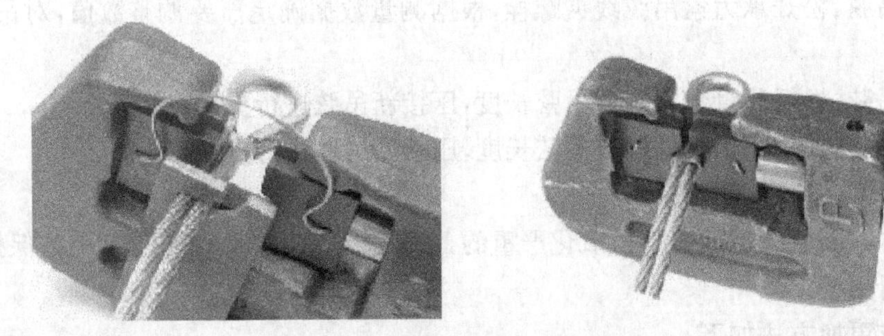

图 3-41　压接套环在压钳模内图

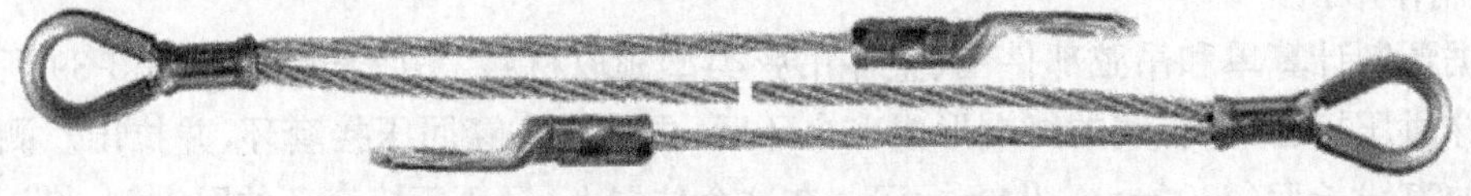

图 3-42　心形环和线鼻子排列及方向图

c. 安装吊弦：

在承力索处涂抹适量导电膏，将承力索吊弦线夹线安装在承力索上，并在承力索和线夹中间安装线卡子，用扭矩扳手拧螺母至设计力矩，同时按要求安装防松垫片。将接触线吊弦线夹与接触线接触部位涂抹适量导电膏，并将其卡住接触线沟槽，用扭矩扳手拧螺母至设计力矩，同时按要求安装防松垫片。最后拆除铁线。调整好的整体吊弦如图 3-43 所示。

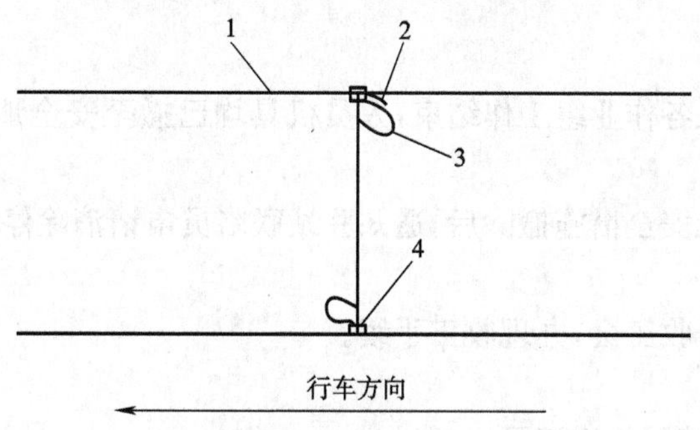

图 3-43　调整好的整体吊弦示意图

1—承力索；2—线卡子；3—载流环；4—吊弦线夹

(7)吊弦线夹损坏调整

①线夹本体及螺栓有损伤、变形、裂纹、烧伤：拆除既有线夹及螺栓，更换同型号的新线夹及螺栓。

②线夹未入线槽：松开接触线吊弦线夹，将吊弦线夹卡线部位卡入接触线的线槽内。

③止动垫片安装不到位：将止动垫片一个边角固定在螺母上、另一个边角固定在线夹本体边沿。

④螺栓力矩不达标：根据线夹螺栓尺寸，利用力矩扳手按标准力矩紧固，螺栓力矩值为 25 N·m。

⑤吊弦线夹螺母方向不正确：松开吊弦线夹螺栓，按照“直线地段螺母在田野侧；曲线地段螺母在低轨侧”的原则重新安装吊弦线夹螺栓。

⑥接触线线面不正导致吊弦线夹偏斜过大：调整接触线线面。

(8)接触线吊弦线夹倾斜

松开接触线吊弦线夹，用接触线扭面器扭正接触线面(方法见项目三任务一《接触线的维护与检修》)，然后紧固接触线吊弦线夹。

(9)承力索吊弦线夹倾斜

用小绳固定承力索与导线间距，松开承力索吊弦线夹，调正后紧固。

(10)线鼻子倾斜可能引起打弓

松开接触线吊弦线夹调整至顺线路方向 45°角以上。

(11)吊弦载流环与接触线夹角过小

松开接触线吊弦线夹紧固螺母，调整载流环与接触线角度。

(12)调节螺栓损坏、不能进行调节

更换调节螺栓。

(13)各部螺栓紧固力矩

按附录一《接触网各部螺栓紧固力矩》紧固各部螺栓。

5. 检查验收

检修作业完成后，对检修后的设备质量进行复核验收。

(1)整体吊弦及吊弦线夹本体良好，无断股、散股等现象。

(2)吊弦应垂直，处于受力状态，螺栓穿向正确，载流环安装符合要求，吊弦线夹的螺栓紧固力矩为 25 N·m。

6. 办理收工手续

(1)工作领导人确认各作业组工作结束，人员机具均已撤至安全地带后，通知监护人员撤除地线及其他安全措施。

(2)工作领导人确认安全措施撤除后，通知驻站联络员申请消除停电作业命令和线路封锁命令。

(3)工作领导人召开收工会，办理收工手续。

7. 填写检修记录

按照当天检修情况填写检修记录。

四、分析与思考

本任务主要是吊弦检调。填写"接触网全面检查记录表"关系到接触网的结构和技术标准要求，因此，如何保证数据的准确至关重要。本任务在实际工作中需要注意以下问题：

1. 作业人员不宜位于线索受力方向的反侧，并应采取防止线索滑脱的措施。

2. 严禁踩踏接触线。

项目四　软横跨与硬横跨的维护检修

在站场中，接触网不能采用单线路腕臂的架设方式，因为站场中支柱过多会影响行车、车站工作人员信号瞭望，所以多采用软横跨或硬横跨形式。多股道接触悬挂通过横向线索悬挂在线路两侧的支柱上的装配方式称为软横跨；接触悬挂通过金属桁架架设在线路两侧支柱上的装配方式称为硬横跨。

对于软横跨与硬横跨的检修维护需要特定的知识和技能。

一、项目描述

以接触网设备为载体，依据接触网检修作业标准，在校内铁路综合实训基地和校外供电段实训基地，能对软横跨和硬横跨进行检调并分析、上报相关资料。

二、教学目标

1. 熟悉软横跨和硬横跨的维修作业标准；
2. 能熟练进行软横跨检调；
3. 能熟练进行硬横跨检调；
4. 能按规定填写检修记录单。

三、技能和知识要求

1. 技能要求

软横跨与硬横跨的检修维护，除了要掌握必要的机械部件维修所需技能外，特别需要以下技能：

(1)会使用接触网检修作业车、接触网参数测距仪等专用工具、仪器；
(2)会进行软横跨检调；
(3)会进行硬横跨检调；
(4)会填写检修记录单。

2. 知识要求

为掌握以上特别技能，需要以下知识作为基础：

(1)理解软横跨与硬横跨的作用；
(2)理解软横跨与硬横跨的结构；
(3)理解软横跨与硬横跨的类型；
(4)理解 14 种软横跨节点结构及用途；
(5)理解接触悬挂检调方法和步骤；
(6)会描述检修记录单填写规定。

任务一　软横跨的维护检修(选学)

软横跨是接触网的核心组成部分,其学习目标和典型工作任务是接触网维护与检修的重要组成部分,和其他模块共同组成接触网的日常维护与检修工作。

一、任务书——软横跨的检调

图 4-1 是软横跨结构示意图。根据实训基地实物进行软横跨检调,并将检调结果填入表 4-1“软横跨静态检测记录”。

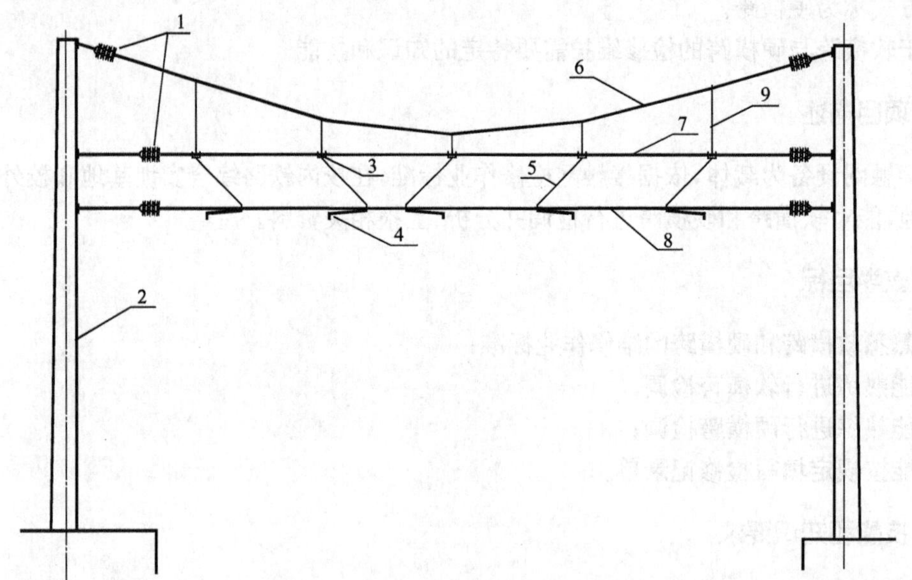

图 4-1　软横跨结构示意图

1—绝缘子;2—支柱;3—承力索;4—定位器;5—斜拉线;6—横承力索;7—上部固定绳;8—下部固定绳;9—直吊弦

表 4-1　软横跨静态检测记录

区间(站场)__________软横跨　　　　　　　　　　检测日期:

悬挂点所在股道	Ⅰ	Ⅱ	Ⅲ	Ⅳ	Ⅴ	Ⅵ	Ⅶ
下部固定绳距接触线距离(mm)							
横承力索最短吊弦长度(mm)							
横承力索、上下部固定绳布置状态							
横承力索、上下部固定绳涂油、锈蚀情况							
负弛度							

测量人:　　　　互检人:　　　　设备负责人:　　　　工长:

二、知识准备

(一)概述

软横跨由站场线路两侧支柱(称为软横跨支柱)和悬挂在支柱上的横承力索、上下部固定绳(定位索)、软横跨直吊弦、绝缘子及支持和连接它们的零件组成。横承力索是软横跨的主要构件,承受各股道纵向接触悬挂的全部垂直负载。由于横承力索承重较大,早期选用 GJ-70 镀锌钢绞线,在股道数较多(大于五股道)或负载较大时,采用两根 GJ-70 钢绞线,称为双横承力索。随着线路提速接,触悬挂张力增大,横承力索线材多用 LXGJ-80,LXGJ 线比 GJ 线具有更好的耐腐蚀能力。为了减小横承力索中的张力,降低对支柱容量要求,横承力索一般有较大弛度。在横承力索下方布置有上下部固定绳(上下部定位索),上下部定位索在软横跨或硬横跨中仅承受水平荷载。上部定位索的作用是固定各股道的纵向承力索,并将纵向承力索的水平负载(如风力、曲线力等)传递给支柱。下部定位索作用是固定定位器,以便对接触线按技术要求定位,并将接触线水平负载传递给支柱。由于上下部定位索只承受水平力,负载不大,早期多用 GJ-50 镀锌钢绞线,随着线路提速接触悬挂张力增大,接触悬挂的水平力也增大,定位索选用和横承力索相同的 LXGJ-80。

软横跨按照其横承力索和支柱间是否绝缘分为绝缘软横跨和非绝缘软横跨两种。绝缘软横跨的横向承力索与上下部固定绳均对地绝缘,是我国目前采用的主要形式,如图 4-1 所示。绝缘软横跨有很多优点:它的各条线索对地都是绝缘的,这样便于开展带电检修作业;对地绝缘的绝缘子串都装在线路两侧,故在电力和内燃、蒸汽混合牵引区段上运营,可减轻绝缘子的污损程度,从而减少了清洗绝缘子的工作量;在线路较多的站场上用绝缘软横跨可节约大量绝缘子,使软横跨结构重量减轻,并且有利于机务人员的信号瞭望,同时增加了车站的美观。上、下行分开供电的车站,跨越上、下行股道的软横跨应用绝缘分开,软横跨上、下行股道间的横向电分段绝缘子串应位于相邻上、下行股道的中间。靠支柱的接地绝缘子串应在同一垂直平面内,允许误差为±10 mm。

软横跨中使用的绝缘子的作用可以分为两类:一类是实现带电部分和大地的绝缘,称为接地侧绝缘子;一类是实现软横跨不同股道间的绝缘,称为横向电分段绝缘子。它们一方面起绝缘作用,另一方面起连接作用,因此,对软横跨绝缘子机械性能和绝缘性能要求都比较高,在安装、检修时,要严格检查软横跨两侧及中间绝缘子串,特别是绝缘子串中各绝缘子的连接情况,防止弹簧销脱落和丢失,确保安全供电。

横向承力索的弛度和张力及上下部固定绳的张力和弛度,可以用锚固拉杆调节。锚固拉杆不能弯曲,它经球形垫块或角形垫块固定到钢支柱角钢上。这种垫块可以使拉杆在垂直平面内、不弯曲情况下向不同方向工作,可以改善拉杆的受力。

横向承力索和上部定位索间,通过两股 $\phi4.0$ mm 镀锌铁线拧成的直吊弦连接起来,上下部固定绳间,通过两股 $\phi4.0$ mm 镀锌铁线拧成的斜吊弦将鞍子或悬吊滑轮与定位环线夹连接起来。直吊弦应该垂直,仅将接触悬挂、节点和定位索的垂直负载传递给横承力索。镀锌铁线易锈蚀,可用不锈钢软绞线代替。

非绝缘软横跨在我国的哈大线各站场使用,如图 4-2 所示。和绝缘软横跨相比,其结构复杂,绝缘子用量大、宜污染,在我国没有大量推广使用。

(二)软横跨节点

软横跨节点是指软横跨所跨越线路的装配形式。软横跨节点视其所设地点的线路情况而定,其结构形式也多种多样,特别是在股道较多而线路比较复杂的站场上,同一组软横跨上会出现很多不同形式的节点,故架设软横跨是一项比较复杂而细致的工作。为了设计及施工的方便,把软横跨各种装配形式经过归纳综合,制定了 15 种节点类型。

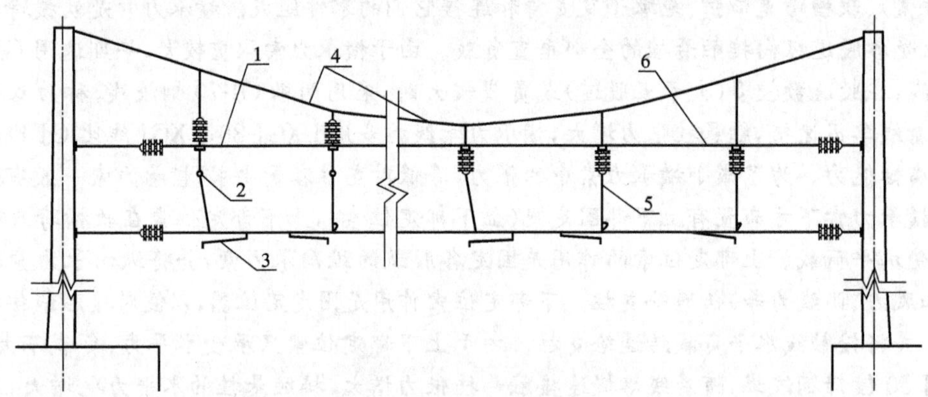

图 4-2 非绝缘软横跨示意图

1—上部固定绳；2—斜吊弦；3—定位器；4—横向承力索；5—绝缘直吊弦；6—上部固定绳

接触网链形悬挂软横跨节点示意图如图 4-3 所示。

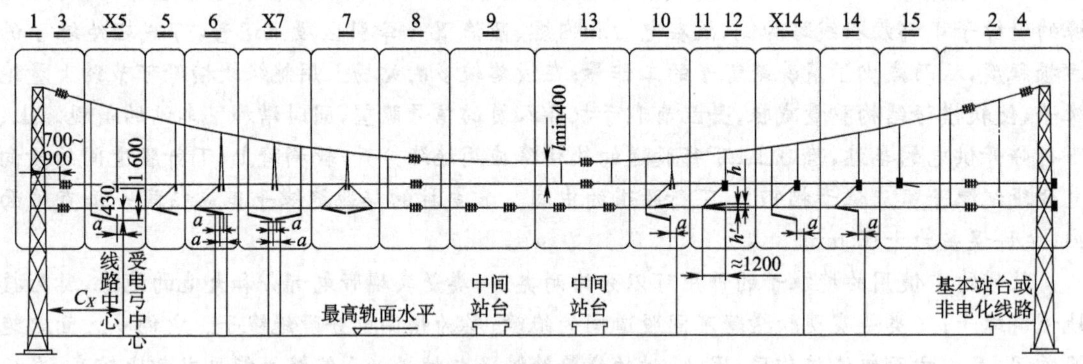

图 4-3 接触网链形悬挂软横跨节点示意图

1. 节点 1、2、3、4

节点 1、2 结构装配如图 4-4 所示，图中零件名称见表 4-2。这些节点表示软横跨线索和支柱之间连接的装配形式。节点 1、2 适用于 13 m 或 15 m 高的钢柱，节点 3、4 适用于地面以上 12 m 的钢筋混凝土柱。其中节点 2、4 用于站台上的钢柱和钢筋混凝土柱的连接。在站台上，为了保证站台上人员的安全，将绝缘子向线路方向移动，保证站台上方线索为无电区。

当 $C_X>6$ m 时，节点 2(或者 4)的横向承力索绝缘子串应下移，且与上下部固定绳绝缘子串在同一垂直平面内，另将悬吊上部固定绳的吊弦外移至双点划线处，装配零件会有所调整。

节点 1、2 是软横跨在钢柱上的安装形式，横向承力索由杵头悬式绝缘子、杵头杆、固定角钢、角形垫块固定在钢柱靠线路侧的一面。上下部固定绳用绝缘子、杵头杆、双耳连接器、定位绳弹簧补偿器、固定角钢、球形垫块等固定在钢柱的田野侧，定位绳弹簧补偿器应该安装在定位绳的松边。图 4-4 中所示为上下部定位索松边张力发生在 1 节点。当松边张力发生在 2 节点时应更换相关零件。早期电气化铁路中，车速低，线索张力相对较小，定位绳的松边张力一般在 1～2 kN，未使用定位绳弹簧补偿器，而是通过串接一个开式螺旋扣方便调整定位绳张力。提速线路中，接触悬挂张力增加，定位绳张力也相应增加到 3 kN、6 kN。软横跨跨距不大于 30 m 时，补偿器采用额定张力 3 kN 型；大于 30 m 时，采用额定张力 6 kN 型，补偿器和开式螺旋扣串接使用。节点 3、4 是软横跨在钢筋混凝土支柱上的装配形式，连接零件有一定区别。

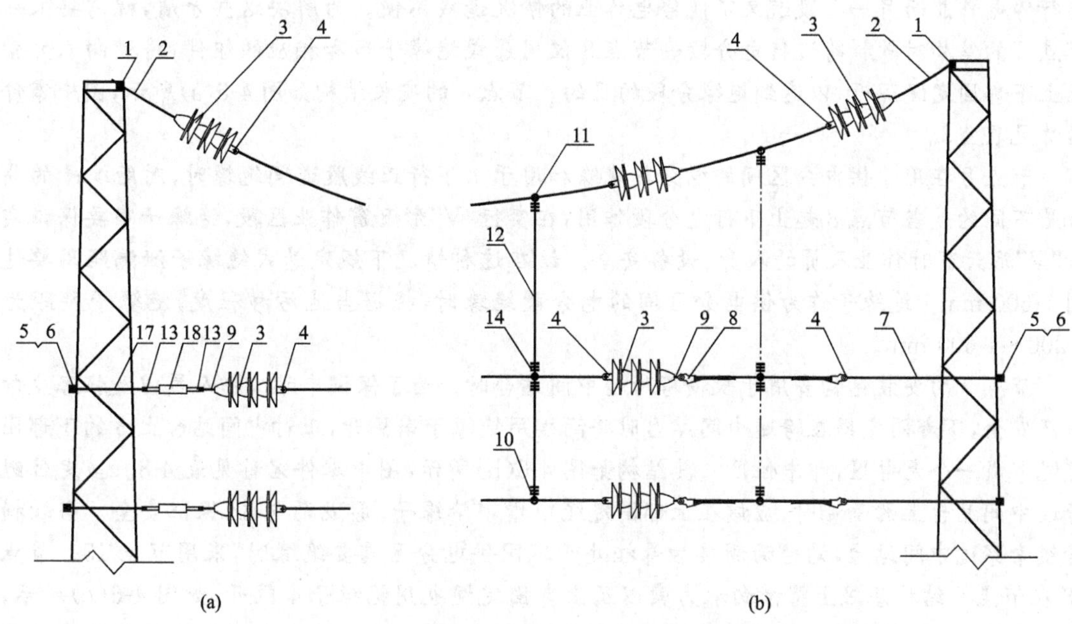

图 4-4　接触网链形悬挂软横跨节点 1、2 安装图

表 4-2　节点 1、2 零件名称表

序号	名　称	序号	名　称
1	角型垫块	10	横承力索线夹
2	600 型杵头杆	11	双横承力索线夹
3	杵头悬式绝缘子	12	上、下部吊弦
4	80 型杵座楔型线夹	13	Y 型双耳连接器
5	软横跨固定角钢	14	带耳定位环线夹
6	球型垫块	15	WS-7 型碗头挂板
7	1600 型杵头杆	16	LV-0712 型联板
8	80 型双耳楔型线夹	17	1000 型耳环杆
9	QP-7 型球头挂环	18	定位绳弹簧补偿器

当使用双横承力索时，节点 1、2 的装配如图 4-5 所示，图中零件名称见表 4-2。主要区别是在绝缘和双横承力索间增加联板。

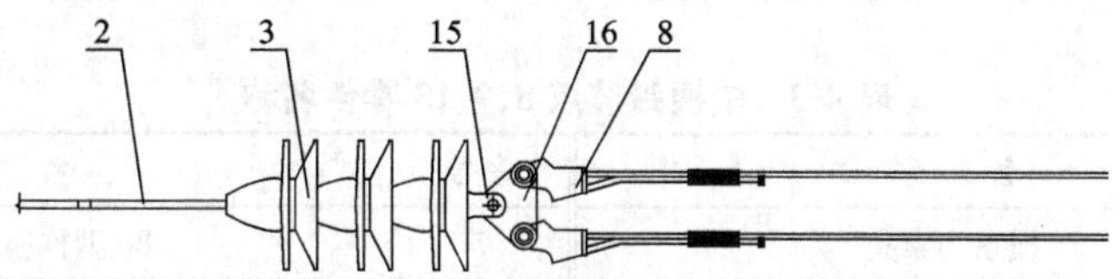

图 4-5　节点 1、2 在双横承力索时安装图

2. 节点 8、9、13

节点 8 用于软横跨上下行正线股道间、不同供电分区间的电分段绝缘。由于站场软横跨把各股道接触悬挂在电路上都连接起来，从而对某些上、下行需要分开供电以及某些股道需要进行停电作业而另一些股道又不能停电作业的情况造成不便。为解决这些矛盾，就需要采用节点 8 的结构对软横跨进行电分段。节点 8 仅用悬式绝缘子串和相应的组件，将横向承力索及上下部固定绳隔开，以达到绝缘分段的目的。节点 8 的安装结构如图 4-6(a)所示，图中零件名称见表 4-3。

节点 8 在用于供电分区间的电分段绝缘和用于上下行正线股道间绝缘时，对绝缘子的要求是不同的。当节点 8 起上下行电分段作用，在实行“V”形天窗作业区段，绝缘子串要保证实行“V”形天窗时作业人员的人身、设备安全。故在这种情况下规定悬式绝缘子泄漏距离要达到 1 600 mm。绝缘子作为供电分区间的电分段绝缘时，根据当地污秽程度，绝缘子爬距为 1 200～1 600 mm。

节点 9 的安装结构多用于软横跨跨越中间站台时。为了保证车站工作人员以及旅客生命财产安全，下部固定绳在跨越中间站台时将两端用绝缘子串隔开，正对中间站台上方的下部固定绳形成一个无电区，即中性区。其结构如图 4-6(b)所示，图中零件名称见表 4-3。当定位绳跨过中间站台上的雨棚时，应该在上部固定绳中增串绝缘子，形成无电区，保证安全。当软横跨线索穿过中间站台，站台两侧接触悬挂处于不同供电分区需要绝缘时，采用节点 13。节点 13 在节点 9 结构基础上将横向承力索以及上部固定绳也用绝缘子串隔开，如图 4-6(c)所示，图中零件名称见表 4-3。当定位绳跨过中间站台上的雨棚时，应该在上部固定绳中增串接绝缘子，形成无电区，保证安全。

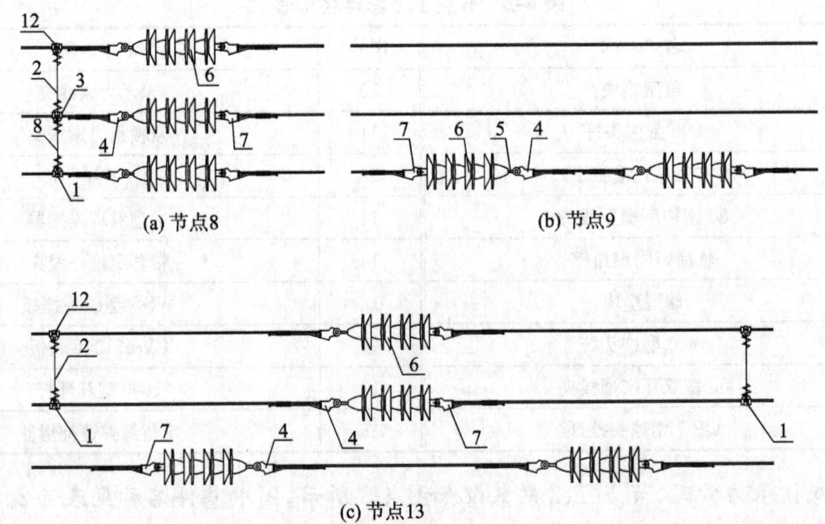

图 4-6 接触网链形悬挂软横跨节点 8、9、13 安装示意图

表 4-3 软横跨节点 8、9、13 零件名称

序号	名 称	序号	名 称
1	横承力索夹	7	80 型杵座楔型线夹
2	上部吊弦	8	下部吊弦

续上表

序号	名　称	序号	名　称
3	带耳定位环线夹	9	LV-0712 型联板
4	80 型杵座楔型线夹	10	Z-7 型挂板
5	QP-7 型球头挂环	11	WS-7 型碗头挂板
6	杵头悬式绝缘子	12	双横承力索线夹

3. 节点 5

节点 5 作用相当于一个腕臂中间柱，在整个站场软横跨定位中，采用最普遍的是节点 5。为满足全补偿的要求，承力索经悬吊滑轮固定在上部固定绳上。为了保护承力索，悬挂点处承力索需要加装铜合金预绞丝保护条裹覆防护，预绞丝外径≥2.18 mm，裹覆长度每处不小于 2.0 m，腕臂无偏斜温度时，悬吊滑轮应处于裹覆区域的中心位置。对于半补偿承力索改用钩头鞍子来固定。节点 5 装配形式如图 4-7(a)所示，图中零件名称见表 4-4。提速区段正线股道采用限抬定位器时，其节点号称为 X5，装配形式与节点 5 相比有所不同，如图 4-7(b)所示，图中零件名称见表 4-4。相当于中间柱装配的节点 5，只有正定位形式，没有反定位装配，将接触线拉向线路中心线左侧、右侧可以通过定位器布置在线路左、右实现。

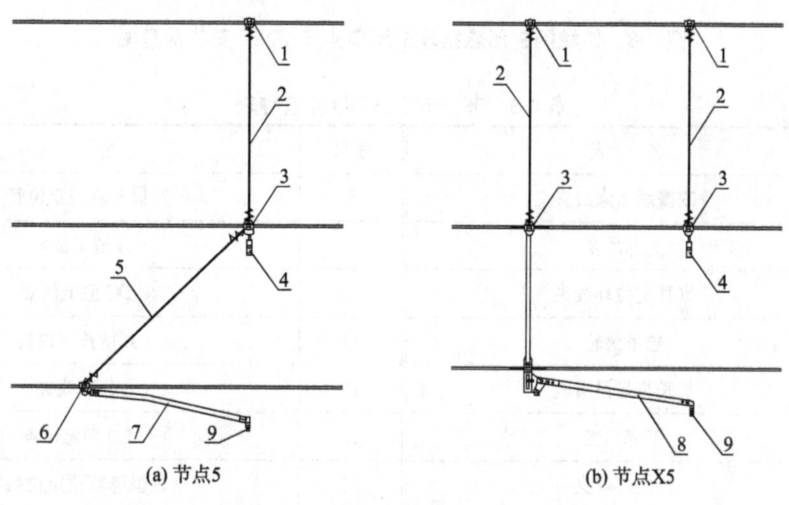

图 4-7　接触网链形悬挂软横跨节点 5、X5 安装示意图

表 4-4　软横跨节点 5、X5 零件名称表

序号	名　称	序号	名　称
1	双横承力索线夹	6	定位环线夹
2	上部吊弦	7	G3 型定位器
3	带耳定位环线夹	8	软横跨限位定位装置
4	悬吊滑轮	9	定位线夹
5	下部吊弦		

4. 节点 6、7

节点 6、7 相当于道岔定位柱的定位装配，它所定位的两组悬挂均为工作支，两根接触线的高度基本一致。节点 6 相当于 L 型道岔定位柱安装，两定位器受拉力方向一致，节点 7 相当于 LY 型道岔定位柱安装，两定位器受拉力方向相反。在提速线路的正线道岔，有限抬需要时，使用节点 X7。节点 6、7、X7 结构如图 4-8 所示，图中零件名称见表 4-5。

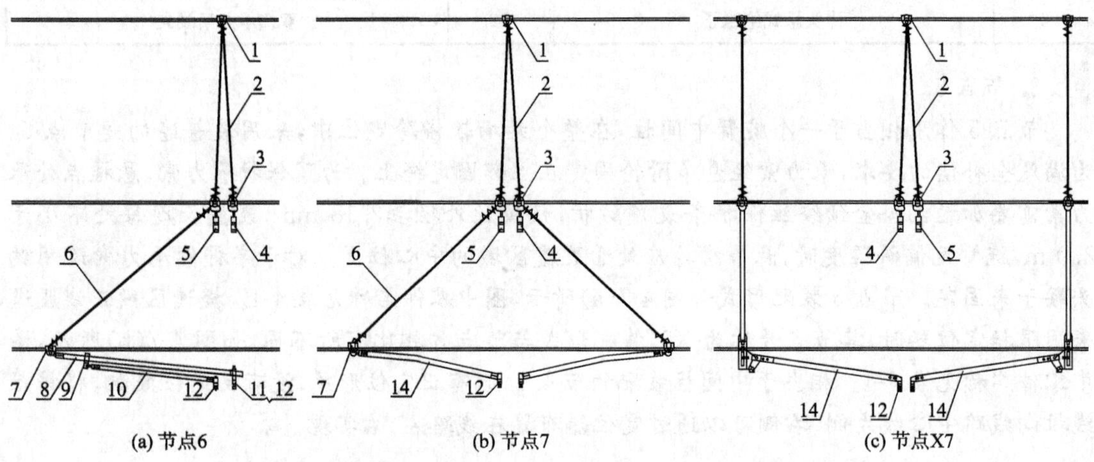

图 4-8 接触网链形悬挂软横跨节点 6、7、X7 安装示意图

表 4-5 节点 6、7、X7 零件名称表

序号	名　称	序号	名　称
1	双横承力索线夹	8	l-l 500 型定位管
2	上部吊弦	9	l 型定位环
3	带耳定位环线夹	10	DC 型定位器
4	悬吊滑轮	11	L 型长定位器
5	加长型悬吊滑轮	12	位环线夹
6	下部吊弦	13	G3 型定位器
7	定位环线夹	14	软横跨限位定位装置

5. 节点 10

节点 10 装配形式与锚段关节中转换柱的装配相似。它悬吊的两组接触悬挂，一组悬挂为工作支，另一组悬挂为非工作支，在悬挂点处按非绝缘锚段关节转换柱的要求，非工作支比工作支抬高 200～500 mm。非工作支接触线不用定位器而采用夹环，通过 $\phi4.0$ mm 镀锌铁线或者不锈钢软绞线固定在定位环线夹上，其结构如图 4-9 所示，图中零件名称见表 4-6。

节点 10 为绝缘转换节点时，将非工作支接触线在悬挂点处抬高 500 mm，和工作支接触性水平距离 450 mm。在提速区段正线使用限位要求时，其装配形式如图 4-9 所示。

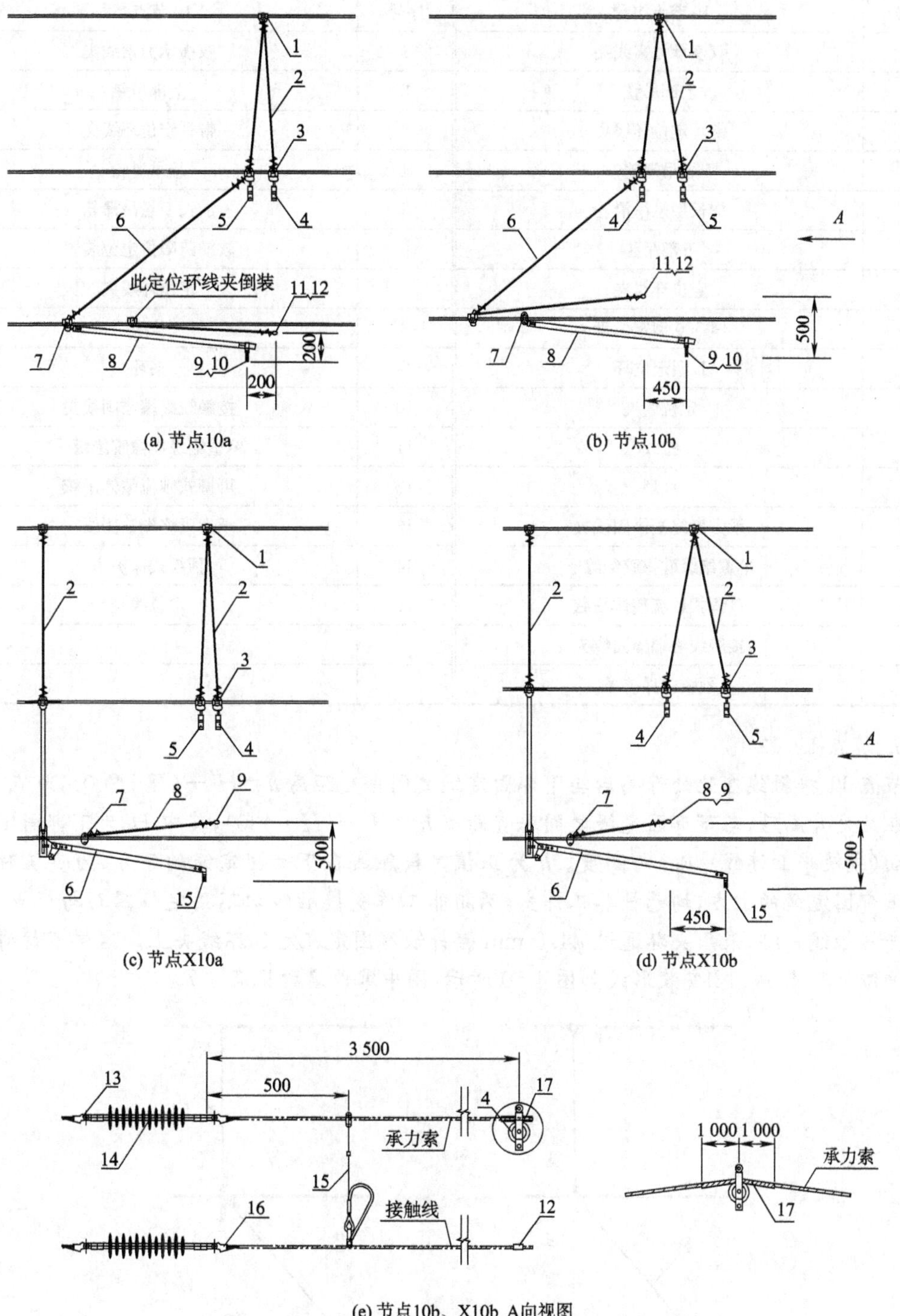

(a) 节点10a　(b) 节点10b　(c) 节点X10a　(d) 节点X10b

(e) 节点10b、X10b A向视图

图 4-9　接触网链形悬挂软横跨节点 10 安装示意图(单位:mm)

表 4-6 10 节点零件名称表

序号	10 节点名称	序号	X10 节点名称
1	双横承力索线夹	1	双横承力索线夹
2	上部吊弦	2	上部吊弦
3	带耳定位环线夹	3	带耳定位环线夹
4	悬吊滑轮	4	悬吊滑轮
5	加长型悬吊滑轮	5	加长型悬吊滑轮
6	下部吊弦	6	软横跨限位定位装置
7	定位环线夹	7	定位环线夹
8	I-I 500 型定位管	8	拉线
9	L 型定位环	9	夹环
10	定位线夹	10	接触线终端锚固线夹
11	拉线	11	单重绝缘硅橡胶绝缘子
12	夹环	12	可调式载流整体吊弦
13	承力索终端锚固线夹	13	承力索终端锚固线夹
14	单重绝缘硅橡胶绝缘子	14	预绞式保护条
15	可调式载流整体吊弦	15	定位线夹
16	接触线终端锚固线夹		
17	预绞式保护条		

6. 节点 11、12

节点 11 接触线在此处升高后与下部固定绳之间垂直距离 $h=H'-(H+200)$，节点 12 接触线在此处升高后，与下部固定绳之间垂直距离 $h=H'-(H+430)$，其中 H' 为下部固定绳距轨平面(或轨平面连线中心)的高度。h 为正值时接触线在下部固定绳的下方，为负值时接触线在下部固定绳的上方，均悬挂非工作支，两组非工作支接触线均不用定位器而与节点 10 非工作支接触线一样，采用夹环通过 $\phi4.0$ mm 镀锌铁线固定在定位环线夹上。这样不妨碍接触线的伸缩。节点 11、12 安装形式如图 4-10 所示，图中零件名称见表 4-7。

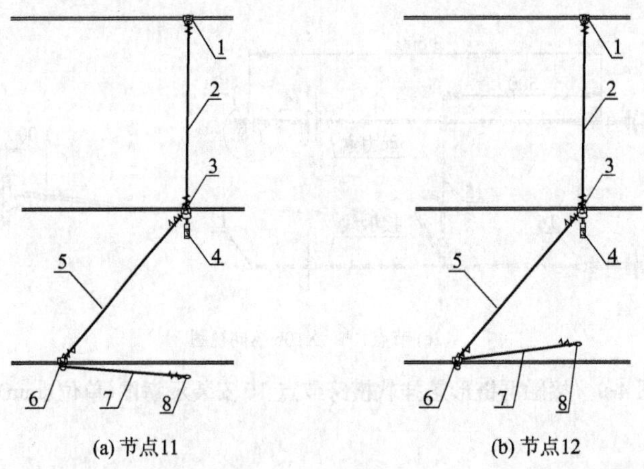

图 4-10 接触网链形悬挂软横跨节点 11、12 安装示意图

表 4-7　节点 11、12 零件名称表

序号	名　称	序号	名　称
1	双横承力索线夹	5	下部吊弦
2	上部吊弦	6	定位环线夹
3	带耳定位环线夹	7	拉线
4	悬吊滑轮	8	夹环

7. 节点 14

节点 14 为站内软横跨处设防串动中心锚结的安装定位方式，其装配形式和节点 5 一样，接触线中心锚结安装在相邻两跨（l_1、l_2）的中间位置，其结构如图 4-11 所示，图中零件名称见表 4-8。

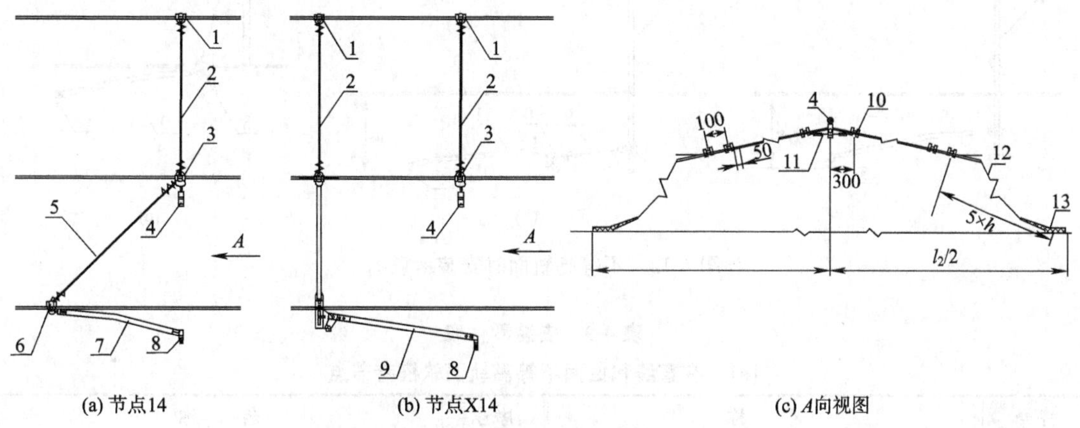

图 4-11　接触网链形悬挂软横跨节点 14 安装示意图

l_2—跨距；h—接触线距下部固定绳距离

表 4-8　节点 14 零件名称表

序号	名　称	序号	名　称
1	双横承力索线夹	8	定位线夹
2	上部吊弦	9	软横跨限位定位装置
3	带耳定位环线夹	10	承力索中心锚节线夹
4	悬吊滑轮	11	承力索中心锚节辅助绳
5	下部吊弦	12	接触线中心锚节辅助绳
6	定位环线夹	13	两跨式接触线中心锚节线夹
7	G3 型定位器		

承力索在直线区段应位于线路中心正上方，在曲线区段应位于接触线正上方；接触线拉出值 a，在直线及曲线区段均属相对于受电弓中心的距离。

8. 不等高轨面时的安装

下部固定绳的高度以电化股道的最高轨面连线的中心为准，接触线高度不得超过 6 500 mm，轨面较低时，可采用按不大于接触线允许坡度升高接触线的方式安装，接触线高度超过6 500 mm时，可采用加设调节立柱的措施安装。图4-12(a)、(b)为直线和曲线不等高轨面时，当轨面过低时使用调节立柱的装配形式，其主要零件见表4-9(a)。图4-12(c)图所示为定位柱的装配形式，其主要零件见表4-9(b)。

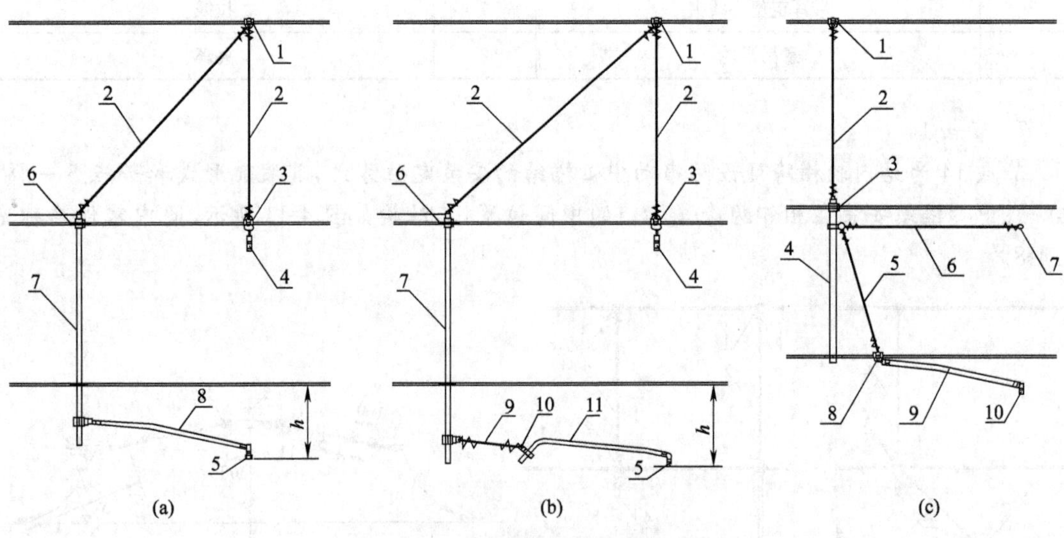

图4-12 不等高轨面时安装示意图

表4-9 安装零件表

(a) 在直线和曲面不等高轨面软横跨节点

序号	名 称	序号	名 称
1	双横承力索线夹	7	调节立柱
2	上部吊弦	8	G3定位器
3	定位环线夹	9	尾子线
4	悬吊滑轮	10	L型定位环
5	定位线夹	11	软定位器
6	钢线卡子		

(b) 定位柱不等高软横跨节点

序号	名 称	序号	名 称
1	双横承力索线夹	6	直拉线
2	上部吊弦	7	定位环
3	定位环线夹	8	定位环线夹
4	调节立柱	9	G3定位器
5	斜拉线	10	定位线夹

(三)软横跨故障

现场因软横跨故障而引起供电事故的例子并不多见，但是，一旦软横跨发生故障，其影响范围很大，波及到站场上下行多条股道，恢复时间较长。因此，对软横跨易发生故障的处所应经常检查。软横跨的故障大致分以下几个方面：

①软横跨接地侧绝缘子串因污染严重闪络击穿或损坏，造成接触网接地故障。

②分段供电用的分段绝缘子串污染严重或损坏，当一部分接触网设备停电检修时，带电部分接触网设备因分段绝缘子串污染严重闪络或损坏而造成接触网的接地故障。

③下部固定绳距接触线的铅垂距离太小，受电弓抬升接触网，造成受电弓刮坏下部固定绳故障。

④接地侧或分段的绝缘子串中，杵头连接部分弹簧销脱落，线索松弛或上人作业时绝缘子串下垂，杵头从绝缘子串中脱落，造成软横跨线索抽脱故障。

⑤下部固定绳松弛严重(正弛度严重)，受电弓刮断下部固定绳故障。

软横跨检修重点为：

①软横跨横向承力索(双横承力索为其中心线)和上下部固定绳应布置在同一铅垂面内。双横承力索两条线的张力应相等，V 形连接板应垂直于横向承力索。

上部固定绳至横向承力索的吊弦应保持铅垂状态，最短吊弦的长度为 400 mm，允许误差为－200～＋50 mm。

横向承力索和上下部固定绳绝缘子应对齐，上下部固定绳不得有接头、断股和补强，其机械强度安全系数应满足要求。

上下部固定绳应水平，允许有平缓负弛度，其数值为：5 股道及以下不超过 100 mm，5 股道以上不超过 200 mm。下部固定绳与工作支接触线的垂直距离不小于 250 mm。

横向承力索不得有接头、断股和补强。

②软横跨支柱向受力反向的倾斜标准：对 13 m 高的支柱为 100～200 mm，对 15 m 及以上高度的支柱为 200～300 mm，每组软横跨两支柱中心的连线应垂直于正线，其偏角不得大于 3°。

③横向承力索和上下部固定绳的电分段绝缘子串应在同一垂直面内，位于站台沿上方绝缘子带电裙边应尽量与站台沿对齐，股道间横向电分段绝缘子应位于股道中间，横向承力索两端绝缘子串外侧钢帽距支柱内缘的最小距离不小于 700 mm，带电侧绝缘子裙边距线路中心线不得小于 200 mm。

④软横跨横向承力索和上下部固定绳调节拉杆的调整余量应不小于±50 mm，并分别垫有角型垫块和球型垫块，杵头杆在螺帽处外露 50～100 mm，横向承力索及上下部固定绳的开式螺旋扣至少露出两扣，螺杆间的空气间隙不少于可调部分的 1/3。斜拉线应受力，不得松弛，采用不锈钢丝绳、软铜绞线或不锈钢软态钢丝。下部固定绳与接触线间距一般为 300～400 mm，最小不得小于 250 mm。

思考

1. 软横跨各部分绳索的作用是什么？
2. 软横跨各节点的用途是什么？
3. 软横跨常见故障有哪些？

三、工作流程与任务

(一)流程图

软横跨检修流程如图 4-13 所示。

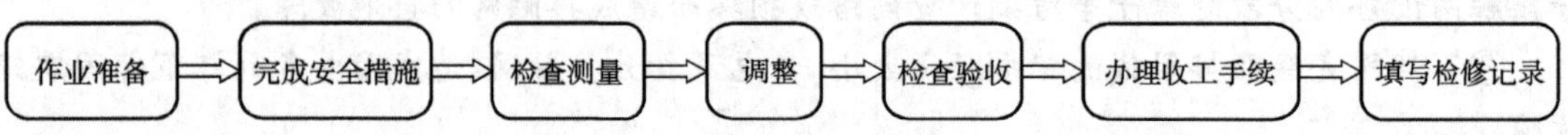

图 4-13 软横跨检修流程图

(二)任务组织

软横跨检修人员配置见表 4-10。

表 4-10 软横跨检修人员配置表

序号	项　目	单位	数量	备　注
1	工作领导人	人	1	
2	驻站联络员	人	1	
3	行车防护兼地线监护	人	2	
4	地线操作人员	人	2	
5	高空作业人员	人	3(2)	作业车(车梯)
6	地面测量人员	人	2	
7	地面辅助人员	人	4	推扶车梯
8	作业车司机	人	2	作业车

软横跨检修工具配置见表 4-11。

表 4-11 软横跨检修工具配置表

序号	名　称	规格或型号	单位	数量	备　注
1	作业车(车梯)		台	1	
2	接触网激光测量仪	DJJ-8	台	1	
3	力矩扳手	0～100 N·m	套	1	
4	硬挂梯	3 m	台		
5	小绳	ϕ12 mm	条	1	
6	锉刀		把	1	
7	钢卷尺	5 m	把	1	
8	链式手扳葫芦		套	2	
9	手锤		把	2	
10	安全带		条		高空作业人员每人 1 条
11	个人防护用品及工具		套		现场作业人员每人 1 套
12	行车防护用品		套		防护员每人 1 套

续上表

序号	名　称	规格或型号	单位	数量	备　注
13	接地线		组		按工作票执行
14	验电器	27.5 kV	套		按工作票执行
15	验电接地防护用品		套		按工作票执行
16	短封线	25 mm^2	套	1	
17	随车地线		套	1	

软横跨检修材料配置见表 4-12。

表 4-12　软横跨检修材料配置表

序号	名　称	规　格	单位	数量	备　注
1	横向承力索线夹		套	若干	双横时采用双横线夹
2	定位环线夹		套	若干	
3	定位线夹		套	若干	
4	悬吊滑轮		套	若干	线索交叉时一支采用加长型
5	杵头杆		套	1	规格与现场一致
6	弹簧补偿器		套	1	规格与现场一致
7	悬式绝缘子		片	若干	规格与现场一致
8	夹环		个	若干	
9	横向承力索		m	若干	规格与现场一致
10	上、下部固定绳		m	若干	规格与现场一致
11	弹簧销		个	若干	
12	螺母、垫片	各种型号	套	若干	
13	铁线	ϕ4.0 mm	kg	若干	规格与现场一致
14	铁线	ϕ1.6 mm	kg	若干	
15	砂纸		张	若干	
16	银粉漆		桶	若干	

(三)技术标准

1. 横向承力索和上下部固定绳

(1)软横跨横向承力索(双横承力索为其中心线)和上下部固定绳应布置在同一个铅垂面内。

(2)双横承力索两条线的张力应相等,V 形连接板应垂直于横向承力索,双横承力索线夹应垂直于横向承力索,上下部固定绳处于拉紧状态。

(3)上下部固定绳应水平,允许有平缓的负弛度,其数值为:5 股道及以下不超过 100 mm,5 股道以上的不超过 200 mm。

2. 检查吊弦

软横跨直吊弦应保持铅垂状态，吊弦呈拉紧状态，上端永久固定，无松弛，横向承力索与上部固定绳在最短吊弦处距离为 400～600 mm，误差不超过 50 mm。

3. 横向承力索距上部固定绳的最短距离

最短距离为 400 mm。

4. 下部固定绳与接触线的距离

正线为 400 mm，侧线为 300 mm，允许偏差±50 mm，最短为 250 mm。

5. 螺栓等连接器件

软横跨应垂直于正线，其上的螺栓、垫片、弹簧垫圈应齐全，螺栓紧固，各杵头杆螺纹外露长度应为 20～80 mm，调整螺栓的螺杆外露长度应为 50 mm 至螺纹全长的 1/2。紧固力矩按标准值进行紧固(标准值见附录一)。

6. 各部位几何尺寸

(1)横向承力索和上下部固定绳的电分段绝缘子串应在同一垂直面内。位于站台沿上方绝缘子带电裙边应尽量与站台对齐，股道间横向电分段绝缘子应位于股道中间。横向承力索两端绝缘子串外侧钢帽距支柱内缘应不小于 400 mm，上下部固定绳两端绝缘子串的瓷裙至支柱内缘的最小距离不小于 700 mm，带电侧绝缘子裙边距线路中心线不得小于 200 mm。

(2)各部件应齐全完好，连接牢固，支柱上角钢底座应水平，各斜吊弦完好无松弛，并留有不小于 200 mm 余量。

(四)检修程序和方法

1. 作业准备

按规程要求填写工作票并交付工作领导人，工作领导人向作业组全体成员宣读工作票、分工并进行安全预想，检查工具、材料。

2. 完成安全措施

做好安全措施，工作领导人确认完成安全措施后，通知各作业组开工。

3. 检查测量

(1)外观检查

①检查软横跨各部零件有无缺失、损坏。

②钢柱检查

检查钢柱本体或格构式角钢是否有锈蚀和弯曲变形，各焊接部分不得有裂纹、开焊；主角钢不得有弯曲，副角钢弯曲不得超过 2 根；钢柱锈蚀面积不得超过 10%；每组软横跨两钢柱中心的连线应垂直于正线，偏角不大于 3°(图 4-14)。

③检查横向承力索和上下部固定绳状态

a. 横向承力索和上下部固定绳本体有无损伤、散股、断股现象。

b. 检查横向承力索和上下部固定绳受力状态。

c. 检查横向承力索和上下部固定绳有无补强、接头。

d. 横向承力索和上下部固定绳应布置在同一个铅垂面内。

e. 双横承力索两条线张力应相等，V 形连接板应垂直于横向承力索，双横承力索线夹应垂直于横向承力索，上下部固定绳处于拉紧状态。

图 4-14 软横跨钢柱

④吊弦、斜拉线状态检查

a. 检查吊弦、斜拉线有无锈蚀、烧伤情况。

b. 检查吊弦、斜拉线受力情况。

⑤弹簧补偿器拉力状态检查

检查弹簧补偿器型号是否选取正确，其规格尺寸见表 4-13，本体外观完好无破损、变形，紧固件紧固牢靠无松动，如图 4-15 所示。通过弹簧补偿器 U 形拉杆刻度值检查拉杆拉出值是否已到达最大工作行程。软横跨上下部定位绳松边采用弹簧补偿器，定位绳弹簧补偿器安装在软横跨柱松边或受张力小一侧。

表 4-13 弹簧补偿器规格尺寸

型号＼规格	额定张力（kN）	张力补偿范围（kN）	工作行程（mm）	外形尺寸（mm）
TB-Ⅰ	6	3～6	0～135	ϕ90×860
TB-Ⅱ	3	1～3	0～200	ϕ90×680
TB-Ⅲ	2.5	1.8～2.5	0～55	ϕ90×350

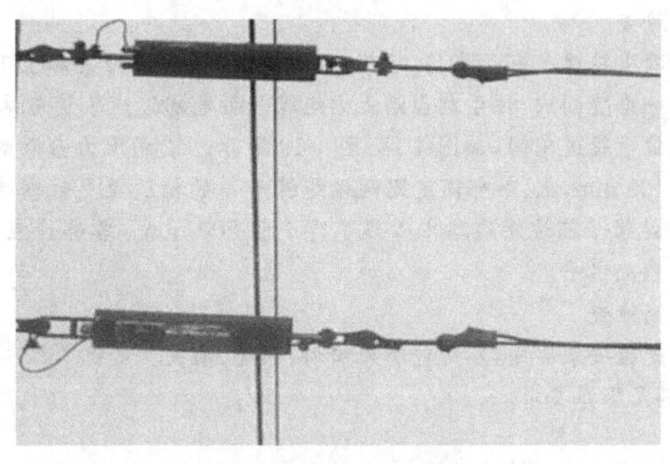

图 4-15 软横跨弹簧补偿器

⑥双耳楔型线夹检查

检查楔型线夹型号与固定绳是否匹配，楔子在线夹楔腔内安装是否到位，固定绳与楔子应密贴。固定绳回头应安装在线夹斜边侧，本线应安装在线夹直边侧，如图 4-16 所示。固定绳回头应外漏 500 mm，绑扎 100 mm。

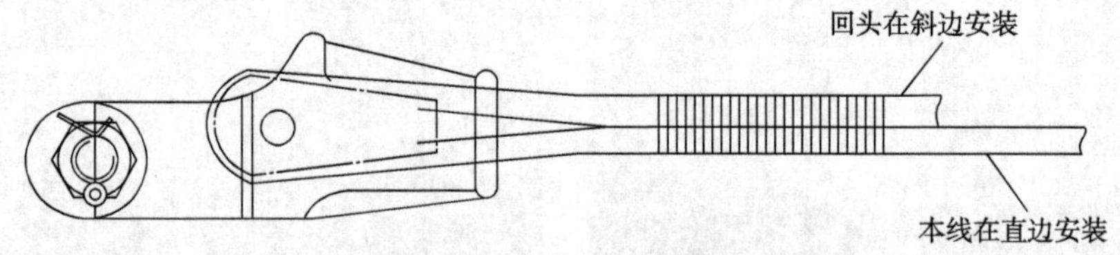

图 4-16 楔型线夹安装示意图

⑦悬吊滑轮及防磨预绞丝状态检查

a. 外观检查软横跨悬吊滑轮内是否缺失螺母、开口销，滑轮处是否有放电烧伤痕迹，滑轮轮轴是否有断裂痕迹，如图 4-17 所示。

图 4-17 软横跨实物图

b. 检查悬吊滑轮处是否安装承力索防磨预绞丝，防磨预绞丝有无烧伤痕迹；防磨预绞丝长度是否满足 2 m 总长且两端各外漏 1 m。

⑧绝缘子状态检查

外观检查软横跨上绝缘子有无烧伤、破损、脏污情况，横向承力索和上下部固定绳的电分段绝缘子串应在同一垂直面内，位于站台沿上方绝缘子带电裙边应尽量与站台对齐，股道间横向电分段绝缘子应位于股道中间，如图 4-18、图 4-19 所示。横向承力索两端绝缘子串外侧距支柱内缘应不小于400 mm，上、下部固定绳两端绝缘子串的裙边至支柱内缘的最小距离不小于 700 mm，带电侧绝缘子裙边距线路中心线不得小于 200 mm。各部件应齐全完好，连接牢固。支柱上角钢底座应水平。

⑨定位立柱状态检查

检查定位立柱是否安装牢固，各部件有无松动、损坏、缺失。定位立柱本体应垂直于线路，保持竖直状态，且满足限界要求。

(2)参数测量

①测量最短直吊弦处的长度是否符合规定，如图 4-20 所示。

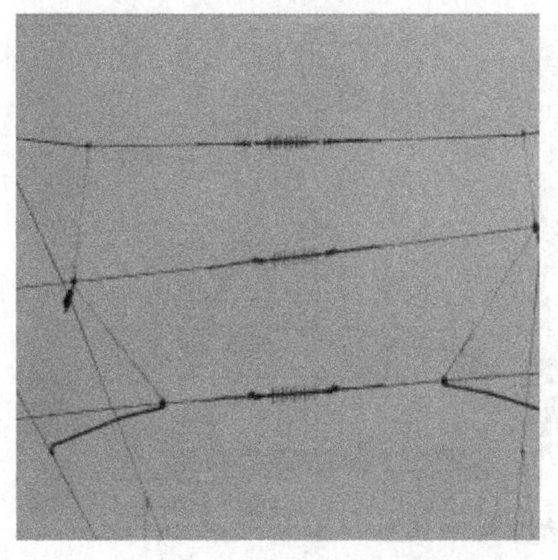

图 4-18　软横跨分段绝缘子串安装实物图

图 4-19　软横跨横向承力索安装实物图

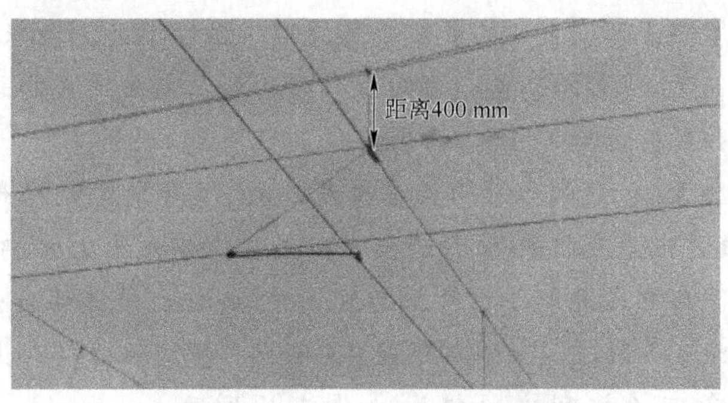

图 4-20　最短直吊弦安装示意图

②上下部固定绳应水平并处于拉紧状态，允许有平缓的负弛度，其数值为：5 股道及以下不超过 100 mm，5 股道以上的不超过 200 mm。

③下部固定绳距接触线的距离测量。

a. 用接触网激光测量仪测量出下部固定绳、接触线的高度，两者的高差即为下部固定绳距接触线的距离，下部固定绳距接触线距离：正线为 400 mm，侧线为 300 mm，允许偏差 ±50 mm，如图 4-21、图 4-22 所示。

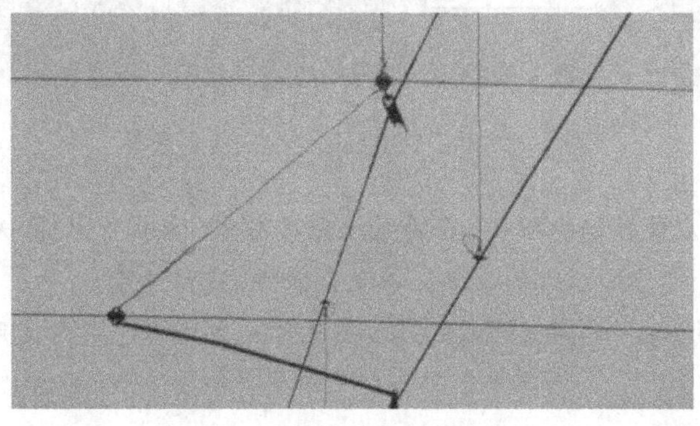

图 4-21　软横跨接触定位安装图

图 4-22 软横跨下部固定绳安装示意图

b. 停电作业时直接用卷尺进行测量两线高差。

④测量横向承力索距上部固定绳的最短距离。用接触网激光测量仪测量出上部固定绳、横向承力索最低点的高度，两者的高差即为横向承力索与上部固定绳的距离。横向承力索与上部固定绳在最短吊弦处距离为 400～600 mm。

⑤软横跨横向承力索（双横承力索为其中心线）和上下部固定绳应布置在同一个铅垂面内，双横承力索两条线的张力应相等，V 形连接板应垂直于横向承力索，双横承力索线夹应垂直于横向承力索。上下部固定绳处于拉紧状态且水平，允许有平缓的负弛度，其数值为：5 股道及以下不超过 100 mm，5 股道以上的不超过 200 mm。横向承力索和上下部固定绳本体应无损伤、散股、断股现象，不允许有补强、接头，如图 4-23 所示。

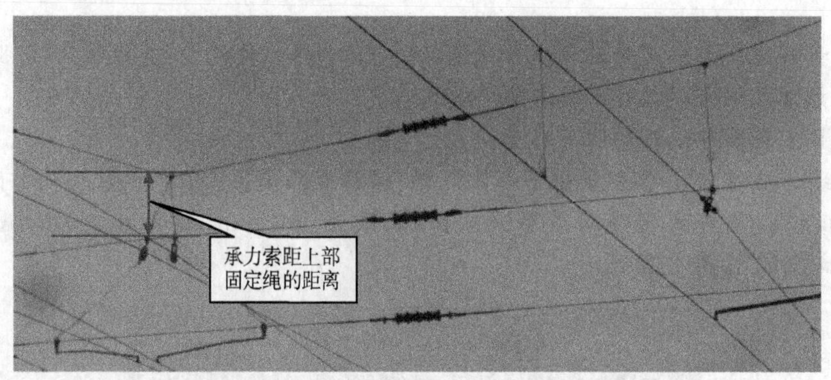

图 4-23 软横跨上部固定绳安装示意图

⑥软横跨直吊弦应保持铅垂状态，吊弦呈拉紧状态，上端永久固定，无松弛。各斜吊弦完好无松弛，并留有不小于 200 mm 的余量。吊弦无锈蚀、烧伤现象。

弹性补偿器 U 形拉杆一端有拉力刻度值，安装时应在允许范围内使用。拉杆拉出值与张力补偿对照见表 4-14。

表 4-14　拉杆拉出值与张力补偿对照表

型号	工作行程	拉杆行程与补偿张力			
TB-Ⅰ	0～135 mm	0 / 3 kN	45 mm / 4 kN	90 mm / 5 kN	135 mm / 6 kN
TB-Ⅱ	1～200 mm	0 / 1 kN	100 mm / 2 kN	200 mm / 3 kN	—
TB-Ⅲ	0～55 mm	0 / 1.8 kN	18 mm / 2 kN	55 mm / 2.5 kN	—

⑦按照表 4-15 检查螺栓紧固力矩。

表 4-15　螺栓紧固力矩对照表

螺栓规格	紧固力矩(N·m)	允许紧固力矩范围(N·m)
M10 不锈钢	25	25～32
M12 不锈钢	44	44～56
M16 钩螺栓	59	59～70
M22 不锈钢	98	—
M22 不锈钢	98	—
M22 不锈钢	98	—

4. 调整

图 4-24 为软横跨示意图。

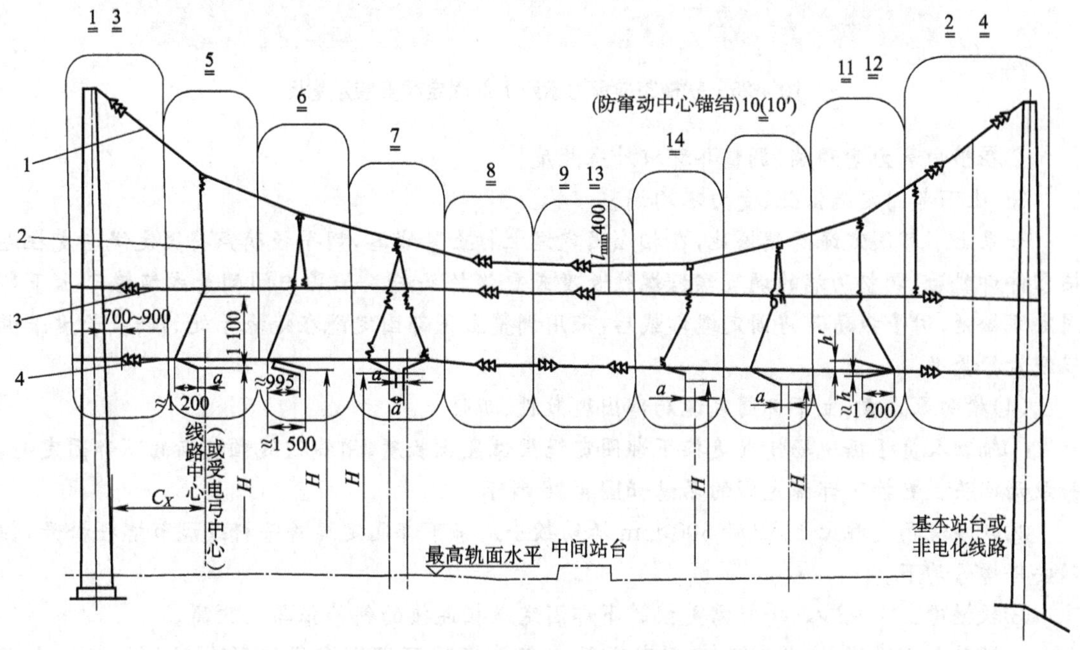

图 4-24　软横跨示意图(单位:mm)

1—横向承力索;2—直吊弦;3—上部固定绳;4—下部固定绳

(1)下部固定绳距接触线距离调整

①通过调整斜拉线来保证下部固定绳距接触线的距离大于 250 mm。

②用滑轮组将斜拉线卸载,同时上下部固定绳间临时用 ϕ4.0 mm 铁丝连接。

③松动定位环线夹。

④调整斜拉线的长度,调整定位环线夹位置,保证下部固定绳距接触线的安全距离。

⑤复核定位点拉出值。

(2)横向承力索距上部固定绳的最短距离检查、调整

①在横向承力索上的绝缘子处楔型线夹两侧打上紧线器,通过手扳葫芦钢丝绳与两紧线器相连后紧线,将绝缘子卸载后,调整横向承力索在楔型线夹内的回头长度,保证横向承力索的弛度及受力状态,并确保最短吊弦长度,如图 4-25 所示。

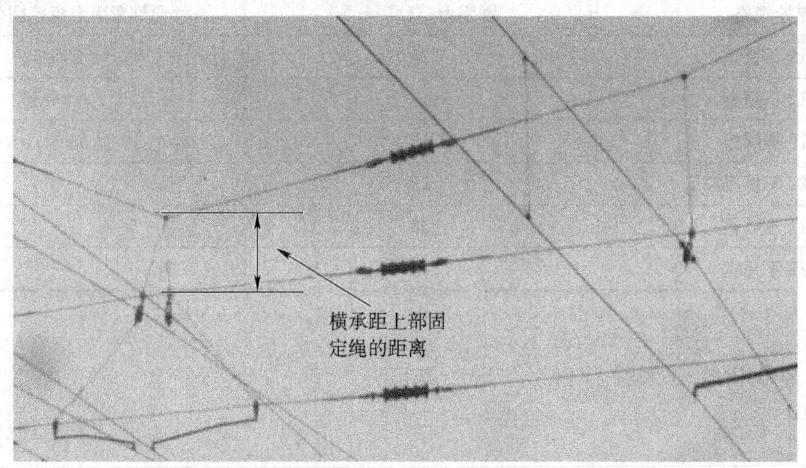

图 4-25　软横跨横承力索距上部固定绳安装示意图

②在横向承力索两端,调整耳环杆外露长度。

(3)上下部固定绳松弛、受力不均调整

如果上下部固定绳两端松弛,在相应固定绳上打上紧线器,用手扳葫芦将固定绳与支柱连接零件卸载后,调整两端的调节螺栓螺纹长度或更换杵头杆。如果中间两悬式绝缘子上下部固定绳松弛,用手扳葫芦将固定绳卸载后,采用调整上下部固定绳在绝缘子处的回头长度来调节线索松紧度。

(4)横向承力索、上下部固定绳局部出现散股、断股

①辅助人员根据现场情况更换下部固定绳段位置及长度,用钢绞线预制新的下部固定绳,并做两回头。更换下部固定绳的示意如图 4-26 所示。

②软横跨两支柱上 1 人(带 300 mm 活动扳手),将下部固定绳杵头杆或调节螺栓松开,但不要将螺母卸下。

③软横跨上 1～2 人,将与需更换的下部固定绳相连接的斜吊弦与之脱离。

④辅助人员穿线,即将新下部固定绳段由需更换的下部固定绳段所负载的接触线上部穿过。

⑤人员在梯车或作业车平台上将所有定位点(需更换段)用滑轮组挂在上部固定绳上,由定位线支座处拆卸定位器。

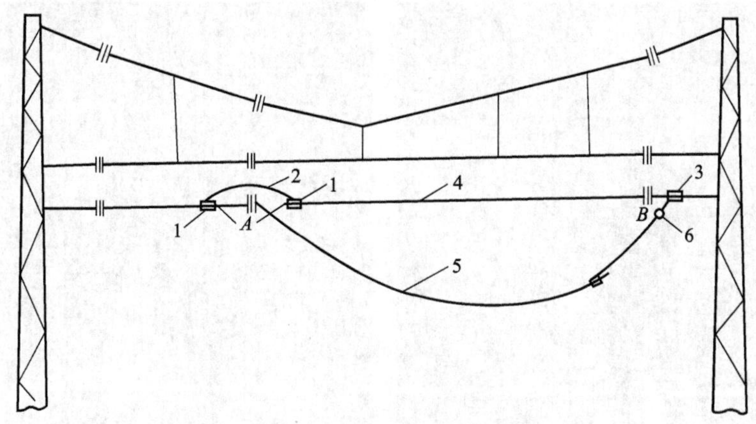

图 4-26　局部更换下部固定绳示意图

1—楔形紧线器；2—双钩紧线器；3—手扳葫芦；
4—需更换下部固定绳段；5—新下部固定绳；6—手扳葫芦

⑥将梯车(或大梯子)抬到A处(作业车作业时将平台转至A处)。操作人员在A处分段悬式绝缘子两侧安装楔形紧线器，挂上双钩紧线器。紧固双钩紧线器使悬式绝缘子串卸载并确认紧线工具受力良好、安全可靠，拆卸旧下部固定绳并将新下部固定绳段的A侧回头与分段悬式绝缘子串连接固定、插好弹簧销。

⑦在B处分段悬式绝缘子串的支柱侧安装紧楔形紧线器，新下部固定绳段回头处合适位置紧固紧线器。将手扳葫芦钢丝绳与两紧线器相连后紧线。紧线至一定程度后，A处人员稍松双钩紧线器。B处人员紧手扳葫芦至新下部固定绳主要受力后将其回头与分段悬式绝缘子串连接固定、插好弹簧销。

⑧稍松手扳葫芦使B处连接部件受力，确认状态良好、安全可靠后完全松开。拆卸紧线工具、将旧下部固定绳段吊下网并盘起。

⑨重新紧固软横跨支柱上杵头杆螺栓或调节螺栓至合适程度。

⑩横向承力索、上部固定绳更换方法同下部固定绳。

(5)直吊弦的调整与更换

①软横跨直吊弦调整

a. 将大梯子放至需要调整的直吊弦一侧。

b. 用滑轮组将直吊弦卸载(短吊弦也可用紧线器)。

c. 调整横向承力索线夹或U形线夹的位置。

d. 调整直吊弦的长度，保证上下部固定绳呈水平状态，如图4-27所示。

②软横跨直吊弦更换

a. 现场测量吊弦长度，预制的吊弦为两股$\phi 3.5$ mm软态不锈钢铁线制成，上端圈成60～80 mm的圆环并用本线缠绕三圈，缠绕要求紧密整齐。

b. 将硬挂梯放置于需更换吊弦的上方。

c. 用滑轮组(或紧线器)使吊弦卸载。

d. 更换吊弦，如图4-28所示。

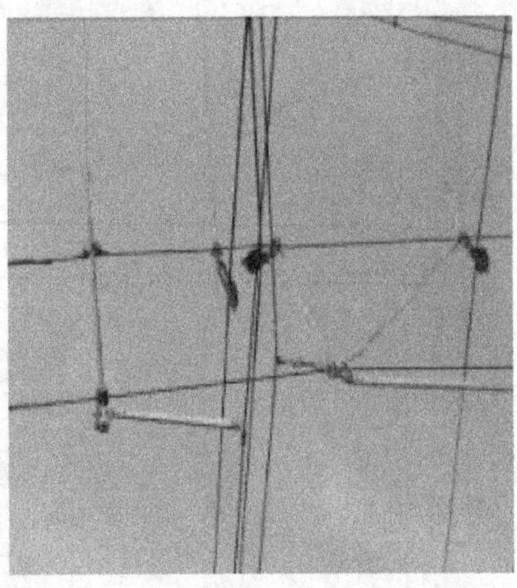

图 4-27　软横跨直吊弦调整图

图 4-28　软横跨更换吊弦

(6)弹簧补偿器拉力超标或损坏

①弹簧补偿器拉力过大(过小):松(紧)调整螺栓或增大(减小)钢柱杵头杆螺纹长度。

②弹簧补偿器拉力损坏:在相应固定绳上打上紧线器,用手扳葫芦将弹簧补偿器卸载,进行更换。

(7)双耳楔型线夹调整

①楔型线夹与固定绳受力面安装不正确时。

a. 将固定绳回头绑线拆除。

b. 在楔型线夹两个打好紧线器,用手扳葫芦连接紧线器后,摇紧至楔型线夹与连接件可拆除为止。

c. 将楔型线夹拆开、翻面安装(固定绳本线在线夹直边侧,回头在线夹斜边侧),且本线与线夹、楔子密贴。

d. 将线夹与连接件连接好,松开手扳葫芦,重新制作回头绑扎线。

②固定绳与楔型线夹及楔子不密贴时用手扳葫芦拆除线夹与连接件,重新安装线夹回头或手提固定绳本线,用手锤敲击线夹至楔子与固定绳本线安装密贴,并观察固定绳弛度,调整调节螺栓使弹性补偿器在对应温度的刻度上。

(8)绝缘子更换

①在绝缘子两侧安装紧线器,手扳葫芦钢丝绳与两紧线器相连后紧线。

②紧手扳葫芦使绝缘子串载并确认紧线工具受力良好、安全可靠。

③更换烧伤、破损的绝缘子,确保线索受力均匀,不松弛。

④拆卸紧线器及手扳葫芦。

(9)悬吊滑轮及防磨预绞丝更换

①悬吊滑轮更换。先用 ϕ4.0 mm 铁线利用上部固定绳将承力索吊起,将损坏的悬吊滑轮拆除,安装新的悬吊滑轮,然后将承力索倒入悬吊滑轮中,将 ϕ4.0 mm 铁线拆除,如图 4-29 所示。

(a)　(b)　(c)

图 4-29　悬吊滑轮更换示意图

②预绞式保护条加装。预绞式保护条长度为 2 m,将预绞式保护条缠绕在悬吊滑轮处的承力索上,中心放置在滑轮凹槽内,两端各外露 1 m,如图 4-30 所示。

5. 检查验收

作业检修完毕,复测各部位技术参数,确认参数满足运行条件。验收标准如下:

(1)镀铝锌钢绞线不得有断股、交叉、硬弯、松散等缺陷。

(2)软横跨受力后,固定绳及定位索应水平,允许轻微负弛度。

(3)横向承力索及上下部固定绳不得有接头,连接螺栓紧固力矩符合设计要求,双横承力索的软横跨、两根承力索应平行,受力均匀,V 形连板无偏斜。

(4)节点 8 电分段绝缘子在同一垂面内。

图 4-30 预绞式保护条安装示意图

6. 办理收工手续

(1)工作领导人确认各作业组工作结束,人员机具均已撤至安全地带后,通知监护人员撤除地线及其他安全措施。

(2)工作领导人确认安全措施撤除后,通知驻站联络员申请消除停电作业命令和线路封锁命令。

(3)工作领导人召开收工会,办理收工手续。

7. 填写检修记录

按照当天检修情况填写检修记录。

四、分析与思考

本任务主要是软横跨检调。填写"软横跨静态检测记录"关系到接触网的结构和技术标准要求,因此,如何保证数据的准确至关重要。本任务在实际工作中需要注意以下问题:

(1)在软横跨处作业时,当更换有分段作用的绝缘子时,用短接线将绝缘子两端等电位后再进行更换。

(2)调整完整组软横跨后,应复测该组软横跨所涉及的各定位点处拉出值。

(3)整个作业过程要设立好行车防护,及时将该组软横跨所涉及股道的列车运行情况通知作业组,以保证行车和作业组人员的安全。

(4)使用挂梯进行作业时,挂梯的下端必须固定牢靠,不得使挂梯随意摆动。

任务二 硬横跨的维护检修

硬横跨是接触网的核心组成部分,其学习目标和典型工作任务是接触网维护与检修的重要组成部分,和其他模块共同组成接触网的日常维护与检修工作。

一、任务书——硬横跨的检调

图 4-31 是硬横跨结构示意图。根据实训基地实物进行硬横跨检调,并将检调结果填入表 4-16"硬横梁检修记录"。

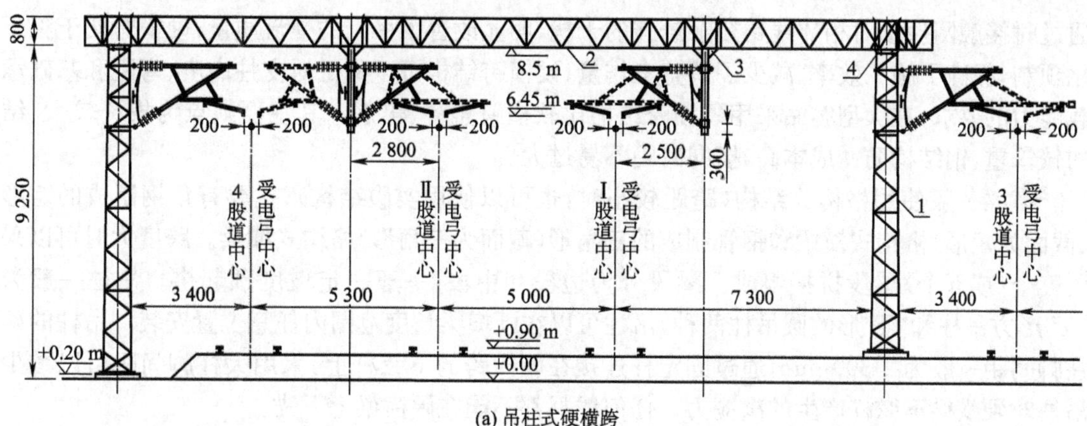

(a) 吊柱式硬横跨

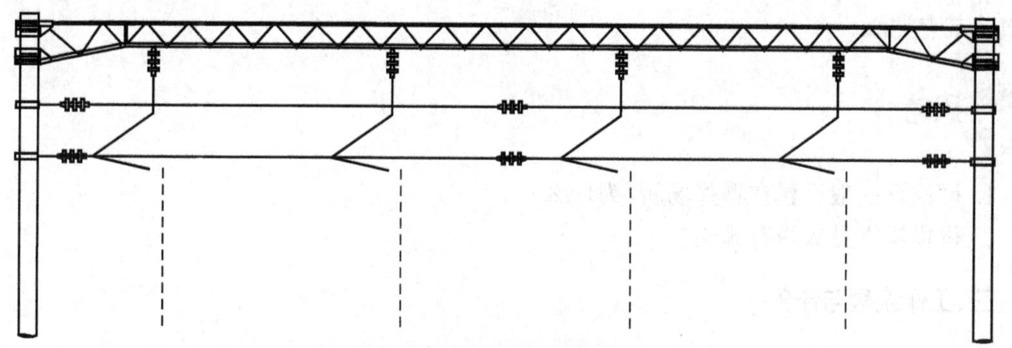

(b) 带定位索的门型硬横梁结构

图 4-31　硬横跨结构(单位:mm)

1—支柱;2—横梁;3—倒立柱;4—硬横梁与支柱固定金具

表 4-16　硬横梁检修记录

序号	杆号	检修日期	支柱状态	硬横梁状态	倒立柱状态	与正线夹角	各部螺栓	检修人	备　注

二、知识准备

随着铁路提速和高速铁路建设,硬横跨越来越多的使用在干线铁路中。硬横跨结构如图 4-31 所示,主要由横梁、支柱和基础组成。硬横跨类型多种多样,从接触悬挂的悬吊形式上分为吊柱硬横跨和定位索硬横跨。吊柱硬横跨主要由横梁和吊柱组成,接触悬挂通过腕臂装置固定在吊柱上,如图 4-31(a)图所示。定位索硬横跨主要由横梁和上下部定位索组成,如图 4-31(b)。按照支柱外形分为等径圆混凝土支柱硬横跨、钢管支柱硬横跨、矩形格构钢柱硬横跨等。按照支柱和横梁连接方式分为刚接硬横跨和铰接(简支)硬横跨。

在站场中使用硬横梁的主要优点为:采用硬横跨可以提高接触网的稳定性,减少列车高速通过时接触网振动对相邻线路接触悬挂的干扰，明显改善了弓网的受流质量；硬横跨便于工厂化预制，提高了施工效率、减少了调整工作量；硬横跨结构可以降低对支柱高度、弯距和基础承载能力的要求；在大型客站采用硬横跨结构比软横跨整齐、美观。其主要缺点为投资较大、结构较笨重、钢结构防锈成本高，横向跨距不易过大。

横梁一般使用格构式结构（跨距较小时，也可以使用实腹结构），主要有角钢制成的矩形（截面为矩形）格构式横梁和钢管制成的三角形（截面为三角形）格构式横梁。跨度大时可以采用三个（或五个）梁段拼接组成。梁段分为边段和中段，一般一定坡度预起拱。吊柱一般为“Y”形方吊柱和“T”形的圆吊柱两种，吊柱可以在硬横梁长度范围内任意位置安装。吊柱的两柱脚间距一般为 1 300 mm，通过固定杆连接在硬横跨的下弦杆上，采用大柱脚间距可以减少吊柱对硬横梁下弦杆产生的次应力。任何线材都不能在硬横梁上下锚。

硬横跨吊柱上腕臂装配和腕臂柱类似，一般侧面限界较小，在定位绳式结构中，其装配和软横跨节点类似。

思考

1. 硬横梁一般设置在哪些场所，为什么？
2. 硬横梁常见故障有哪些？

三、工作流程与任务

（一）流程图

硬横跨检修流程如图 4-32 所示。

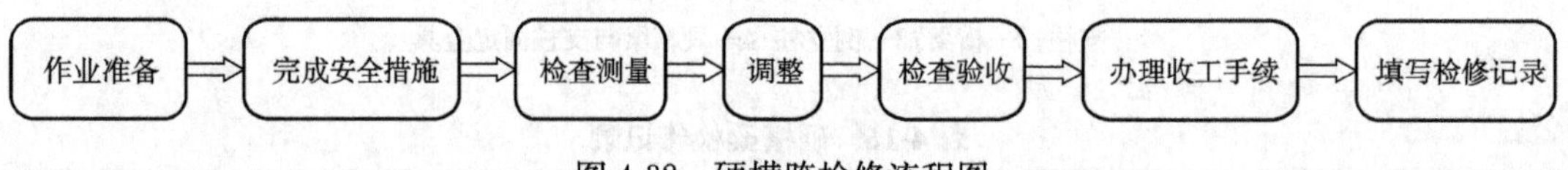

图 4-32　硬横跨检修流程图

（二）任务组织

硬横跨检修人员配置见表 4-17。

表 4-17　硬横跨检修人员配置表

序号	项　目	单位	数量	备　注
1	工作领导人	人	1	
2	主防护员	人	1	
3	作业人员	人	2	
4	行车防护兼地线监护	人	2	根据现场实际情况设置
5	地线操作人	人	2	根据现场实际情况设置
6	地面辅助人员	人	4	推扶（车梯）
7	作业车司机	人	2	作业车

硬横跨检修工具配置见表 4-18。

表 4-18　硬横跨检修工具配置表

序号	名　称	规格或型号	单位	数量	备　注
1	作业车(车梯)		辆(台)	1	
2	盒尺	5 m	把	1	
3	水平尺		把	1	
4	小绳		条	1	
5	力矩扳手	60～200 N·m	套	1	
6	激光测量仪	DJJ-8	台	1	
7	活口扳手	450 mm	把	2	非常规

硬横跨检修材料配置见表 4-19。

表 4-19　硬横跨检修材料配置表

序号	名　称	规　格	单位	数量	备　注
1	螺母		套	适量	根据现场实际情况
2	铁线	ϕ4.0 mm	kg	适量	
3	防锈漆		kg	适量	
4	螺栓	M20×100	套	适量	
5	高效油脂		kg	若干	
6	螺母	16～24 mm	套	适量	含垫片
7	砂纸		张	若干	
8	银粉漆		kg	适量	

(三)技术标准

(1)上下部定位索应布置在同一个铅垂面内,呈水平状态,允许有平缓的负弛度,5 股道及以下者负弛度不超过 100 mm,5 股道以上者不超过 200 mm。

(2)上下部定位索不得有接头、断股和补强。

(3)下部定位索距工作支接触线的距离不得小于 250 mm。

(4)硬横梁呈水平状态,各段之间及其与支柱应连接牢固,螺栓紧固力矩应符合设计要求。

(5)硬横梁锈蚀面积超过 20%时应除锈涂漆。

(6)吊柱在安装后应处于竖直状态,距相邻线路的限界满足《铁路技术管理规程》要求。

(7)钢柱及硬横梁角钢应无变形和弯曲。

(四)检修程序和方法

1. 作业准备

按规程要求填写工作票并交付工作领导人,工作领导人向作业组全体成员宣读工作票、分工并进行安全预想,检查工具、材料。

2. 完成安全措施

做好安全措施,工作领导人确认完成安全措施后,通知各作业组开工。

3. 检查测量

(1)外观检查

①硬横梁支柱(含钢管柱、格构式钢柱)、横梁本体检查

钢柱本体无锈蚀,无弯曲变形;各焊接部分无裂纹、开焊;表面无镀锌层剥落或氧化现象;硬横梁锈蚀面积不得超过20%;格构式钢柱主角钢不得有弯曲,副角钢弯曲不得超过2根;站内和行人较多的硬横梁钢柱必须安装“高压危险”标志牌,如图4-33所示。

图4-33 高压危险牌示意图

②硬横梁衔接部检查

横梁与钢柱、横梁与横梁、横梁与吊柱衔接处两法兰盘安装必须密贴,不得有垫块。连接螺栓、螺母齐全,螺栓穿向正确,无氧化锈蚀情况,螺栓安装牢固。

③吊柱检查

a. 吊柱本体无虚焊、漏焊、弯曲、裂纹、严重腐蚀生锈、镀锌层剥落或氧化等现象。

b. 吊柱本体处于铅垂状态,可以用斜率尺或坡度仪对吊柱的倾斜度进行检测,倾斜度不超过1°。

c. 平、斜腕臂主、副角钢与吊柱本体密贴,平、斜腕臂底座螺栓与吊柱本体密贴,螺母紧固力矩到位,螺栓无锈蚀、裂纹现象。

d. 吊柱杆号牌固定良好,无锈蚀、松脱现象。

e. 吊柱底座与硬横梁安装牢固,底座垫片不应超过3片,垫片应平整,厚度均匀;逐个检查硬横梁吊柱底座螺栓,螺栓必须是双螺帽,螺杆穿向要由下向上,拧紧螺帽后螺栓外露长度不得大于30 mm,力矩要紧固到位。

f. 测量吊柱的侧面限界,距相邻线路的限界满足《铁路技术管理规程》要求。吊柱正线侧面限界≥2.5 m,侧线直线上的侧面限界≥2.2 m,曲线应相应加宽。

④门形框架检查

门形框架本体无锈蚀,焊接点无开焊,安装牢固,与硬横梁衔接处螺栓力矩紧固到位。硬横梁门形框架如图4-34所示。

⑤支柱基础检查

基础螺栓无锈蚀现象,螺母齐全无缺失,基础垫层填充砂浆无破损、开裂。

(2)测量

同组硬横跨(梁)支柱顺、横线路方向均应直立,两支柱中心连线应垂直于正线中心线,偏差角不大于2°。横梁呈水平状态,允许有轻微负弛度,但不得有正弛度。铰接硬横梁的挠度

图 4-34　硬横梁门型框架示意图

小于梁长的 1/200，刚接硬横梁的挠度小于梁长的 1/360。安装高度应符合设计要求，允许偏差0～＋100 mm。

一般情况下，横梁下弦底面距接触网带电体的绝缘距离不小于 500 mm。在特殊区段（如渡线吊柱）带电体距离接地体不小于 500 mm，困难情况下不得小于 300 mm。

门形框架正馈线最低点与横梁上顶面距离一般不小于 500 mm。

带电体与相关接地体距离如图 4-35 所示。

图 4-35　带电体与相关接地体距离示意图

4. 调整

(1)除锈

当角钢、吊柱本体或门形框架本体出现锈蚀时，首先用砂纸（或专用除锈喷砂机）进行除锈，直至露出金属本色，然后喷涂防锈漆，最后喷涂银粉漆。

(2)基础螺栓。

硬横梁支柱基础螺栓紧固不到位时，用大活动扳手套加力杆紧固到位。螺栓锈蚀时，涂抹高效油脂。基础螺母锈蚀时，应更换螺母并紧固到位。

(3)吊柱螺栓。

硬横梁吊柱底座螺栓、吊柱腕臂底座螺栓紧固不到位时，用力矩扳手紧固到位。吊柱腕臂底座主副角钢、腕臂底座螺栓与吊柱本体不密贴时，松开螺母重新调整使其密贴。螺栓有锈蚀、裂纹现象，重新更换螺栓。

(4)吊柱垂直调整。

当吊柱倾斜度超过1°时，对吊柱底座进行调整。松动吊柱倾斜方向同侧的螺栓，插入适量薄垫片，调整吊柱用的垫片不得超过3片(不超过15 mm)，然后按要求紧固螺栓使其竖直。

(5)吊柱本体有裂纹时，重新进行更换。

(6)门形框架焊接点开焊时重新更换框架本体。

(7)硬横梁弯曲变形严重时，更换该横梁，更换步骤如下：

①测量出该硬横梁的各部尺寸，由厂家定做一组新的硬横梁。

②在距原硬横跨2 m处重新立设新硬横跨(梁)，将原硬横跨(梁)上的接触悬挂，倒换至新硬横跨(梁)并调整到位。

③拆除原有硬横跨(梁)。

(8)硬横梁弛度调整

当横梁出现弛度时，用吊车自横梁中部起吊至受力，松动横梁中部拼接法兰盘的上半部分螺栓，加入适量垫片，使横梁略有负弛度，松开吊车，按标准紧固拼接法兰盘螺栓，此时横梁应呈水平或略有负弛度，如图4-36所示。

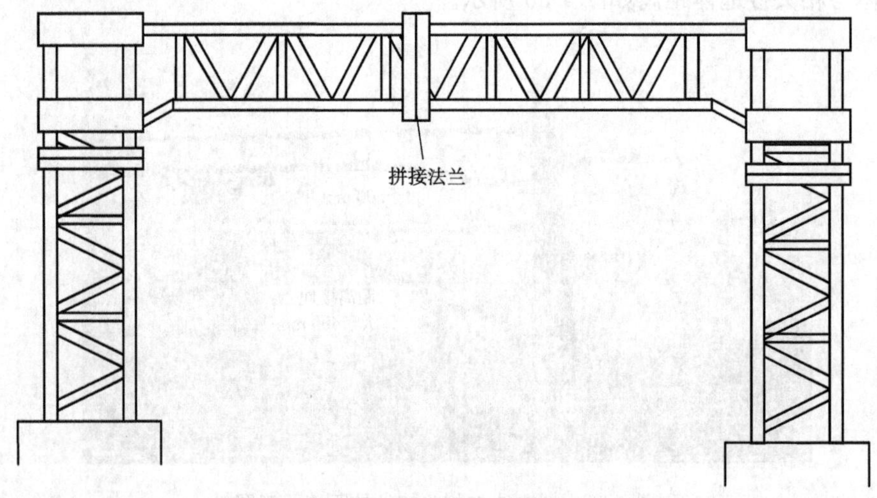

图4-36　硬横梁应水平或略有负弛度

5. 检查验收

检修作业完毕后，对检修后的设备质量进行检查验收，关键点为：

(1)硬横跨(梁)本体、吊柱、门形框架等外观无变形、锈蚀，硬横跨(梁)呈水平状态，硬横梁衔接部连接螺栓、螺母齐全，螺栓安装牢固。

(2)吊柱应保持铅垂状态，倾斜角度不大于1°。侧面限界满足设计要求。

(3)固定吊柱用的螺栓必须是双螺帽，不得缺失，紧固力矩符合设计要求。

(4)线索与接地体的距离不小于500 mm。

(5)站内和行人较多的硬横梁钢柱必须安装“高压危险”标志牌。

6. 办理收工手续

(1)工作领导人确认各作业组工作结束,人员机具均已撤至安全地带后,通知监护人员撤除地线及其他安全措施。

(2)工作领导人确认安全措施撤除后,通知驻站联络员申请消除停电作业命令和线路封锁命令。

(3)工作领导人召开收工会,办理收工手续。

7. 填写检修记录

按照当天检修情况填写检修记录

四、分析与思考

本任务主要是硬横跨检调。填写“硬横梁检修记录”关系到接触网的结构和技术标准要求,因此,如何保证数据的准确至关重要。本任务在实际工作中需要注意以下问题:

(1)作业过程中要严格按照电力牵引区段双层集装箱基本建筑限界的技术条件对硬横跨吊柱的各项技术参数进行复核。

(2)登杆作业时,应手抓牢靠,安全带打在身体重心上方可靠处。

(3)高空作业做好各种防坠落措施。

项目五　分段绝缘装置与分相绝缘装置的维护检修

在交流电气化铁道区段，同相电之间是靠绝缘锚段关节或分段绝缘器实现电分段，不同相间采用分相绝缘装置，它们都是接触网上的重要电气设备。

一、项目描述

以接触网设备为载体，依据接触网检修作业标准，在校内铁路综合实训基地和校外供电段实训基地，对分段、分相绝缘装置进行检调并分析、上报相关资料。

二、教学目标

1. 熟悉分段、分相绝缘装置的维修作业标准；
2. 能熟练进行分段绝缘装置检调；
3. 能熟练进行分相绝缘装置检调；
4. 能按规定填写检修记录单。

三、技能和知识要求

1. 技能要求

分段、分相绝缘装置的检修维护，除了要掌握必要的机械部件维修所需技能外，特别需要以下技能：

(1)会使用接触网检修作业车、接触网参数测距仪等专用工具、仪器；
(2)会进行分段绝缘装置检调；
(3)会进行分相绝缘装置检调；
(4)会填写检修记录单。

2. 知识要求

为掌握以上特别技能，需要以下知识作为基础：

(1)理解分段、分相绝缘装置的作用；
(2)理解分段、分相绝缘装置的结构；
(3)理解分段、分相绝缘装置的类型；
(4)理解锚段关节式电分相结构；
(5)理解分段、分相绝缘装置检调方法和步骤；
(6)会描述检修记录单填写规定。

任务一　分段绝缘装置的维护检修

分段绝缘装置是接触网的核心组成部分，其学习目标和典型工作任务是接触网维护与检修的重要组成部分，和其他模块共同组成接触网的日常维护与检修工作。

一、任务书——消弧分段绝缘器的检调

图 5-1 是消弧分段绝缘器结构示意图。根据实训基地实物进行消弧分段绝缘器检调，并将检调结果填入表 5-1 中。

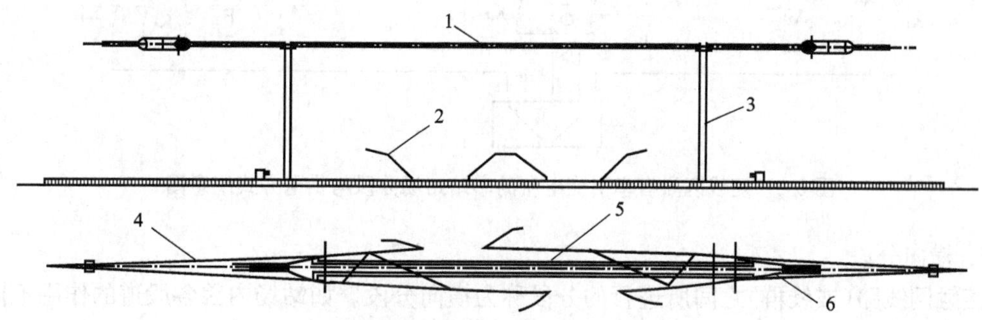

图 5-1　对消弧分段绝缘器结构图

1—承力索绝缘子；2—消弧角；3—吊弦；4—铜导流板；5—主绝缘滑道；6—接头线夹

表 5-1　分段、分相绝缘器维修记录

____站场(区间)　　　　　　　　　　　　　　　　　　　　　　　　　　____年

绝缘器编号	维修日期 日/月	项别	主绝缘	分段绝缘子	空气间隙	绝缘间隙	主绝缘磨耗(mm)	辅助滑道	过渡是否平滑	与线路中心线的偏移	与轨面连线是否平行	电连接及其他零件标志等	检修人/互检人
		修前											
		修后											
		修前											
		修后											
		修前											
		修后											
		修前											
		修后											
		修前											
		修后											

设备负责人：________　　　　工长：________

二、知识准备

接触网是一种特殊形式的供电线路，为了保证供电的可靠性和灵活性，并缩小停电事故发

生的范围，要对接触网进行电气分段，即纵向或横向将接触网从电气上互相分开，并用隔离开关连接。当某区段发生事故或停电进行检修时，可以打开相应段的隔离开关使该区段无电，而不致影响其他各段接触网的运行。

接触网分段有横向分段和纵向分段两种形式，如图 5-2 所示。

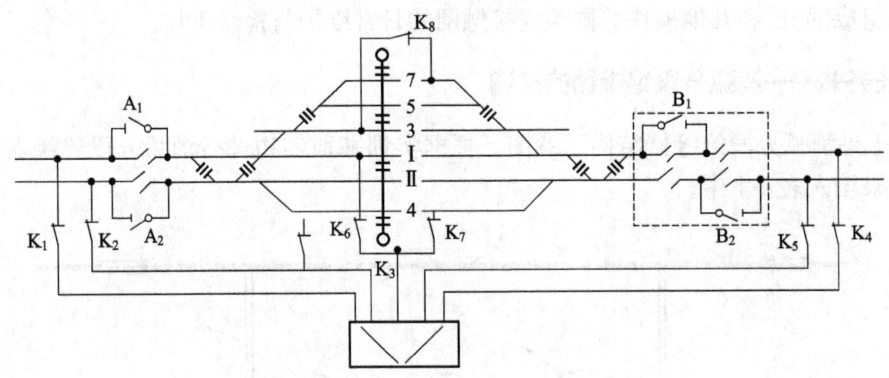

图 5-2 复线区段有牵引变电所的车站站场分段与供电方式示意图

1. 横向分段

接触网线路(或线群)之间所进行的分段称为横向分段。如站场内因各股道的作用不同进行的分段。图 5-2 中，某车站的 6 个股道，在线路横向分为三个供电分区，分别为 5、7，Ⅰ、3，Ⅱ、4 股道。

在复线和多线路区段上，不论是区间或者站场，其正线间电气上总是分开的，其分段方式、方法视股道的具体情况而定。如果正线间有渡线道岔，则往往是在此处进行分段。Ⅰ、Ⅱ股道为下行、上行正线，其通过渡线处的分段绝缘器和各个软横跨处的 5(9)号节点实现横向电气分段。

在枢纽(含大型客站及区段站)的各分场中，为方便供电和检修的需要，按电化股道群不同供电分区进行供电，称为分束供电。

装卸线、旅客列车整备线、检查电力机车上部设备的线路均应分段，并在该处安装带接地刀闸的隔离开关。

每条库线应当单独分开，且用带接地刀闸的隔离开关连接。为保证检修工作的安全，还应在适当位置上装设隔离开关开闭位置的灯光指示器。

大型车场上的电分段应特别注意其灵活性。在各个线群之间有分段时，应能打开任一网组(或车场)而不影响其他网组的接/发列车。图 5-2 中经 5、7 股道和Ⅰ、3 股道分成两个线群，在 5、7 道停电检修、装卸作业时，不影响正线的接发车。

对站场的供电线路应做到既能向站场供电，也可作为区间供电线的后备。在选择供电线的截面时，应保证有向站场和区间同时供电的可能性。在复线区段上，区间每条正线都应有单独的供电线路，如图 5-2 中的 K_1 与 K_4 和 K_2 与 K_5 供电线均应通过隔离开关而与站场或区间相连接。设置隔离开关的原则是既保证供电的可靠性，又要保证供电的灵活性，既可以向整个站场供电，也可以分别向站场各网组供电。

选择隔离开关的安设地点时，应注意操作方便和便于实现距离控制，连接跳线应简单和安全。在绝缘关节处，开关一般设在靠近车站的转换支柱上。

2. 纵向分段

接触网沿线路方向所进行的分段称为纵向分段,如在站场和区间衔接处所进行的分段。站场和区间的接触网应是各自独立的,因此在它们的连接处必须进行分段。图中 A_1、A_2 开关处采用绝缘锚段关节实现电分段,A_1、A_2 为常开隔离开关,实现区间和站场分开供电。区间接触网一般不进行电分段,但遇有大型人工建筑物(长大隧道及长大下承桥)时,应将这些建筑物的接触网单独分段。

在交流电气化铁路区段同一变电所供电的不同供电分区的同相电之间的绝缘,称为电分段,实现电分段绝缘的装置称为分段绝缘装置。分段绝缘装置可以用绝缘锚段关节或分段绝缘器实现。采用绝缘锚段关节形式可以提高列车通过电分段时的允许运行速度。在系统正常运行时,分段绝缘装置两端几乎没有电位差,当相邻的供电分区有一个停电检修时,分段绝缘装置承受 25 kV 工作电压。绝缘锚段关节作为电分段使用时,两支接触悬挂过渡区域较长,当机车受电弓停留在等高点附近的时候,可能因为不同供电分区间的电位差发生拉弧,在一端接地时,将产生短路电弧烧损接触悬挂线索,故在绝缘锚段关节作为电分段使用时,要在两转换柱间设置禁停标,在 30 m 左右的范围内禁止电力机车在此停车。

不同相电采用分相绝缘器。图 5-2 中虚线框部分表示分相绝缘装置,线路在所示位置实现纵向电气分段。

3. 分段绝缘器

分段绝缘器又称分区绝缘器,是在接触悬挂中能使同相位的相邻两部分得到电分段并允许受电弓通过的绝缘设备,是接触网电气分段的常用设备。它安装在上下行正线间渡线接触网、基本站台须独立检修股道、各车站装卸线、机车整备线、电力机车库线、专用线、动车运用所分束供电区域等处。在正常情况下,机车受电弓带电滑行通过。当某一侧接触网发生故障或因检修需要停电时,可打开分段绝缘器处的隔离开关,将该部分接触网断电,而其他部分接触网仍能正常供电,从而提高了接触网运行的可靠性和灵活性。

分段绝缘器由于材质及结构上均存在一定的问题,虽经不断改进,但仍为接触网运营的薄弱环节,应合理使用,尽量少设,不应使分段绝缘器长时间处于对地耐压状态,尤其在雾、雨、雪等恶劣天气时,应尽量缩短其对地的耐压时间,即当作业结束后应尽快合上隔离开关,恢复正常运行。

分段绝缘器按照其结构分为滑道式分段绝缘器和非滑道式分段绝缘器。滑道式分段绝缘器的绝缘元件全部或部分可以作为滑道,运行时电力机车受电弓与其直接接触。非滑道式分段绝缘器的绝缘元件不作为滑道,运行时电力机车受电弓不与其直接接触。分段绝缘器多带有消弧角隙,具有消弧功能。

分段绝缘器的产品型号为:

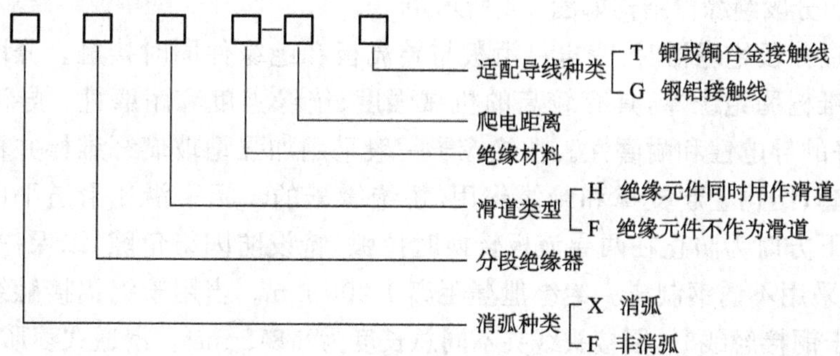

示例：XFHP-1.20T 表示消弧型分段绝缘器，绝缘元件为合成材料，绝缘元件同时作为滑道，爬电距离为1.20 m，适用于铜或铜合金接触线。

目前我国常见的分段绝缘器，有高铝陶瓷分段绝缘器、菱形分段绝缘器和各种消弧分段绝缘器等。其在结构上既保证机车受电弓平滑通过，又能满足供电分段的要求。

(1)高铝陶瓷分段绝缘器

高铝陶瓷分段绝缘器结构如图 5-3 所示，可满足 70 km/h 行车速度的要求。

其中绝缘元件为高铝陶瓷绝缘棒，它由高强度玻璃纤维芯棒、高铝陶瓷护套、密封垫圈、灌封层和金属接头组成，长度为 600 mm，每侧用两根棒串接起来，总泄漏距离是 1 200 mm。高强度玻璃纤维芯棒采用聚酯树脂或环氧树脂为胶粘剂，其抗拉强度超过 45 号钢，直径为 12 mm。

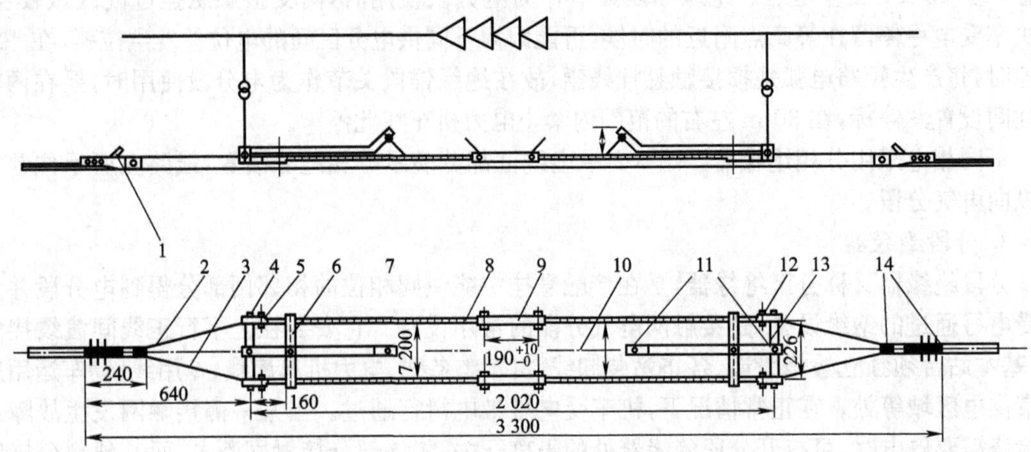

图 5-3 高铝陶瓷分段绝缘器结构图(单位：mm)

1—钢钻接触线接头线夹；2—导流框架Ⅰ；3—导流框架Ⅱ；4—销钉；5—接头；6—横撑架；7—角钢支架；
8—绝缘元件；9—辅助滑道；10—导流角隙；11、14—螺栓；12—圆头销钉；13—横撑管；14—辅助导线及线夹

高铝陶瓷护套为 75 号氧化铝瓷，表面涂硅脂，有优异的耐磨和抗老化性能。密封垫圈起密封和缓冲作用，采用石棉垫和硅橡胶两种垫圈。硅橡胶垫圈在耐老化、抗漏电及工艺方面都优于石棉垫圈。

这种型号的分段绝缘器的缺点为：高铝陶瓷管容易受到受电弓冲击而破碎，受电弓滑板通过导流间隙易拉弧，不适合在通行速度较高线路上使用，目前属于淘汰产品，逐渐退出应用。

(2)滑道式菱形分段绝缘器

滑道式菱形分段绝缘器结构如图 5-4 所示。

受电弓通过分段绝缘器时，受电弓滑板与导流板和绝缘件同时接触。分段绝缘器绝缘件采用玻璃纤维树脂绝缘棒，具有较高的机械强度、绝缘强度和耐磨性。导流板用磷青铜制成，具有较好的导电性和耐磨性。桥绝缘子一般采用加强型玻璃纤维棒并覆盖硅橡胶或聚四氟乙烯护套，结构上起支撑和绝缘作用，桥绝缘子的伞裙下沿比滑道平面高。受电弓通过桥绝缘子下方时为防止在两导流板转换时拉弧，特设防闪络角隙，以保护桥绝缘子，角隙为 220 mm，采用不锈钢制成。绝缘泄漏距离 1 200 mm。当用于钢铝接触线时总长度为 3 058 mm，用于铜接触线时，因接头线夹不同总长度为 2 812 mm。滑道式菱形分段绝缘器具

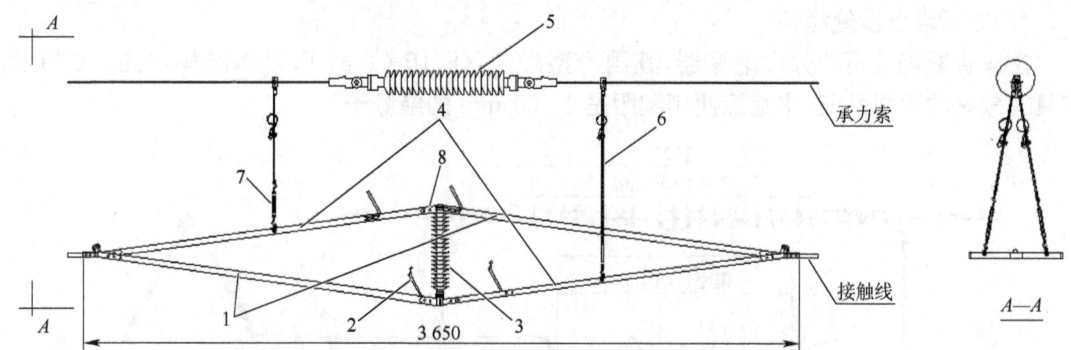

图 5-4　滑道式棱形分段绝缘器结构图(单位:mm)

1—玻璃纤维树脂绝缘板;2—防闪络角隙;3—桥绝缘子;4—导流滑板;5—复合悬式绝缘子;6—分段绝缘器吊弦;7—调整螺栓;8—桥绝缘子底座

有结构简单、质量轻、便于安装与维护、防污性能好等优点,可适应 160 km/h 的行车速度,目前应用较广泛。

分段绝缘器安装于交叉渡线时,应安装在线路中心,安装后分段绝缘器滑道平面应与轨平面平行,过渡平滑。

(3)AF 分段绝缘器

AF 分段绝缘器基本结构如图 5-5 所示,其对应的国产化产品为 XFFP-1.6,可以满足 200 km/h 运行需要,目前在高速铁路中比较常见。承力索处绝缘采用长棒绝缘子(无伞裙),分段绝缘器吊弦上端固定在绝缘子上的滚柱上。为了减轻自重,绝缘器滑板采用多孔的结构,滑板伸出接触线线夹前部有一定距离,减小了接触线线夹处的冲击。其滑道为开口结构,为了防止受电弓和开口处滑板发生冲击,AF 分段绝缘器的安装调整非常重要。分段绝缘器的绝缘材料采用两根带 PTFE(聚四氟乙烯,具有较高的耐热、润滑和理想的憎水性)护套的 GRP(玻璃纤维树脂)杆。护套磨损到一定值或者露出 GPR 杆时,要更换绝缘杆。

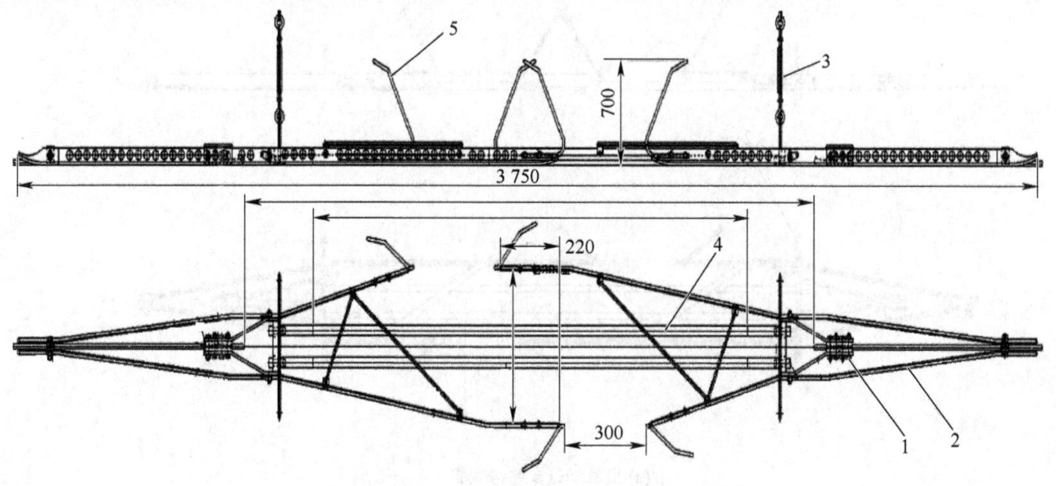

图 5-5　AF 分段绝缘器结构图

1—接触线线夹;2—滑板;3—调整螺栓;4—绝缘杆;5—消弧角

(4)吉斯玛分段绝缘器

法国吉斯玛公司的分段绝缘器，其国产型号为 XFHP-(1.6)T，基本结构如图 5-6 所示。其具有较好的灭弧性能，主绝缘使用爬距是 1 600 mm 的绝缘子。

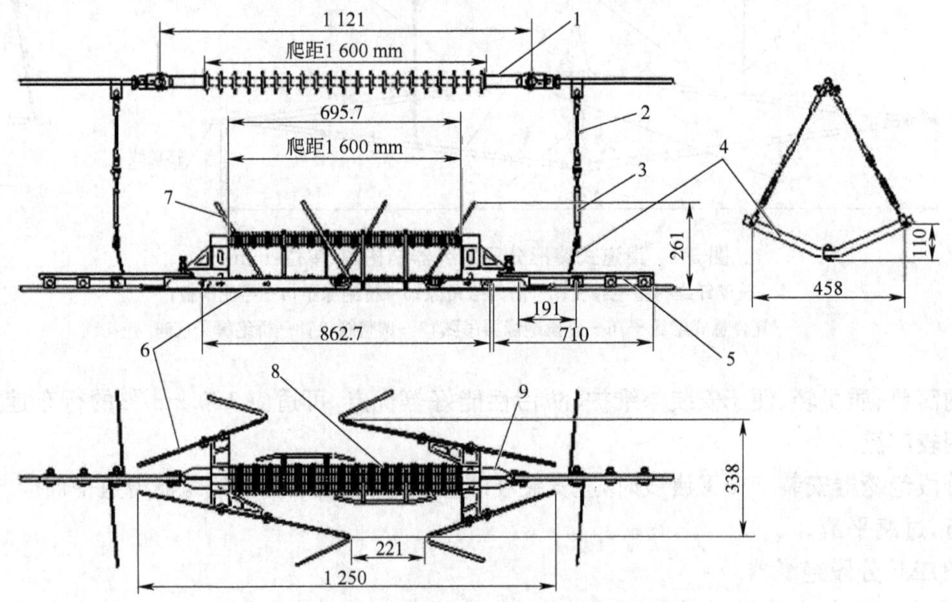

图 5-6　吉斯玛分段绝缘器结构图(单位：mm)

1—承力索绝缘子；2—吊弦线；3—吊弦调整螺栓；4—支承杆；5—辅助导线及线夹；6—滑板；7—消弧角；8—绝缘器绝缘子；9—接触线线夹

(5)轻型分段绝缘器

德国西门子轻型分段绝缘器，在提速区段和高速铁路中应用较多，基本结构如图 5-7 所示。

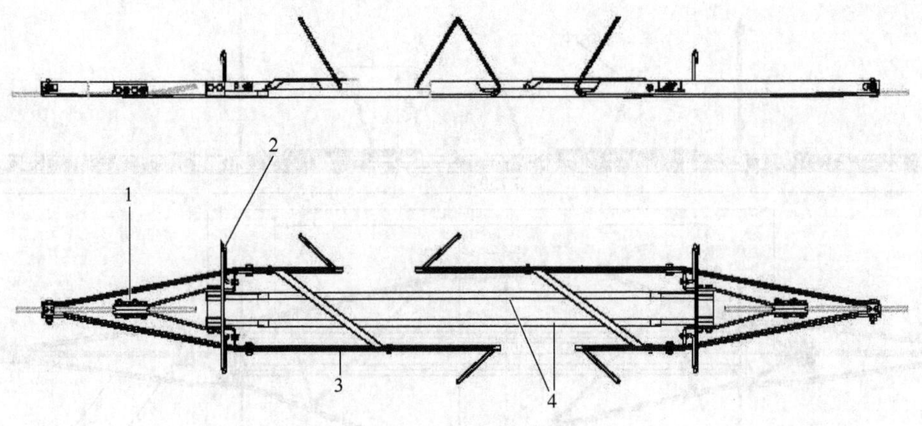

(a) 接触线分段绝缘装置

图 5-7

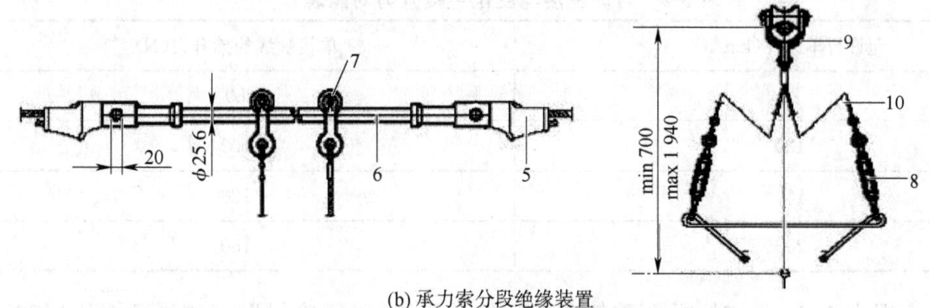

(b) 承力索分段绝缘装置

图 5-7 法国西门子轻型分段绝缘器结构图(单位:mm)

1—接触线接头线夹;2—横撑架;3—滑板;4—分段绝缘器绝缘子;5—楔型线夹;6—承力索绝缘子;7—吊弦;8—可调螺栓;9—承力索线夹;10—吊弦

(6)Re200C 用分段绝缘器

改型分段绝缘器主要应用在哈大线,其他线路较少使用。

4. 分段绝缘检调要点

分段绝缘器时整个线路的薄弱环节,事故率较高,主要表现在分段绝缘器和轨面不平行,导致碰弓刮弓事故;分段绝缘器接头线夹处出现硬点,造成导线磨耗严重;分段绝缘器绝缘元件发生闪络击穿事故;接头线夹松动导致导线抽脱事故等。

分段绝缘器检调的要点有:

①各绝缘子是否脏污、破损。磁绝缘子(接触悬挂上的磁绝缘子逐渐被复合绝缘子代替)表面破损面积超过 300 mm^2时予以更换。长棒绝缘子表面应清洁、无烧伤、无裂纹,表面放电痕迹不应超过有效长度的 20%。绝缘棒直径为 20 mm 的圆形棒,当磨损超过 2.5 mm 后旋转使用,可以旋转 4~5 次,每面磨损小于 3.5 mm。

②分段绝缘器应与轨平面平行,位于受电弓中心位置,误差为±50 mm,框架本体完好,无变形、扭曲、裂纹等现象。安装处接触线和承力索必须垂直,注意安装点的轨道超高和坡度对分段绝缘器安装的影响。绝缘器导线接头处过渡平滑。

分段绝缘器安装高度应按照设计行车速度要求的抬高量确定,运行误差为±5 mm,如图 5-8 所示。根据通过分段绝缘器的设计行车速度,确定受电弓抬升力,见表 5-2。用弹簧秤按照抬升力大小在安装位置中心向上提拉接触线,测出需抬高的值,确定分段绝缘器的安装高度。安装平面平行于轨面连线,最大误差不超过 10 mm。

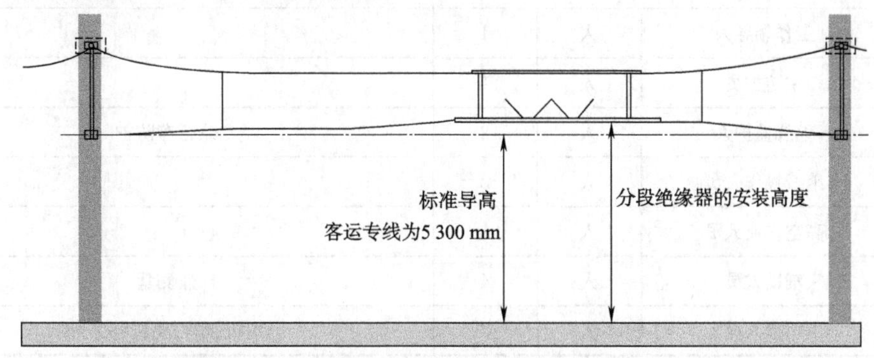

图 5-8 分段绝缘器安装高度示意图

表 5-2 行车速度与受电弓抬升力对照表

允许行车速度(km/h)	单接触线的抬升力(N)
20	80
100	100
160	120
200	150

③滑板磨损大于 3 mm 时,需要重新调整滑板的高度,以便确保滑板与绝缘棒的间隙不小于 4 mm,当磨损达到最大值(滑板剩余高度余 1～2 mm)时,需要及时更换滑板。

④各部螺栓紧固力矩符合零部件规定值要求。

思考

1. 在什么地方应该安装分段绝缘器,为什么?
2. 为什么说分段绝缘器是接触网的薄弱环节?
3. 分段绝缘器的常见故障有哪些?

三、工作流程与任务

(一)流程图

分段绝缘装置检修流程如图 5-9 所示。

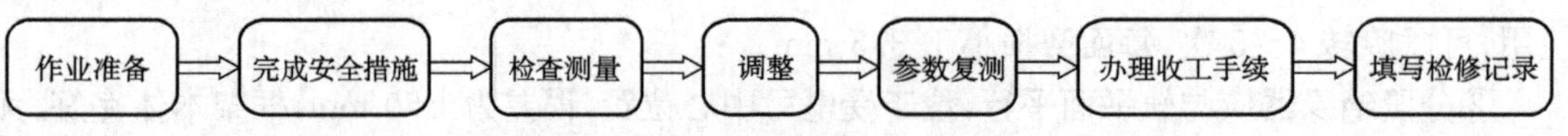

图 5-9 分段绝缘装置检修流程图

(二)任务组织

分段绝缘器检修人员配置见表 5-3。

表 5-3 分段绝缘装置检修人员配置表

序号	项 目	单位	数量	备 注
1	工作领导人	人	1	
2	主防护员	人	1	
3	地线监护人	人	2	兼行车防护
4	地线操作人员	人	2	
5	高空作业人员	人	2	
6	辅助人员	人	4	兼测量
7	司乘人员	人	2	司机、学习司机各 1 人

分段绝缘装置检调工具配置见表 5-4。

表 5-4　分段绝缘装置检调工具配置表

序号	名　称	规格或型号	单位	数量	备　注
1	作业车(车梯)		台	1	
2	接触网激光测量仪		台	1	
3	滑轮		个	1	
4	力矩扳手		套	1	
5	小绳		条	1	
6	水平尺	600 mm	把	1	
7	钢卷尺	5 m	把	1	
8	短接线		套	1	
9	紧线器	50～150	套	2	
10	钢丝套		套	2	
11	锉刀		把	1	
12	扭面器		套	2	
13	直弯器	五轮	套	1	
14	橡皮锤		把	1	
15	链条式手扳葫芦	3 t	台	1	

分段绝缘装置检调工具配置见表 5-5。

表 5-5　分段绝缘装置检调工具配置表

序号	名　称	规　格	单位	数量	备　注
1	铁线	ϕ4.0 mm	kg	适量	
2	棉纱		kg	适量	
3	开口销		个	适量	
4	细砂纸		张	适量	
5	承力索绝缘子		根	1	
6	分段绝缘器(含配套零部件)	DXF-(1.6)Ⅱ	套	1	
7	承力索终端线夹	根据现场情况	套	2	
8	整体吊弦	根据现场情况	根	若干	

(三)技术标准

①分段绝缘器主绝缘应完好,其表面放电痕迹应不超过有效绝缘长度的 20%。主绝缘严重磨损应及时更换。

②分段绝缘器通过速度不得超过 120 km/h,空气绝缘间隙不小于 300 mm。

③分段绝缘器应位于受电弓中心,一般情况下偏差不超过 100 mm,相对于两侧吊弦有 5～15 mm 的负弛度。滑道底面应平行于轨面,最大偏差不超过 10 mm。

④分段绝缘器导线接头、导流滑道端头处过渡平滑。承力索分段绝缘子应采用重量较轻

的有机复合绝缘子。

⑤分段绝缘器不应长时间处于对地耐压状态。雨、雪、雾、冻雨等恶劣天气下，起电分相段作用的隔离开关应严格处于分闸状态。隔离开关应在作业开始前 30 min 内断开，在作业间歇时间大于 30 min 时应闭合，继续作业时再断开，作业结束后应及时闭合。

⑥分段主绝缘子与铜滑道间应保持 2～5 mm 高差。

⑦分段绝缘器安装位置应符合规定，距离定位点不得小于 2 m。

(四)检修程序和方法

1. 作业准备

按规程要求填写工作票并交付工作领导人，工作领导人向作业组全体成员宣读工作票、分工并进行安全预想，检查工具、材料。

2. 完成安全措施

做好安全措施，工作领导人确认完成安全措施后，通知各作业组开工。

3. 检查测量

分段绝缘器的组装图及各组装件、紧固件如图 5-10 所示。

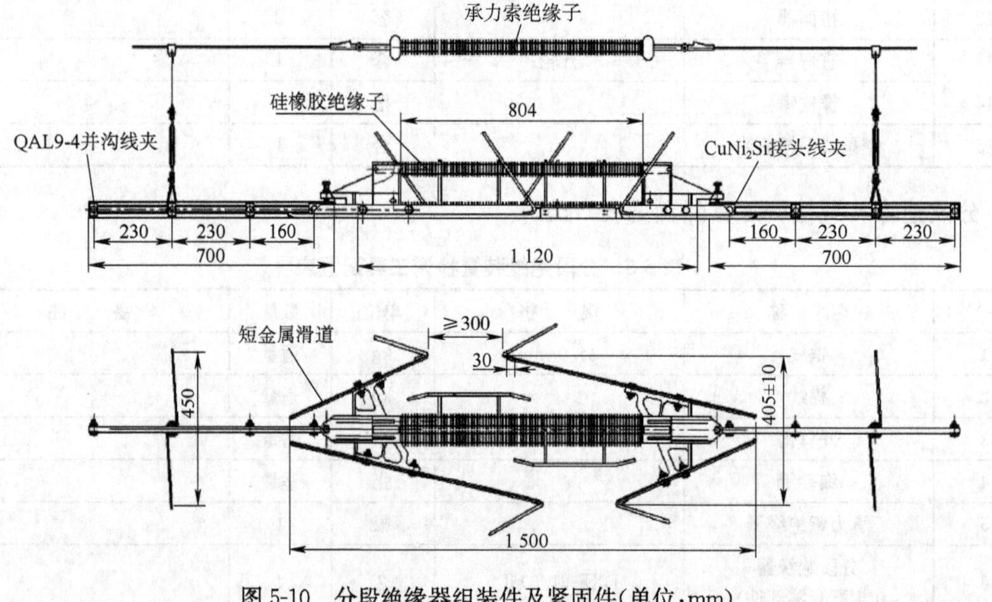

图 5-10 分段绝缘器组装件及紧固件(单位：mm)

(1)检查主绝缘滑道：检查主绝缘及绝缘子支装座有无裂纹、烧伤、破损和老化，并清扫绝缘部件。

(2)检查导流板：导流板的下部球状部分磨损高度。

(3)检查绝缘滑道的底面：分段绝缘器的绝缘滑道底面是否形成一条炭化通道。

(4)检查承力索分段绝缘子：分段绝缘子伞群有无破损、撕裂、气泡、老化，接缝有无开胶，电镀层有无剥落现象等。

(5)检查绝缘器接触线接头：绝缘器与接触线连接是否牢固、过渡是否平滑，各接头线夹有无裂纹和烧伤、腐蚀现象，线夹安装主线与辅线应为同一规格型号的接触线。

(6)消弧角：检查消弧角有无变形、损坏，是否有放电痕迹。

(7)调节吊弦：调节吊弦有无断股、受力不均匀现象，调节螺栓是否锈蚀、损坏。

(8)L 型支架：检查 L 型支架安装位置是否正确，安装方向是否正确，L 型支架本体是否有裂纹现象。

(9)分段绝缘器静态参数测量：在检测分段绝缘器静态参数时一般采用“六点标定检查法”进行检测，六个检测点如图 5-11 所示。

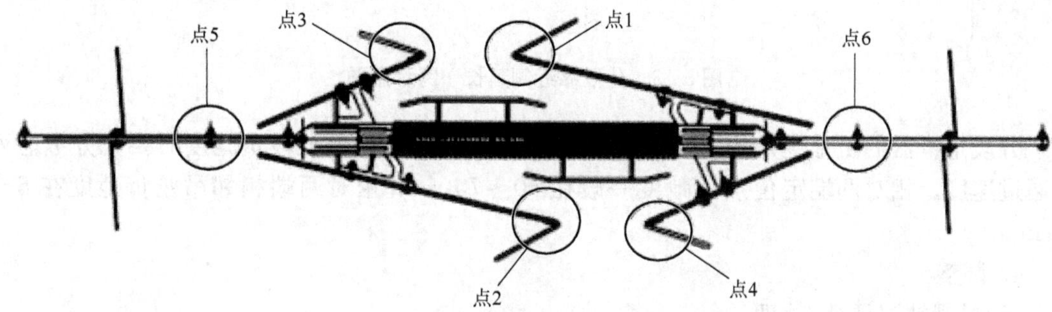

图 5-11　分段绝缘器六个测量点示意图

①测量四个铜滑道的导高(点 1～4)。

②测量 T 头螺栓处接触线的导高及拉出值(点 5、点 6)。具体如下所示：

a. 点 5、点 6 的拉出值控制在±50 mm 之内，困难时不得大于 100 mm；

b. 点 5、点 6 导高均应大于设计导高(负弛度另定)且高差控制在 10 mm 之内；

c. 点 1～4 相互间高差不得大于 10 mm。

(10)除了对分段本体六个测量点进行测量外，在分析负弛度时，结合现场实际情况，分段处于不同的位置时需要测量的范围也不一样。为直观方便可列表画图分析，具体分类如下：

①分段处于跨中时，如在渡线上，需要测量分段所在跨的跨中偏移值、前后定位点导高和拉出值、跨中各吊弦点导高，如图 5-12 所示，负弛度计算方法(条件：两端定位点导高相等且分段处于跨中)为分段所在跨内平均导高与分段绝缘器中心点导高的差值：$d_{平}=(d_1+d_2)/2$。其中，d 分为分段中心点导高值。

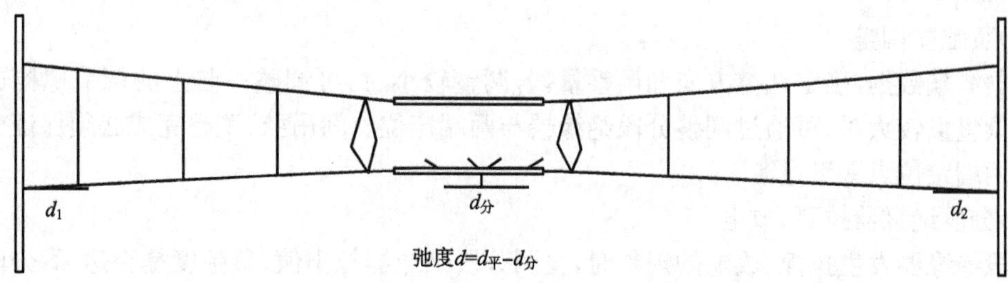

图 5-12　分段绝缘器负弛度计算示意图

②当分段离一端定位点很近(10 m 以内)时，如靠近线岔、分束开关柱，除了测量图 5-12 中所述各点外，还需向靠近的定位点方向顺线路延长一跨测量定位点(含拉出值)及各吊弦定位点导高，如图 5-13 所示，此种情况下需要结合现场实际情况向分段靠近侧延长一跨综合考虑计算负弛度。

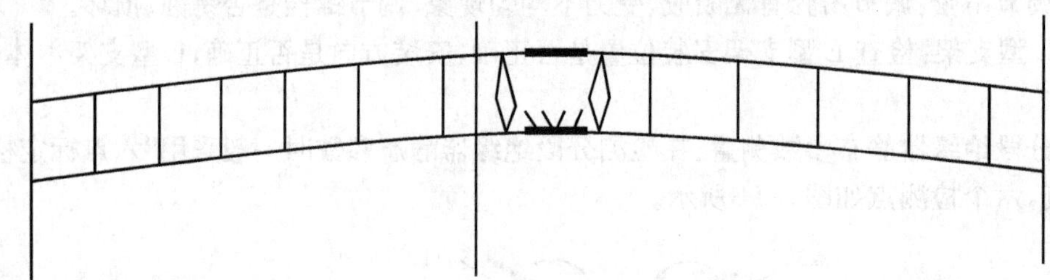

图 5-13 分段靠近侧延长一跨示意图

分段绝缘器的负弛度是依据列车通过的速度而定的，在评判分段负弛度时要充分考虑列车通过速度。相对两端定位点负弛度一般在 50～70 mm，相对两端相邻吊弦负弛度在 5～15 mm。

4. 调整

(1)外观缺陷调整、处理

①对外观有裂纹、放电现象的零部件进行更换，对开口角度不到位的开口销进行更换并掰开 120°～130°，对不受力的吊弦进行调整、更换。

②对有脏污的分段绝缘器、绝缘子进行清扫，清扫时用棉纱清除绝缘子表面灰尘即可，脏污严重时可用清水清洗(注：采取防止破坏复合绝缘子表面憎水涂层的措施)。

(2)分段绝缘器与轨面连线平行调整

①顺线路方向：根据测量数据，确定调整方向和调整量，调整或更换分段绝缘器两侧吊弦，使分段绝缘器顺线路两端等高，最大误差不超过 10 mm。

②垂直线路方向：根据测量数据，确定调整方向和调整量，先调整一侧吊弦调节螺栓，再调节另一侧吊弦的调节螺栓，使分段绝缘器平面与其正下方的两轨顶连线平行。

(3)分段绝缘器中心与线路中心横向偏移调整

用接触网激光测量仪测量分段绝缘器两侧接头线夹处相对于线路中心的偏移值，确定调整量，适当增大或减小相邻定位点拉出值，必须保证分段绝缘器位于线路中心，横向偏移不大于 100 mm。

(4)负弛度调整

根据测量数据，确定调整方向和调整量，若调整较小时，可调整吊弦上的调节螺栓进行调整。若调整量较大时，可通过调整分段绝缘器与两端定位点间吊弦，调整完成必须保证分段绝缘器与两端定位点平滑过渡。

(5)分段绝缘器拉弧、放电

分段绝缘器发生拉弧、放电的现象时，复测分段绝缘器拉出值、负弛度是否达标，分段绝缘器是否水平，如不符合要求，需重新调整至标准值。对轻微放电处要用砂纸进行打磨，对放电严重的分段绝缘器要进行更换。

(6)分段绝缘器消弧角断裂

分段绝缘器消弧角断裂时必须更换分段绝缘器本体。更换方法如下：

①在分段绝缘器两侧挂接 25 mm 裸铜软绞短接线。

②更换安装前，先检查经过拉力试验合格的分段绝缘器各部元件及附件是否齐全，有无损伤，确认符合标准后方可使用。

③先将予以更换的分段绝缘器两侧接触线适当位置分别安装紧线器，挂上手扳葫芦。

④摇紧手扳葫芦，直至分段绝缘器卸载。

⑤拆除旧的分段绝缘器，更换新的分段绝缘器。

⑥松手扳葫芦与紧线器，使分段绝缘器充分受力，检查各部件受力情况并再次按照力矩大小紧固螺栓，确认分段绝缘器受力状态良好、安全可靠后，完全松开手扳葫芦。

⑦通过调整螺栓细调高度，并用水平尺测量滑轨横向连线与轨面连线平行度。调整后，用激光测量仪检测高度。

⑧更换完毕，撤除 25 mm 裸铜软绞短接线。

⑨检查分段绝缘器与接触线连接是否牢固、过渡是否平滑。

(7)承力索复合绝缘子更换

承力索复合绝缘子损坏、闪络时需更换绝缘子，更换方法为：在承力索绝缘子两侧用紧线器连接手扳葫芦，适当紧起手扳葫芦，使分段绝缘子卸载，拔出绝缘子与终端锚固线夹连接的销钉，拆下旧绝缘子，更换新绝缘子，松动手扳葫芦，检查受力情况。

(8)接头线夹处过渡不平滑

分段绝缘器与接触线连接处接头线夹过渡不平滑、有硬点时应对分段绝缘器的调整螺栓(图 5-14)进行微调。从滑板端部向分段中心量取 50 mm，把水平尺放在此处，如图 5-15 所示，用扳手调整螺栓直到水平尺处导线与滑板在同一水平面内，随后紧固防松螺母。

图 5-14　分段绝缘器调整螺栓示意图

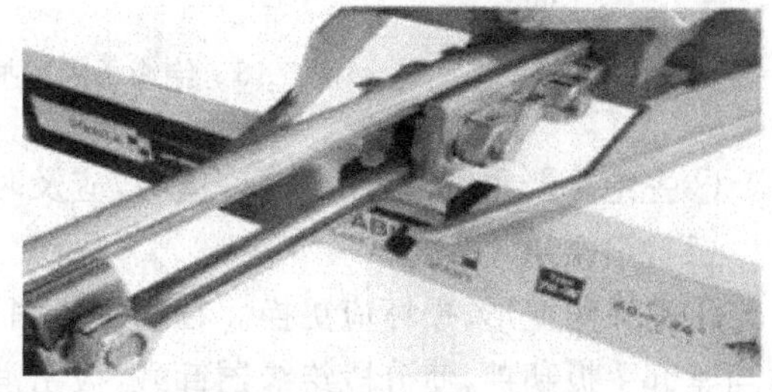
图 5-15　接头线夹调整示意图

(9)导流板的下部球状部分磨损余下 1～2 mm 时更换导流板

①在需要更换的分段绝缘器元件两侧接触线适当位置分别安装多功能紧线器，挂上手扳葫芦。

②通过手扳葫芦紧线，直至安装分段绝缘器位置的线索充分卸载。

③做好标记，拆下旧分段绝缘器。

④将分段绝缘器骑跨在安装点的葫芦链上，端头需锉平，顺接头线夹沟槽插入，使接头线夹的齿形角嵌入接触线的凹槽内，与主绝缘滑道密贴、对齐、不留缝隙。接触线底面应与主绝缘滑道底面在一条直线上，否则，用木锤敲击调整正直。

⑤接头线夹三只螺栓用扭力扳手由内向外按顺序进行至少 3 次紧固。紧固时，应用力均匀，不能过急过猛，紧固力矩为 50 N·m。主绝缘元件与接头线夹连接螺栓紧固件要安装牢固，不能松动。

⑥松开手扳葫芦，使分段绝缘器充分受力，检查各部件受力情况，确认分相绝缘器受力状态良好、安全可靠后，拆卸手扳葫芦及其他紧线工具。

⑦安装两条可调整式整体吊弦。通过调整，使分段绝缘器底面对轨面连线平行，不能存在偏斜、不平现象。必要时，整理线面或用平锉整修。

⑧用作业车检测弓或水平尺模拟受电弓，沿分段绝缘器接头部位滑行，检查各零件衔接处是否存在不平整、硬点，接触是否可靠。

⑨依次安装其他两组元件。

(10)主绝缘滑道底面有炭化通道

①当分段绝缘器的绝缘滑道底面形成一条炭化通道时，如果分段一侧停电，将会在分段绝缘器的绝缘滑道底面发生爬电闪络现象，严重时可能烧毁绝缘滑道。如有炭化通道，应使用酒精将主绝缘滑道或绝缘杆底平面擦干净，待酒精完全挥发后即可使用。

②主绝缘子单面允许的磨损深度为 2 mm，因此磨损深度不超过 2 mm 时，可将绝缘棒旋转 72°继续使用。旋转时可先拧松一根绝缘子两端的内六角螺栓，再用扳手转动绝缘滑道的两端，到位后(绝缘滑道两端金属件上有刻痕标记)拧紧螺栓。之后，再按上述步骤旋转另一根绝缘滑道。总共可使用 5 个磨损面，如图 5-16 所示。

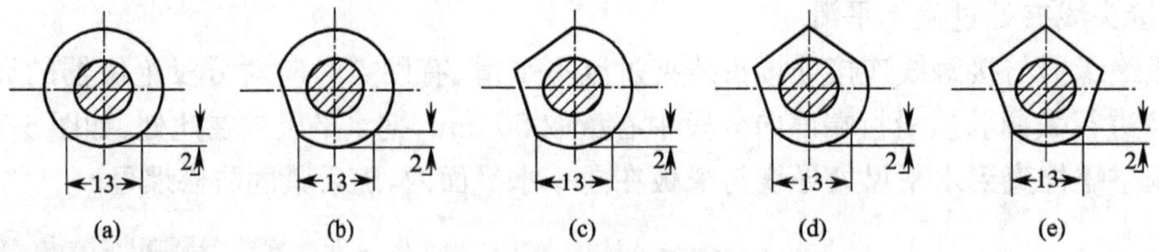

图 5-16　绝缘子的磨损周期示意图(单位：mm)

③主绝缘严重磨损，超出允许值时，应及时更换。

(11)消弧角

①消弧角变形、损坏应更换。在需更换消弧角的分段绝缘器两侧用紧线器连接手扳葫芦，适当紧起手扳葫芦，使分段绝缘器卸载，拔出消弧角连接销钉，拆下旧消弧角，更换新消弧角，松动手扳葫芦，检查受力情况。

②如有放电痕迹，用砂纸进行打磨。

(12)调节吊弦

①调节吊弦有断股，调节螺栓锈蚀、损坏，更换后重新调整负弛度、顺线路方向水平、垂直线路方向水平。

②两调节吊弦受力不均时，在分段绝缘器的安装处，用弹簧秤提起接触线，并记下弹簧秤指示 120～150 N 时接触线到作业平台的高度 H，此高度为安装分段绝缘器的最佳高度，按此高度调整两调节吊弦到受力状态。调节吊弦受力不均如图 5-17 所示。

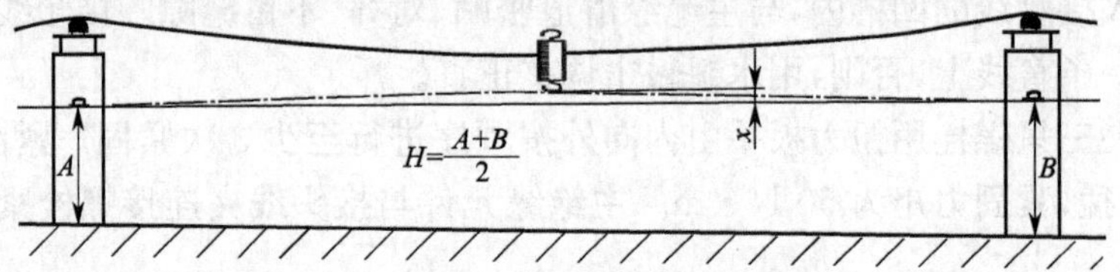

图 5-17　调节吊弦受力不均示意图

(13)L 型支架

当 L 型支架断裂、变形时，应更换。

①在分段绝缘器两侧安装手扳葫芦，紧固手扳葫芦卸载分段绝缘器。

②拆下旧 L 型支架。

③安装新 L 型支架，暂不拧紧专用螺母和单孔线夹，通过调节吊弦调节分段绝缘器高度。

④测量分段绝缘器底面与轨平面平行后，拧紧专用螺母和单孔线夹。

⑤均匀拆除手扳葫芦，使分段绝缘器受力。

⑥复测检查各部参数。

(14)紧固力矩检查

检查各部件有无裂纹、损伤、缺失，螺栓有无脱扣、锈蚀，各部位连接是否正确。各部螺栓紧固状态应达标，见表 5-6，销钉应齐全完好。

表 5-6　螺栓力矩紧固标准

序号	名　称	螺栓直径(mm)	标准紧固力矩(N·m)	测试力矩(N·m)
1	吊弦线夹	M10	25	23
2	接触线接头线夹	M12	55	50
3	并沟线夹	M10	25	23

5. 参数复测

检修作业完毕后，对检修后的设备质量进行检查验收，验收关键点：

(1)绝缘器应位于受电弓中心，一般情况下误差不超过 100 mm。

(2)滑到应平行于轨面，最大误差不超过 10 mm。

6. 办理收工手续。

(1)工作领导人确认各作业组工作结束，人员机具均已撤至安全地带后，通知监护人员撤除地线及其他安全措施。

(2)工作领导人确认安全措施撤除后，通知驻站联络员申请消除停电作业命令和线路封锁命令。

(3)工作领导人召开收工会，办理收工手续。

7. 填写检修记录。

按照当天检修情况填写检修记录。

四、分析与思考

本任务主要是消弧分段绝缘器检调。填写“分段、分相绝缘器记录”关系到接触网的结构和技术标准要求，因此，如何保证设备各项参数的合格至关重要。本任务在实际工作中需要任意以下问题：

(1)检修绝缘器作业时，应用不小于 25 mm^2 的等位线先连接等位后再进行作业。

(2)检修时不得碰撞绝缘器和用脚踩踏绝缘器。

(3)硅橡胶绝缘清扫时，严禁使用带溶剂的各种清洗剂，可使用中性的清洗液(粉)。

(4)导流板不得有任何横纵向弯曲。

(5)安装过程中注意防止紧线器滑动，断线前必须检查紧线器的受力状态。

(6)调直接触线应用直弯器或用木锤敲打,严禁使用铁锤、铁管等硬物敲击。

任务二　分相绝缘装置的维护检修

分相绝缘装置是接触网的核心组成部分,其学习目标和典型工作任务是接触网维护与检修的重要组成部分,和其他模块共同组成接触网的日常维护与检修工作。

一、任务书——器件式分相绝缘器的检调

图 5-18 是分相绝缘器结构示意图。根据实训基地实物进行器件式分相绝缘器检调,并将检调结果填入表 5-1 中。

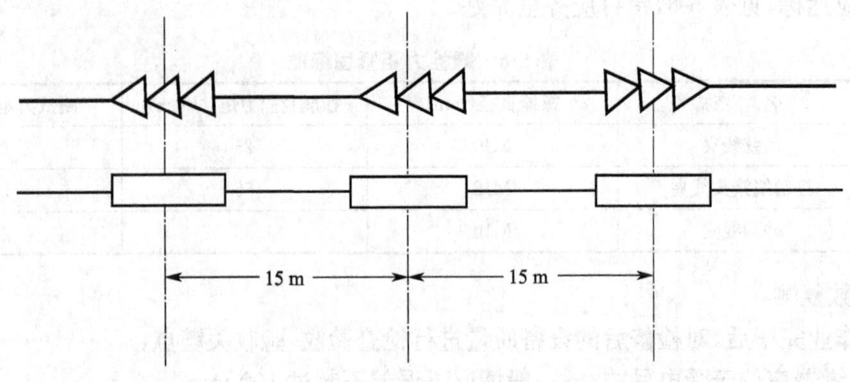

(a) 分相绝缘器示意图

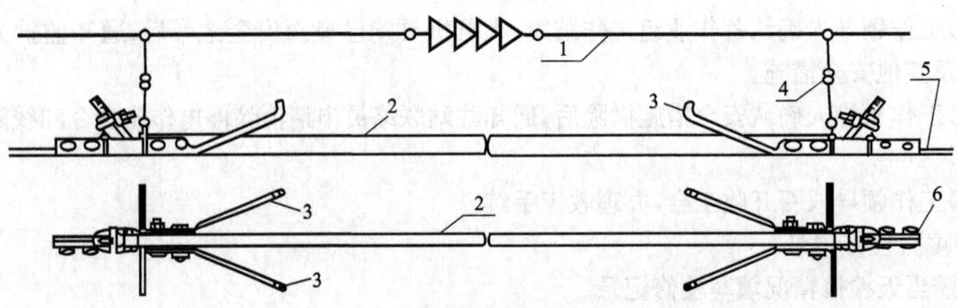

(b) 分相绝缘器元件示意图

图 5-18　分相绝缘器结构示意图

1—承力索;2—主绝缘件;3—消弧角;4—吊弦;5—接触线;6—连接板

二、知识准备

在单相交流牵引供电系统中,电力机车由单相电供电,为了平衡电力系统的 U、V、W 各相负荷,一般要实行 U、V 相轮流供电。所以不同相供电的接触网之间要进行可靠绝缘,称为电分相。电分相通常由分相绝缘装置实现。分相绝缘装置是接触网中用于两段不同电压或不同相位处,避免接触网在受电弓通过时被连通的装置。

分相绝缘装置要有可靠的绝缘性能，其工作状态下需承受不同相之间的 43.3 kV(120°相位差时)电位差，在处于不同电网交界处电分相装置承受的电压可达 55 kV。同时又要保证列车受电弓平滑的通过。列车通过电分相采用机车主断路器打开，受电弓不降弓惰行方式。在变电所出口处及两牵引变电所之间(供电臂末端)必须设电分相装置。

电分相包括分相绝缘装置和相应的线路标志构成。电分相根据其实现方法分为器件式绝缘电分相和锚段关节式电分相。

1. 器件式绝缘电分相

器件式绝缘电分相在接触悬挂中串入分相绝缘器，实现两侧接触悬挂的电气分段。电分相两侧机械上不分段，受电弓可以平顺的滑过分相装置，如图 5-19(a)所示。

早期分相绝缘器一般由三块(或四块)相同的环氧树脂玻璃层压布(俗称玻璃钢)绝缘件组成，每块玻璃钢绝缘件长 1.8 mm、宽 25 mm、高 60 mm，底面做成斜槽，以增加表面泄漏距离。当机车受电弓有接触线进入绝缘元件时，产生的电弧容易烧坏绝缘件，破坏其绝缘性能。为了改善其性能，在绝缘元件两端设置消弧角，如图 5-19(b)所示。根据接触线所使用的导线类型不同，它可分为 T 型和 GL 型两种类型。两种电分相整机长度：T 型≥2 200 mm，GL 型≥2 300 mm。二者主要区别在于和铜(铜合金)接触线、钢铝接触线连接的线夹不同。

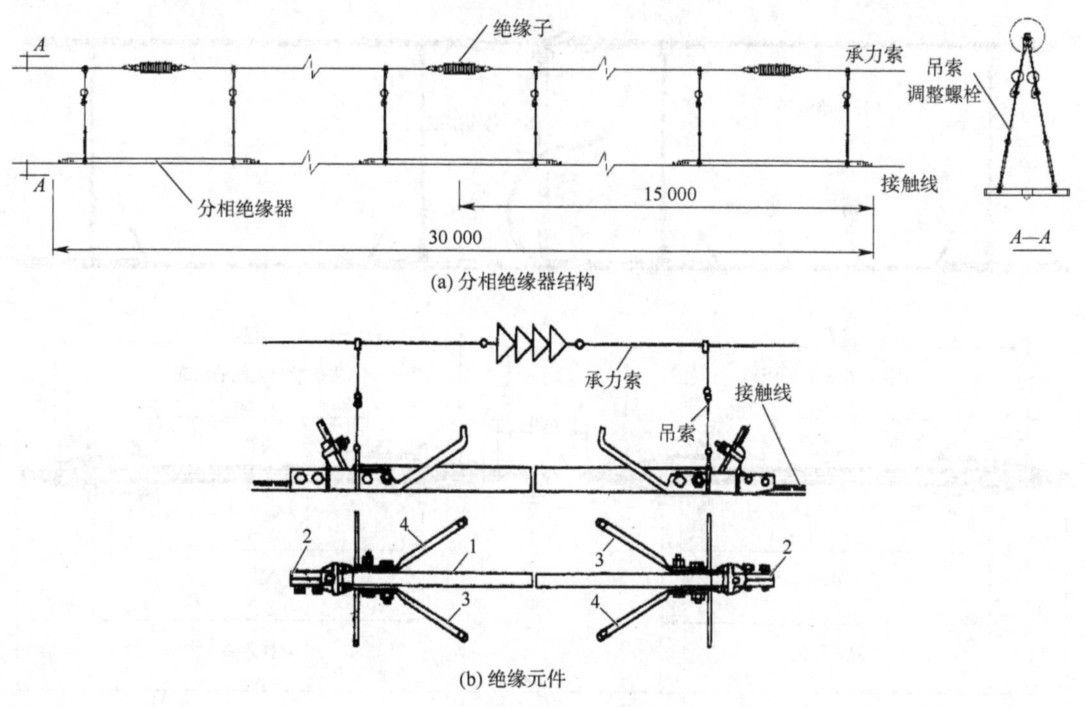

图 5-19　分相绝缘器结构图(单位：mm)

1—绝缘元件；2—接头线夹；3、4—消弧角

两端部绝缘元件之间的不带电区段称为中性区段，电力机车通过中性区段时为断电惰行通过。电分相绝缘器两端的接触网为不同相供电，它应保证列车安全通过而不发生短接事故，因此，中性区段不宜过长。其长度以电力机车升起双弓时不短接不同相接触线为限。电分相绝缘器上方的承力索，通过与绝缘元件相对应的悬式绝缘子断开。分相绝缘器的设置应注意

避开线路的大坡道，以利于电力机车惰行，同时还要考虑信号显示、调车作业、供电线径路及维修管理方面等条件。

随着铁路运行速度的提高，对分相元件的要求提高，中国引进了瑞典、法国的消弧分相绝缘器产品。其结构与分段绝缘器类似，区别在于要保证两侧可靠绝缘、滑道较短、有足够的爬距和空气绝缘距离。通过改进其材料、结构，其耐弧、耐污、耐漏电能力、耐磨性及减少硬点等方面优于前两种产品。改进后的分相绝缘器设有金属滑道及引弧装置，虽然重量上比 XTK 型重，但是分相绝缘器与导线连接头高出金属滑道 3～5 mm，避免了受电弓与接头线夹的直接接触。长三角形布置的金属滑道在接头线夹前分散了受力，减少了硬点。承力索绝缘子采用无裙边的聚四氟乙烯光棒绝缘子，有较好的自洁功能。

图 5-20 中所示的是京津城际高铁在场站中使用的某型消弧分相绝缘器，其特别之处是两组绝缘元件间的接触悬挂，承力索和接触线通过电连接线连接后接地。当机车不断电通过，严重的拉弧将一组分相绝缘器短路，发生来车方向供电臂的接地事故时，这种设计不会造成分相两侧两不同相供电分区的短路。在工程实践中，采用两元件式的分相装置将中性段接地的应用并不广泛，大多数情况下两元件(或三元件)中间的接触悬挂中性区不接地。器件式分相主要应用在行车速度不高的场合。

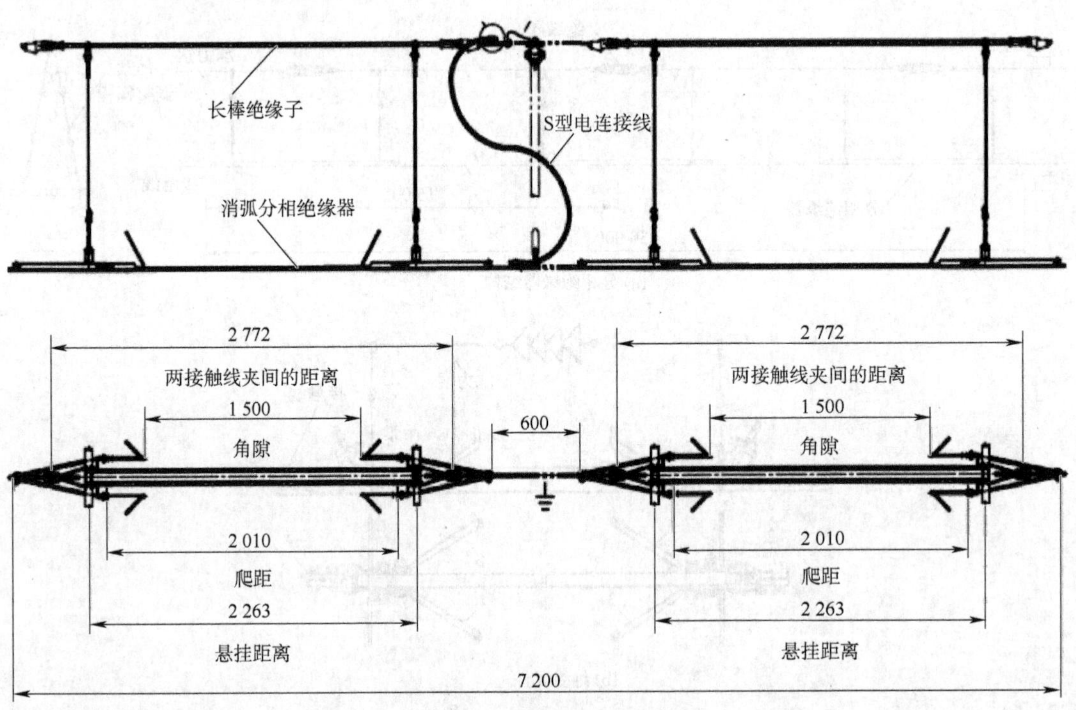

图 5-20 AF 滑道式电分相绝缘器(单位:mm)

器件式分相的安装检调重点和分段绝缘器类似。在对分相绝缘器进行检调时，需要相邻两个供电分区同时停电。

2. 锚段关节式电分相

采用分相绝缘器的电分相装置在应用中存在多种问题：分相绝缘器存在明显的硬点，高速列车通过时，冲击达到 60 g(g 为重力加速度)以上；绝缘器绝缘部件表面易出现烧伤(甚至烧断);停电检修困难等。对于速度大于 160 km/h 的准高速和高速电气化铁路,电分相多采用带中性段、空气间隙绝缘的关节式分相。从广—深准高速铁路开始,我国近年来逐渐在提速干线、高速电气化铁路中使用锚段关节式电分相,满足高速时受电弓平稳通过要求。

关节式分相的缺点是结构复杂,检修工作量大,一旦发生接触网故障,抢修难度大;中性区长,对列车运行速度影响大;在坡道设置时,对牵引吨数和线路坡度会有严格的限制,分相区越长,对地形的适应性越差;两个空气间隙的存在要求重联机车牵引的受电弓间距必须限制,否则,可能造成相间短路;受电弓在中性锚段和带电锚段过渡时,由于电位差的存在,会产生电弧,影响过渡区内的接触线寿命。

锚段关节式分相(简称关节式分相)从分相区长度上可以分为两大类,长分相和短分相。从空气间隙绝缘的个数分类可以分为两断口式分相和三断口式分相。采用何种分相形式,和机车通过分相的自动装置的类型、机车(动车)重联、受电弓运行方式等因素有关。

在长分相方式时,即电分相无电区长度大于双弓间距,按照 16(8+8)编组动车组受电弓前—前、后—后运行方式,双弓间距达到 201 m,其无电区长度 201～220 m(4 跨),加上两绝缘锚段关节实现绝缘断口,这时的分相长度达到 12～18 跨。长分相方案不能采用列车断电惰性方式通过,否则将造成速度损失或者列车无电区停车事故增加。短分相方式指中性段的长度小于双弓间距。分相装置的无电区,指靠近中性段中心的两绝缘转换柱绝缘子外侧间的距离。分相装置的中性区,指远离中性段中心的两绝缘转换柱绝缘子内侧间的距离,如图 5-21 所示。《新建时速 200 km 客货共线铁路设计暂行规定》中规定:当列车采用多弓运行时,若多弓用高压母线连接,应保证两最远端受电弓之间的距离小于电分相无电区的长度 D_1;若多弓不用高压母线连接,应保证任意两受电弓之间的距离小于无电区长度 D_1 或大于中性段的长度 D_2。

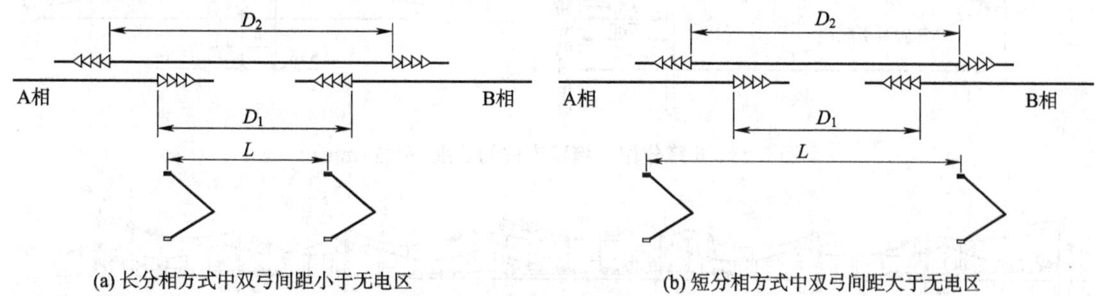

图 5-21　长分相与短分相示意图

(1)短分相方案

短分相方式的分相装置由两个连续的绝缘锚段关节组成,有一个中性段、两个空气绝缘断口。绝缘锚段关节可以采用 4 跨或 5 跨关节。其根据其重叠的跨数不同,构成了不同类型的短分相方案。从 6 跨到 9 跨关节式分相在我国都有采用。目前应用较多的是提速线路中使用的 7 跨分相和高速铁路中使用的 6 跨分相。

图 5-22 所示为我国高铁六跨式分相的典型结构。它由两个 4 跨绝缘锚段关节重叠 2 跨构成。两列动车联挂运行时,严禁"后弓—前弓"运行方式,两受电弓最小距离不小于190 m,两弓间不允许有高压母连。两外转换柱处两非支绝缘子串距离不大于 190 m。为满足这一需要,运行绝缘子向中心柱方向移动,该型分相结构,在武—广、郑—西、京—沪高铁等采用。其

装配结构也和绝缘锚段关节类似，不同的是其存在一个三腕臂柱，装配形式如图 5-23 所示(在不同线路的设计中，也有一个双腕臂柱加一单腕臂柱形式)。图 5-24 所示的为提速区段 7 跨分相的立面图和平面图。

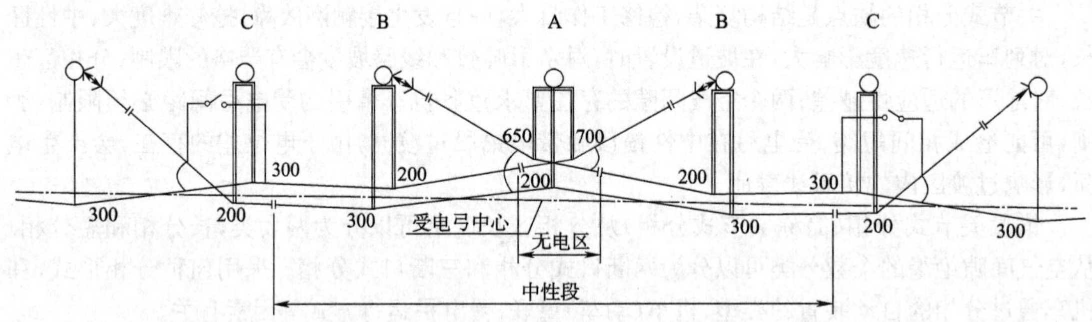

图 5-22 高速铁路 6 跨关节式电分相(单位：mm)

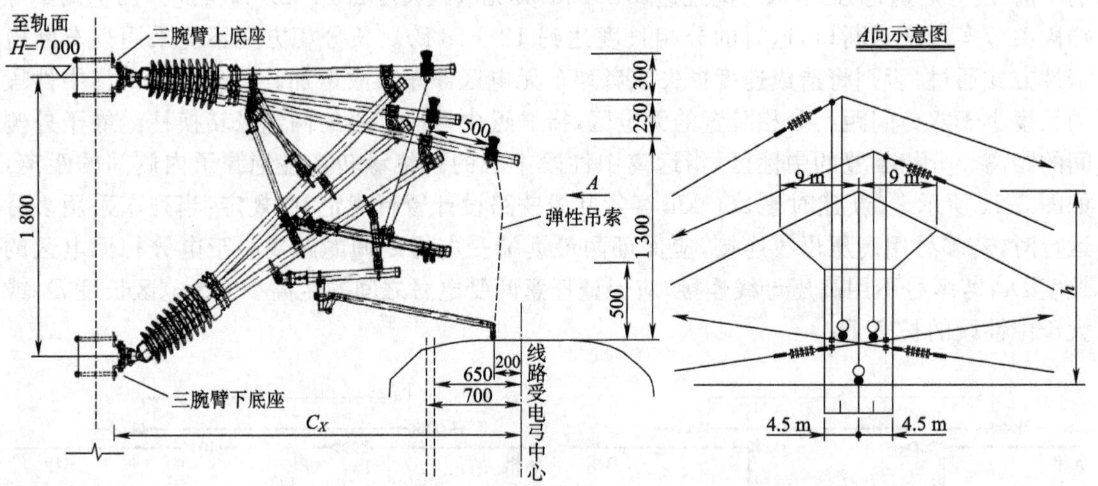

图 5-23 6 跨分相三腕臂支柱的装配(单位：mm)

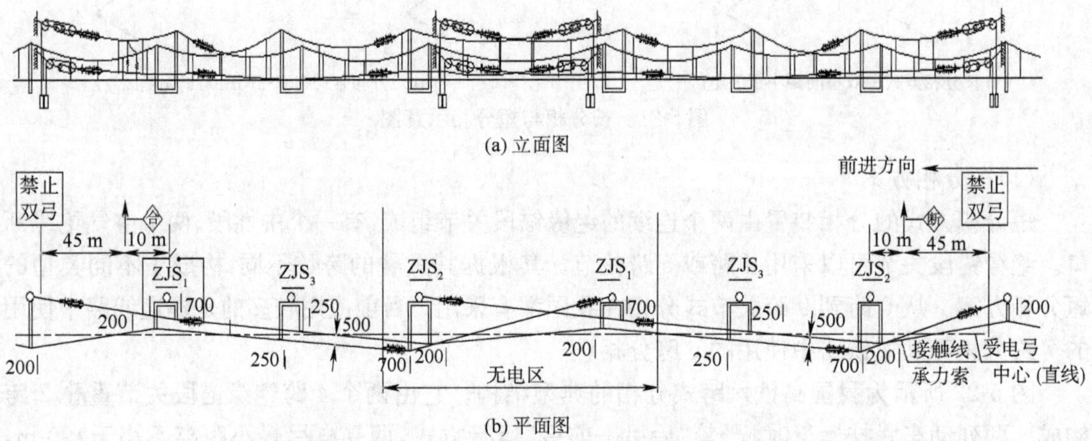

图 5-24 7 跨关节式分相立面图与平面图(单位：mm)

(2)长分相方案

图 5-25 所示为郑—西高铁采用的一种长分相方案，整个分相有 18 跨。该分相方案中采用了两个 5 跨绝缘锚段关节作为绝缘断口，无电区长度大于 400 m。类似的长分相方案在京—津城际高铁也有应用，其设计无电区长度 220 m，由 12 跨组成。

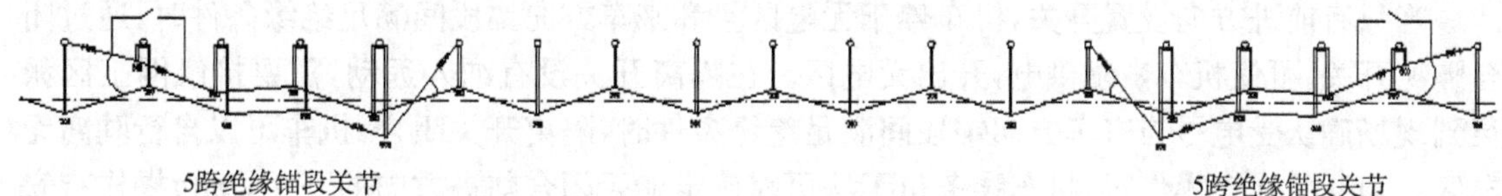

图 5-25　长分相示意图

在分相两端分别设置两台双极电动负荷开关，与两侧馈线或接触网相连，纳入远动控制。

(3)长短结合的关节式分相

长短结合的关节式分相装置的基本构成如图 5-26 所示，主要由一个 6 跨关节式电分相和一个 5 跨绝缘锚段关节构成。当 5 跨关节的开关闭合时，工作状态为短分相方式；当 5 跨关节处得开关打开时，工作状态为长分相方式。这种设计在郑—西、武—广高铁都有采用。他的好处在于，在列车运行方式改变时，长分相、短分相实现起来不需要太多线路更改。

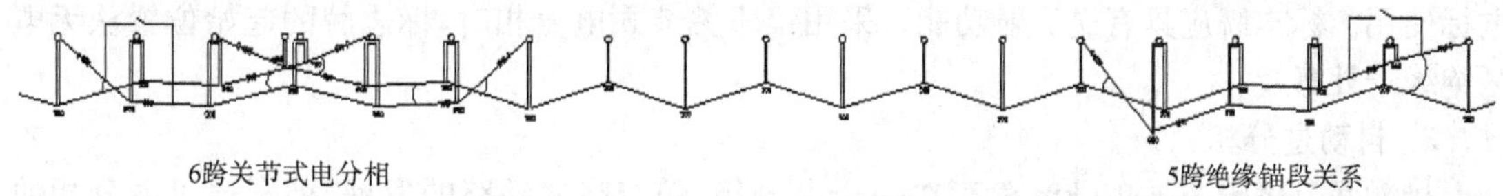

图 5-26　长短结合的分相方案

(4)三断口分相

三断口式分相由三个连续的绝缘锚段关节组成，3 个绝缘关节共形成了 3 个断口和 2 个中性段。对于无高压母线连接的两支受电弓，无论双弓间距如何，两受电弓都不可能将三个断口同时短接起来，也就是说三断口电分相可以适应任意受电弓间距的列车运行。当列车双弓有高压母线连接时，两受电弓的间距应小于两外侧断口内侧绝缘间的距离。

其优点为：

①满足双列动车组无高压母线连接的不同双弓间距运行需要；

②满足多台机车重联、连挂升弓运行的需要；

③可降低由于人为因素或设备原因导致机车带电过分相而引起的相间短路故障发生的概率。

三断口锚段关节式电分相在既有客货混运线路上有推广价值。

(5)机车停在无电区的处理

在关节式分相装置中一般装设有隔离开关或负荷开关。对于高铁线路，一般在两个绝缘断口处都设有双极电动负荷开关(除越区供电外，两组开关不能同时闭合)，在联络线的关节式电分相机车前进方向设置单极电动负荷。提速区段中一般也只在机车前进方向设置隔离开关。这些开关可以提高系统运行的灵活性，并能对停在无电区的电力机车进行救援。

对于高速铁路而言，在来车和前进方向上都设有开关，当出现列车停在无电区时，先由列车调度员命令来车方向上列车停车降弓，再由供电调度对来车方向供电臂接触网停电（并联供电需先解环，再停电），然后闭合分相处两开关。机车升弓受电驶离中性区后，供电调度恢复系统正常供电状态，断开分相处两开关，恢复来车方向供电。当来车方向供电臂中存在车站时，应上下行同时停电，防止上下行渡线上的分段绝缘器损坏导致短路事故。

当只有前进方向设置开关，机车停于无电区且和来车方向锚段间满足绝缘条件时，通过闭合隔离开关，可使机车恢复供电，开出无电区。在隔离开关没有纳入远动，需要接触网工区派员到现场确认受电弓与来车方向锚段间满足绝缘条件时，隔离开关闭合，机车可以自行驶离无电区。当开关远动操作时，机车乘务员无法可靠确定能否闭合前进方向的开关，盲目操作有安全隐患。即使让来车方向供电臂上的机车全部降弓，来车方向变电所对供电臂停电，然后闭合前进方向隔离开关对机车进行救援也不完全安全可靠。当受电弓刚好停留在来车方向等高区前的某些位置时，会有拉弧等安全问题。

(6)电分相线路标志

为了防止受电弓通过电分相元件时，拉弧烧损绝缘元件、甚至烧断线索，要求电力机车乘务员按照操作规程规定退级，关闭辅助机组，断开主断路器，惰性通过电分相装置后恢复机车运行。在电分相两端设置线路标志以提示机车乘务员操作。在双线电气化区段，考虑组织反方向行车需要，在“合”“断”标志背面，可分别加装“合”“断”字标，作为反方向行车的“合”“断”电标使用。标志牌应具有逆反射功能。采用锚段关节式电分相时，标志牌的起始位置从无电区绝缘子处算起。

3. 自动过分相

接触网上每隔 20～40 km 就存在一个电分相，随着高速铁路的发展，列车通过电分相的时间越来越短。例如直供区段，供电臂长 20 km，车速为 160 km/h 时，每 7.5 min 就要通过一个电分相；AT 供电区段，供电臂长 40 km，车速为 300 km/h 时，每 8 min 就要通过一个电分相。传统的电力机车过分相技术是由机车乘务员手动断机车主断路器，电力机车通过分相区时，机车乘务员必须按照线路上设置的“断”“合”标志进行操作。接近分相区时，先将机车操纵手柄回零（也称降流过程），关闭辅助机组，再断开主断路器，通过分相区后，再以相反的顺序操作。这样受电弓是在无电流情况下进出分相区的，从而保证了受电弓和接触网的寿命。但这种手动操作通过分相区的主要问题是：一方面影响了行车速度，另一方面不仅耗费司机精力，增加劳动强度，而且过多地分散了司机行车的注意力，行车安全完全依赖于机车司机的注意力和技术水平，没有技术设备保障，对行车安全极为不利，稍有疏忽、操作不当或瞭望不及就会拉电弧烧损分相绝缘器甚至造成断线，直接危及设备及行车安全。对高坡重载区段，手动过分相会引起列车大幅降速，延长咽喉区段的运行时间，降低线路运营能力。因此，传统的手动切换方式已无法适应我国电气化铁路的发展，尤其无法满足高速电气化铁路的需要。所以发展自动过分相技术势在必行。

目前自动过分相技术的实现方法主要分为：地面自动转换电分相装置、柱上断载自动转换电分相装置及车载断电自动转换电分相装置。

(1)地面自动转换电分相装置

地面自动转换电分相装置原理如图 5-27 所示，电分相处设置 JY1、JY2 两处绝缘，一般由锚段关节式电分相实现，绝缘间是中性区。在 JY1、JY2 两端跨接两个真空负荷开关 QF1、QF2。当机车从 A 相驶来，到 CG1 处时，开关 QF1 闭合，中性段接触网由 A 相供电。机车通过JY1时,JY1两端等电位。机车到达CG3时,QF1断开,QF2迅速闭合,完成中性段供电的换相变换,机车在此过程中可以不用任何附加操作。待机车驶离CG4处时,QF2断开,装置恢复原始状态。反向行驶时,由控制系统控制两个开关以相反顺序轮流断开和闭合。我国在70年代末期开始研究该方案,1994年在陇海线咸阳西建成我国第一套实用装置,1997年通过鉴定验收。郑—西高铁就采用了这种原理的机车自动过分相装置,利用列车控制系统对于开关QF1、QF2进行控制。

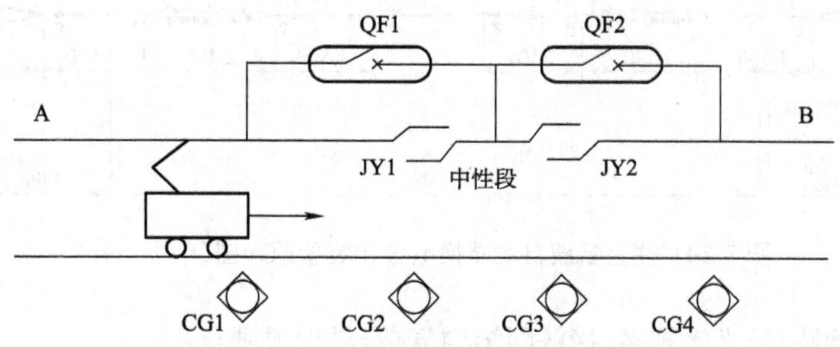

图5-27　地面自动转换电分相装置原理图

这种自动过分相装置的优点在于:接触网无供电死区,无须司机操作,机车上主断路器无须动作,自动切换时接触网中性段瞬间断电时间很短,而且时间与列车速度无关,可适用0～350 km/h速度范围,对行车中可能出现的限速、一度停车等情况均能正常工作。

该方案的缺点主要有:

①真空负荷开关大负荷分断动作频繁,对开关、操作机构的电气寿命、机械寿命要求较高,主接线应考虑在线备份及检修备份,使主接线较复杂;

②过分相区后合闸时的电流冲击较大,机车要采取限制合闸冲击电流措施,同时列车产生冲动影响旅客舒适性;

③投资较大,要建立分区所,运营维护成本高。

(2)柱上断载自动转换电分相装置

其基本原理如图5-28所示,图中L_1、L_2为磁控线包,K_1、K_2为真空灭弧室,MOA为过电压吸收器,x—y段为滑道式分相绝缘绝器,2、3为两个西门子消弧绝缘器,1、4为菱形分段绝缘器。承力索中采用5个复合悬式绝缘子绝缘。假使机车由左向右行驶,由A相驶入,依次经过ab、cd、xy、ef、gh各区段,进入B相。当机车行驶到1－2的位置,即进入线包受流区时,机车通过时磁控线包L_1受流,真空灭弧室K_1合闸,2—x区段带电。当机车驶过2以后,离开了控制线包受流区,进入K_1供电的分断区,真空灭弧室分闸,机车断载。此时机车不带电过2—3间的电分相的x—y主绝缘区。过了3以后,机车通过B相的受流线包L_2得到B相的电流,经过4以后,由B相供电。机车反方向行驶时,同理依次由B相过渡到A相。

这种方案的优点在于:比地面过分相方案结构简单,真空开关设备装在支柱上,无须设置分区所,供电死区(d-e-f-g或者c-d-e-f)比现有的分相区短,无须司机操作,机车上的主断路器不需分断。

这种方案的缺点在于:

①过分相后机车电流有很大冲击,造成机车主断路器跳闸导致机车冲动;

②靠近分相两端易产生明显的电弧;

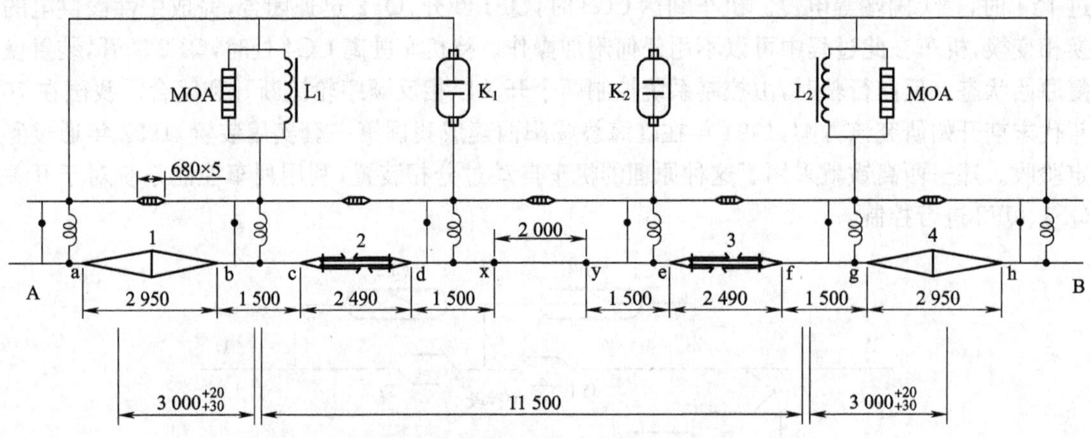

图 5-28 柱上断载自动转换电分相装置原理图(单位:mm)

③分相区接触网分段比较多,接触网结构复杂,易形成硬点;

④机车向一个方向行驶时,A、B 两组开关中只有一组开关动作是必须的,另一组开关动作是多余的,造成机械电气磨损;⑤存在一定长度的供电死区,断电时间比较长而且和机车速度有关;

⑥实际应用中还要解决过渡过程中的过电压和涌流问题。

兰州铁路局在兰—新线武威南至兰州段进行了柱上自动过分相试验,基本上取得了预期的效果,并于 2001 年 8 月通过了由铁道部科教司组织的鉴定。在 2004 年兰新线电气化改造武威南至嘉峪关段进行了工程应用,应用效果不够理想,目前该装置没有推广使用。

(3)车载断电自动转换电分相装置

车载断电自动转换电分相装置包括四种设备:

①地面感应装置,称地感器。它安装在电分相区域中的相应位置,能准确为电力机车进行分相断电过电分相提供准确的位置信息。

②车载感应接收装置,称信息接收器。它是安装在电力机车上,专门用于接收地感信息的装置。

③主电路设备。它是实现过电分相时断开、闭合主电路电源的主体设备。

④控制设备。它是实现自动化及智能化的主体设备。

其地面感应装置布置如图 5-29 所示。4 个地面感应器为钕铁硼永磁体,磁铁一般预制在水泥块内部或封装在工程塑料内,骑跨式固定在铁轨端部,上表面低于钢轨面 15 mm,中心离钢轨内侧面水平距离为 250 mm。车载感应接收器装在机车两端排障器下方的两侧位置。用于接受地面感应器信号,该装置基本不用维护。

机车按照图示方向行进时,2 号、4 号车载感应装置应可靠接收到 1 号地面感应器的信号,这个信号为预备信号,控制装置作好断电准备;在机车继续前进时,1 号、3 号车载感应装置应受到 3 号地面感应器信号,这时,控制装置立即执行断电过分相动作;2 号、4 号车载感应装置经过 3 号地面感应器后,恢复机车正常运行。

这种方案的优点在于:地面投资小,地面感应器采用免维护材料,安全可靠;机车主断只需要分断辅助机组小电流,不用切断牵引电流,对主断的电气寿命影响小;过分相后通过控制设

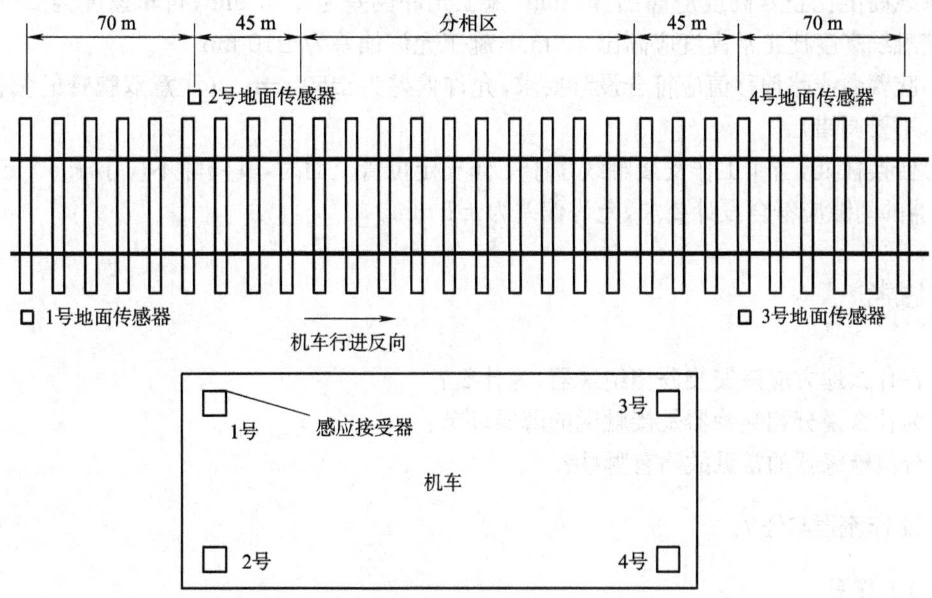

图 5-29　车载断电自动转换电分相装置原理图

备逐渐增大牵引电流，列车冲动小，改善了乘车的舒适性；过分相的自动控制与列车速度无关，可适应低速、常速、准高速和高速的要求；预告信号检测采用两套冗余，应用表面可靠性较高；适合多弓运行列车，头车在接到分相预告信号后，各动力车同时断开主断，各车自己判断是否通过分相区；合主断命令相继发出，减少整个列车牵引力的损失。这种运行方式在中国应用非常广泛，在广大提速区段和高速铁路中有应用。

该方案的有待改进之处在于：断电区较长，断电时间的长短和通过速度有关；该设备需要对通过的列车进行改造，不同制式列车控制部分有所不同，在采用微机控制的机车（如 SS_8、SS_9、SS_{4B} 等）上，控制系统容易实现，但是在采用模拟控制的相控机车（如 SS_4 改、SS_{3B}、SS_6、SS_{6B}）上，需要对机车设备进行一定改造，对采用调压开关进行控制的机车（SS_1、SS_3）则难于实现。

4. 关节式分相绝缘装置检调重点（短分相方案为例）

（1）绝缘距离：在电分相的锚段关节内，2 支接触悬挂的水平间距均为 500 mm，2 支接触悬挂间空气绝缘间隙应≥450 mm，施工误差应控制在 0～+50 mm，各个定位点抬高允许误差±20 mm；

（2）中性区：中性区长度为 35 m，机车惰行通过中性区，其长度应大于单台机车升双弓取流时的受电弓间距（一般不大于 26 m）。为了满足重联机车通过要求，35 m 中性区长度不足时，可以采用 9 跨式电分相（两个绝缘锚段关节间只重叠 1 跨），中性段（包括中性区加两个过渡区）的长度应符合设计要求，施工允许偏差为 0～+500 mm。

（3）为了减轻接触悬挂中的集中负载，非工作支中绝缘子宜采用合成绝缘子，绝缘锚段关节电分段绝缘子串安装位置应符合设计要求，施工允许偏差为±50 mm；承力索、接触线两绝缘子串中心应对齐，施工允许偏差为±50 mm。

（4）接触线高度：5 跨绝缘锚段关节转换跨内两接触线等高处，行车速度为 160 km/h 路段，接触线高度比正常高度应高出 30 mm，施工允许偏差为±10 mm；行车速度为 200 km/h 路段，接触线高度比正常高度应高出 40 mm，施工允许偏差为±10 mm。

(5)腕臂顺线路偏移值应符合设计要求，允许偏差为±50 mm。(注意双腕臂的偏移值方向相反，不要调错)。

(6)转换柱处，当非工作支接触线位于工作支定位管上面时，其间隙不应小于 50 mm。限位定位器的间隙应符合设计要求，允许偏差为±1 mm。

1. 在什么地方应该安装分相绝缘器，为什么？
2. 为什么说分相绝缘器是接触网的薄弱环节？
3. 分段绝缘器的常见故障有哪些？

三、工作流程与任务

(一)流程图

分相绝缘装置检修流程如图 5-30 所示。

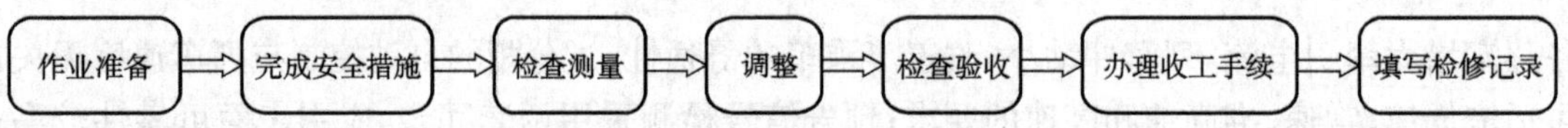

图 5-30 分相绝缘装置检修流程图

(二)任务组织

分相绝缘装置检修人员配置见表 5-7。

表 5-7 分相绝缘装置检修人员配置表

序号	项 目	单位	数量	备 注
1	工作领导人	人	1	
2	主防护员	人	1	
3	行车防护员	人	2	根据现场实际情况设置
4	地线监护人	人	2	根据现场实际情况设置
5	地线操作人员	人	2	根据现场实际情况设置
6	高空作业人员	人	3(2)	作业车(车梯)
7	地面辅助人员	人	4	推扶(车梯)
8	作业车司机	人	2	作业车

分相绝缘装置检修所需工具见表 5-8。

表 5-8 分相绝缘装置检修工具配置表

序号	名 称	规格或型号	单位	数量	备 注
1	作业车(车梯)		台	1	
2	紧线器	50～150	套	2	

续上表

序号	名　称	规格或型号	单位	数量	备　注
3	钢丝套子	3 m	套	2	
4	扭面器		套	2	
5	钢卷尺	10 m	把	1	
6	棕绳	ϕ18	条	1	10 m以上
7	接触网激光测量仪	DJJ	台	1	
8	力矩扳手	0～100 N·m	套	1	
9	水平尺	600 mm	把	1	
10	木锤(橡皮锤)		把	1	
11	链条手扳葫芦	0.75 t	台	1	
12	安全带		条		高空作业人员每人1条
13	个人防护用品及工具		套		现场作业人员每人1套
14	行车防护用品		套		防护员1人1套
15	接地线		组		按工作票执行
16	验电器	27.5 kV	套		按工作票执行
17	验电接地防护用品		套		按工作票执行
18	短封线	25 mm²	套	1	
19	随车地线		套	1	

分相绝缘装置检修所需材料见表5-9。

表5-9　分相绝缘装置检修材料配置表

序号	名　称	规格或型号	单位	数量	备　注
1	组合定位装置		套	适量	
2	可调整体吊弦		套	若干	
3	承力索电连接线夹		套	4	
4	接触线电连接线夹		套	4	
5	电连接线		m	若干	
6	定位线夹		套	4	
7	定位环		套	2	
8	锚支定位卡子		套	2	
9	承力索本线绑线			若干	
10	镀锌铁线	ϕ1.6 mm	kg	若干	
11	镀锌铁线	ϕ4.0 mm	kg	若干	
12	电力复合脂		kg	适量	

(三)技术标准

(1)分相绝缘器通过速度不得超过120 km/h。

(2)分相绝缘器主绝缘应完好,其表面放电痕迹应不超过有效绝缘长度的20%。主绝缘严重磨损应及时更换。

(3)分相绝缘器应位于受电弓中心,一般情况下偏差不超过 100 mm。双线区段,在列车运行方向为上升坡度;单线区段,为(50±10)mm 的负弛度。

(4)分相绝缘器导线接头处应过渡平滑。承力索分段绝缘子应采用重量较轻的有机复合绝缘子。

(5)中性区长度应符合《铁路技术管理规程(高速铁路部分)》规定。

(四)检修程序和方法

1. 作业准备

按规程要求填写工作票并交付工作领导人,工作领导人向作业组全体成员宣读工作票、分工并进行安全预想,检查工具、材料。

2. 完成安全措施

做好安全措施,工作领导人确认完成安全措施后,通知各作业组开工。

3. 测量检查

(1)腕臂底座外观检查

各零配件应齐全,连接螺栓应无缺失、锈蚀等现象,底座与支柱安装牢固,焊接点应无脱焊、锈蚀现象,双腕臂底座应无扭曲、变形等现象。

(2)支持与定位装置外观检查

检查支持、定位装置各零部件外观状态,应无缺失、裂纹及腐蚀等现象,锚支定位卡子安装方向应正确,衬垫应无缺失,检查标准参照项目二执行。

(3)吊弦外观检查

检查关节内吊弦应无散股、断股、松弛及断裂现象,检查标准参照项目三任务三执行。

(4)关节电连接外观检查

检查电连接外观状态,应无散股、断股、弛度过紧或过松等现象,检查标准参照项目六任务五执行。

(5)补偿装置外观检查

检查补偿装置外观状态应良好,补偿限制架安装牢固,无松脱现象。上下托动坠砣,观察补偿装置及坠砣移动的灵活性,检查坠砣应无缺失、破损、锈蚀。检查标准参照项目六任务四执行。

(6)腕臂偏移检查

检查支柱腕臂偏移状态,腕臂随温度变化顺线路的偏移量应符合设计要求,允许偏差±20 mm,检查标准参照项目二任务一执行。

(7)承导线位置检查

①中心柱下锚支接触线应按设计要求抬高 40 mm,施工允许偏差为±10 mm。转换柱接触线非工作支应按设计要求抬高 500 mm,施工允许偏差为±10 mm。非工作支接触线和工作支的腕臂定位管等的距离应≥20 mm。中心柱处接触线等高点接触线高度不应低于相邻吊弦点,允许高于相邻吊弦点 0~10 mm。

②拉出值应符合设计要求,施工允许偏差为±20 mm。

③限位定位器的间隙应符合设计要求,施工允许偏差为±1 mm。

④凡松动过的紧固螺栓的紧固力矩,均应用力矩扳手检测,并达到设计要求值。止动垫片

应弯到位。

⑤两悬挂间的空气绝缘间隙符合设计要求。

(8)定位器坡度间隙检查

检查标准参照项目二执行。

(9)线索与零件绝缘距离检查测量

利用卷尺或水平尺进行测量。重点检查中心柱(C柱和D柱)线索与T型定位器以及平腕臂之间的绝缘距离(图5-31)。

图5-31　中心柱处绝缘距离测量

(10)隔离开关检查

检查标准参照项目六任务一执行。

(11)自动过分相磁感应装置检查

检查自动过分相磁感应装置外观有无破损,传感器是否正常工作,信号传输是否正常。

(12)标志标识检查

检查标志牌有无缺失,位置设置是否规范。

(13)工作支、非工作支绝缘距离测量

用接触网多功能检测仪,测量转换柱、中心柱非工作支承力索高度 H_1 和工作支承力索高度 H_2,计算出非工作支承力索抬高量:$\Delta H=H_1-H_2$。

用接触网多功能检测仪测量转换柱、中心柱非工作支承力索拉出值 a_1 和工作支承力索拉出值 a_2,计算出两支承力索的水平间距:$\Delta a=a_1-a_2$。

或使用DJJ-8测量仪"非工作支"测量功能,根据提示先后测量工作支和非工作支承力索参数,由测量仪自动换算出两支承力索的垂直和水平距离。

(14)两中心柱间接触线等高位置、等高值及偏移值

用接触网多功能检测仪在两中心柱跨中位置测量两工作支接触线高度 H_1、H_2,计算出两接触线的等高值:$\Delta H=H_1-H_2$。用接触网多功能检测仪在两中心柱跨中位置测量两工作支

接触线拉出值 a_1、a_2，保证两支接触线在最大风偏时跨中偏移值符合标准。顺线路方向水平移动接触网多功能检测仪，找出实际等高位置。

(15)定位器坡度测量

定位器坡度测量，详见项目二。

(16)无电区、中性区长度的测量

无电区长度 D_1 指靠近中性段中心的两绝缘转换柱绝缘子外侧间的距离；中性段长度 D_2 指远离中性段中心的两绝缘转换柱绝缘子内侧间的距离，如图 5-32 所示。

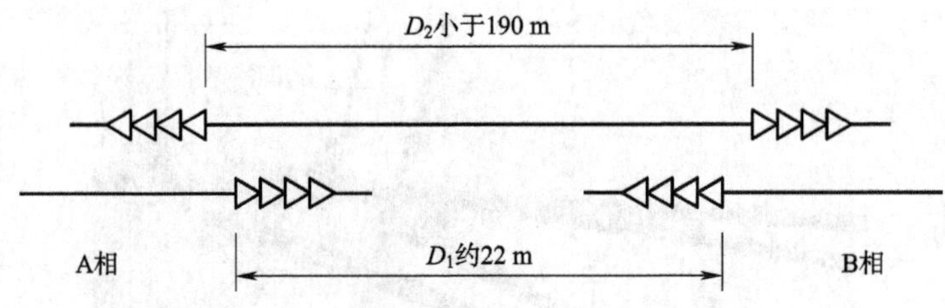

图 5-32　分相处无电区、中性区长度示意图

(17)分相起始里程及中心里程的测量

根据线路公里标参数为基准，测量出分相两端的具体里程，关节式电分相起止里程按照最外端锚柱算起，中心里程按照分相的中点计算。

(18)螺栓紧固力矩检查，其力矩见表 5-10。

表 5-10　螺栓紧固力矩对照表

螺栓规格	紧固力矩(N·m)	允许紧固力矩范围(N·m)
M10 不锈钢	25	25～32
M12 不锈钢	44	44～56
M16 钩螺栓	59	59～70
M22 不锈钢	98	—

4. 调整

(1)外观缺陷调整

①对外观有裂纹、腐蚀现象的零部件进行更换，对开口角度不到位的开口销进行更换并掰开 120°～130°，对不受力的吊弦进行更换。

②对关节处电连接状态不符合要求的根据关节电连接检修作业指导书进行检修、调整。

③腕臂底座有扭曲变形、焊接点脱焊，要立即更换。将承力索、接触线卸载，注意非工作支张力较大，配合 4 t 链条式手扳葫芦先将非工作支承力索导线全部卸载后再拆除腕臂更换腕臂底座。

(2)腕臂偏移调整

腕臂偏移不符合设计要求的按照项目二进行检修、调整。

(3)垂直、水平距离调整

①转换柱承力索水平间距调整

根据测量转换柱非工作支承力索拉出值 a_1 和工作支承力索拉出值 a_2，计算出两支承力索的水平间距：$\Delta a=a_1-a_2$，确定出调整方向及调整量。

承力索水平间距不符合标准的调整方法：

a. 先确认工作支承力索拉出值是否符合标准，当工作支承力索拉出值不符合标准时，人工调整工作支承力索拉出值。如果承力索受力较大，在支柱柱顶搭 1.5 t 手扳葫芦拉住承力索(直线、曲外)或工作支腕臂管插入一根带两个定位环的 1 m 长定位管(曲内)，调整定位管的外露长度，在定位管上搭 1.5 t 手扳葫芦拉住承力索，摇动手扳葫芦将工作支承力索卸载，松开工作支承力索座，按照设计的拉出值确定调整方向和数据，将工作支承力索位置调整到标准位置。

b. 调整后承力索水平间距仍不符合标准的，再调整非工作支承力索。在支柱柱顶搭 1.5 t 手扳葫芦拉住承力索(直线、曲外)或非工作支腕臂管插入一根带两个定位环的 1 m 长定位管(曲内)，调整定位管的外露长度，在定位管上搭 1.5 t 手扳葫芦拉住承力索，摇动手扳葫芦将非工作支承力索卸载，松开非工作支承力索座。如果承力索水平间距大，减小非支和工支承力索座之间的距离；如果承力索水平间距小，增大非支和工支承力索座之间的距离，将非工作支承力索位置调整到标准位置。复测承力索水平间距符合设计要求。

②转换柱承力索垂直间距调整

根据测量转换柱非工作支承力索高度 H_1 和工作支承力索高度 H_2，计算出两支承力索的垂直间距：$\Delta H=H_1-H_2$，确定出调整方向及调整量。

承力索垂直间距不符合标准的调整方法：

a. 先确认工作支承力索高度是否符合标准，当工作支承力索高度不符合标准时，在支柱柱顶搭 1.5 t 手扳葫芦拉住承力索(直线、曲外)或工作支腕臂管插入一根带两个定位环的 1 m 长定位管(曲内)，调整定位管的外露长度，在定位管上搭 1.5 t 手扳葫芦拉住承力索，摇动手扳葫芦将工作支承力索卸载，松开工作支双套筒座。如果工作支承力索低，向支柱方向调高双套筒座到标准位置；如果工作支承力索高，向支柱反方向调低双套筒座到标准位置。

b. 调整后承力索垂直间距仍不符合标准的，再调整非工作支承力索。在支柱柱顶搭 1.5 t 手扳葫芦拉住承力索(直线、曲外)或工作支腕臂管插入一根带两个定位环的 1 m 长定位管(曲内)，调整定位管的外露长度，在定位管上搭 1.5 t 手扳葫芦拉住承力索，摇动手扳葫芦将非工作支承力索卸载，松开非工作支双套筒座。如果承力索垂直间距大，向支柱反方向调低双套筒座到标准位置；如果承力索垂直间距小，向支柱方向调高双套筒座到标准位置。复测承力索垂直间距符合设计要求。

③转换柱接触线水平间距调整

根据测量转换柱非工作支接触线拉出值 a_1 和工作支接触线拉出值 a_2，计算出两支接触线的水平间距：$\Delta a=a_1-a_2$，确定出调整方向及调整量。

接触线水平间距不符合标准的调整方法：

a. 先确认工作支接触线拉出值是否符合标准，当工作支接触线拉出值不符合标准时，人工调整工作支接触线拉出值。如果接触线受力较大，则在支柱上搭 1.5 t 手扳葫芦拉住接触线(直线、曲外)或腕臂端部搭 1.5 t 手扳葫芦拉住接触线(曲内)，摇动手扳葫芦将工作支接触线卸载，松开工作支定位支座，按照拉出值的大小调整方向和数据，将工作支接触线位置调整到标准位置。

b. 调整后接触线水平间距仍不符合标准的，再调整非工作支接触线。在支柱上搭 1.5 t

手扳葫芦拉住接触线(直线、曲外)或非工作支腕臂管插入一根带两个定位环的 1 m 长定位管(曲内),调整定位管的外露长度,在定位管上搭 1.5 t 手扳葫芦拉住接触线,摇动手扳葫芦将非工作支接触线卸载,松开非工作支接触线锚支卡子。如果接触线水平间距大,减小锚支卡子和工作支定位支座的距离;如果接触线水平间距小,增大锚支卡子和工作支定位支座的距离,将非工作支接触线位置调整到标准位置,使两支接触线水平间距符合标准。复测接触线水平间距符合设计要求。

c. 当工作支接触线拉出值符合标准时,通过调整非工作支接触线的拉出值调整接触线的水平间距,调整方法同工作支接触线拉出值不符合标准时非工作支接触线的调整方法。

④转换柱接触线垂直间距调整

根据测量转换柱非工作支接触线高度 H_1 和工作支接触线高度 H_2,计算出两支接触线的垂直间距:$\Delta H=H_1-H_2$,确定出调整方向及调整量。

接触线垂直间距不符合标准的调整方法:

a. 先确认工作支接触线高度是否符合标准,当工作支接触线高度不符合标准时,调整或更换工作支定位点两侧吊弦,将工作支接触线高度调整至标准值。

b. 以工作支接触线为基准,按调整数据调整或更换非工作支定位点两侧第一根吊弦,使高差符合标准,再依次调整或更换其他吊弦,使两支接触线间垂直间距符合标准。复测接触线水平间距符合设计要求。

c. 当工作支接触线位置符合标准时,调整或更换非工作支定位点两侧第一根吊弦,使高差符合标准,再依次调整或更换其他吊弦,使两支接触线间垂直间距符合标准。复测接触线水平间距符合设计要求。

⑤中心柱承力索水平间距调整

根据测量中心柱高支承力索拉出值 a_1 和低支承力索拉出值 a_2,计算出两支承力索的水平间距:$\Delta a=a_1-a_2$,确定出调整方向及调整量。

调整方法参见"转换柱承力索水平间距调整"方法。

⑥中心柱承力索垂直间距调整

根据测量中心柱高支承力索高度 H_1 和低支承力索高度 H_2,计算出两支承力索的垂直间距:$\Delta H=H_1-H_2$,确定出调整方向及调整量。

调整方法参见"转换柱承力索垂直间距调整"方法。

⑦中心柱接触线水平间距调整

根据测量中心柱一支接触线拉出值 a_1 和另一支接触线拉出值 a_2,计算出两支接触线的水平间距:$\Delta a=a_1-a_2$,确定出调整方向及调整量。

a. 当两支工作支接触线拉出值不符合标准时,先调整一支。如果接触线受力较大,则在支柱上搭 1.5 t 手扳葫芦拉住接触线(直线、曲外)或腕臂端部搭 1.5 t 手扳葫芦拉住接触线(曲内),摇动手扳葫芦将工作支接触线卸载,按照设计的拉出值确定调整方向和数据,松开工作支定位支座,将一支工作支接触线位置调整到标准位置。

b. 调整后接触线水平间距仍不符合标准的,再调整另一支工作支接触线。在支柱上搭 1.5 t 手扳葫芦拉住接触线(直线、曲外)或腕臂端部搭 1.5 t 手扳葫芦拉住接触线(曲内),另一端与工作支接触线连接,摇动手扳葫芦将工作支接触线卸载,松开工作支定位支座。

如果接触线水平间距大，减小定位支座之间的距离；如果接触线水平间距小，增大两工作支定位支座之间的距离，使两支接触线水平间距调整至符合标准。复测接触线水平间距符合设计要求。

c. 当一支工作支接触线拉出值符合标准时，调整另一支接触线，调整方法同两支工作支接触线拉出值不符合标准时的另一支工作支接触线的调整方法。

⑧中心柱接触线垂直间距调整

根据测量转换柱非工作支接触线高度 H_1 和工作支接触线高度 H_2，计算出两支接触线的垂直间距：$\Delta H=H_1-H_2$，确定出调整方向及调整量。

调整方法见“转换柱接触线垂直间距调整”方法。

(4)定位管坡度调整

用水平尺或接触网多功能检测仪测量定位管坡度，确定调整量，具体方法详见项目二任务二。

(5)电连接调整

按检查项目对电连接进行检查，根据发现缺陷确定补强或更换电连接，具体方法详见项目六任务五。

(6)消弧角

①消弧角变形，损坏应更换。在需更换消弧角的主绝缘杆两侧用紧线器连接手扳葫芦，适当紧起手扳葫芦，使主绝缘杆卸载，拔出消弧角连接销钉，拆下旧消弧角，更换新消弧角，松动手扳葫芦，检查受力情况。

②如有放电痕迹，用砂纸进行打磨。

(7)调节吊弦

调节吊弦有断股、调节螺栓锈蚀、损坏，更换后应重新调整负弛度，使顺线路方向水平、垂直线路方向水平。

(8)地面标志

①用钢卷尺测量关节式分相中各种标志牌的相对距离，具体标准如图 5-33 所示，位置不符时，移设标志牌。

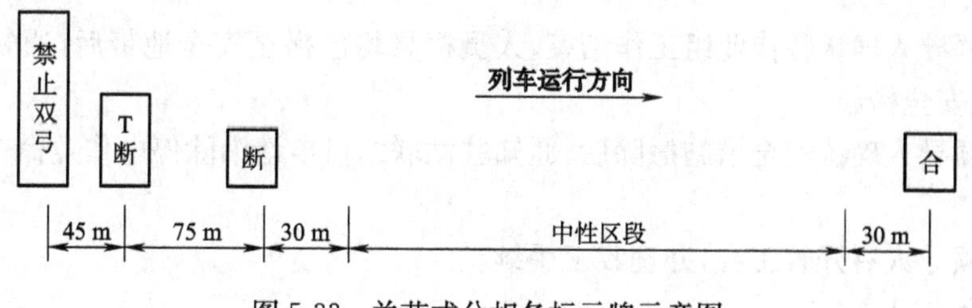

图 5-33　关节式分相各标示牌示意图

②地面感应器安装位置，图 5-34 所示，不符合标准时，及时通知工务部门进行调整。

a. 使用 30～50 m 的钢卷尺沿线路中心测量地面感应器安装位置，允许最大偏差为±10 m。

b. 每个分相点需安装 4 根信号轨枕，交叉安装。

c. 当磁性装置的防护罩表面有过多的铁屑、矿粉等吸附物时，应及时清扫。

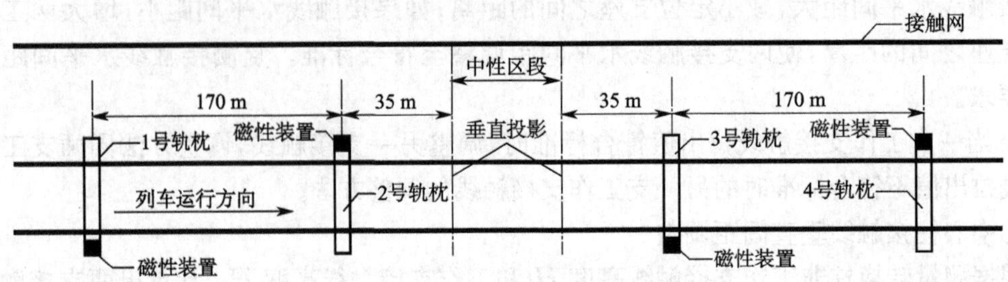

图 5-34 地面感应器安装位置图

d. 测量磁性装置的磁感应强度符合技术要求,任何情况下≥4 mT。具体测量方法见特斯拉计操作手册。

(9)隔离开关状态

检查隔离开关开合状态,详见项目六任务一。

(10)各部件连接、紧固情况

检查绝缘器与接触线连接是否牢固、过渡是否平滑,各接头线夹有无裂纹和烧伤、腐蚀现象。若有则视情况处理。

5. 检查验收

高速铁路电分段锚段关节及关节式分相的技术状态应符合下列要求:

(1)腕臂随温度变化顺线路的偏移量应符合设计要求,允许偏差±20 mm。

(2)5 跨关节中间跨为过渡跨,过渡跨两接触线等高处导线高度允许比相邻定位点抬高0~40 mm。

(3)转换柱、中心柱处两悬挂的垂直距离、水平距离符合设计要求,允许偏差为±20 mm。

(4)绝缘锚段关节的转换柱处绝缘子串距悬挂点的距离应符合设计要求,允许偏差为±50 mm。承力索、接触线两绝缘子串上下应对齐,允许偏差为±30 mm。

(5)绝缘锚段关节两锚段承力索、接触线相互间的空气绝缘间隙应符合设计要求。

(6)锚段关节式电分相中性区长度符合设计要求。

6. 办理收工手续

(1)工作领导人确认各作业组工作结束,人员机具均已撤至安全地带后,通知监护人员撤除地线及其他安全措施。

(2)工作领导人确认安全措施撤除后,通知驻站联络员申请消除停电作业命令和线路封锁命令。

(3)工作领导人召开收工会,办理收工手续。

7. 填写检修记录

按照当天检修情况填写检修记录。

四、分析与思考

本任务主要是器件式分相绝缘器检调。填写"分段、分相绝缘器记录表"关系到接触网的结构和技术标准要求,因此,如何保证设备各项参数的合格至关重要。本任务在实际工作中需要注意以下问题:

(1)检修绝缘器作业时，应用不小于 25 mm^2 的等位线先连接等位后再进行作业。

(2)检修时不得碰撞绝缘器和用脚踩踏接触线。

(3)硅橡胶绝缘清扫时，严禁使用带溶剂的各种清洗剂，可使用中性的清洗液(粉)。

(4)接头线夹位置、接触线磨耗平面与分相绝缘器平面保持一致。

项目六　接触网其他设备的维护检修

在交流电气化铁道接触网中，除了前面五个项目涉及的设备外还有不少特殊的接触网专用设备，如锚段关节、中心锚节、补偿装置、电连接等，它们都是接触网上的重要电气设备。对于这些设备的检修维护也需要特定的知识和技能。

一、项目描述

以接触网设备为载体，依据接触网检修作业标准，在校内铁路综合实训基地和校外供电段实训基地，对锚段关节、中心锚节、补偿装置、电连接等接触网其他设备进行检调并分析、上报相关资料。

二、教学目标

1. 熟悉锚段关节、中心锚节、补偿装置、电连接等接触网其他设备的维修作业标准；
2. 能熟练进行锚段关节检调；
3. 能熟练进行中心锚节检调；
4. 能熟练进行补偿装置检调；
5. 能熟练进行电连接检调；
6. 能熟练进行隔离开关检调；
7. 能按规定填写检修记录单。

三、技能和知识要求

1. 技能要求

对锚段关节、中心锚节、补偿装置、电连接等接触网其他设备的检修维护，除了要掌握必要的机械部件维修所需技能外，特别需要以下技能：

(1)会使用接触网检修作业车、接触网参数测距仪等专用工具、仪器；
(2)会进行锚段关节检调；
(3)会进行中心锚节检调；
(4)会进行补偿装置检调；
(5)会进行电连接检调；
(6)会进行隔离开关检调；
(7)会填写检修记录单。

2. 知识要求

为掌握以上特别技能，需要以下知识作为基础：

(1)理解锚段关节、中心锚节、补偿装置、电连接等接触网其他设备的作用；
(2)理解锚段关节、中心锚节、补偿装置、电连接等接触网其他设备的结构；

(3)理解锚段关节、中心锚节、补偿装置、电连接等接触网其他设备的类型；

(4)理解锚段关节、中心锚节、补偿装置、电连接等接触网其他设备检调方法和步骤；

(5)会描述检修记录单填写规定。

任务一　隔离开关的维护检修

隔离开关是接触网的重要设备，其学习目标和典型工作任务是接触网维护与检修的重要组成部分，和其他模块共同组成接触网的日常维护与检修工作。

一、任务书——消弧分段绝缘器的检调

图 6-1 是隔离开关结构示意图。根据实训基地实物进行隔离开关检调，并将检调结果填入表 6-1“隔离开关维修记录”。

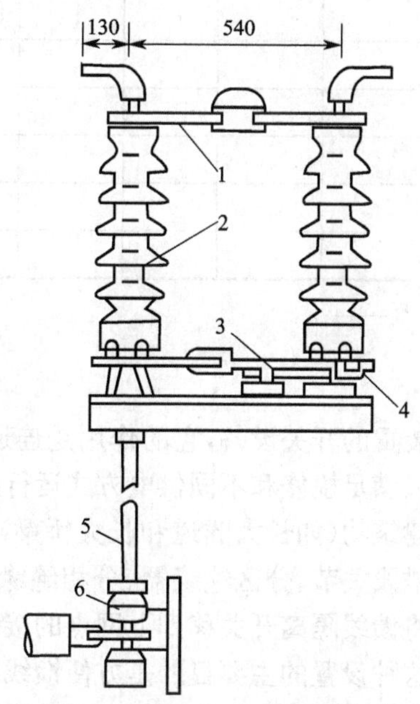

图 6-1　隔离开关结构图(单位：mm)

1—导电刀闸；2—瓷柱；3—交叉连杆；4—底座；5—传动杆；6—操动机构

表 6-1　隔离开关维修记录

________站场(区间)　　　　　　　　　　　　　　　　________年

开关编号及型号	维修日期	项别	主闸刀		接地闸刀接触情况	主闸刀与接地闸刀间隙(mm)	止钉间隙(mm)	操作机构和连锁装置的状态	电连接器的状态	接地线的状态	绝缘电阻(MΩ)	检修人/互检人
	月/日		分闸角度	接触状态								
		修前										
		修后										
		修前										
		修后										

续上表

开关编号及型号	维修日期	项别	主闸刀		接地闸刀接触情况	主闸刀与接地闸刀间隙（mm）	止钉间隙（mm）	操作机构和连锁装置的状态	电联接器的状态	接地线的状态	绝缘电阻（MΩ）	检修人/互检人
	月/日		分闸角度	接触状态								
		修前										
		修后										
		修前										
		修后										
		修前										
		修后										
		修前										
		修后										
		修前										
		修后										
		修前										
		修后										
		修前										
		修后										

设备负责人______　　　　工长______　　　　领工员______

二、知识准备

隔离开关是一种没有灭弧装置的开关设备，它的作用是连通或切断接触网供电分段间的空载线路，增加供电的灵活性，以满足检修和不同供电方式运行的需要。

隔离开关一般装设在大型建筑物（如长大隧道和长大桥梁）两端、车站装卸线、专用线、电力机车库线、机车整备线、绝缘锚段关节、分区绝缘器、分相绝缘器等需要进行电分段的地方。高速铁路和普速铁路不同的是将馈线隔离开关移到上网点的接触网支柱上，在普速铁路中，上网隔离开关设置在变电所内。这种设置的主要目的是方便馈线电缆的停电检修。当27.5 kV采用GIS设备时，多采用这种方式，这种设置增加了接触网专业维护的设备量。

（一）隔离开关的类型和结构

接触网采用电力系统中的35 kV单级隔离开关和电气化铁路专用耐污型单级隔离开关，在AT区段，因为要同时断开接触悬挂和AF线，多用双极隔离开关。常见的隔离开关如图6-2所示，隔离开关技术参数见表6-2。

按其用途分为带接地刀闸和不带接地刀闸两种。其型号为GW_4-35、GW_4-35D、GW_4-25/630T、GW_4-25/630TD。其中，G—隔离开关；W—户外型；4—产品序号；35、25—额定电压为35 kV、25 kV；D—带接地刀闸；T—铁路专用；630—额定电流（A）。

按操作次数多少分为经常操作和不经常操作两种。经常操作的隔离开关安装在车站货物装卸线、机车整备线和库线等处，选用带接地刀闸的GW_4-35D或GW_4-25/630TD型开关。当开关打开的同时，接地刀闸将接通停电侧刀闸，以保证装卸货物和检修机车人员的安全。不经常操作的隔离开关安装在绝缘锚段关节、分相电分段和馈线等处，采用不带接地刀闸的GW_4-

35、GW_4-25/630T 型开关。

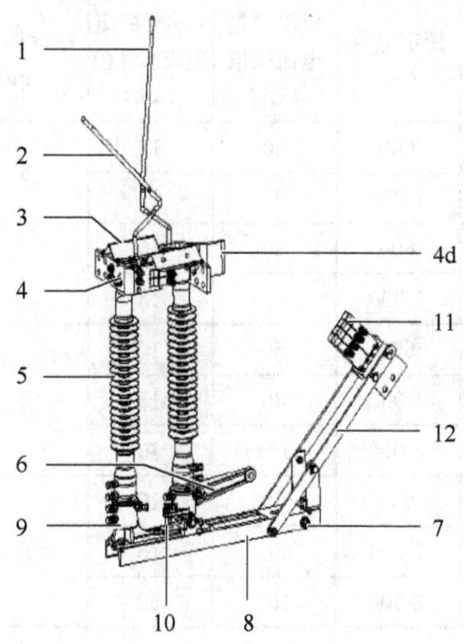

(a) 插入式隔离开关(带接地刀闸)

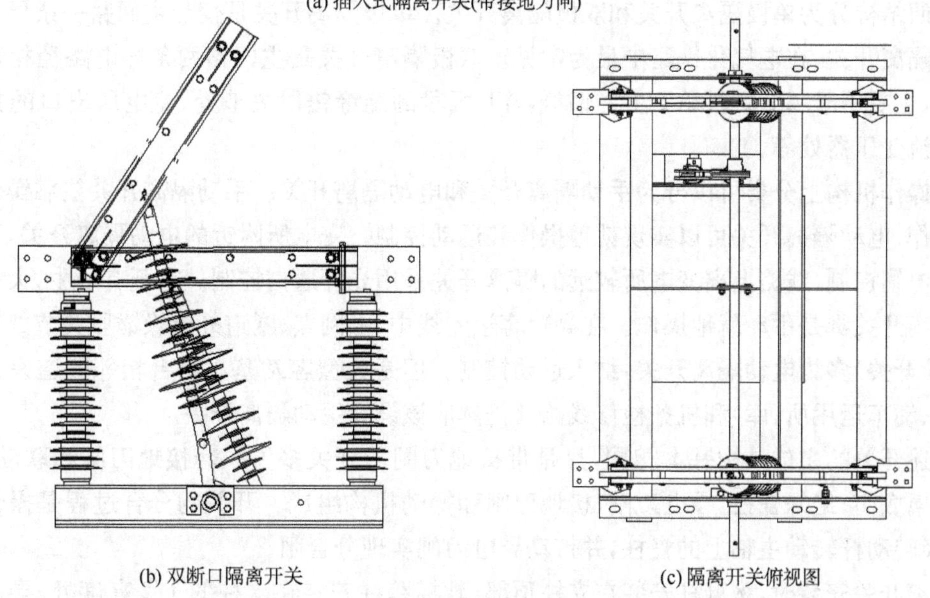

(b) 双断口隔离开关　　(c) 隔离开关俯视图

图 6-2　隔离开关结构

1—电弧角(可移动);2—电弧角(固定);3—保护外壳;4—主接触件;4d—接地接触刀闸;5—硅胶复合绝缘子;6—旋转杆;7—接地螺栓;8—底座;9—牙槽;10—行程限制器;11—接地接触弹簧;12—接地刀闸支架

表 6-2　常用隔离开关技术特性

型　号	额定电压 (kV)	最大工作电压 (kV)	额定电流 (A)	极限通过电流限值 (kA)	10s 热稳定电流有效值 (kA)	破冰厚度 (mm)	母线最大水平拉力 (N)	每极质量 (kg)	配用操作机构
$GW_1-\frac{10}{400}$	10	11.5	400	25	10			20	CS8-1
$GW_1-\frac{10}{600}$	10	11.5	600	35	14			21	CS8-1

续上表

型　号	额定电压(kV)	最大工作电压(kV)	额定电流(A)	极限通过电流限值(kA)	10s 热稳定电流有效值(kA)	破冰厚度(mm)	母线最大水平拉力(N)	每极质量(kg)	配用操作机构
GW_4—35	35	40.5	600	50	10	5	490	65	CS11
			1 000	80	15				
GW_4—35D	35	40.5	600	50	10	5	490	68	CS8-6D
			1 000	80	15				
$GW_4-\frac{35}{60}$	35	40.5	600	50	10	5	490		CS11
			1 000	80	15				
	60	69.5	2 000	104	30				
$GW_4-\frac{35}{60D}$	35	40.5	600	50	10	5	490		CS8-6D CS15-D
			1 000	80	15				
	60	69.0	2 000	104	30				

按照结构分为单极隔离开关和双极隔离开关。单极隔离开关是仅与主回路一条导电路径相连的隔离开关，在电气化铁路中最为常见。双极隔离开关是主回路两条导电路径相连的隔离开关，主要用于 AT 区段 AT 上网馈线，AT 区段的绝缘锚段关节处、变电所出口的并联开关和吸流变压器处等。

从操作机构上分类可以分为手动隔离开关和电动隔离开关。手动隔离开关依靠操作人员就地操作，电动隔离开关可以实现就地操作和远动控制。变电所附近的电动隔离开关，可以采用控制电缆控制，线路上离变电所较远的隔离开关采用光纤通信控制。在既有线中，大多数接触网隔离开关都是手动就地操作。在高速客运专线中，上网点、隧道外绝缘锚段关节处和分相处(负荷开关)多为电动隔离开关，纳入远动控制。但是大型客站基本站台相邻股道设置的隔离开关、动车运用所(库)和机务检修线路处仍然应该设置手动隔离开关。

上述开关的主体结构基本相同，只是带接地刀闸的开关多了一套接地刀闸和联动装置。它由金属底座、绝缘瓷柱、导电刀闸、接地刀闸和操动机构组成。开关的分合过程是操作操动机构，经转动杆转动主轴上的瓷柱，并带动导电刀闸实现分合闸。

隔离开关安装时，腕臂柱安装在支柱顶部，软横跨柱安装在支柱的 1/2 高度处，导电刀闸通过电连接线与接触网连接，如图 6-3 所示。在高铁中，隔离开关一般安装在专门的隔离开关支柱上，在 H 形钢柱的顶端装有避雷器、隔离开关、电缆头等装置。图 6-4 为 H 形钢柱上网点的装配结构，其结构零件见表 6-3。从牵引所馈出的供电线(T 线)、正馈线(AF 线)接至支柱上的母排，在母排上接有避雷器，保护电缆安全。供电线通过软铜绞线、正馈线通过铝绞线接各自的隔离开关接线柱，经过隔离开关后，和接触悬挂、AF 线相连。现场运行表明，操作机构动作时，支柱晃动明显，支柱顶端设备多，绝缘空气间隙相对较小，受鸟害影响大，对运营造成一定不良影响。

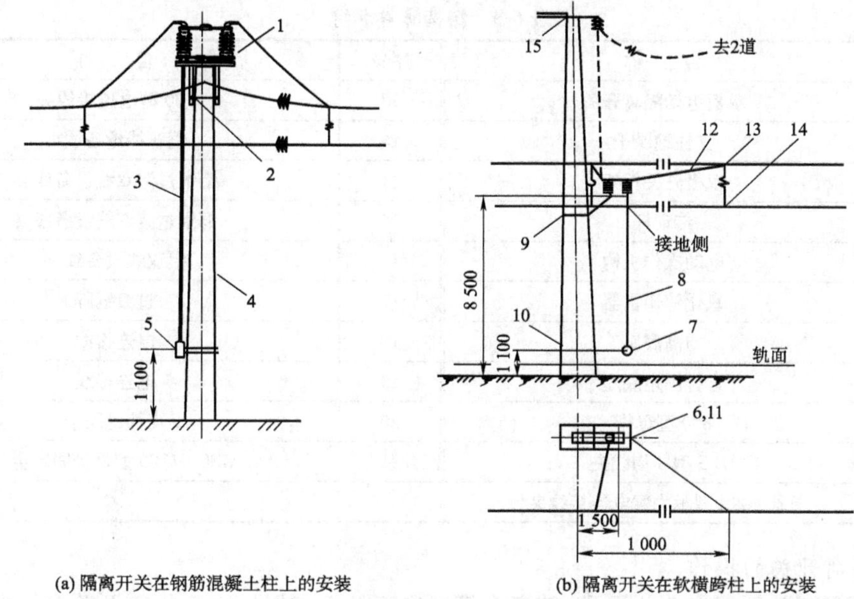

图 6-3　隔离开关安装图(单位:mm)

1—隔离开关;2—隔离开关托架;3—传动杆;4—支柱;5—手动操动机构;6—隔离开关;7—操动机构;8—传动杆;9—避雷器;10—支柱;11—隔离开关托架;12—电连接线;13—承力索;14—接触线;15—架空地线

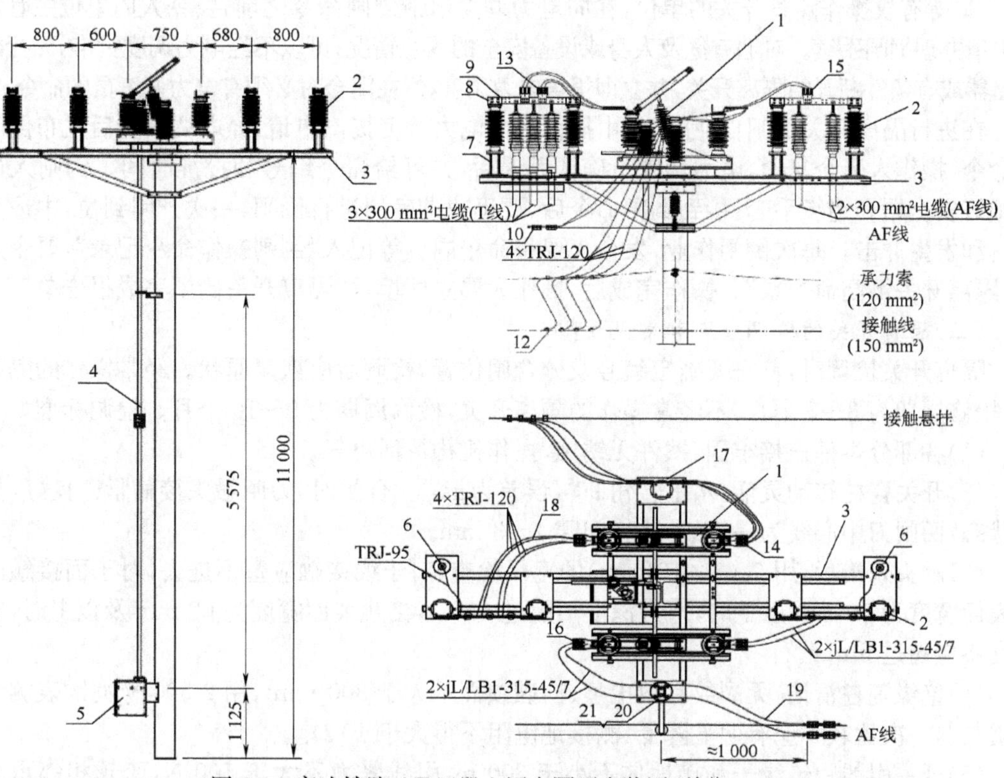

图 6-4　高速铁路 AT 区段上网点隔开安装图(单位:mm)

1—隔离开关;2—柱式绝缘子;3—支架;4—传动杆;5—机构箱;6—避雷器;7—绝缘子底座;8—绝缘子桩头;9—母排;10—AF 线线夹;11—承力索线夹;12—接触线线夹;13、15—母线分支;14—隔离开关静触头;16—隔离开关动触头;17—过渡绝缘子;18—连接导线;19—AF 连接线;20、21—支撑及线夹

表 6-3 结构零件名称

序号	名　　称	序号	名　　称
1	双极电动隔离开关	12	120 型电连接线夹
2	支柱绝缘子	13	铜双线设备线夹
3	双极开关托架	14	铝铜过渡双线设备线夹
4	传动杆	15	铜铝过渡双线设备线夹
5	电动操作机构	16	铝双线设备线夹
6	氧化锌避雷器	17	过渡铜牌
7	增高底座	18	电连接线
8	母排固定底座	19	电连接线
9	800 型母排	20	支柱绝缘子
10	JB-5 型并沟线夹	21	MSC-5/120 型母排固定金具
11	120/120f 型承力索电连接线夹		

（二）隔离开关的操作

从事隔离开关倒闸作业的人员，其安全等级应不低于三级。由于隔离开关触头外露，作业人员可以清楚地观察到它的开、闭状态，检修后应恢复原状。

凡接触网及电力作业人员进行隔离开关倒闸时，都必须有电力调度的命令。对车站、机务段、厂矿等有权操作隔离开关的单位，在向电力调度申请倒闸命令之前，要令人向单位主管负责人申请办理倒闸手续。对遇有危及人身或设备安全的紧急情况，可以不经电力调度批准，先行断开断路器或有条件断开的隔离开关，并立即报告电力调度，但在闭合时必须有电力调度员的命令。

在进行隔离开关倒闸作业时，先由操作人向电力调度提出申请，经电调审查后发布倒闸作业命令，操作人受令复诵，电力调度员确认无误后，方可给命令编号和批准时间。倒闸人员必须戴好安全帽和绝缘手套，接到倒闸命令后，要迅速准确的进行倒闸，一次开闭到位，中途不得停留和发生冲击。每次倒闸作业，发令人要将命令内容等记入“倒闸操作命令记录”，要令人填写“隔离开关倒闸命令票”。操作完成后，操作人要立即填写“隔离开关倒闸完成报告单”。

（三）隔离开关的检调重点和常见故障

隔离开关检调时，首先要确定编号及分合闸位置，检调后应恢复原状。经常操作的隔离开关，检修周期为 3～6 个月，不经常操作的隔离开关，检修周期为 9～10 个月。检调标准如下：

(1)各部分零件连接牢固，铁件无锈蚀，操作机构灵活可靠。

(2)开关瓷柱转动灵活，水平转角 90°，误差为±1°。合闸时，刀闸触头接触紧密良好，呈水平状态，两闸刀中心线为一直线，止钉间隙 1～3 mm。

(3)触头入槽后，用 0.05×10(mm)的塞尺检查，对于线接触应塞不进去，对于面接触的接触表面宽度为 50 mm 以下时，塞进深度不超过 4 mm，接触表面宽度为 60 mm 及以上时，塞进深度不应超过 6 mm。

(4)绝缘瓷柱清洁，无裂纹和放电痕迹，破损面不大于 300 mm^2，用 2 500 V 兆欧表测绝缘电阻与前一次比较不应有明显降低，测接地电阻不得大于 10 Ω。

(5)开关引线距绝缘子和接地体不小于 300 m，引线张力不大于 500 N，跨越相邻承力索时，间距应大于 400 mm。带接地刀闸的开关，接地刀闸与两主刀闸在同时运行过程中，空气间隙之和不小于 400 mm。

(6)开关应加锁，锁头无锈蚀，开闭方便。

(7)除铜件外的金属部件,应除锈涂漆,铜件应涂工业凡士林油。

隔离开关常见故障有:

(1)当隔离开关绝缘子破损、脏污会造成绝缘子闪络或击穿事故。

(2)电连接引线与开关设备上的设备线夹和接触线上的电连接线夹接触不良,会引起接触线、承力索、电连接线、吊弦的烧损事故。

(3)开关引线弛度小拉力大,会使设备线夹或支持绝缘子折断。

(4)开关主刀闸闭合不良,造成触头长期发热而烧损。

(5)开关长期不用,又未及时检修,使传动轴锈蚀造成开关无法正常使用。

(6)在有负载的线路上操作隔离开关,引起电弧烧损开关或支持绝缘子爆炸。

(四)负荷隔离开关

隔离开关没有灭弧能力,只能开断空载线路。当带负荷开断某一供电分区或空载线路较长空载电流较大时,需要采用负荷开关。负荷开关是能够分断工作电流或小过载电流的开关设备。负荷隔离开关的结构是将隔离开关和带有真空灭弧机构的负荷串联布置,既能开断负荷电流,又能形成明显的宽口,起到隔离作用。在电气化铁路中,多用于分相开关、备用联络开关、隧道内绝缘锚段关节等处。

图 6-5 所示的是在高速铁路使用的某型负荷隔离开关在支柱上的安装图。开关安装在支柱的顶端。距离地面 1 050 mm 高度安装有电动操作机构,可以实现手动和电动操作,电动负荷隔离开关一般纳入远动控制。

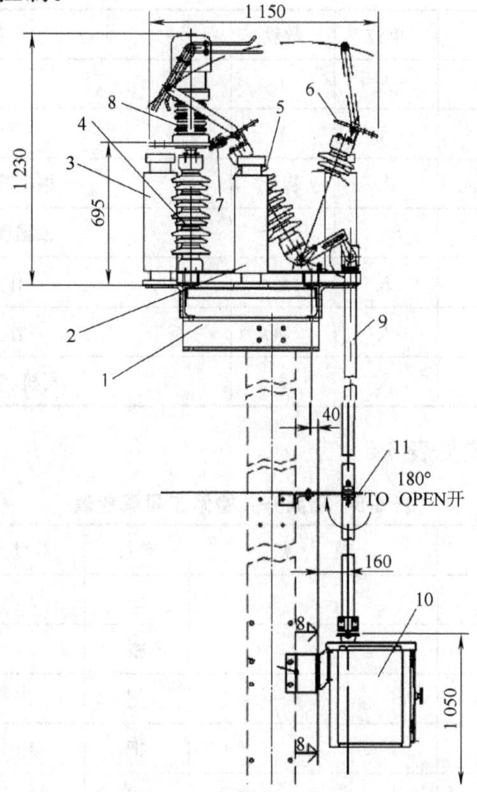

图 6-5　负荷开关安装图(单位:mm)

1—托架;2—避雷器;3—支持绝缘子;4—负荷开关支撑绝缘子;5—操作绝缘子;6—动触头;7—静触头;8—真空灭弧机构;9—传动杆;10—电动操作机构;11—传动杆支持装置

思考

1. 隔离开关的选择原则是什么？
2. 说明隔离开关的操作过程。
3. 隔离开关的常见故障有哪些？

三、工作流程与任务

（一）流程

隔离开关检修流程如图 6-6 所示。

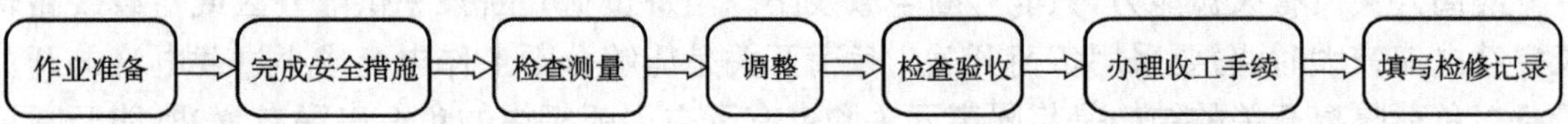

图 6-6 隔离开关检修流程图

（二）任务组织

隔离开关检修人员配置见表 6-4。

表 6-4 隔离开关检修人员配置表

序号	项　目	单位	数量	备　注
1	工作领导人	人	1	
2	主防护员	人	1	
3	行车防护兼地线监护人	人	若干	根据现场设备情况定
4	地线操作人员	人	若干	根据现场设备情况定
5	高空作业人员	人	1～2	作业车(车梯)
6	辅助人员	人	2(4)	作业车(车梯)
7	作业车司机	人	2	司机、学习司机各 1 人

隔离开关检修工具配置见表 6-5。

表 6-5 隔离开关检修工具配置表

序号	名　称	规　格	单位	数量	备　注
1	车梯		台	1	
2	安全带		根	2	现场作业每人 1 条
3	游标卡尺		把	1	
4	卷尺	5 m	把	1	
5	塞尺		把	1	

续上表

序号	名　称	规　格	单位	数量	备　注
6	水平尺	600 mm	把	1	
7	脚扣	H形	副	2	
8	兆欧表	2 500 V	台	1	
9	大绳	ϕ18 mm	条	1	
10	小绳	ϕ12 mm	条	1	
11	套筒扳手	M16	把	1	
12	力矩扳手	0～100 N·m	套	1	
13	梅花扳手	M16	把	1	
14	开关短封线		套	2	
15	手锤	4磅	把	1	
16	开关操作机构钥匙		把	1	
17	接地电阻测试仪		台	1	

隔离开关检修材料配置见表6-6。

表6-6　隔离开关检修工具配置表

序号	名　称	规　格	单位	数量	备　注
1	铜铝过渡设备线夹		套	2	
2	螺栓螺母	M8～M16	套	4	
3	砂纸		张	适量	
4	润滑油		kg	适量	
5	防锈漆		kg	适量	
6	中性凡士林		kg	若干	
7	刷子		把	1	
8	抹布		块	若干	
9	电连接		m	15	
10	铁线		kg	若干	

(三)技术标准

(1)隔离(负荷)开关应动作可靠、转动灵活,转动部分应注适合当地气候的润滑油。分闸角度及合闸状态应符合产品技术要求,止钉间隙符合规定。

(2)隔离(负荷)开关触头接触面应平整、光洁无损伤,并涂以导电介质。触头间接触紧密,接触压力均匀,用0.05×10(mm)的塞尺检查,线接触为0,面接触不大于4 mm。

(3)引线和连接线的截面与开关额定电流及所连接接触网当量截面相适应,引线连接良好且不得有接头。引线及连接线应连接牢固接触良好,无破损和烧伤。当接触悬挂受温度变化偏移时,引线的长度应保证有一定的活动余量并不得侵入限界,摆动到极限位置对接地体的距离不小于350 mm。

(4)支持绝缘子应清洁,无破损和放电痕迹,瓷釉剥落面积不超过300 mm^2。

(5)隔离开关操作机构应完好无损并加锁,转动部分注润滑油,操作时平稳正确无卡阻和冲击。

(6)新安装的隔离(负荷)开关在投入运行前应按照《电气装置安装工程 电气设备交接试验标准》(GB 50150—2016)进行交接试验,试验合格后方可投入运行。

(7)负荷开关的技术状态应符合产品技术要求。

(四)检修程序和方法

1. 作业准备

按规程要求填写工作票并交付工作领导人,工作领导人向作业组全体成员宣读工作票、分工并进行安全预想,检查工具、材料。

2. 完成安全措施

做好安全措施,工作领导人确认完成安全措施后,通知各作业组开工。

3. 检查测量

(1)开关托架检查

隔离开关托架各零部件齐全,托架呈水平状态,连接牢固,无松动、变形、裂纹、锈蚀等现象。

(2)操作机构状态检查、监测

①在调试开关时,操作机构要打到当地位(非远方位),用摇把进行调试时要打到手动位,调试作业完毕后,操作机构恢复到远方位。

②隔离开关操作机构应良好无损并加锁,传动杆与隔离开关操作机构保持顺直,不得歪斜,与操作机构和操作轴紧密配合,不得松动。隔离开关遥控驱动装置密封良好,盖帽齐全,操作时平稳无卡阻和冲击现象。

③操作机构箱地面到曲柄中心的安装为 1 100 mm,误差为±50 mm。

④操作机构箱到支柱间的距离大于等于 135 mm,以保证开关连接件的安装,安装误差为 0～50 mm。

⑤电动隔离开关电动机转向正确;机械传动系统润滑良好,动作平稳、噪声小、无卡阻、冲击等异常情况;机构的分、合闸指示与开关的实际分、合闸位置相符。

(3)隔离开关本体状态检查

①隔离开关本体应动作可靠、转动灵活,合闸时触头接触良好。

②隔离开关的触头接触面应平整、光洁无损伤,涂以中性凡士林。

③分闸角度及合闸状态应符合产品的技术要求。

(4)隔离开关绝缘子检查

①对绝缘子脏污情况进行检查,发现脏污利用抹布进行清扫。

②当开关绝缘子要求直立安装时,其倾斜度不得超过 2°。超过时松开绝缘子底座,添加适量垫片使其垂直。

③开关瓷柱绝缘子、翻转绝缘子表面应清洁,无破损和放电痕迹。绝缘子表面破损面积达到或超过 300 mm 时,应进行更换。

(5)设备线夹检查

①设备线夹规格型号应符合设计要求,与引线连接牢固,接触良好,无破损和烧伤现象。

②设备线夹与开关铜牌连接密贴、牢固,并涂导电膏。

(6)隔离开关引线检查

检查隔离开关引线与承力索、接触线连接线夹有无烧伤、断裂,电连接线有无散股、断股。

(7)隔离开关接地状态检查

①隔离开关有3种接地方式。方式1:采取双接极,分别埋设单独接地极;方式2:有保护线区段,则一根接地线接入综合接地系统,一根连接保护线接地;方式3:无保护线区段,则两根接地线均应接入综合接地系统。

②检查接地电缆与各部螺栓连接是否紧密,有无松动现象。检查接地线、并沟线夹等表面是否有锈蚀、放电痕迹。

(8)分、合状态(图6-7、图6-8)及触头状态检查

图6-7　单极常开开关

图6-8　双极常闭开关

①检查隔离开关分、合闸时,动触头动作是否灵活。

②合闸时刀闸接触是否密贴,隔离开关分闸距离是否约等于340 mm。

③隔离开关必须调至"分"或"合"位,不允许有中间状态,隔离开关分闸如图6-9所示。

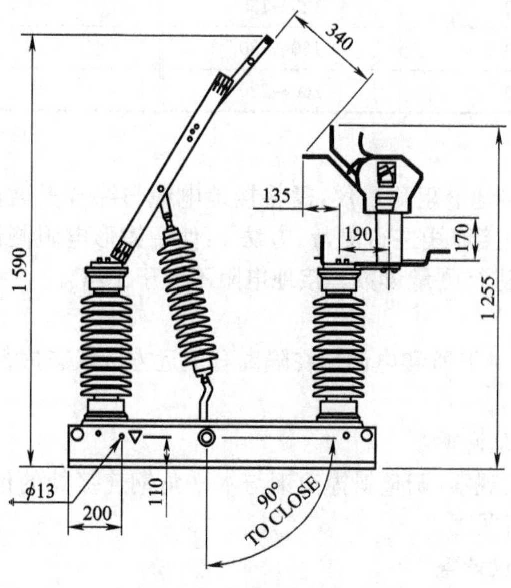

图6-9　隔离开关分闸示意图(单位:mm)

④开关"合"到位是指开关触头、触母间的间隙符合要求的尺寸，即 3～7 mm。触头闭合时，触头间应接触紧密，接触压力均匀，对于面接触，以 0.05×10(mm)的塞尺检查，其塞入深度不应超过 4 mm。

⑤开关"分"到位是指，分闸角度符合产品设计说明要求，接触刀闸距离接触弹簧至少约 30～35 mm 位置，开关才会发出隔离开关"分"的信号。接触刀闸和间隔套件的距离大约在 15 mm 至20 mm 之间。

(9)绝缘距离检查

①任何条件下，开关引线对接地体间绝缘距离应大于 350 mm。

②引线长度应预留因温度变化而引起的伸缩距离，并保证不侵入受电弓限界。

③引线在钢轨相交处比接触线高 300 mm。

④每年用 2 500V 的兆欧表测量一次绝缘电阻，与前一次测量结果相比不应有显著降低。

(10)螺栓、开口销检查

检查各连接部件螺栓安装正确，螺母、垫片有无缺失，螺栓力矩(见表 6-7)是否符合要求。开口销不得缺失，开口销的掰开角度为 120°～130°。

表 6-7 零件紧固力矩表

序号	公称直径	Q235A 钢螺栓紧固力矩(N·m)(4.6 级)	允许紧固力矩误差范围(N·m)	不锈钢螺栓紧固力矩(N·m)(A2-70 级)	允许紧固力矩误差范围(N·m)
1	M8	7	7～9	13	13～16
2	M10	13	13～16	25	25～32
3	M12	25	25～30	44	44～56
4	M14	40	40～50	70	70～80
5	M16	60	60～70	—	—
6	M18	80	80～90	—	—
7	M20	120	120～135	—	—
8	M22	160	160～180	—	—
9	M24	200	200～220	—	—

(11)接地电阻测量

方法 1:使用手摇式接地电阻测量仪，需将接地电缆与综合贯通接地引线断开，再用接地电阻测量仪对该综合贯通接地线进行测量；方法 2:使用钳形电阻测试仪，可直接将钳形接地电阻测量仪卡到接线上，进行测量读数。接地电阻不大于 10 Ω。

(12)隔离开关调试

联系牵引所、分区所、AT 所和电调端在隔离开关远方位状态进行开关操作调试。

4. 调整

(1)开关托架水平缺陷调整

将水平尺放在托架上观察，调整斜撑角钢与水平角钢连接处的位置，直至托架水平，将螺栓按照标准力矩重新进行紧固。

(2)操作机构状态不良调整

①操作机构转动时有卡滞或冲击现象，对转动部分注入润滑油。

②手动操作机构分合闸与标识不一致时，调整标识，重新安装。

③传动杆与操作机构连接松动时,按照标准紧固法兰盘连接螺栓。

④传动杆安装不垂直时,调整操作机构安装位置,直至其垂直。

(3)开关触头状态不良调整

①触头闭合时以 0.05×10(mm)的塞尺检查,若其插入深度超过 4 mm,则调整刀闸的顶紧螺栓,增加弹簧片的接触压力,使两者密贴,但应保证其开合灵活。

②触头表面有锈蚀、烧损痕迹时,对其进行打磨,涂电力复合脂。出现烧损时进行更换;对触头表面有特殊镀层的按照产品说明书处理。

(4)开关分、合闸角度不合适调整

①分闸角度不合适时,将开关倒至分闸位置后,先调整交叉连杆的长度,直至分闸角度符合要求,最后调分闸止钉的间隙为 1～3 mm。

②合闸不呈直线时,先将开关倒至合闸的位置,调整交叉连杆,使刀片合闸呈直线,然后调整合闸止钉间隙。

(5)开关引线状态不良调整

开关引线弛度过小,将引线与承力索和接触线的连接点向靠近开关方向移动;开关引线弛度过大,将引线与承力索和接触线的连接点向远离开关方向移动;引线距接地部分距离小于 350 mm 或钢轨相交处与接触线高差小于 300 mm 时,可将引线与承力索相连处顺着承力索绑扎一段,减小引线弛度,增大其距离。

(6)接地线缺陷处理

①接地线锈蚀:用砂纸对其除锈,直至露出金属本色,然后涂防腐漆。

②接地电阻超标:对接地端子、接地线线夹进行除锈和螺栓紧固,重新测量接地电阻,若电阻值仍超标,重新选择综合接地端子进行连接处理。

(7)隔离开关本体绝缘子、翻转绝缘子损坏(图 6-10)更换

图 6-10　隔离开关绝缘子损坏图

①松动开关本体绝缘子或翻转绝缘子的相关连接螺栓。

②将损坏的绝缘子从开关上拆除,更换新绝缘子,检查更换后的绝缘子安装状态是否符合要求。

③检查开关开、合闸状态,动触头动作灵活,合闸时刀闸接触是否密贴,分闸时刀闸角度或分闸间隙是否符合产品说明书相关规定。

(8)隔离开关整体更换

①吊架安装。

腕臂柱开关临时吊架安装在支柱田野侧,软横跨支柱临时吊架安装形式如图 6-11 所示。在开

关支架上方 2 m 处安装一长约 2 m 的跳线槽钢，槽钢端部用 3 股 ϕ4.0 mm 铁线固定于支柱上。

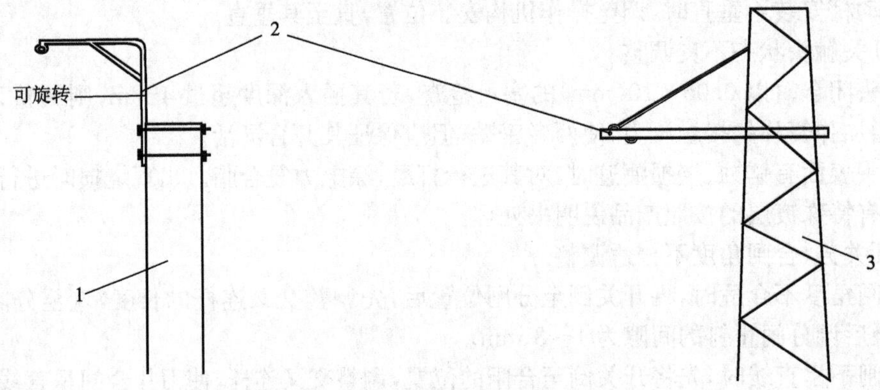

图 6-11 软横跨支柱临时吊架简易图

1—混凝土支柱；2—临时吊架；3—软横跨支柱

②更换准备。

a. 将单滑轮与大绳组成滑轮组挂在临时吊架上。

b. 将开关绑扎好连在单滑轮上。

c. 将开关瓷柱用草袋包扎好。

d. 在开关底座上绑一小绳做晃绳。

③拆除原有隔离开关。

a. 杆上人员拆下开关与托架间的连接螺栓，然后一人扶稳吊架，地上人员缓慢起吊开关，同时一人拉住晃绳稳定开关，如图 6-12 所示。

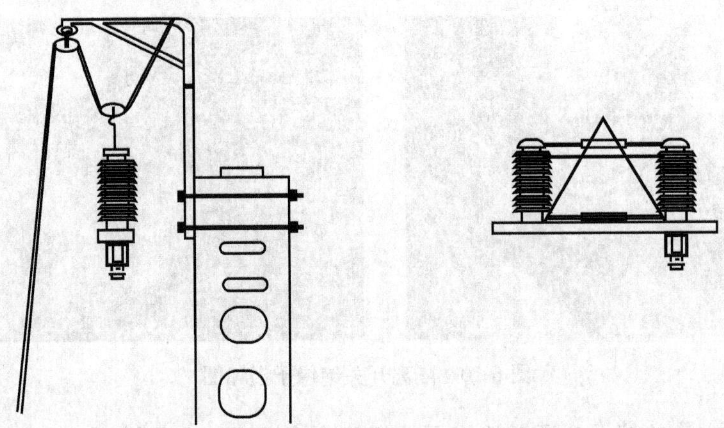

图 6-12 拆吊隔离开关示意图

b. 地上人员松大绳，慢慢放下开关。

c. 吊装新开关。

④安装开关

a. 转动开关使开关刀闸开合方向正确。

b. 缓慢松吊绳，同时杆上人员扶稳开关使开关底座螺栓孔对准托架上的安装孔，然后使开关落于托架上。

c. 穿入螺栓，对开关进行初步固定。

d. 调整开关瓷柱绝缘子，达到竖直状态。

e. 转动部分、触头、设备端子涂抹相应润滑剂和电力复合脂。

⑤开关附件安装

a. 地面人员将操纵杆竖起，操动杆轴套筒套入轴内，对准顶丝位置，拧紧顶丝。

b. 在支柱上合适位置安装操作机构箱并按设计要求固定牢固。

⑥开关调试

在安装隔离开关操纵机构后，按照产品说明书进行手动、电动操作的配合调试。

(9)开关引线烧伤、断股缺陷处理

开关引线有轻微烧伤或断股时，进行绑扎处理。较为严重时，按照原有长度进行预制更换，不得接头。引线与承力索和接触线连接处的检修参照项目六任务五。

5. 检查验收

检修作业完成后，对检修后的设备质量进行复核验收，验收关键点：

(1)任何条件下，开关引线对接地体间绝缘距离应大于 350 mm；引线在钢轨相交处比接触线高 300 mm。

(2)检查确认开关开、合闸时，动触头动作灵活，分、合闸状态符合产品的技术要求。

6. 办理收工手续

(1)工作领导人确认各作业组工作结束，人员机具均已撤至安全地带后，通知监护人员撤除地线及其他安全措施。

(2)工作领导人确认安全措施撤除后，通知驻站联络员申请消除停电作业命令和线路封锁命令。

(3)工作领导人召开收工会，办理收工手续。

7. 填写检修记录

按照当天检修情况填写检修记录。

四、分析与思考

本任务主要是隔离开关检调。填写“隔离开关维修记录”表关系到接触网的结构和技术标准要求，因此，如何保证设备各项参数的合格至关重要。本任务在实际工作中需要注意以下问题：

(1)检修电动隔离开关前，首先断开操作机构的操作电源。

(2)所有隔离开关检修作业前必须装好短接线。

(3)带接地刀闸的开关在操作过程中，任何情况下，接地刀闸与带电体保持 350 mm 以上的绝缘距离。

(4)开关检修时，要做好上下配合，防止挤伤。

(5)各种高空作业做好安全防护措施。

(6)测量接地电阻时，要将地线断开，同时做好旁路措施。

任务二　锚段关节的维护检修

锚段关节是接触网的核心设备，其学习目标和典型工作任务是接触网维护与检修的重要组成部分，和其他模块共同组成接触网的日常维护与检修工作。

一、任务书——非绝缘锚段关节的检调

图 6-13 是四跨非绝缘锚段关节示意图。根据实训基地实物进行四跨非绝缘锚段关节检调，并将检调结果填入表 6-8“锚段关节维修记录”中。

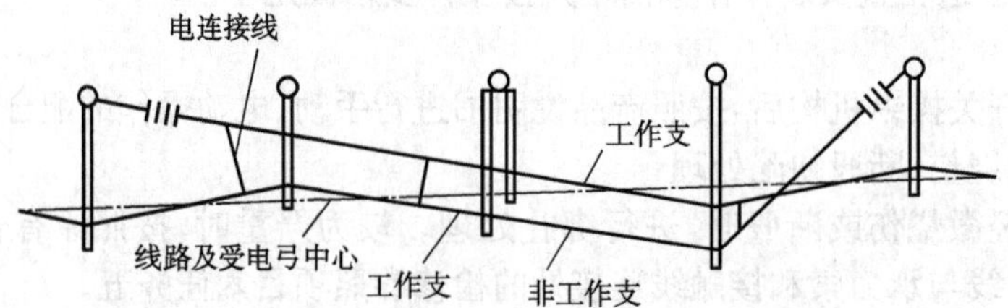

图 6-13 四跨非绝缘锚段关节示意图

表 6-8 锚段关节维修记录

锚段号	支柱号	维修日期 年/月/日	两锚段接触悬挂间的水平距离（承力索/接触线）（mm）			两锚段接触悬挂间的垂直距离（承力索/接触线）（mm）			分段绝缘子至定滑轮之间的距离（mm）	下锚支的水平偏角（°）	电连接器及其他零部件	设备缺陷处理情况
			转换柱	中心柱	转换柱	转换柱	中心柱	转换柱				

维修人______ 互检人______ 设备负责人______ 工长______

二、知识准备

1. 锚段和锚段长度确定

为满足供电和机械受力方面的需要，将接触网分成若干一定长度且相互独立的分段，这种独立的分段称为锚段。

(1)锚段的作用

设立锚段可以限制事故范围。当发生断线或支柱折断等事故时,由于各锚段间在机械受力上是独立的,不影响其他线段的接触悬挂,则使事故限制在一个锚段内,缩小了事故范围。

设立锚段便于在接触线和承力索两端设置补偿装置,以调整线索的弛度与张力。

设立锚段有利于供电分段,配合开关设备,满足供电方式的需要。可实现一定范围内的停电检修作业。

(2)锚段长度确定

接触网每个锚段包括若干个跨距。在确定锚段长度时,要考虑发生事故的影响范围。当温度变化时,因线索伸缩引起吊弦、定位器及腕臂的偏斜不得超过允许值。补偿形式和补偿坠砣应有足够的上下移动空间(即补偿范围)。要保证在极限温度下中心锚结处和补偿器端线索张力差不超过规定值。

温度变化时,线索热胀冷缩使每一吊弦、定位器和腕臂固定点处产生偏斜,导致线索在中心锚结和补偿器间线索出现张力差,补偿器处张力差为零,中心锚结处最大。另外,接触线承力索的弹性变形也会引起张力变化。对于半补偿链形悬挂设计规定其张力差不超过接触线额定张力的±15%;对于全补偿链形悬挂,接触线、承力索的张力差均不得大于其额定张力的±10%;对于高速铁路,一个锚段内接触线、承力索的张力差均不大于额定张力的±5%。

锚段长度一般采用两种方法确定:经验取值法和计算法。经验取值可根据国家铁路局颁发的《铁路电力牵引供电设计规范》中经验取值表确定。计算法则通过对线索张力差的计算确定锚段长度。高速铁路正线导线张力大、线路曲线半径大(一般都对于 7 000 m),控制锚段长度的主要因素不再是承力索、接触线的张力差,而是温度变化时腕臂偏转量和补偿坠砣的行程(补偿范围)。

对于时速 160 km 的线路,正线双边补偿时的最大锚段长度,一般情况下不大于 2×800 m,困难情况下不宜大于 2×900 m,单边补偿的锚段长度应为上述值的 50%。对于时速 200 km 的线路,正线双边补偿时的最大锚段长度,一般情况下不大于 2×750 m,困难情况下不宜大于 2×800 m,单边补偿锚段长度不超过 800 m。对于时速 350 km 的高速铁路,正线接触网锚段长度一般不超过 2×700 m,困难情况下不超过 2×750 m,单边补偿的锚段长度不超过 750 m。

对于时速 160 km 线路,其站场最大锚段长度一般不宜大于 2×850 m,困难时不宜大于 2×950 m,单边补偿锚段长度不宜大于 950 m。时速 200 km 线路,其站场最大锚段长度一般不宜大于 2×850 m,困难时不宜大于 2×900 m,单边补偿的锚段长度不宜大于 900 m。对于时速 350 km 高速铁路,站场最大锚段长度不宜大于 2×800 m,困难时不宜大于 2×900 m,单边补偿的锚段长度不超过 850 m。

对于普速铁路,隧道内一般不分锚段,但隧道长度超过 2 000 m 时,应划分锚段,锚段长度确定原则与上述方法相同。对新建隧道,当预留锚段关节断面及下锚洞时,锚段长度不宜大于 2 000 m;对既有线隧道,当未预留锚段关节断面及下锚洞,且改建困难时,锚段长度不宜大于 3 000 m。对于高速铁路,隧道内锚段长度划分基本同区间要求,不应大于 2×700 m。

2. 锚段关节

两个相邻锚段的衔接区段(重叠部分)称为锚段关节。锚段关节结构复杂,其工作状态的好坏直接影响接触网供电质量和电力机车取流。电力机车通过锚段关节时,受电弓应能平滑、安全地由一个锚段过渡到另一个锚段,且弓线接触良好,取流正常。

锚段关节按用途可分为非绝缘锚段关节和绝缘锚段关节两种。按锚段关节的所含跨距数可分为二跨、三跨、四跨、五跨锚段关节等几种不同形式。目前,常用的是三跨和四跨锚段关节。

(1)非绝缘锚段关节

非绝缘锚段关节仅用作接触悬挂在机械方面的分段,电气方面仍然相联结。即两个锚段在电气上不绝缘,又称电不分段锚段关节。

非绝缘锚段关节一般由三个跨距组成,又称三跨锚段关节。三跨非绝缘锚段关节结构如图 6-14 所示。相互连接的两个锚段分别在锚段关节最外侧二支柱处下锚,受电弓在中间两支柱间实现从一个锚段向另一锚段的转换,故锚段关节中间的二支柱称为转换柱,转换柱是锚段关节处通过腕臂等支持结构承受工作支和非工作支两支接触悬挂的支柱。为了保证两锚段在电气上的可靠连通,在两锚段间使用电连接线连接。

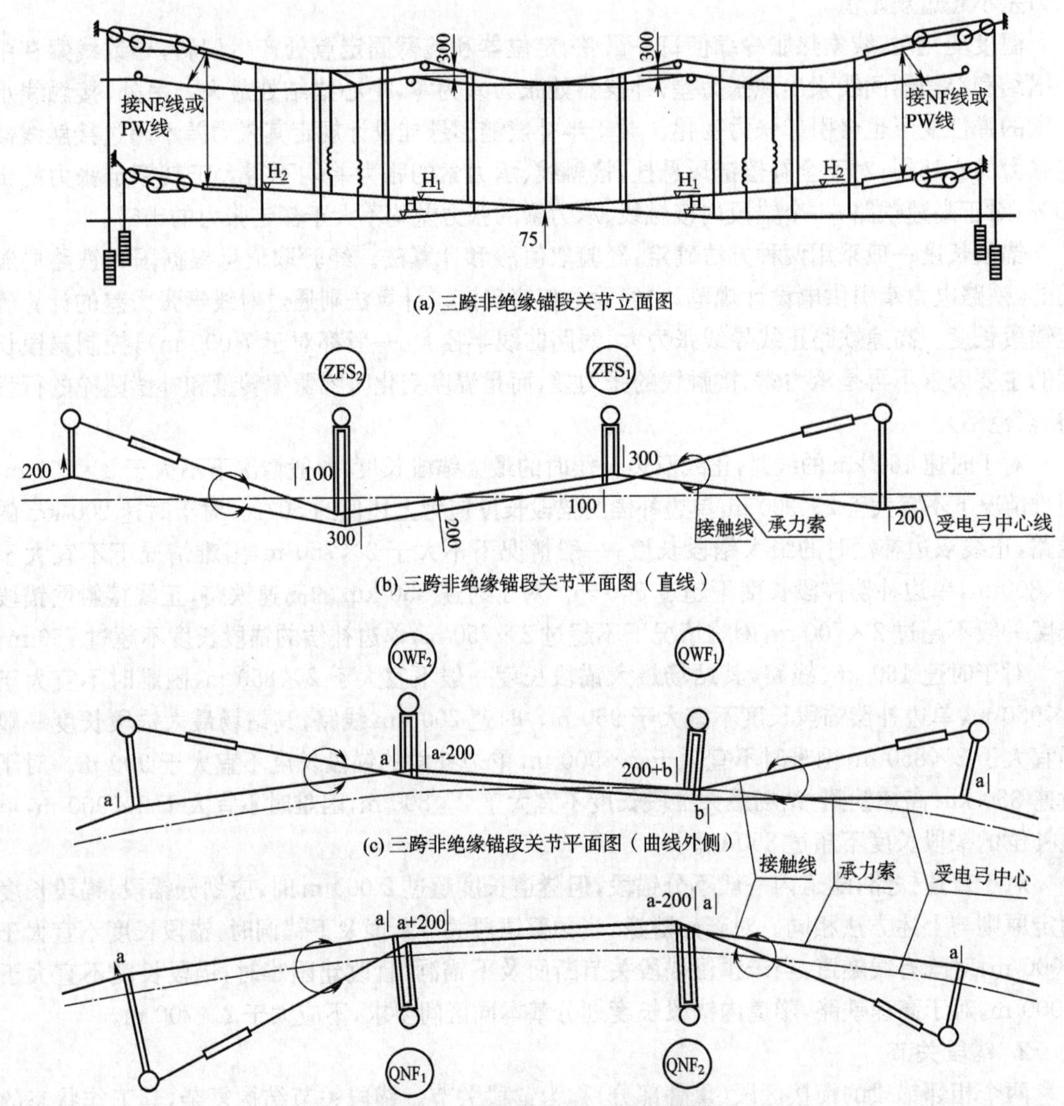

图 6-14 三跨非绝缘锚段关节结构图(单位:mm)

图中转换柱命名为ZF、QF，其中Z表示直线区段，Q表示曲线区段，F表示非绝缘锚段关节，W、N表示支柱处于曲外、区内，双重绝缘用S表示。下标1、2表示转换支柱装配的形式。早期的电气化铁路设计中，转换柱采用单腕臂加组合定位的装配方式，近年来，这种有两支接触悬挂的场合都是采用双底座槽钢加双腕臂的装配形式。

在锚段关节内，同时存在两个锚段的两组接触悬挂。其中接触线与受电弓接触实现受流的称为工作支；另一组接触悬挂的接触线通过抬高脱离受电弓接触后下锚，称为非工作支（简称"非支"）。

如图6-15所示为三跨非绝缘锚段的转换柱在直线正定位时的装配。在反定位、曲线处装配形式稍有不同。

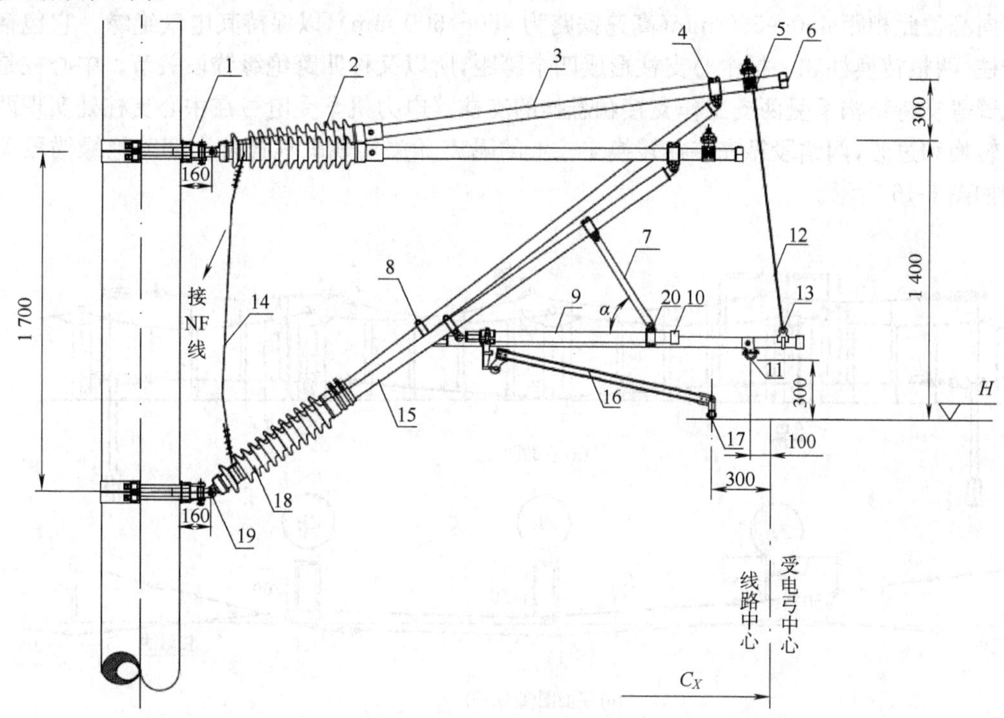

图6-15　非绝缘转换柱（单位：mm）

1—双腕臂底座槽钢；2—棒式绝缘子；3—平腕臂；4—套管双耳；5—承力索座；6—管帽；7—定位管支撑；8—定位环；9—定位管；10—管帽；11—防风定位环；12—定位管斜拉线；13—拉线定位钩；14—电连接线；15—斜腕臂；16—定位器；17—定位线夹；18—棒式绝缘子；19—横向穿钉；20—定位管卡子

三跨非绝缘锚段关节技术要求：

①锚段关节内，两转换柱间的两条接触线在水平面上的投影应平行，线间的距离为100 mm。在立面图中，两接触线的交叉点应在该跨距中心处，即两接触线在跨距中心处等高。

②转换支柱处，非工作支接触线比工作支接触线抬高200～250 mm。下锚处非工作支比工作支抬高500 mm。

③下锚支接触悬挂在转换柱水平面处改变方向时，其偏角一般不应大于6°，困难情况下不得超过12°（提速区段不宜大于10°）。在时速大于200 km区段，正线接触线工作部分改变方向时，其与原方向的水平夹角不宜大于4°，困难情况不宜大于6°。

④两转换柱与锚柱间，在距转换柱10 m处应安装电连接线。

⑤电不分段锚段关节转换柱处，两接触线间垂直、水平距离允许误差为±20 mm。

在特殊的隧道群地带，隧道间距离较短，无法设置三跨时，可利用两跨锚段关节代替三跨锚段关节。但两跨锚段关节机车运行取流条件较差，应尽量避免采用。三跨非绝缘锚段关节是我国接触网实现锚段间机械分段的主要形式。但是必须指出的是，随着我国电气化铁路提速，在行车速度大于 160 km/h 时，三跨非绝缘锚段关节难以满足接触线坡度、受电弓动态接触力等高速受流的要求，行车速度达到 200 km/h 时，锚段关节跨数不宜小于四跨。

(2)绝缘锚段关节

绝缘锚段关节除机械分段外，可以实现同相电分段，多用于站场和区间的衔接处，也称为电分段锚段关节，一般由四个跨距配合一台隔离开关组成。其接触线、承力索在垂直方向和水平方向都彼此相距 450～550 mm(高速铁路为 450～500 mm)，以保持其电气绝缘。它包括两根锚柱、两根转换柱和一根中心支柱形成四个跨距，所以又称四跨绝缘锚段关节。中心柱是通过腕臂等支持结构承受两支工作支接触悬挂的支柱。电力机车受电弓在中心支柱处实现两锚段的转换和过渡，两锚段靠安装在转换支柱上的隔离开关实现电气连接。四跨绝缘锚段关节结构如图 6-16 所示。

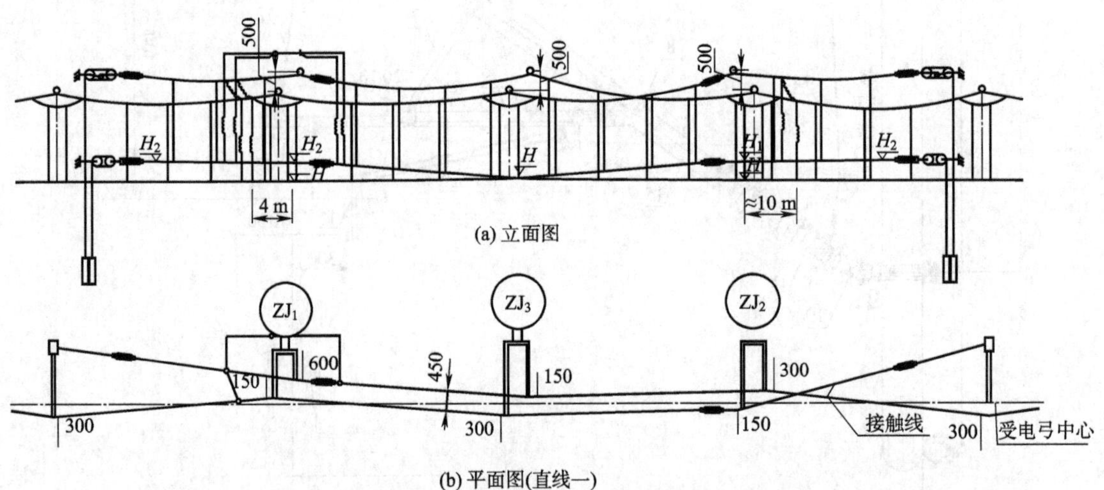

图 6-16 四跨绝缘锚段关节结构图(单位：mm)

图中，ZJ_1、ZJ_2表示直线区段和曲线区段的转换柱装配形式，ZJ_3 为绝缘中心支柱装配形式。

我国在部分电气化铁路中，采用了三跨绝缘锚段关节，这种锚段关节在相邻两转换柱之间接触线抬高较大，只能用于低速或特别困难情况下(如隧道内无法设置四跨绝缘锚段关节时)。

如图 6-17 所示为某时速 250 km/h 区段四跨绝缘锚段的转换柱、中心柱在直线正定位时的装配，在反定位、曲线处装配形式稍有不同。

无论是三跨或四跨绝缘锚段关节，其结构特点和技术要求基本相同。

①在两转换柱间，两接触线的投影应保持平行，线间距离为 450～500 mm。

②在转换柱处，非工作支接触线比工作支接触线抬高 500 mm，允许误差±50 mm。

③四跨绝缘锚段关节在中心柱处两接触线距轨面等高，允许误差±10 mm；三跨绝缘锚段关节在两转换柱跨距中间处两接触线距轨面等高(为受电弓转换点)。

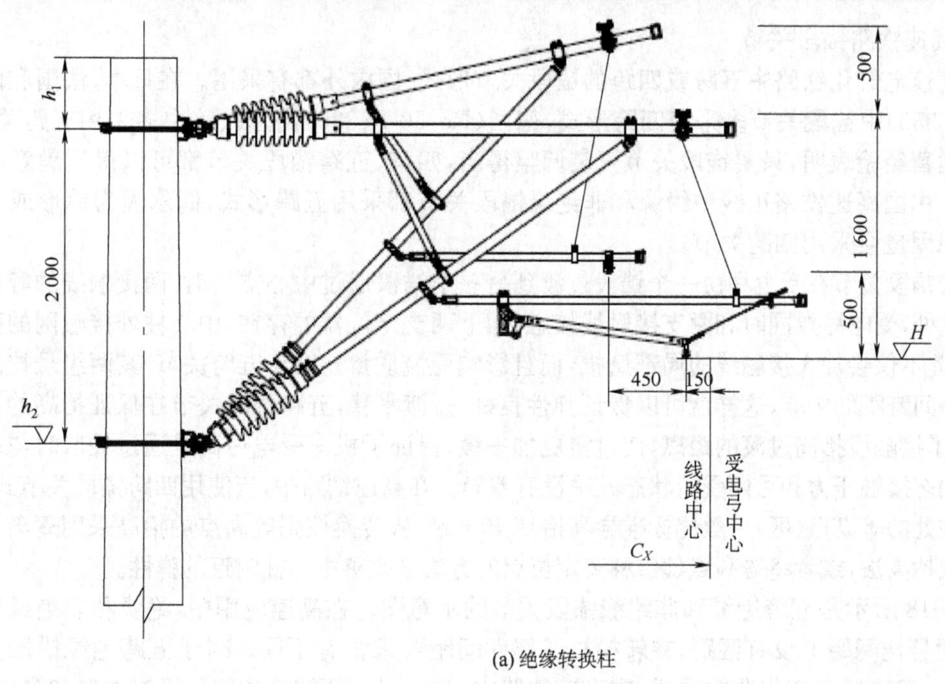

(a) 绝缘转换柱

(b) 四跨绝缘中心柱

图 6-17　四跨关节转换柱、中心柱装配图(单位:mm)

④非工作支接触线和下锚支承力索在转换柱靠中心柱处加装一串(4 片)绝缘子(为分段绝缘子),高速铁路和提速区段多采用复合棒形悬式绝缘子。

⑤在两转换柱与锚柱间距转换柱 10 m,设电连接线各一组(承力索载流区段为各两组)。

⑥两个锚段的电路连通或断开由隔离开关控制。

3. 高速铁路锚段关节

在高速电气化铁路中五跨或四跨的锚段关节形式，国内外都有采用。在日本、法国和西班牙(EAC-350)中锚段关节多采用四跨形式，德国(Re250-Re330)高速铁路中多采用五跨关节。各国的运营经验表明，只要锚段关节安装调整得当，四跨、五跨锚段关节都可以得到满意的受流效果。中国高速铁路正线中绝缘和非绝缘锚段关节都采用五跨形式，偶尔因为地形或者施工预留原因也会采用四跨关节。

四跨锚段关节在受电弓由一个锚段过渡到另一个锚段通过中心支柱时，两接触线的等高点在定位点处，受电弓要同时和两支接触线接触，加上两支定位器的存在，中心柱处接触网的弹性变差，在此不仅会加大接触线的局部磨损，而且影响受流质量。对于五跨关节，其两组悬挂的等高点在中间跨距的中心，这样就可以保证弹性良好、过渡平稳，五跨锚段关节在保证抬高的情况下，延长了接触线抬高过渡的距离，使过渡更加平缓，保证了机车受电弓高速通过关节时与一般区域的动态接触压力和弓网受流状态几乎没有差异。在高速铁路中，当使用四跨锚段关节式时，其中心柱处的等高点(区)一般比标准导高抬高 40 mm，从转换柱到等高点的抬高采用逐渐加大的抛物线抬高法，或者将等高点(区)移离定位点的方法来改善中心柱附近的弹性。

图 6-18 所示是五跨绝缘和非绝缘锚段关节的示意图。在高速应用中，绝缘和非绝缘五跨关节在两悬挂间距上没有区别，在转换柱各部件间距要求稍有不同。对于五跨绝缘锚段关节 ZJ_3 和 ZJ_4 间的导高变化非常重要，在高速铁路中，为了保证两转换柱间的平滑过渡和弹性，要求两支接触线按照如图 6-19(a)所示的方式抬高，必须保证导线走向在内转换跨中心形成屋脊状。两接触线的等高点必须处于跨中，等高点比标准导高抬高 40 mm，在动态检测车的检查结果中，两接触线的等高点应该在跨中，不应出现明显偏移。从 ZJ_3 到 ZJ_4 的接触线导高从标准导高到等高点再到抬高 150 mm，要采用抛物线抬高。

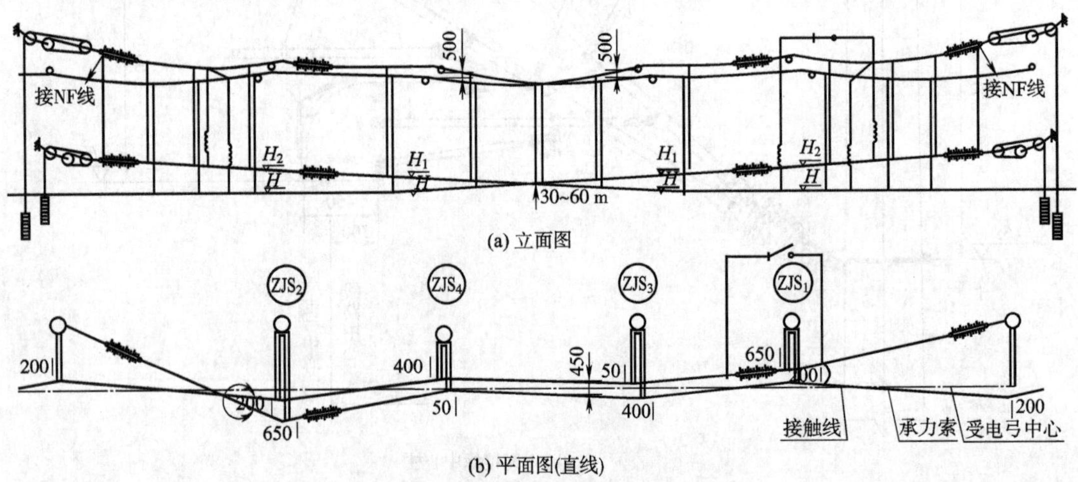

图 6-18 五跨关节结构图(单位：mm)

在锚段关节处要特别注意转换柱、中心柱的腕臂偏斜情况。在这些地方，两支接触悬挂通过各自的腕臂固定在双底座槽钢上。两支接触悬挂的下锚方向是相反的，所以如图 6-19(b)所示，在线索温度达到最大值时，两腕臂向槽钢中心线附近靠拢，两支腕臂间有绝缘要求时，图中 $Z-\Delta e$ 必须大于安全绝缘距离，选取 $a=750$ mm 双底座槽钢，当没有绝缘要求时，$a=600$ mm。在进行安装施工时，一定要按照当前温度和腕臂偏斜的安装曲线来确定安装时腕臂的偏斜量。在两接触悬挂的中锚间距为 1 400 m 时，100K 的温度变化范围内，Δe 可以达到 1 190 mm。

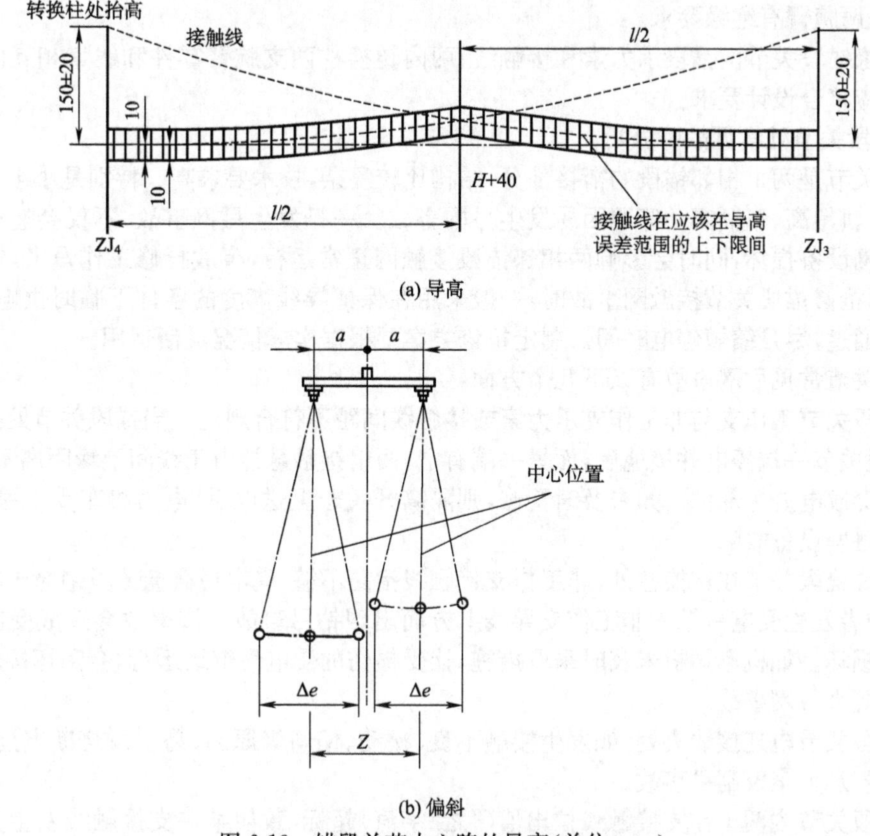

图 6-19　锚段关节中心跨的导高(单位:mm)

图中 Z、Q 的意义和前述相同,图中 W 字符表示曲线外侧的意思。显然,对于复线也有在曲线内侧设立转换支柱的情况,这种情况用 QNJ 表示,对于双重绝缘用 S 表示。

在锚段关节处,五跨绝缘锚段关节的缺点为结构上相对较复杂,造价较高,安装检调难度较大。其主要检调要求为:

①在转换的三跨中,两接触线的投影应保持平行,线间距离为 450～500 mm。

②在两内转换柱处,非工作支接触线比工作支接触线抬高 150 mm,允许误差±20 mm。

③在两外转换柱处,非工作支接触线比工作支接触线抬高 500 mm,允许误差±20 mm。

④在两下锚柱处,非工作支接触线比工作支接触线抬高 900 mm,允许误差±20 mm。

⑤两接触线的等高点必须处于内转换跨的跨中,等高点比标准导高抬高 40 mm,保证导线走向在内转换跨中心形成屋脊状。

⑥非工作支接触线和下锚支承力索在两外转换柱靠中心处加装复合棒式悬式绝缘子。绝缘子串距悬挂点的距离应符合设计要求(比如:1 000 mm),允许偏差为±50 mm。承力索、接触线两绝缘子串上下应对齐,允许偏差为±30 mm。

⑦在两转换柱与锚柱间距转换柱 10 m 处设电连接线各两组。

⑧两个锚段的电路连通或断开由隔离开关控制。

⑨腕臂随温度变化顺线路的偏移量应符合设计要求,允许偏差±20 mm。腕臂随温度变化顺线路的偏移量可以通过查找安装曲线得到。同一支柱上两支接触悬挂的下锚方向是相反的,这种情况下特别要注意腕臂偏移量,防止在极限高温下,两腕臂距离过近,特别是对于两内

转换柱处，两腕臂有绝缘要求。

⑩绝缘锚段关节两锚段承力索和接触线、两内转换柱两支腕臂零件和线索相互间的空气绝缘间隙应符合设计要求。

4. 锚段关节处常见故障分析

锚段关节是两个相邻锚段的衔接部分，结构比较复杂，技术要求高。特别是小半径曲线区段，由于外轨超高、车辆摆动等原因易发生弓网事故。一旦发生弓网事故，不仅会造成锚段关节处接触网设备损坏，同时会影响两相邻锚段接触网正常运行，事故抢修工作量大，恢复时间长。因此，抢修锚段关节接触网事故时，一般采用在保证导线高度的条件下临时供电，机车受电弓降弓通过，尽量缩短停电时间。制定抢修方案要根据实际情况灵活运用。

锚段关节常见弓网事故有以下几个方面：

①锚段关节工作支与非工作支承力索或接触线间距不符合规定。当锚段关节处隔离开关打开，锚段关节一端停电并接地后，而另一端有电，两组接触悬挂由于线间绝缘距离不够，使空气间隙击穿放电烧坏部件。如未及时检修，则隔离开关合上送电后，电力机车受电弓通过时，易发生接触网设备故障。

②绝缘锚段关节在转换柱处，非工作支接触线抬高不够，受电弓碰撞分段绝缘子串出现刮弓事故，或者发生受电弓钻入非工作支导线上方而出现钻弓事故。该事故会造成受电弓和接触网设备损坏。如机车司机未及时采取措施，让受损伤的受电弓继续运行，会刮坏接触网其他设备造成更大弓网事故。

③锚段关节电连接线夹处，如发生接触不良、松动、偏斜等原因，易引发烧断电连接线、吊弦、接触线、承力索及刮弓事故。

④锚段关节内两工作支接触线拉出值（“之”字值）超标，致使某一支接触线发生受电弓脱弓和钻弓事故。

⑤当绝缘锚段关节设在小半径曲线区段时，在转换柱与中心柱间容易发生脱弓事故。因此要求在检调该处锚段关节时，应注意检查跨中工作支接触线相对受电弓中心的偏移值。受电弓在发生脱弓事故后，由于自身抬升力的作用，其滑板升高而超过接触线高度，随着机车向前运行，受电弓滑板进入导线上方，出现刮坏吊弦、腕臂、定位装置等重大弓网事故，因此脱弓和钻弓事故是同时发生的。

思考

1. 锚段的作用是什么，锚段长度选择方法是什么？
2. 锚段关节的作用是什么，非绝缘锚段关节和绝缘锚段关节的区别是什么？
3. 为什么要在转换柱处将非工作支抬高，不抬高或者抬高不够会发生什么故障？

三、工作流程与任务

（一）流程图

锚段关节检修流程如图 6-20 所示。

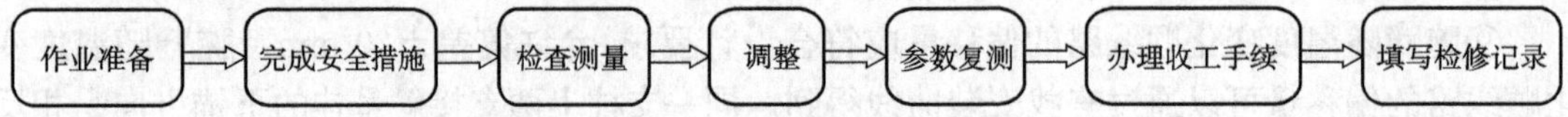

图 6-20 锚段关节检修流程图

(二)任务组织

锚段关节检修人员配置见表 6-9。

表 6-9　锚段关节检修人员配置表

序号	项　目	单位	数量	备　注
1	工作领导人	人	1	
2	主防护员	人	1	
3	地线监护人	人	2	兼行车防护
4	地线操作人员	人	2	
5	高空作业人员	人	2	
6	辅助人员	人	2	兼测量
7	司乘人员	人	2	司机、学习司机各 1 人

锚段关节检修工具配置见表 6-10。

表 6-10　锚段关节检修工具配置表

序号	名　称	规格型号	单位	数量	备　注
1	作业车(或车梯)		台	1	
2	接触网激光测量仪	DJJ-8	台	1	
3	水平尺	600 mm	把	1	
4	橡皮锤		把	1	
5	单滑轮		个	1	
6	钢卷尺	5 m	把	1	
7	小绳		条	1	
8	力矩扳手	0～100 N·m	套	1	
9	紧线器	50～150	套	2	非常规
10	钢丝套子	3 m	套	2	非常规
11	吊弦压接钳		套	1	非常规
12	链条葫芦	4 t	台	1	非常规
13	链条葫芦	1.5 t	台	1	非常规
14	电连接压接工具		组	1	非常规

锚段关节检修材料配置见表 6-11。

表 6-11　锚段关节检修材料配置表

序号	名　称	规格型号	单位	数量	备　注
1	铁线	ϕ4.0 mm	kg	适量	
2	细砂纸		张	适量	
3	电力复合脂		管	1	非常规
4	整体吊弦		套	若干	非常规
5	电连接及线夹	根据现场情况	组	2	非常规
6	定位线夹		套	4	非常规
7	定位装置	根据现场情况	套	适量	非常规
8	锚支定位卡子		套	2	非常规
9	腕臂底座	根据现场情况	套	2	非常规

(三)技术标准

1. 绝缘锚段关节

(1)转换柱处两悬挂垂直距离、水平距离。

标准值:设计值;

标准状态:标准值±20 mm;

警示值:标准值±30 mm;

限界值:标准值±50 mm。

(2)中心柱处两悬挂垂直距离、水平距离。

①接触线(承力索)垂直距离

标准值:等高(设计值);

标准状态:标准值±20 mm;

警示值:标准值±30 mm;

限界值:标准值±50 mm。

②接触线(承力索)水平距离:同转换柱。

③中心柱接触线等高点处接触线高度不应低于相邻工作支吊弦点,允许高于相邻吊弦点0～10 mm。

五跨锚段关节中间跨为过渡跨,接触线等高点(屋脊处)宜在过渡跨跨中,高度比相邻定位点抬高0～40 mm。

(3)两接触悬挂接触线工作支过渡处调整符合运行要求。

(4)转换柱处绝缘子串与悬挂点的距离符合设计要求,允许偏差±50 mm。承力索、接触线两绝缘子串上下应对齐,允许偏差±100 mm。

(5)任何情况下,两接触悬挂及定位支撑装置带电体各部分应满足空气绝缘间隙要求。锚段关节内的定位支撑、吊弦载流环、斜拉线等不得减小空气绝缘间隙。

(6)关节式电分相中性区和无电区长度符合设计要求。

2. 非绝缘锚段关节

(1)设计极限温度下,两悬挂各部分(包括零部件)之间的距离应保持50 mm以上。

(2)转换柱处两接触线水平距离。

标准值:设计值;

标准状态:标准值±20 mm;

警示值:标准值±50 mm;

限界值:标准值±100 mm。

(3)转换柱处两接触线垂直距离。

标准值:设计值;

标准状态:标准值±20 mm;

警示值:标准值±30 mm;

限界值:标准值±50 mm。

(4)中心柱处两接触线水平距离为设计值,允许偏差±30 mm。两接触线距轨面等高,允许偏差±20 mm。两接触悬挂接触线工作支过渡处接触线调整符合运行要求。

3. 锚支接触线

在其垂直投影与线路钢轨交叉处,应高于工作支接触线300 mm以上,并持续抬升至下锚处。下锚角钢安装高度应符合线索延伸下锚抬升的需要。

(四)检修程序和方法

1. 作业准备

按规程要求填写工作票并交付工作领导人,工作领导人向作业组全体成员宣读工作票、分工并进行安全预想,检查工具、材料。

2. 完成安全措施

做好安全措施,工作领导人确认完成安全措施后,通知各作业组开工。

3. 检查测量

(1)腕臂底座外观检查

各零配件应齐全,连接螺栓应无缺失、锈蚀等现象,底座与支柱安装牢固,焊接点应无脱焊、锈蚀现象,双腕臂底座应无扭曲、变形等现象。

(2)支持与定位装置外观检查

检查支持、定位装置各零部件外观状态,应无缺失、裂纹及腐蚀等现象,锚支定位卡子安装方向应正确,衬垫应无缺失,检查标准参照项目二执行。

(3)吊弦外观检查

检查关节内吊弦应无散股、断股、松弛及断裂现象,检查标准参照项目三任务三执行。

(4)关节电连接外观检查

检查电连接外观状态,应无散股、断股、弛度过紧或过松等现象,检查标准参照项目六任务五检修作业指导书执行。

(5)补偿装置外观检查

检查补偿装置外观状态应良好,上下托动坠砣,观察补偿装置及坠砣移动的灵活性,检查坠砣应无缺失、破损、锈蚀。检查标准参照项目六任务四执行。

(6)腕臂偏移检查

检查腕臂偏移状态,应无偏移超标现象,检查标准参照项目二任务一执行。

(7)承导线位置检查

检查关节转换柱(图 6-21)、中心柱(图 6-22)处两悬挂的垂直距离、水平距离是否符合非绝缘锚段关节技术标准。

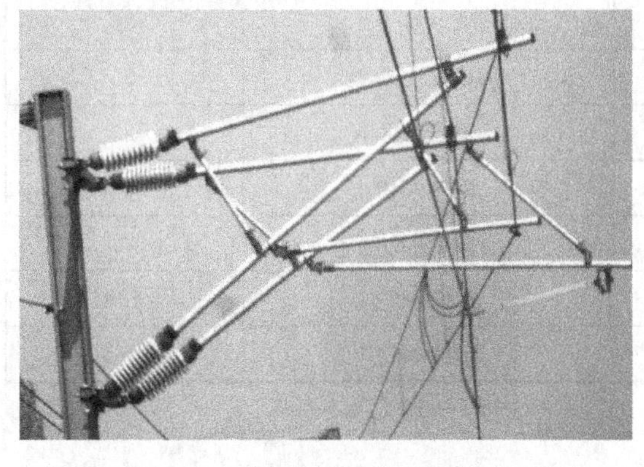

图 6-21 锚段关节转换柱实物图

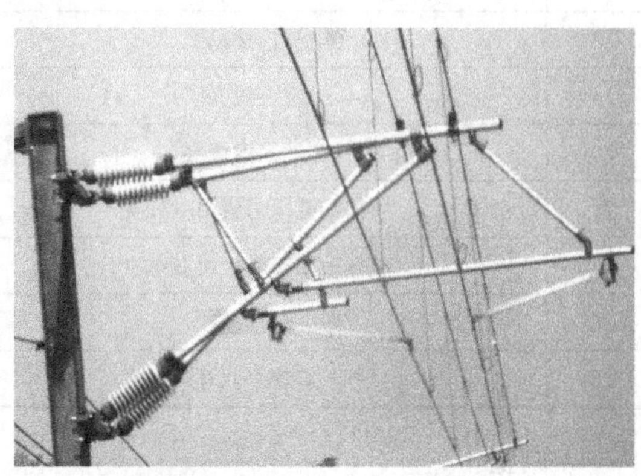

图 6-22 锚段关节中心柱实物图

(8)定位器坡度及间隙检查

用角度尺或接触网激光测量仪测量定位器坡度。检查标准参照项目二任务二执行。

(9)线索交叉距离检查

①检查关节闭口侧工作支吊弦与非支接触线水平距离,应保证不小于 50 mm。

②检查转换柱处非支接触线距工作支定位管及限位状态下定位器的垂直距离,应保证不小于 50 mm。

(10)螺栓紧固力矩检查

螺栓紧固力矩标准见表 6-12。

表 6-12 螺栓力矩参照表

序号	紧固件名称	螺栓名称	力矩(N·m)
1	ϕ70 铝合金承力索座	顶紧螺栓 M12	75
		顶紧螺栓螺母 M12	50
		压紧螺栓 M12	50
2	双套管连接器	顶紧螺丝 M12	75
		顶紧螺栓螺母 M12	50
		双套筒连接螺栓 M20	100
3	腕臂斜撑双耳套筒(ϕ 42)	顶紧螺栓 M12	75
		顶紧螺栓螺母 M12	50
4	55 型套管单耳(定位环)	U 螺栓 M16	70
5	70 型套管单耳(定位环)	U 螺栓 M16	70
6	定位管双耳套筒(ϕ 55)	顶紧螺丝 M12	75
		顶紧螺栓螺母 M12	50
7	锚支定位卡子	U 螺栓 M12	35
		线夹螺栓 M12	44
8	定位支座	U 螺栓 M16	70
9	W 型定位支座	U 螺栓 M16	70
10	ZJ 型限位定位器	M10 限位螺母	20
13	电气连接跳线	M10 螺栓	25
14	定位线夹	M10 螺母、螺栓	25
20	弹性吊索线夹	螺栓 M8	23
21	整体吊弦承力索吊弦线夹	螺栓 M10	25
22	整体吊弦接触线吊弦线夹	螺栓 M10	25
25	腕臂底座	螺栓 M20	120
26	旋转平双耳	螺栓 M18	80~90

4. 调整

(1)对外观有裂纹、腐蚀现象的零部件进行更换,对开口角度不到位的开口销进行更换并掰开 120°~130°,对不受力的吊弦进行更换。

(2)对关节处电连接状态不符合要求的,根据项目六任务五进行检修、调整。

(3)腕臂底座有扭曲变形、焊接点脱焊,要立即更换。将承力索、接触线卸载时,注意非支张力较大,配合 4 t 链条式手扳葫芦先将非支承导线全部卸载后,再拆除腕臂更换腕臂底座。

(4)转换柱承力索水平间距调整

根据测量转换柱非工作支承力索拉出值 a_1 和工作支承力索拉出值 a_2,计算出两支承力索的水平间距:$\Delta a=a_1-a_2$,确定出调整方向及调整量。

承力索水平间距不符合标准的调整方法:

①先确认工作支承力索拉出值是否符合标准,当工作支承力索拉出值不符合标准时,人工调整工作支承力索拉出值。如果承力索受力较大,在支柱柱顶搭 1.5 t 手扳葫芦拉住承力索(直线、曲外)或工作支腕臂管插入一根带两个定位环的 1 m 长定位管(曲内),调整定位管的外露长度,在定位管上搭 1.5 t 手扳葫芦拉住承力索,摇动手扳葫芦将工作支承力索卸载,松开工作支承力索座,按照设计的拉出值确定调整方向和数据,将工作支承力索位置调整到标准位置。

②调整后承力索水平间距仍不符合标准的,再调整非工作支承力索。在支柱柱顶搭 1.5 t 手扳葫芦拉住承力索(直线、曲外)或非工作支腕臂管插入一根带两个定位环的 1 m 长定位管(曲内),调整定位管的外露长度,在定位管上搭 1.5 t 手扳葫芦拉住承力索,摇动手扳葫芦将非工作支承力索卸载,松开非工作支承力索座。如果承力索水平间距大,减小非支和工支承力索座之间的距离;如果承力索水平间距小,增大非支和工支承力索座之间的距离,将非工作支承力索位置调整到标准位置。复测承力索水平间距符合设计要求。

(5)转换柱承力索垂直间距调整

根据测量转换柱非工作支承力索高度 H_1 和工作支承力索高度 H_2,计算出两支承力索的垂直间距:$\Delta H=H_1-H_2$,确定出调整方向及调整量。

承力索垂直间距不符合标准的调整方法:

①先确认工作支承力索高度是否符合标准,当工作支承力索高度不符合标准时:在支柱柱顶搭 1.5 t 手扳葫芦拉住承力索(直线、曲外)或工作支腕臂管插入一根带两个定位环的 1 m 长定位管(曲内),调整定位管的外露长度,在定位管上搭 1.5 t 手扳葫芦拉住承力索,摇动手扳葫芦将工作支承力索卸载,松开工作支双套筒座。如果工作支承力索低,向支柱方向调高双套筒座到标准位置;如果工作支承力索高,向支柱反方向调低双套筒座到标准位置。

②调整后承力索垂直间距仍不符合标准的,再调整非工作支承力索。在支柱柱顶搭 1.5 t 手扳葫芦拉住承力索(直线、曲外)或工作支腕臂管插入一根带两个定位环的 1 m 长定位管(曲内),调整定位管的外露长度,在定位管上搭 1.5 t 手扳葫芦拉住承力索,摇动手扳葫芦将非工作支承力索卸载,松开非工作支双套筒座。如果承力索垂直间距大,向支柱反方向调低双套筒座到标准位置;如果承力索垂直间距小,向支柱方向调高双套筒座到标准位置。复测承力索垂直间距符合设计要求。

(6)转换柱接触线水平间距调整

根据测量转换柱非工作支接触线拉出值 a_1 和工作支接触线拉出值 a_2,计算出两支接触线的水平间距:$\Delta a=a_1-a_2$,确定出调整方向及调整量。

接触线水平间距不符合标准的调整方法:

①先确认工作支接触线拉出值是否符合标准,当工作支接触线拉出值不符合标准时,人工

调整工作支接触线拉出值。如果接触线受力较大，则在支柱上搭 1.5 t 手扳葫芦拉住接触线(直线、曲外)或腕臂端部搭 1.5 t 手扳葫芦拉住接触线(曲内)，摇动手扳葫芦将工作支接触线卸载，松开工作支定位支座，按照拉出值的大小调整方向和数据，将工作支接触线位置调整到标准位置。

②调整后接触线水平间距仍不符合标准的，再调整非工作支接触线。在支柱上搭 1.5 t 手扳葫芦拉住接触线(直线、曲外)或非工作支腕臂管插入一根带两个定位环的 1 m 长定位管(曲内)，调整定位管的外露长度，在定位管上搭 1.5 t 手扳葫芦拉住接触线，摇动手扳葫芦将非工作支接触线卸载，松开非工作支接触线锚支卡子。如果接触线水平间距大，减小锚支卡子和工作支定位支座的距离；如果接触线水平间距小，增大锚支卡子和工作支定位支座的距离，将非工作支接触线位置调整到标准位置，使两支接触线水平间距符合标准。复测接触线水平间距符合设计要求。

③当工作支接触线拉出值符合标准时，通过调整非工作支接触线的拉出值调整接触线的水平间距，调整方法同工作支接触线拉出值不符合标准时非工作支接触线的调整方法。

(7)转换柱接触线垂直间距调整

根据测量转换柱非工作支接触线高度 H_1 和工作支接触线高度 H_2，计算出两支接触线的垂直间距：$\Delta H=H_1-H_2$，确定出调整方向及调整量。

接触线垂直间距不符合标准的调整方法：

①先确认工作支接触线高度是否符合标准，当工作支接触线高度不符合标准时，调整或更换工作支定位点两侧吊弦，将工作支接触线高度调整至标准值。

②以工作支接触线为基准，按调整数据调整或更换非工作支定位点两侧第一根吊弦，使高差符合标准，再依次调整或更换其他吊弦，使两支接触线间垂直间距符合标准。复测接触线水平间距符合设计要求。

③当工作支接触线位置符合标准时，调整或更换非工作支定位点两侧第一根吊弦，使高差符合标准，再依次调整或更换其他吊弦，使两支接触线间垂直间距符合标准。复测接触线水平间距符合设计要求。

(8)中心柱承力索水平间距调整

根据测量中心柱高支承力索拉出值 a_1 和低支承力索拉出值 a_2，计算出两支承力索的水平间距：$\Delta a=a_1-a_2$，确定出调整方向及调整量。

调整方法参见“转换柱承力索水平间距调整”方法。

(9)中心柱承力索垂直间距调整

根据测量中心柱高支承力索高度 H_1 和低支承力索高度 H_2，计算出两支承力索的垂直间距：$\Delta H=H_1-H_2$，确定出调整方向及调整量。

调整方法参见“转换柱承力索垂直间距调整”方法。

(10)中心柱接触线水平间距调整

根据测量中心柱一支接触线拉出值 a_1 和另一支接触线拉出值 a_2，计算出两支接触线的水平间距：$\Delta a=a_1-a_2$，确定出调整方向及调整量。

①当两支工作支接触线拉出值不符合标准时，先调整一支。如果接触线受力较大，则在支柱上搭 1.5 t 手扳葫芦拉住接触线(直线、曲外)或腕臂端部搭 1.5 t 手扳葫芦拉住接触线(曲

内)，摇动手扳葫芦将工作支接触线卸载，按照设计的拉出值确定调整方向和数据，松开工作支定位支座，将一支工作支接触线位置调整到标准位置。

②调整后接触线水平间距仍不符合标准的，再调整另一支工作支接触线。在支柱上搭1.5 t手扳葫芦拉住接触线(直线、曲外)或腕臂端部搭1.5 t手扳葫芦拉住接触线(曲内)，另一端与工作支接触线连接，摇动手扳葫芦将工作支接触线卸载，松开工作支定位支座。如果接触线水平间距大，减小定位支座之间的距离；如果接触线水平间距小，增大两工作支定位支座之间的距离，使两支接触线水平间距调整至符合标准。复测接触线水平间距符合设计要求。

③当一支工作支接触线拉出值符合标准时，调整另一支接触线，调整方法同两支工作支接触线拉出值不符合标准时的另一支工作支接触线的调整方法。

(11)中心柱接触线垂直间距调整

根据测量转换柱非工作支接触线高度 H_1 和工作支接触线高度 H_2，计算出两支接触线的垂直间距：$\Delta H = H_1 - H_2$，确定出调整方向及调整量。

调整方法见"转换柱接触线垂直间距调整"方法。

(12)定位器坡度及间隙调整

对位器坡度及间隙如不符合设计要求的参照定位装置中检修作业指导书进行检修、调整。中心柱定位器不受力的应参照设计方案进行调整。

四、分析与思考

本任务主要是四跨非绝缘锚段关节检调。填写"锚段关节维修记录"关系到接触网的结构和技术标准要求，因此，如何保证设备各项参数的合格至关重要。本任务在实际工作中需要注意以下问题：

(1)作业车移动或作业平台升降、转向时，严禁人员上、下作业平台。禁止从未封锁线路侧上、下作业车。

(2)作业人员在作业平台防护栅外作业时，必须将安全带系在牢固可靠部位。

(3)作业平台严禁向未封锁的线路侧旋转。当邻线有列车通过时，作业人员应提前停止作业，并在平台远离邻线侧避让，列车通过后方可继续作业。

(4)作业平台上的作业人员在车辆移动中应注意防止接触网设备伤人。

(5)冰、雪、霜、雨等天气条件下，应有防滑措施。

(6)当结构高度较大，台上作业人员够不着时，作业人员可站在特制的作业凳上，将安全带系在不动的那支承力索上，进行操作。

任务三　中心锚节的维护检修

中心锚节是接触网的核心设备，其学习目标和典型工作任务是接触网维护与检修的重要组成部分，和其他模块共同组成接触网的日常维护与检修工作。

一、任务书——中心锚结的检调

图 6-23 是两跨式中心锚结结构示意图，根据实训基地实物进行两跨式中心锚结检调，并

将检调结果填入表 6-13 中。

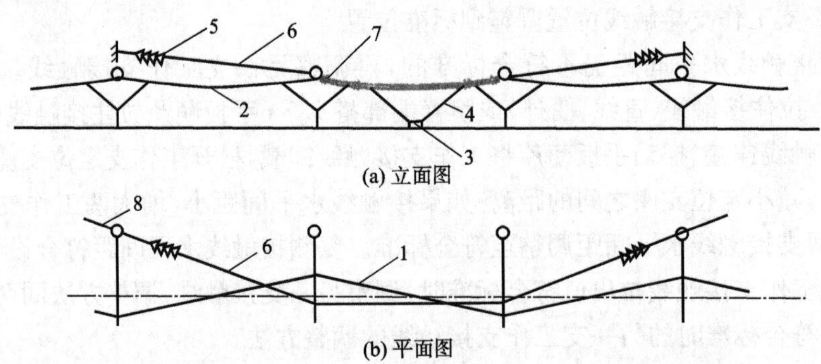

图 6-23 全补偿悬挂中心锚结

1—接触线；2—承力索；3—中心锚结线夹；4—辅助绳；5—绝缘子串；6—承力索辅助绳；7—钢线卡子；8—拉线

表 6-13 中心锚结维修记录

检修日期	位置	中心锚结处导高	相邻吊弦处导高	中心锚结线夹			备 注
				螺栓紧固力矩	是否打磨	是否涂电力复合脂	

二、知识准备

(一)中心锚结的作用和安设

1. 中心锚结的作用

设在接触悬挂锚段中部通过将承力索、接触线进行固定，防止两端补偿器向一侧滑动或缩小事故范围的装置，称为中心锚结，简称中锚。线索在中心锚结处的固定点在任何情况下不会出现偏移，因此当温度变化时，锚段内线索的热胀冷缩便发生在中心锚结与两端的补偿器间，有效缩短了线索的伸缩范围。

中心锚结具有以下作用：

(1)缩短了补偿器补偿范围，使锚段线索张力比较均匀，保证接触悬挂处于良好工作状态。

(2)设立中心锚结后可以缩小事故范围，即当中心锚结一侧发生断线事故时不至影响另一侧悬挂线路，有利于抢修事故和缩短事故抢修时间。

(3)可防止线索在外力作用下向一侧窜动，如风力、受电弓摩擦力、因坡道和自身重力引起的窜动力。

2. 中心锚结的安设

在两端装设补偿器的接触网锚段中,必须加设中心锚结。每个锚段中心锚结安设位置应根据线路情况和线索的张力增量计算确定。一般布置原则是使中心锚结固定点两侧线索的张力尽量相等,并尽可能靠近锚段中部。

当锚段全部在直线区段或整个锚段布置在曲线半径相同的曲线区段时,该锚段中心锚结应设在锚段的中间位置。

当锚段布置在既有直线又有曲线且曲线半径不等区段时,该锚段的中心锚结应设在偏离锚段中间位置靠近曲线多、曲线半径小的一侧。在特殊情况下,锚段长度较短时(一般定为锚段长度 800 m 以下),可不设中心锚结,而是将锚段一端硬锚,另一端线索安装补偿器,此时的硬锚就相当于中心锚结。

(二)中心锚结的结构及要求

中心锚结的形式和结构根据接触网的悬挂类型和安装地点不同而有所不同。按照接触悬挂类型分为简单悬挂中心锚结、半补偿链形悬挂中心锚结和全补偿链形悬挂中心锚结。半补偿链形悬挂目前已很少使用,干线铁路常见的是全补偿链形悬挂中心锚结。

1. 半补偿链形悬挂中心锚结

半补偿链形悬挂中心锚结的结构如图 6-24 所示。

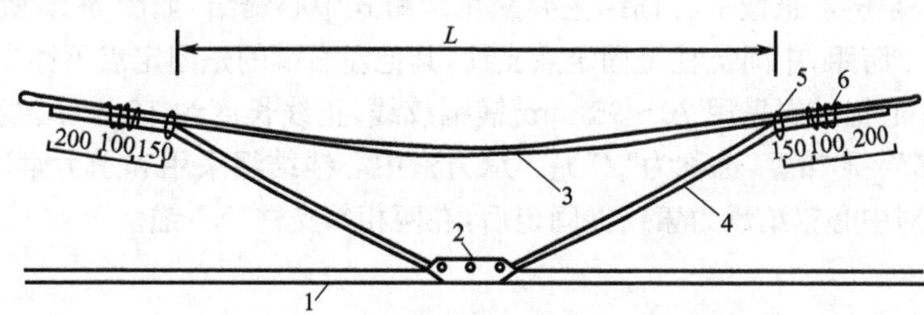

图 6-24　半补偿链形悬挂中心锚结(单位:mm)

1—接触线;2—中心锚结线夹;3—承力索;4—中心锚结辅助绳;5—钢线卡子;6—绑扎段

由于接触线安设补偿器,因此应装设中心锚结,其中心锚结辅助绳采用 GJ-50 镀锌钢绞线(19 股)制成。在线索张力大时(如 3 t 系接触悬挂)时,锚结绳根据需要选择 GJ-70 等线索。辅助绳中间用中心锚结线夹与接触线固定,辅助绳两端分别用两个相互倒置的钢线卡子紧固在承力索上。当一侧接触线断线后,另一侧接触线在中心锚结辅助绳的拉力下,不发生松动现象,起到了缩小事故范围的作用。

中心锚结绳的长度为所在跨距中心处接触线与承力索间距的 20 倍,但不应小于 15 m。若太短,当两侧张力不均匀时,接触线会向张力较大的一侧偏移,导致中心锚结线夹处接触线被抬高,出现较大的负弛度,使受电弓取流情况变坏,造成该处接触线磨耗严重。

2. 全补偿链形悬挂的中心锚结

全补偿链形悬挂的承力索和接触线两端都是补偿下锚,均可能因两端张力不平衡而产生移动,所以承力索和接触线都要设置中心锚结进行固定,其固定形式相当于由半补偿链形悬挂中心锚结与承力索中心锚结两部分组成。全补偿链形悬挂中心锚结按照结构主要分为三跨式中心锚结和两跨式中心锚结。

(1)三跨式中心锚结

接触线的中心锚结绳在某跨中间与承力索固定,承力索的中心锚结是在接触线中心锚结所在的跨距内增加一根承力索中心锚结辅助绳,在该跨距两端的腕臂上固定后,再延长一个跨距拉向另一支柱锚固,使该跨距的承力索不产生位移,因此承力索中心锚结由三个跨距组成,故称为三跨式中心锚结。考虑到线索断线时承力索中心锚结绳可能有较大张力,中心锚结绳下锚支柱要设置拉线。中心锚结处固定锚结绳的各线夹要有足够的加持力,防止线索抽脱。全补偿链形悬挂中心锚结形式如图 6-23 所示,这种结构是 2000 年以前电气化铁路中心锚结的主要形式。

承力索中心锚结辅助绳一般采用和承力索相同的线索制成,承力索中心锚结辅助绳应在该跨距中部及相邻两悬挂处与承力索用钢线卡子固定,跨距中部用 3 个,悬挂点两侧各 2 个,相互倒置,间距为 100 mm。在中间一跨,中心锚结辅助绳的弛度应等于或略小于跨距承力索的弛度,辅助绳两端应分别固定在设有拉线的支柱上,辅助绳下锚时不宜低于承力索高度,应抬高下锚。中心锚结跨距内,不得有接触线接头,中心锚结线夹在直线区段应端正,曲线区段应与导线倾斜度一致。

(2)两跨式中心锚结

在 2000 年以后,随着时速 200 km 及以上线路的修建,在学习德国 RE200C 接触网技术后,新建线路全补偿链形悬挂中心锚结主要采用两跨式中心锚结,如图 6-25 所示。中心锚结需要三根支柱两个跨距,中间支柱是固定点支柱,其他左右端的是固定点下锚支柱。弹性链形悬挂中,接触线中心锚结绳采用 70～95 mm^2 镁铜绞线,正线长度约 10 m(站线 5 m),分别在 2 个跨距中,呈"Z"字形布置,也称为"Z"绳。承力索中心锚结绳采用和承力索同材质线索,在中间支柱通过一对中心锚结承力索线夹固定后,在两相邻支柱处下锚。

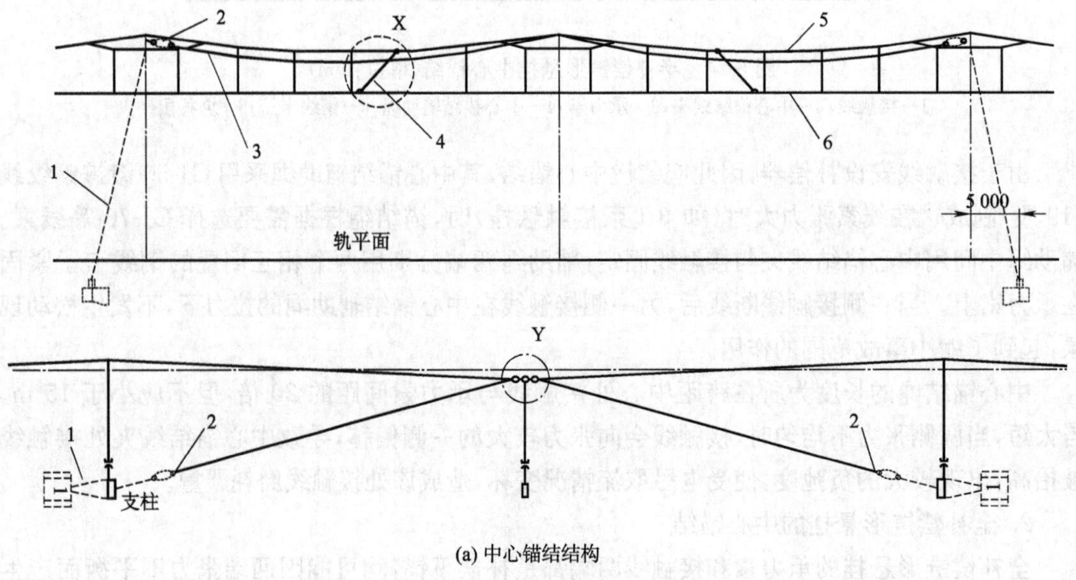

(a) 中心锚结结构

图 6-25

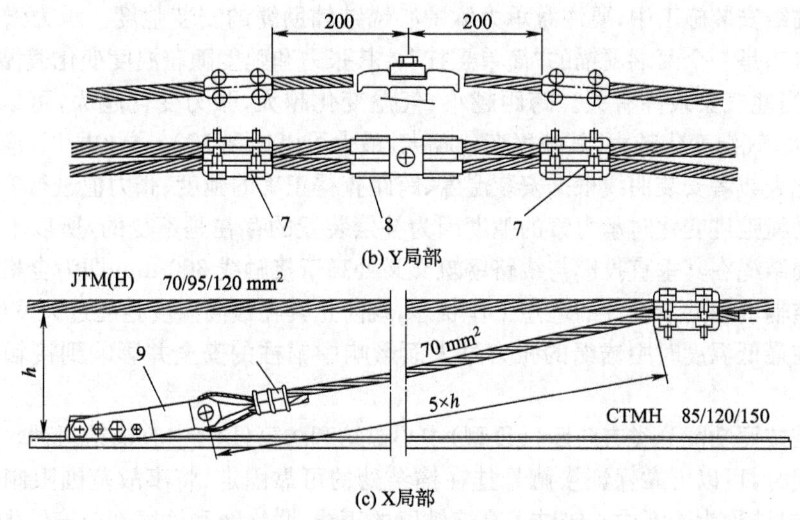

图 6-25 两跨式中心锚结(单位:mm)

1—拉线及基础;2—承力索锚结绳下锚绝缘子;3—承力索锚结绳;4—接触线锚结绳;5—承力索;6—接触线;7—承力索中心锚结线夹;8—承力索座;9—接触线中心锚结线夹

安装各承力索、接触线中心锚结线夹时应用钢刷清洁线夹和线索接触部位的杂物、氧化物,保证机械、电气连接可靠。各线夹螺栓应该轮流用扭矩扳手紧固到规定力矩。接触线中心锚结绳在接触线中锚线夹端使用电动液压钳通过专用模具压接管压接。

在简单链形悬挂时,接触线中心锚结绳也可采用"八"字形布置,如图 6-26 所示。弹性链形悬挂不能采用这种形式的原因是弹性吊索和锚结绳交叉互磨。这种结构的零件装配要求同"Z"字形布置。

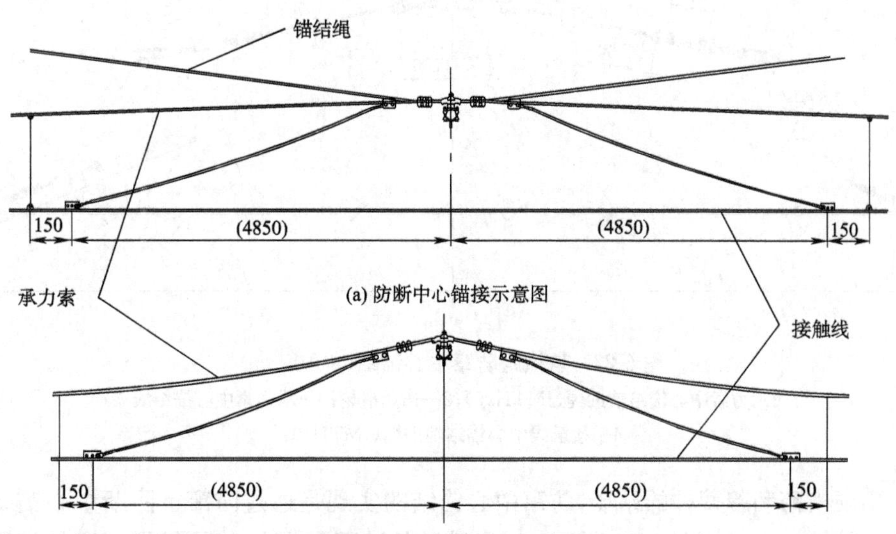

图 6-26 简单链形悬挂中心锚结示意图(单位:mm)

在中心锚结安装施工中，要注意承力索中心锚结辅助绳的安装弛度。承力索中心锚结辅助绳的安装状态是一个两端硬锚的“简单悬挂”。其张力和弛度随着温度变化遵循简单悬挂规律，与跨距及当地气象条件有关。跨距越小，气温变化越大，张力变化越大，可以达到 5～17 kN。跨距越大、气温变化越大，其弛度变化越大，最大可以达到 380 mm。所以，应该按照设计弛度张力变化表或者安装曲线根据安装温度、跨距查得正确的弛度、张力值进行安装。承力索中心锚结辅助绳弛度变化时承力索的弛度因为补偿装置的存在是不变的，所以不能简单认为承力索中心锚结绳在其垂直投影与线路钢轨交叉处高于接触线 300 mm 即为合格。应该是承力索中心锚结辅助绳处于设计的理想工作状态，既防止其在最高温度弛度过大发生弓网事故，又要避免其在最低温度时中锚绳的张力过大而影响中锚柱的安全并影响到接触悬挂的技术状态。

中心锚结按照功能分类有防断(FD 型)中心锚结和防窜(FC)中心锚结两种。在接触悬挂线索出现断线时，可以可靠保证接触悬挂在锚结处的可靠固定，将事故范围限制在半个锚段内，这种中心锚结称为防断中心锚结。高速铁路的正线、联络线和站线都应该优先选用防断中心锚结。在条件不允许时(主要是承力索锚结绳无法设置下锚固定点)，中心锚结仅用来防止两端补偿器向一侧滑动，称为防窜中心锚结。电气化铁路的运行实践表明，站场上承力索断线事故较少，采用防止窜动的全补偿中心锚结可以满足需要，其优点是结构简单，安装方便，缺点是不能有效减少断线事故范围。

在软横跨站场的正线及站线防窜中心锚结用软横跨节点 14 实现，结构如图 6-27 所示。通过承力索上两个中心锚结线夹和一根约 1 m 的承力索中心锚结辅助绳将承力索和悬吊滑轮相对固定下来，防止接触悬挂向某一端窜动。

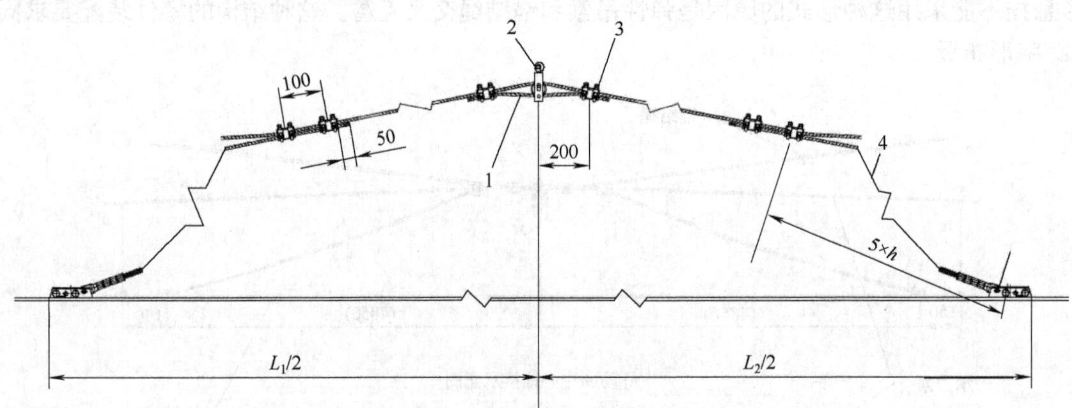

图 6-27　软横跨防窜中心锚结(单位：mm)

1—承力索中心锚结辅助绳(JMTH95)；2—选调滑轮；3—承力索中心锚结线夹；4—接触线中心锚结辅助绳(JMTH70)

在采用硬横跨和腕臂柱的站场，防窜中心锚结的实现是通过防窜不防断中心锚结腕臂柱来实现的。其结构形式如图 6-28 所示。这种特殊的装配形式中，在平腕臂底座处设置三底座槽钢。平腕臂固定在三底座槽钢的中间腕臂底座上，在同一高度处，设置两根斜(单耳)腕臂通过套管双耳和平腕臂相连，组成一个稳定结构，使得该处的腕臂结构不能水平旋转，达到防窜目的。

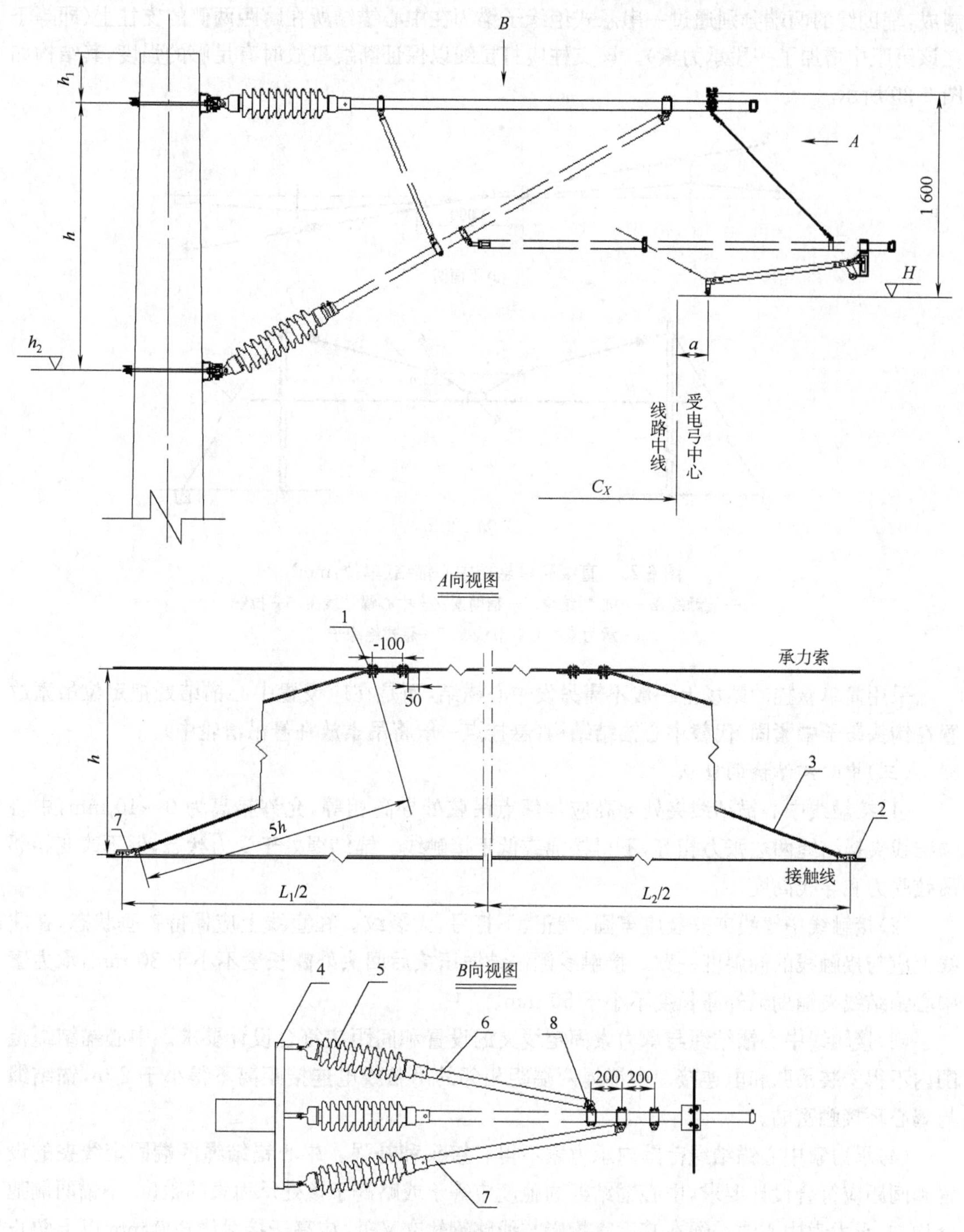

图 6-28　腕臂柱防窜中线锚结

1—承力索中心锚结线夹；2—接触线中心锚结线夹；3—接触线中心锚结辅助绳(JTMH95)
4—中心锚结三腕臂底座；5—棒式绝缘子；6、7—斜腕臂；8—套管双耳；

在城市轨道交通的停车场、车辆段和干线铁路的机务段、检修库内可能采用简单悬挂。简单悬挂中心锚结仅需增设一条中心锚结辅助绳，辅助绳采用 GJ-50 镀锌钢绞线或 JTMH 绞线制成，辅助绳的两端分别通过一串悬式绝缘子锚固在中心锚结所在跨距两侧的支柱上(即等于在该跨距中增加了一段承力索)。该支柱应打拉线以保证断线事故时有足够的强度，其结构如图 6-29 所示。

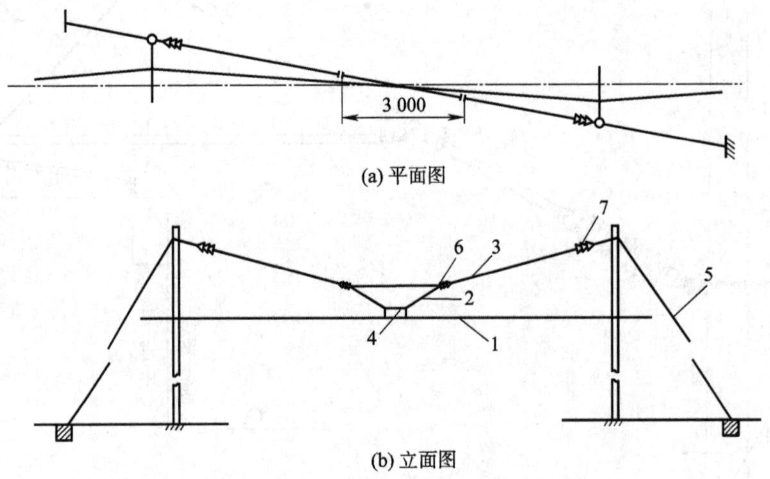

图 6-29 直线简单悬挂中心锚结(单位：mm)

1—接触线；2—中心锚结绳；3—辅助索；4—中心锚结线夹；5—拉线；6—承力索中心锚节线夹；7—悬式绝缘子

采用简单悬挂的站场上一般不需另设中心锚结，而是在应设置中心锚结处把定位吊索放置在钩头鞍子中紧固，代替中心锚结结构(悬挂点一般将吊索放在悬吊滑轮中)。

(三)中心锚结检调重点

(1)接触线中心锚结线夹处导高应与邻点吊弦处导高相等，允许抬高为 0～10 mm，中心锚结线夹锚结绳两边张力相等，不得松弛或低于接触线。锚结绳处于受力状态，但不改变相邻吊弦受力和导线高度。

(2)接触线中锚线夹安装应牢固、端正、不打弓、无裂纹。在直线上应保持铅垂状态，在曲线上应与接触线的倾斜度一致。接触线侧锚结绳压接后回头外露长度不小于 30 mm，承力索中心锚结线夹辅助绳外露长度不小于 50 mm。

(3)接触线中心锚结绳与承力索固定线夹的设置和间距应符合设计要求。中心锚结绳范围内不得安装吊弦和电连接。中锚绳两端距相邻的吊弦或电连接距离不得小于 2 m，锚结绳与鸡心环接触密贴。

(4)承力索中心锚结绳范围内承力索不得有接头和补强。中心锚结绳两端固定线夹的设置和间距应符合设计要求，中心锚结绳的弛度应等于或略高于该处承力索的弛度，中锚两侧弛度均匀，承力索中心锚结绳在其垂直投影与线路钢轨交叉处，应高于接触线 300 mm 以上防止钻弓事故。所有线材不得有腐蚀、断股、交叉、折叠、硬弯、松散、烧伤等缺陷。

(5)接触线、承力索中心锚结线夹紧固力矩应符合要求。接触线中心锚结线夹为 100 N·m，承力索中心锚结线夹为 46 N·m。

思考

1. 中心锚节的作用是什么？
2. 不同类型的中心锚节的应用范围有什么区别？
3. 中心锚节的常见故障有哪些？

三、工作流程与任务

(一)流程图

中心锚结检修流程如图 6-30 所示。

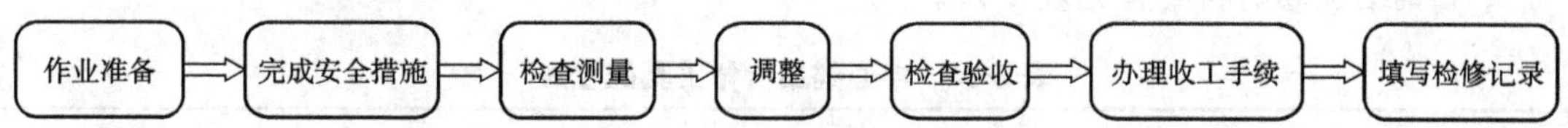

图 6-30　中心锚结检修流程图

(二)任务组织

中心锚结检修人员配置见表 6-14。

表 6-14　中心锚结检修人员配置表

序号	项　目	单位	数量	备　注
1	工作领导人	人	1	
2	主防护员	人	1	
3	地线操作	人	2	
4	地线监护	人	2	兼行车防护
5	作业人员	人	2	
6	辅助人员	人	2	兼测量
7	司乘人员	人	2	司机、学习司机各 1 人

中心锚结检修工具配置见表 6-15。

表 6-15　中心锚结检修工具配置表

序号	名　称	规格或型号	单位	数量	备　注
1	作业车(或车梯)		台	1	
2	数字化激光接触网检测仪	DJJ-8	台	1	
3	钢卷尺	10 m	把	1	
4	小绳		条	1	
5	温度计				

续上表

序号	名　称	规格或型号	单位	数量	备　注
6	力矩扳手	0～100 N·m	套	1	
7	直弯器		套	1	
8	扭面器		套	2	
9	手扳葫芦(含套子)	4 t	台	1	
10	断线钳		把	1	
11	紧线器	4 t	个	2	

中心锚结检修材料配置见表 6-16。

表 6-16　中心锚结检修工具配置表

序号	名　称	规　格	单位	数量	备　注
1	接触线中心锚结线夹		套	1	
2	承力索中心锚结线夹		套	1	
3	承力索本线		m	若干	
4	接触线中心锚结绳		套	1	
5	铁线	ϕ4.0 mm	kg	适量	
6	电力复合脂		管	适量	
7	支持装置零部件		套	根据需要	
8	复合绝缘子		支	1	

(三)技术标准

1. 中心锚结绳受力状态

中心锚结线夹辅助绳两边张力相等,不得松弛,高度不得低于接触线。

2. 中心锚结线夹处的接触线高度

中心锚结线夹处的接触线高度比两侧吊弦点高出 0～20 mm。

3. 接触线中心锚结线夹状态

接触线中锚线夹安装应牢固、端正、不打弓。在直线上应保持铅垂状态,在曲线上应与接触线的倾斜度一致。

4. 钢丝卡子状态

(1)接触线辅助绳中锚线夹侧安装 2 个钢线卡子,穿向为相互倒置,钢线卡子间距 100 mm;与承力索连接侧各安装 3 个钢线卡子,相互倒置安装,间距为 100 mm。

(2)软横跨防窜型中锚,在悬吊滑轮两侧各安装 2 个钢线卡子,相互倒置安装,间距为 100 mm,钢线卡子距悬吊滑轮均为 200 mm。

5. 中心锚结绳的弛度

中心锚结绳的弛度应等于或略高于该处承力索的弛度,承力索中心锚结辅助绳在其垂直投影与线路钢轨交叉处,应高于接触线 300 mm 以上。

6. 中心锚结绳范围内接头情况

(1)承力索中锚跨距范围内不得有承力索接头或补强,接触线中锚跨距范围内不得有接触线接头或补强。

(2)中心锚结绳范围内不得安装吊弦和电连接器,接触线中心锚结绳不得侵入吊弦和电连接范围内,当中锚绳两端距相邻的吊弦或电连接距离小于 2 m 时应拆除。

7. 螺栓紧固力矩

紧固力矩按标准值进行紧固(标准值见附录一)。

8. 防窜式中心锚结的技术状态

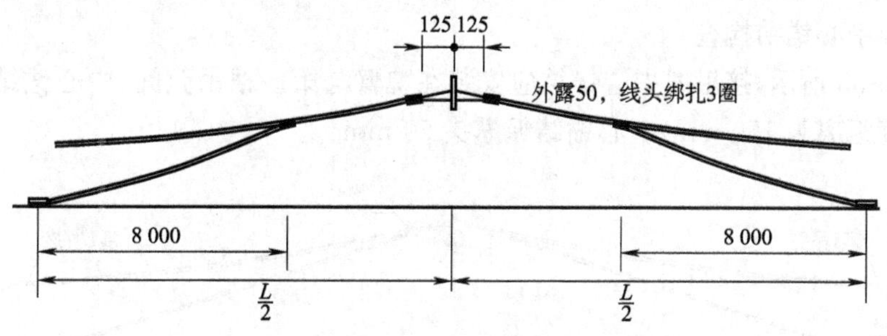

图 6-31　防窜式中心锚结结构图(单位:mm)

(1)防窜绳两端固定线夹的设置和间距符合设计要求,如图 6-31 所示。

(2)接触线中心锚结绳检修标准同防窜防断式中心锚结。

(3)双线隧道防窜防断式中心锚结检修应注意检查图 6-32 中所标示空气绝缘距离 1、空气绝缘距离 2,两者距离必须大于 300 mm 以上。

(4)其他检修标准同隧道外防窜防断式中心锚节。

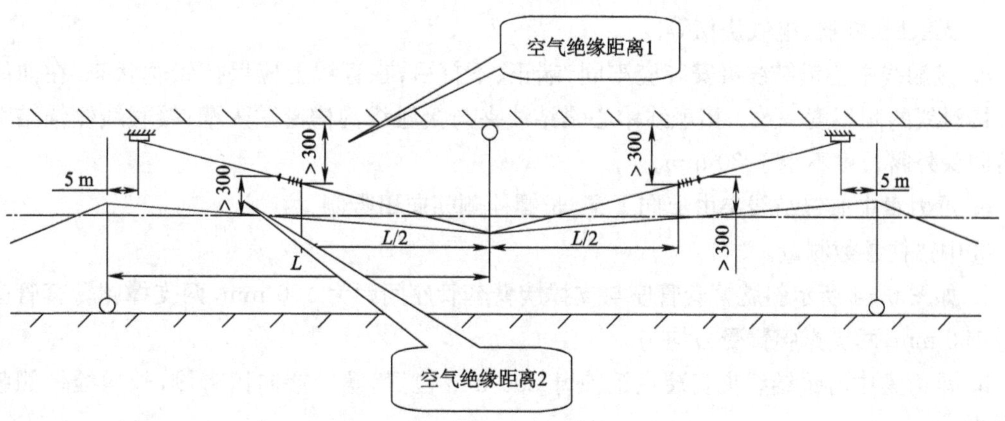

图 6-32　双线隧道防窜防断式中心锚结示意图(单位:mm)

(四)检修程序和方法

1. 作业准备

按规程要求填写工作票并交付工作领导人,工作领导人向作业组全体成员宣读工作票、分工并进行安全预想,检查工具、材料。

2. 完成安全措施

做好安全措施，工作领导人确认完成安全措施后，通知各作业组开工。

3. 检查测量

(1)防窜中心锚结检查测量

①中锚柱检查。

a. 中心锚柱腕臂垂直于线路中心线，无断裂、烧伤，两支撑腕臂无变形。

b. 承力索中心锚结绳辅助线无断股、散股，安装在承力索座靠近支柱侧槽内。

c. 承力索中心锚结线夹外观良好，无裂纹、锈蚀等现象。

②接触线中心锚结检查。

a. 如图 6-33 所示，接触线中心锚结应安装在腕臂与第一根吊弦间，中心锚结线夹距离最近吊弦或腕臂距离为 150 mm，中心锚结绳露头 50 mm。

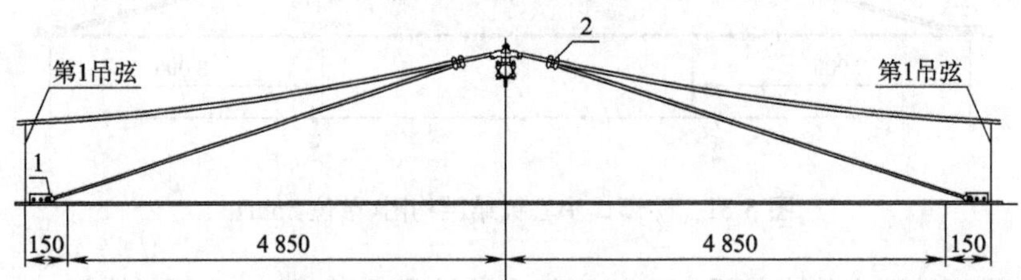

图 6-33　中心锚结绳安装位置及状态图(单位：mm)

1—接触线中心锚结线夹；2—承力索中心锚结线夹

b. 中心锚结绳两边张力相等，不得松弛或高度低于接触线。锚结绳处于受力状态，但不改变相邻吊弦受力和导线高度。

c. 无散股、断股、电气烧伤等。

d. 接触线中心锚结线夹安装应牢固、端正、不打弓，在直线上应保持铅垂状态，在曲线上应与接触线的倾斜度一致。接触线中心锚结线夹与接触线沟槽密贴入槽；接触线侧锚结绳压接后回头外露长度不小于 30 mm。

e. 承力索中心锚结线夹由上向下穿，长螺栓侧朝向田野侧。

③中锚柱参数测量。

a. 如图 6-34 所示斜腕臂套管座与支撑腕臂套管座间距为 150 mm，两支撑腕臂套管座间距为 150 mm，两支撑腕臂受力均匀。

b. 承力索中心锚结线夹安装在距腕臂 200 mm 位置，螺栓穿向田野侧，长螺栓一侧朝向田野侧。

④接触线中心锚结弛度测量。

接触线中心锚结线夹处导高应与邻点吊弦处导高相等，允许抬高 0～10 mm。

测量方法：

a. 测量中心锚结线夹处接触线高度 H_1；

b. 测量该中心锚结线夹处两侧吊弦的高度 H_2，H_3；

c. 弛度 $\Delta H=(H_2+H_3)/2-H_1$，该弛度应为负值。

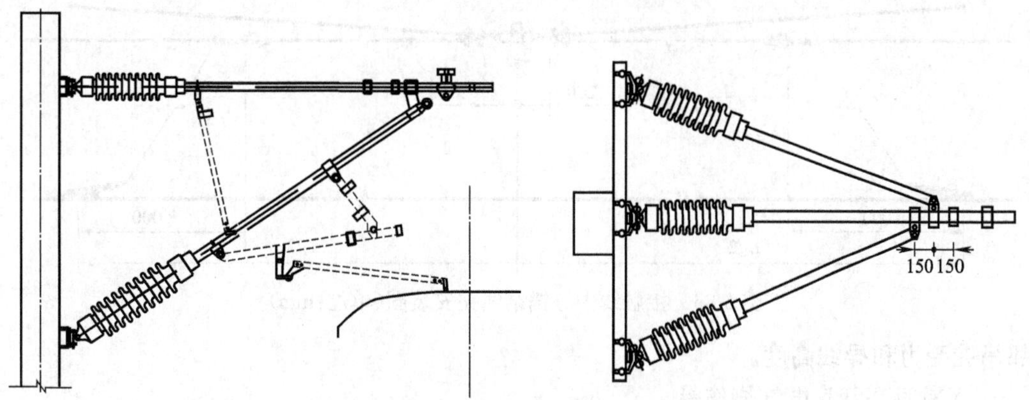

图 6-34　斜腕臂套管座与支撑腕臂套管座安装示意图(单位:mm)

⑤接触线中心锚结绳安装在距离邻近吊弦 150 mm 位置,两侧吊弦及中锚绳处于受力状态。

⑥力矩检查。

螺栓紧固力矩承力索中心锚结线夹为 46 N·m,接触线中心锚结线夹为 70 N·m。

(2)防断中心锚结检查测量

①落锚装置检查。

依照项目六任务四执行。

②承力索中心锚结绳检查。

无散股、断股、电气烧伤等;不得有补强或接头;中心锚结绳的弛度应等于或略高于该处承力索的弛度。

③中心锚结支柱检查。

a. 中心锚结支柱的腕臂应垂直于线路。

b. 承力索中心锚结线夹安装在距腕臂 200 mm 位置,如图 6-35 所示。螺栓穿向田野侧,长螺栓一侧朝向田野侧。

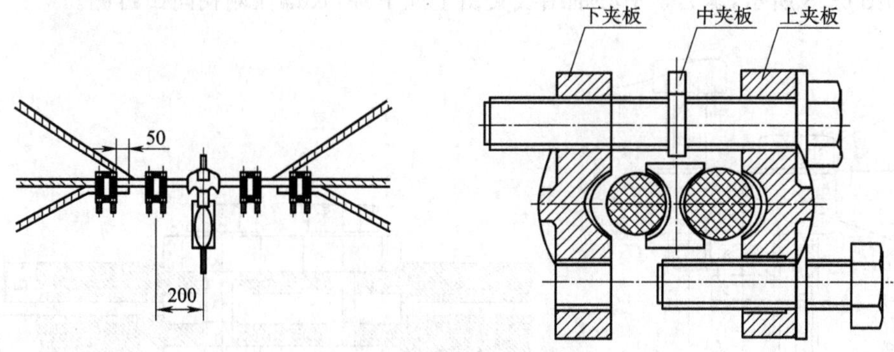

图 6-35　承力索中心锚结线夹安装(单位:mm)

④接触线中心锚结绳安装位置及状态检查。

a. 如图 6-36 所示,接触线中心锚结线夹应安装在跨中位置。

b. 中心锚结绳两边张力相等,不得松弛或低于接触线。锚结绳处于受力状态,但不改变

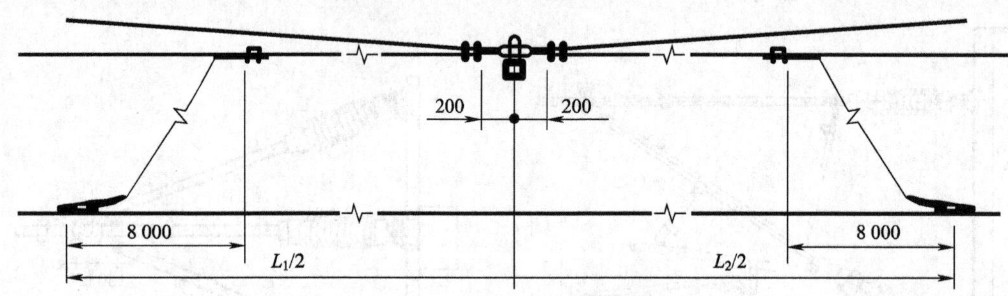

图 6-36　接触线中心锚结线夹安装图(单位:mm)

相邻吊弦受力和导线高度。

c. 无散股、断股、电气烧伤等。

d. 接触线中心锚结线夹安装应牢固、端正、不打弓,在直线上应保持铅垂状态,在曲线上应与接触线的倾斜度一致。接触线中心锚结线夹与接触线沟槽密贴入槽,接触线侧锚结绳压接后回头外露长度不小于 20 mm,如图 6-37 所示。

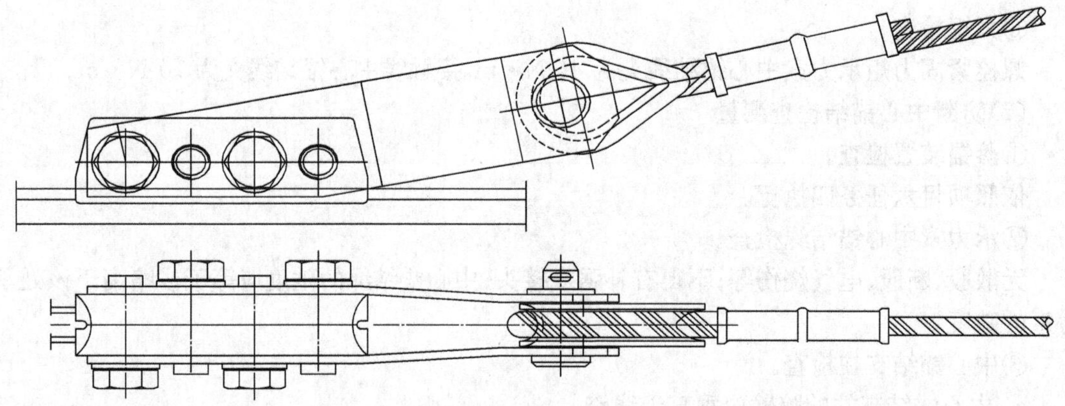

图 6-37　接触线中心锚结线夹

e. 如图 6-38 所示,承力索中心锚结线夹由上向下穿,长螺栓侧朝向田野侧。

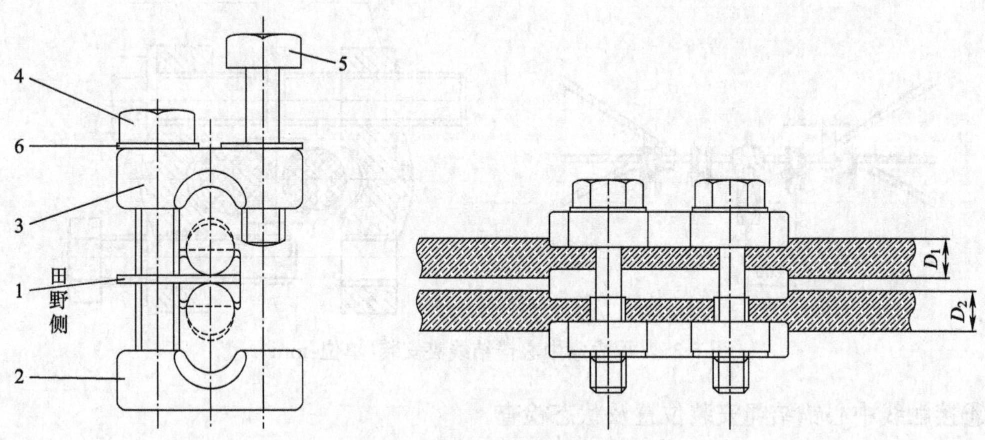

图 6-38　承力索中心锚结线夹安装图

1—中夹板;2—下夹板;3—上夹板;4—长螺栓;5—短螺栓;6—上动垫片

⑤承力索延长落锚悬挂点

当承力索中心锚结绳因空间限制延长落锚时，悬挂点位置悬挂装置力矩应符合设计标准值。承力索中心锚结绳在悬吊滑轮内固定时，承力索中心锚结绳应安装预绞式保护条。预绞式保护条安装应符合温度偏移，悬吊滑轮应处于良好工作状态，开口销掰至120°。

⑥承力索中心锚结绳弛度测量。

承力索中心锚结绳的弛度应等于或略高于该处承力索的弛度。承力索中心锚结辅助绳在其垂直投影与线路钢轨交叉处，应高于接触线300 mm以上。

⑦接触线中心锚结安装位置。

中锚绳两端距相邻的吊弦或电连接距离不得小于50 mm。

4. 调整

(1)防窜中心锚结调整

①中心锚结柱

a. 中心锚结柱中心连线不垂直于线路中心线时，将中心锚结柱调整至垂直线路中心线：松开两支撑套筒座，松开承力索座盖板螺栓，调整腕臂至垂直于线路中线，紧固各部位连接螺栓至设计力矩。

b. 承力索中心锚结线夹螺栓穿向错误、安装位置不符合设计标准值时，应将承力索所中心锚结线夹拆除，按照标准值重新安装。

②承力索中心锚结线

有断股、烧伤时，应及时进行更换。

③接触线中心锚结

a. 安装位置

接触线中心锚结安装位置不符合设计标准时，应将接触线中心锚结按照设计标准进行重新安装。当接触线心锚结绳断股、散股，接触线中心锚结线夹断裂、烧伤时，应对此处接触线中心锚结进行更换。更换步骤如下：

- 在需要更换的中心锚结绳处承力索侧线夹安装位置，用大绳拉紧承力索，使接触线中锚绳松弛。
- 中心锚结绳充分松弛后，拆除中心锚结绳，并在承力索上与接触线中心锚结线夹相对位置做好标记。
- 将预制好的中心锚结绳在相应做好的地方进行安装，并保证该处接触线高于两侧吊弦0～10 mm。

b. 弛度

接触线中心锚结过松、过紧时，如图6-39所示，调整方法如下：

- 首先测量该中心锚结接触线线夹处的接触线高度是否符合设计规定。
- 根据测量值，确定调整的位置。调整时，将辅助绳松弛的中心锚结线夹打开，一人抽拉辅助绳头，当两侧辅助绳弛度达到一致时停止抽拉，另一人用扭矩扳手将承力索中心锚结线夹扭至设计要求力矩即可。
- 对该处中心锚结接触线线夹处高度进行复测。

接触线中心锚结绳一侧过松，另一侧过紧时，首先对接触线中心锚结所在锚段两端落锚装

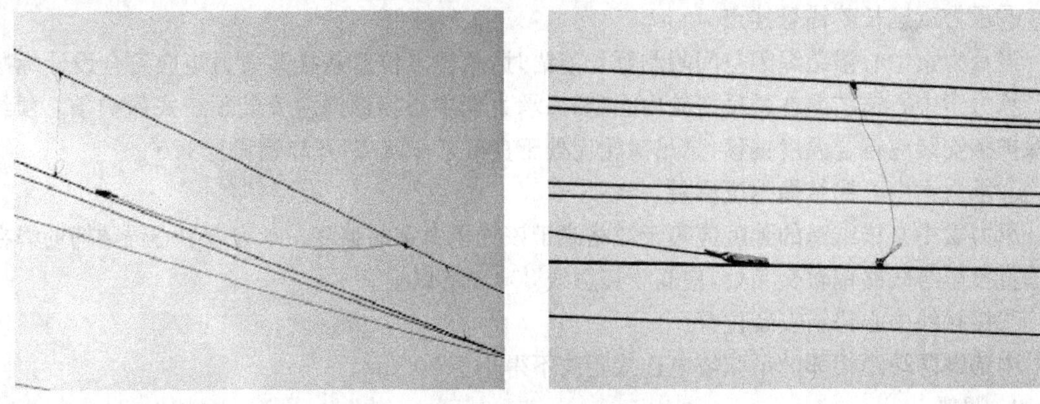

图 6-39 接触线中心锚结状态图

置进行检查，通过调整 b 值使中心锚结绳两侧松紧一致。

④几何参数调整

a. 中心锚结线夹处接触线高度低于标准

➢ 用小绳将距接触线中心锚结线夹外侧 300 mm 的承力索向下拉紧，使接触线中心锚结绳充分松弛，然后松开接触线中心锚结线夹。

➢ 根据接触线中心锚结线夹处原导线高度值和悬挂点导线高度的差值向外移动接触线中心锚结线夹并紧固螺栓。

➢ 测量接触线中心锚结线夹处导线高度，不符合要求时按以上步骤重新调整直至符合标准。最后拆除铁线。

b. 中心锚结线夹处接触线高度高于标准

参见 a，根据接触线中心锚结线夹处原导线高度值和悬挂点导线高度的差值向内移动接触线中心锚结线夹并紧固螺栓。

⑤接触线中心锚结线夹偏斜

a. 用一个扭面器首先卡在接触线偏磨起始位置。

b. 用另一个扭面器卡在偏磨接触线的偏磨面上距第一个扭面器 200～300 mm 处。

c. 将第一个扭面器固定不动，根据接触线偏磨方向和偏磨程度旋转。

d. 松开两个扭面器使接触线处于无外力状态，观察接触线线面情况（如果一次调整不到位，重复动作 c 直至接触线面符合要求为止）。

(2)防断中心锚结调整

①窜锚调整

a. 仅接触线发生窜锚，如定位器出现偏移、吊弦不铅垂、两端接触线中锚绳弛度不一（通常一边松弛，一边过紧）时，调整方法和步骤（假设接触线向 A 方向窜动）如下：

➢ 将接触线 A 方向坠砣向上托起或用手扳葫芦向上提起并保持一段时间。

➢ 安排人员在中锚附近观察定位器及接触线中锚的恢复情况。

➢ 当定位器不再偏移，两端接触线中锚绳受力状态恢复一致时，将 A 方向坠砣缓缓放下。

b. 仅承力索发生窜锚时，如中锚支柱腕臂发生偏移、吊弦不铅垂、两端的承力索和接触线弛度均不一样（一边松弛，一边过紧）。调整方法和步骤参照接触线窜锚调整方法，调整承力索坠砣。

上述窜锚调整结束后，应观察设备一段时间，确保状态良好，线索不再窜动。对于发生窜锚的锚段，应加强巡视力度，同时调查坠砣配重、半边锚段长度差、曲线半径、坡度以及补偿装置的状态等可能造成窜锚的因素。

②更换承力索中心锚结

承力索中心锚结绳有断股、烧伤时，应及时进行更换。

a. 根据现场测量数据，预制新的承力索中心锚结绳。

b. 将中心锚结柱固定承力索座打开，在承力索座处用绳套子固定放线滑轮，将承力索中锚绳放在放线滑轮内。

c. 人员到位，做好准备工作后，首先将一侧中锚锚柱用手扳葫芦紧起承力索中锚绳，打开落锚装置，然后在落锚杵环杆上安装紧线器，将大绳与紧线器连接，并放入支柱侧滑轮内，缓缓松开手扳葫芦，同时辅助人员拉紧大绳，将承力索中锚绳放下。

d. 将预制好的承力索中锚绳按照原有承力索中锚绳路径进行敷设，然后将落锚装置与承力索中锚绳连接，一端与落锚底座连接，另一端在杵环杆位置安装紧线器，并与大绳连接。

e. 辅助人员拉紧大绳至高空作业人员作业范围内时，高空作业人员将葫芦钩连接在紧线器上，收紧手扳葫芦。

f. 按照更换前承力索中锚绳技术状态将更换后承力索中锚绳恢复。

③更换接触线中心锚结

当接触线心锚结绳断股、散股，接触线中心锚结线夹断裂、烧伤时，应对此处接触线中心锚结进行更换。

a. 在需要更换的中心锚结绳处承力索侧线夹安装位置处，用大绳拉紧承力索，使接触线中锚绳松弛。

b. 中心锚结绳充分松弛后，拆除中心锚结绳，并在承力索上与接触线中心锚结线夹相对位置做好标记。

c. 将预制好的中心锚结绳在相应地方进行安装，并保证该处接触线的高度高于两侧吊弦0～10 mm。

④弛度不符合要求

承力索中心锚结绳弛度不符合设计标准时，应对其弛度进行调整。

a. 中心锚结柱一侧弛度过大，如图 6-40 所示，将紧线器安装在承力索中心锚结连接手扳葫芦，钢丝套子安装在支柱适当高度，连接手扳葫芦，先打开承力索中心锚结落锚装置，按照测量数据进行紧线。

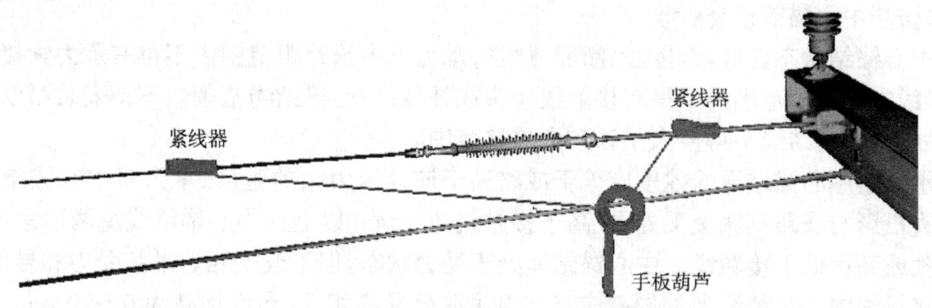

图 6-40　承力索中心锚结绳弛度调整施工图

b. 中心锚结柱两侧弛度不均匀，将中心锚结柱承力索固定承力索座打开，在承力索座处用绳套子固定放线滑轮，两侧弛度均匀后重新进行安装。

c. 中心锚结柱两侧承力索中心锚结绳弛度过大，将中心锚结柱承力索固定承力索座打开，在承力索座处用绳套子固定放线滑轮，将承力索中锚绳放在放线滑轮内。在一侧中锚锚柱用手扳葫芦将承力索中锚绳紧起，将落锚装置打开。根据需要调整量，对中锚绳进行调整。当中锚绳过松时，打开承力索终端锚固线夹进行紧线。

接触线中心锚结过松、过紧时，调整方法如下：

a. 首先测量该中心锚结接触线线夹处的接触线高度是否符合设计规定。

b. 根据测量值，确定调整的位置。调整时，将辅助绳松弛的中心锚结线夹打开，一人通过手扳葫芦抽拉辅助绳头，当两侧辅助绳弛度达到一致时停止抽拉，另一人用扭矩扳手将承力索中心锚结线夹扭至设计要求力矩即可。

c. 对该处中心锚结接触线线夹处高度进行复测。

⑤中心锚结线夹处接触线高度不符合标准

a. 用铁线在接触线中锚线夹附近做临时吊弦，调整临时吊弦的长度的同时测量接触线中锚线夹的导高直至达到要求。

b. 调整接触线中锚线夹的弛度，直至其符合要求。

c. 拆除原有的松弛的吊弦，制作安装新的吊弦。

d. 拆除铁线。

⑥接触线中心锚结线夹偏斜调整

a. 用一个扭面器首先卡在接触线偏斜起始位置。

b. 用另一个扭面器卡在偏斜接触线的偏斜面上距第一个扭面器 200～300 mm 处。

c. 将第一个扭面器固定不动，根据接触线偏斜方向和偏斜程度旋转。

d. 松开两个扭面器使接触线处于无外力状态，观察接触线线面情况（如果一次调整不到位，重复动作 c 直至接触线面符合要求为止）。

5. 检查验收

(1)防窜中心锚结检查验收

①中心锚结状态良好，无散股、断股、烧伤；接触线中锚跨距范围内不得有接触线接头或补强；中心锚结绳范围内不得安装吊弦和电连接器；接触线中心锚结绳不得侵入吊弦和电连接范围内；当中锚绳两端距相邻的吊弦或电连接距离小于 2 m 时应拆除。

②防窜中心锚结支持装置及定位装置各零部件几何参数符合设计规定。

(2)防断中心锚节检查验收

①中心锚结状态良好，无散股、断股、烧伤；承力索中锚跨距范围内不得有承力索接头或补强；接触线中锚跨距范围内不得有接触线接头或补强；中心锚结绳范围内不得安装吊弦和电连接；接触线中心锚结绳不得侵入吊弦和电连接范围内。

②承力索中心锚结绳的弛度应等于或略高于该处承力索的弛度；承力索中心锚结辅助绳在其垂直投影与线路钢轨交叉处，应高于接触线 300 mm 以上。中心锚结线绳两边张力相等，不得松弛或高度低于接触线。中心锚结绳处于受力状态，但不改变相邻吊弦受力和导线高度。

③接触线中心锚结线夹处导高应与邻点吊弦处导高相等，允许抬高为 0～10 mm，接触线中锚线夹安装应牢固、端正、不打弓。在直线上应保持铅垂状态，在曲线上应与接触线的倾斜度一致。接触线中心锚结线夹与接触线沟槽密贴入槽。

④承力索中心锚结延长落锚悬挂点位置几何参数符合要求，安装有预绞式保护条，交叉处符合设计标准。

6. 办理收工手续

(1)工作领导人确认各作业组工作结束，人员机具均已撤至安全地带后，通知监护人员撤除地线及其他安全措施。

(2)工作领导人确认安全措施撤除后，通知驻站联络员申请消除停电作业命令和线路封锁命令。

(3)工作领导人召开收工会，办理收工手续。

7. 填写检修记录

按照当天检修情况填写检修记录。

四、分析与思考

本任务主要是两跨式中心锚结检调，关系到接触网的结构和技术标准要求，因此，如何保证设备各项参数的合格至关重要。在实际工作中需要任意以下问题：

(1)作业人员不宜位于线索受力方向的反侧，并采取防止线索滑脱的措施。

(2)中锚偏移较大的情况下，检查中锚处吊柱支持装置底座、定位管定位钩有无变形现象。

(3)承力索与承力索吊弦线夹接触部位涂抹适量电力复合脂。

任务四　补偿装置的维护检修

补偿装置是接触网的重要设备，其学习目标和典型工作任务是接触网维护与检修的重要组成部分，和其他模块共同组成接触网的日常维护与检修工作。

一、任务书——棘轮补偿装置的检调

图 6-41 是全补偿棘轮式补偿装置结构图。根据实训基地实物进行全补偿棘轮补偿装置检调，并将检调结果填入表 6-17 中。

表 6-17　补偿装置维修记录

＿＿＿＿站场(区间)

支柱号	检修日期	坠砣					滑轮注油及动作情况	补偿绳断股、散股及涂油	制动器、限制器及其他零件	检测人/互检人
	年/月/日	温度(℃)	a 值(承力索/接触线)(mm)	b 值(承力索/接触线)(mm)	重量(承力索/接触线)(mm)	坠砣状态(承力索/接触线)				

设备责任人:＿＿＿＿＿＿

注:a 为补偿绳回头末端至定滑轮或制动部件的距离;b 为坠砣底部距地面的距离。

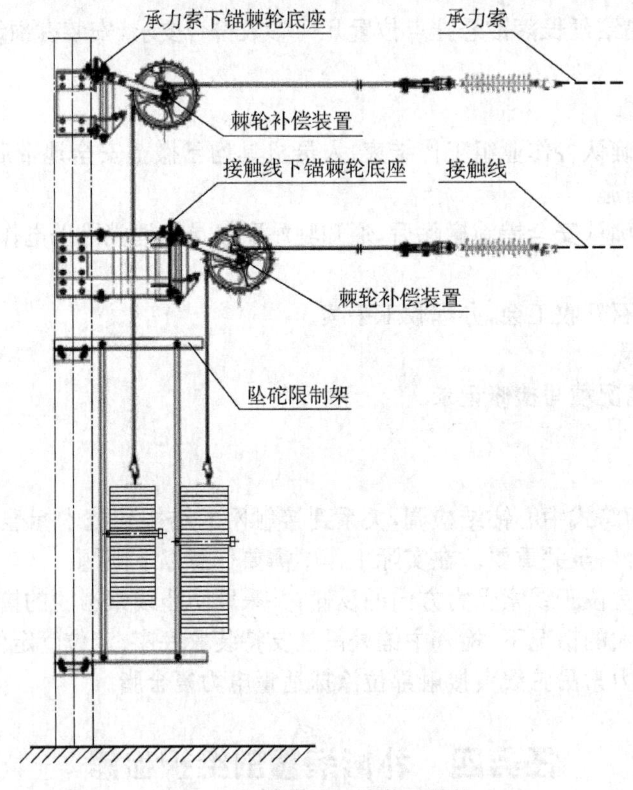

图 6-41 棘轮式补偿装置结构

二、知识准备

接触网补偿装置，又称张力自动补偿器，安装在锚段的两端，并且串接在接触线、承力索内。其作用是补偿线索内的张力变化，使张力保持恒定。因为在大气温度发生变化时，接触线或承力索会发生伸长或缩短，从而使线索内张力发生变化，这时就会影响到接触线或承力索的弛度，使受流条件恶化。为改变这种情况，一般在一个锚段两端，在接触线及承力索内串接张力自动补偿装置后，再进行下锚。

接触网补偿装置有许多种类，有滑轮式、棘轮式、鼓轮式、液压式及弹簧式等。

对张力自动补偿装置的要求有二：其一，补偿装置应灵活，在线索内的张力发生缓慢变化时，应能及时补偿，传送效率不应小于 97%；其二，具有快速制动作用，一旦发生断线事故或其他异常情况，线索内的张力迅速发生变化时，补偿装置应有制动功能。一般对于全补偿的承力索内的补偿装置，如不具备制动功能时，需专门增加断线制动装置，以防止在发生断线时，坠砣串落地而造成事故扩大、恢复困难。

我国电气化铁路中使用最广泛的是滑轮式和棘轮式补偿装置。

(一)滑轮式补偿装置

1. 主要组成部分

我国普速铁路广泛采用滑轮式补偿装置。它由补偿滑轮（滑轮组）、补偿绳、杵环杆、坠砣杆、坠砣、连接零件和限制导管组成。补偿滑轮分为定滑轮和动滑轮（构造相同），定滑轮改变受力方向，动滑轮除改变受力方向外还可省力和移动位置。滑轮一般都装有轴承，其结构如图

6-42 所示。我国电气化铁路补偿滑轮早期为 130 mm 小直径可锻铸铁滑轮，补偿绳为 50 mm^2(19 股)镀锌钢绞线 GJ-50。补偿滑轮半径较小，易造成补偿绳因为弯曲疲劳而断股。目前，铝合金滑轮补偿装置是可锻铸铁滑轮的替代产品。铝合金滑轮补偿装置由滑轮组、不锈钢丝绳、连接框架及双耳楔型线夹组成，备有 1∶2、1∶3、1∶4、1∶5 四种规格，可满足不同标准张力要求，其结构形式如图 6-43 所示。

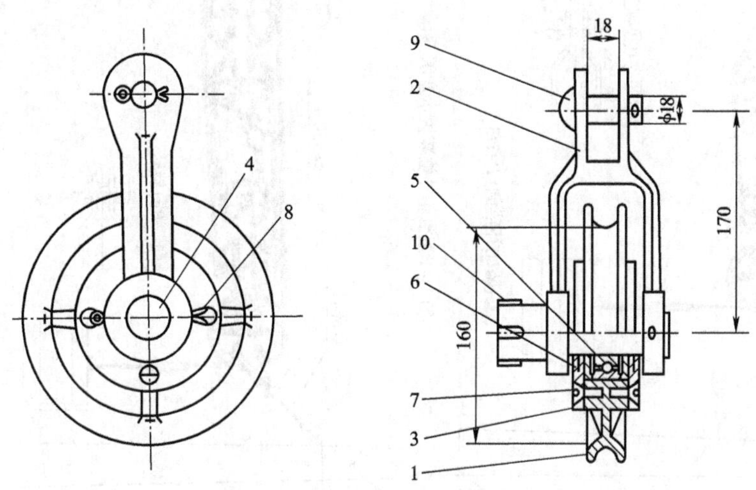

图 6-42　补偿滑轮结构图(单位：mm)

1—圆轮；2—框架；3—盖板；4—轴；5—滚动轴承；6—挡环；7—螺钉；8—开口销子；9—销钉；10—注油盖子

滑轮轮体按不同组合要求，备有 270、205、165 mm 三种直径，材质为 ZL114A 铝合金，制造工艺为国际先进的金属模低压铸造。轮体与轴连接采用滚动轴承(G 型)或者滑动轴承(H 型)。补偿绳采用结构为 8T(12+6/6+1)+7(12+6+1)，直径 ϕ8.75mm 的镀锌钢丝绳。补偿滑轮最大工作荷重：1∶2 型为 15 kN、1∶3 型为25 kN、1∶4 型为 25 kN、1∶5 型为 25 kN。

与可锻铸铁滑轮相比，铝合金滑轮重量轻、强度高、耐腐蚀性能好、轮径大。柔韧的不锈钢丝绳与大直径的轮槽贴合密切，是镀锌钢绞线和小轮径滑轮无法比拟的。两个滚动轴承比一个滚动轴承承受力更加均匀，转动平稳、灵活。加上在结构、设计、制造方面都精良的连接框架，保证了铝合金滑轮补偿装置具有较高的机械强度和传动效率，且重量轻、寿命长。铝合金滑轮补偿装置的主要缺点是随着变比的增大，整套装置的体积和重量也明显增加，在空间受限的隧道等处安装困难。

坠砣块一般采用混凝土或灰口铸铁制成，每块约重 25 kg，重量误差不大于 3%，呈中间开口的圆饼状，如图 6-44 所示。混凝土坠砣材质为不低于 150 标号的混凝土，主要用于时速 200 km 以下线路。铸铁坠砣一般使用于高速铁路以及大型桥梁隧道中。铸铁坠砣从形状上分圆形铁坠砣和方形铁坠砣，圆形铁坠砣用于隧道外，方形铁坠砣主要用于隧道内。铸铁坠砣应用 2 级热浸镀锌并涂黑色油漆作防腐措施。铸铁坠砣和混凝土坠砣相比，坠砣串的长度较短，可以获得更大的补偿范围，在锚段长度较长(比如大于 1 600 m)时，能满足补偿坠砣移动

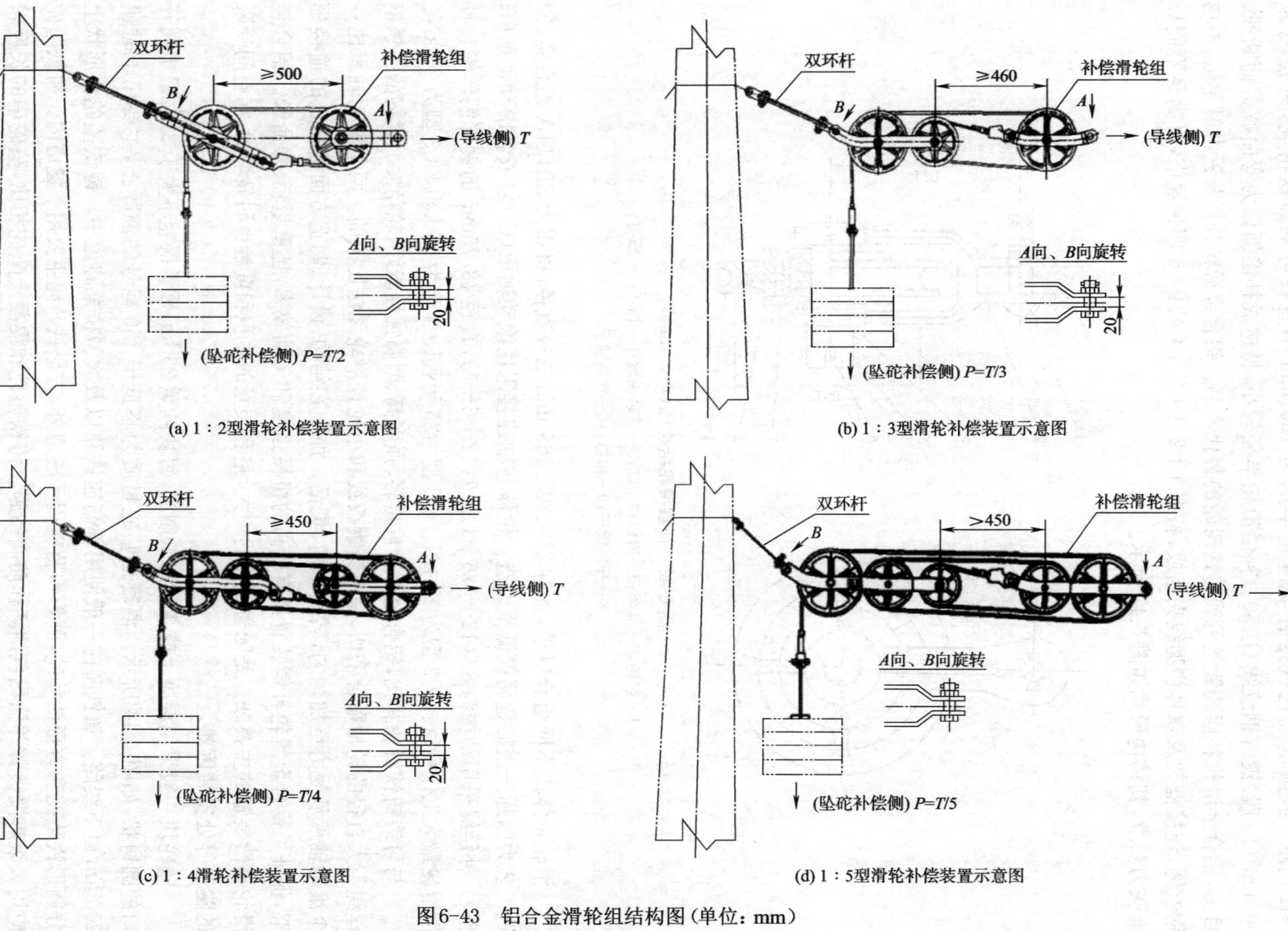

(a) 1∶2型滑轮补偿装置示意图

(b) 1∶3型滑轮补偿装置示意图

(c) 1∶4滑轮补偿装置示意图

(d) 1∶5型滑轮补偿装置示意图

图6-43　铝合金滑轮组结构图（单位：mm）

范围要求，但是造价较高，易丢失。坠砣杆一般由 ϕ16 mm 圆钢加工制成，上端有单孔焊环，底部焊有托板。坠砣杆的型号规格根据其放置坠砣块数量的不同分为三种：17 型、20 型和 30 型。型号中的数字表示坠砣杆所悬挂坠砣的数量。

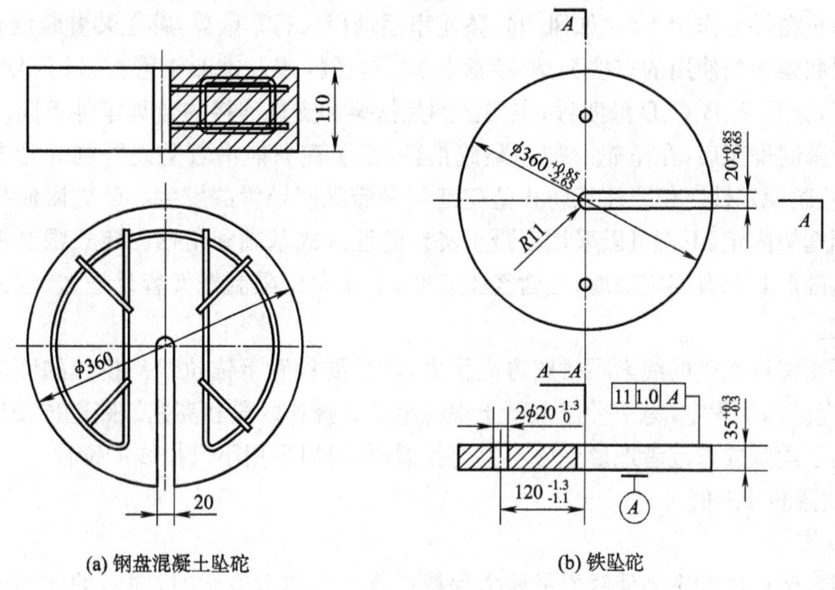

图 6-44 坠坨示意图(单位：mm)

补偿装置重量允许偏差为额定重量的±2%，坠砣串重量应包括坠砣杆、坠砣抱箍及连接的楔型线夹重量。运行速度在大于 160 km/h 时，对补偿坠砣重量提出了更严格的要求，补偿坠砣串的质量允许偏差为±1%，同一锚段两坠陀串质量的相对偏差不大于 1%。

2. 补偿器的安设与要求

半补偿时，接触线补偿器多采用两滑轮组结构，滑轮组的传动比为 1∶2，即坠砣块的重力为接触线标称张力的一半。

全补偿时，接触线与承力索两端均带补偿器，接触线补偿器的安设与半补偿相同，承力索补偿器则采用三滑轮组式，传动比为 1∶3。采用传动比比较大的滑轮组时坠砣串的块数减少，但坠砣串上升和下降的距离会按倍数增大，减小了补偿器的补偿范围，不利于施工和维修。

在运营线路上，当接触线因磨耗而截面逐渐减小时，坠砣串块数也应相应减少，使接触线维持一定的张力防止出现断线事故。线索的张力是根据线索的抗拉断力除以安全系数决定的，铜或铜合金接触线在最大允许磨耗面积 20%的情况下，其强度安全系数不应小于 2.0。承力索的强度安全系数，铜或铜合金绞线不应小于 2.0，钢绞线不应小于 3.0，钢芯铝绞线、铝包钢和铜包钢系列绞线不应小于 2.5。

不同材质、不同截面积线索，选用张力不同时，坠砣的重量(片数)和传动比会有所不同。坠砣应完整，叠码整齐，其缺口相互错开 180°。坠砣块自上而下按块编号，并标明重量。

早期电气化铁路接触网补偿装置安装采用了接触线、承力索在支柱异侧下锚的安装方式。运行表明，这种安装方式下，支柱顶端的定滑轮顺线路方向上的偏角不可调整，造成补偿绳和滑轮轮槽发生偏磨，严重时补偿绳可能从轮槽中脱出、卡滞。目前，补偿装置的安装趋于使用同侧下锚，即接触线、承力索在支柱同侧下锚，如图 6-41 所示。同侧下锚时，补偿滑轮在补偿绳的拉力作用下，和补偿绳在一条直线上，可以减少偏磨。同侧下锚时，要注意防止承力索补偿绳和接触线补偿滑轮上的双环杆相磨。

为了防止在外力作用下(比如风力)，坠砣串摆动侵入行车限界，补偿装置装设有坠砣限制架。坠砣限制架根据使用的支柱类型(横腹杆式、等径杆式及锥形钢管柱、H 形钢支柱、格构式钢支柱等)分为 A、B、C、D 型四种，主要区别是框架和支柱连接的金具零件不同。H 形钢支柱安装坠砣限制框架后，在坠砣上加装坠砣抱箍，使坠砣只能沿着坠砣限制导管方向上下移动，增强了坠砣稳定性。但要注意防止坠砣抱箍卡滞限制导管的发生。坠砣限制导管上端采用角钢限制框架固定，下端可以采用混凝土浇筑的埋入式基础和角钢固定式限制框架两种类型。两种基础形式都有固定功能，运营经验表明，下端角钢限制框架容易被盗，宜采用混凝土埋入式基础。

为了平衡锚柱承受的线索顺线路方向张力，锚柱要设置下锚拉线。拉线的固定方式有两种，一种是埋设锚板固定，另一种是混凝土现浇地锚。提速区段和高速铁路趋向使用混凝土现浇地锚。为了美观要求或者地形受限不宜打拉线时，可以采用不设拉线的锚柱。

3. 补偿器的 a、b 值

(1)a、b 值

补偿器靠坠砣串的重力使线索的张力保持平衡。当温度变化时，线索的伸缩使坠砣串上升和下降，当坠砣串升降超出允许范围时(如下降过多使坠砣串底面接触地面或上升过多使坠砣杆耳环孔卡在定滑轮槽中)，会使补偿器失去补偿作用。因此用补偿器的 a、b 值来限定坠陀串的升降范围。

坠陀杆耳环孔中心至补偿(定)滑轮下沿的距离为 a 值。坠陀串最下一块坠陀的底面至地面(或基础面)的距离称为补偿器的 b 值。补偿器 a、b 值随温度变化而发生变化，接触线和承力索补偿器的 a、b 值不相等。

为了使补偿器不失去补偿作用，对补偿器 a、b 值提出以下要求：

在最低温度时，a 值应大于零，最高温度时 b 值应大于零。铁路主管部门颁发的《接触网运行检修规程》规定，补偿器 a、b 值的最小值不小于 200 mm，在进行接触网设计时，a、b 值不小于 300 mm。

(2)a、b 值的计算及坠砣安装曲线

在不同温度时，补偿器 a、b 值不同，其计算方法如下：

$$a=a_{\min}+nLa(t_x-t_{\min})$$

$$b=b_{\min}+nLa(t_{\max}-t_x)$$

式中　$a_{\min}$——设计时规定的最小 a 值(mm)；

$b_{\min}$——设计时规定的最小 b 值(mm)；

$t_{\min}$——设计时采用的最低气温(℃)；

t_x——安装或调整作业时的温度(℃)；

$t_{\max}$——设计时采用的最高气温(℃)；

n——补偿滑轮传动系数(即传动比的倒数)；

L——锚段内中心锚结至补偿器间距离(mm)；

a——线索的线胀系数(℃$^{-1}$)。

为了施工和维修的方便,利用上述公式,根据不同的温度和中心锚结至补偿器间距离,可以计算出多组 a、b 值,如图 6-45 所示为某型线索的安装曲线。将计算结果标注在图中,通过描点作图绘制出补偿器安装曲线,供施工和维修人员参照调整,准确控制坠砣串的高度。

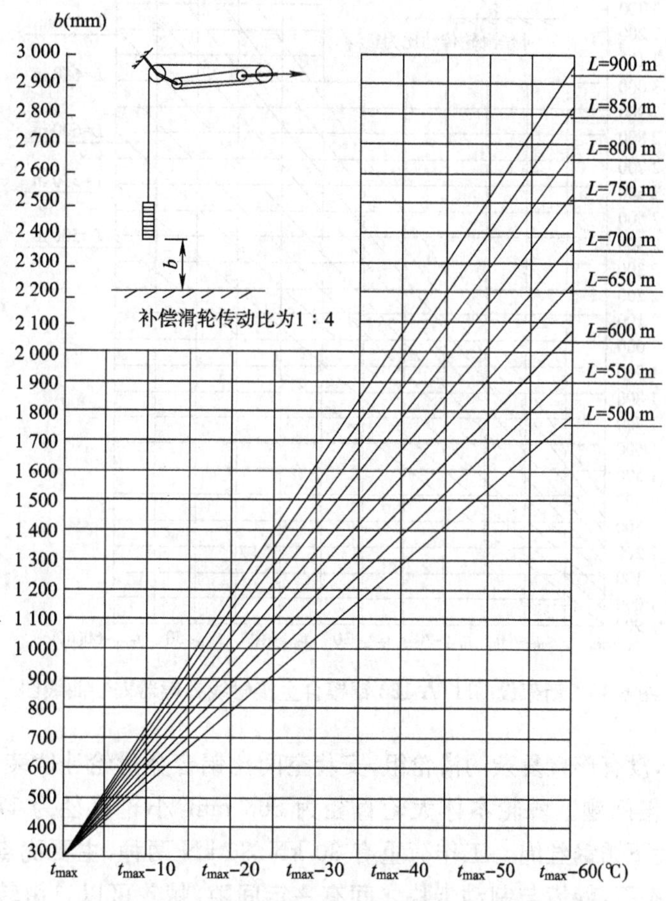

图 6-45　THJ-100 承力索补偿器安装曲线图

新线架设时,接触网线索存在初伸长问题,即线索承受张力后,会蠕变延伸。线索的初伸长会影响到接触网施工时补偿器 b 值。新线考虑线索延伸时,其 a、b 值的计算公式为:

$$a=a_{\min}-n\theta L+nL\alpha(t_x-t_{\min})$$

$$b=b_{\min}+n\theta L+nL\alpha(t_{\max}-t_x)$$

式中　θ——新线延伸率,钢承力索为 3.0×10^{-4},铜合金承力索和接触线取 6.0×10^{-4}。

新线的延伸会影响到补偿装置的安装曲线,安装时应考虑线索超拉伸长后坠砣位置符合设计要求,故新线安装曲线采用如图 6-46 所示的安装曲线。

(二)棘轮式补偿装置

我国哈(尔滨)——大(连)线电气化技术改造,引进了德国棘轮补偿装置,外形及结构如图 6-47 所示。目前,棘轮补偿装置在高速铁路和城轨交通中应用广泛。棘轮装置的棘轮与其

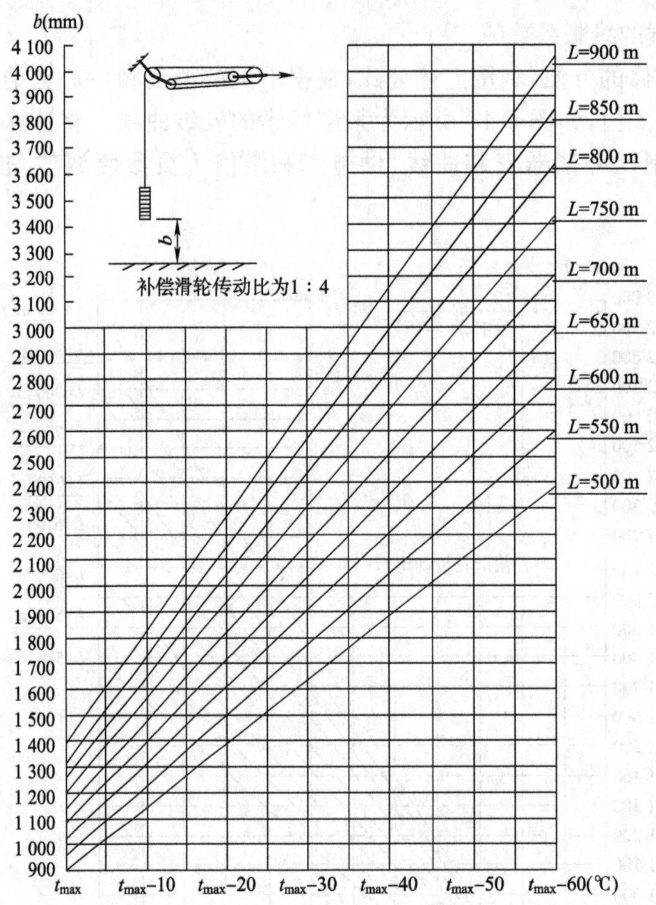

图 6-46 新架设 CHTA-120 铜银合金接触线补偿器安装曲线图

他工作轮共为一体，没有连接复杂的滑轮组，安装空间比铝合金滑轮补偿装置小很多，可以解决空间受限时的补偿问题。棘轮本体大轮直径为 566 mm，小轮直径为 170 mm，传动比为 1∶3，补偿绳为柔性不锈钢丝绳。工作荷重有 30 kN、36 kN 两种，主要优点是具有断线制动功能。正常工作状态下，棘齿与制动卡块之间有一定间隙，棘轮可以自由转动。当线索断裂后，棘轮和坠砣在重力作用下下落，棘齿卡在制动卡块上，坠砣下落不低于 200 mm，从而可以有效地缩小事故范围、防止坠砣下落侵入限界。棘轮补偿装置分为 Z 型和 F 型两种，其区别主要是棘轮支架的长度和补偿绳的绕向。Z 型装置中，坠砣补偿绳在棘轮的支柱侧，F 型反之。Z、F 型装置安装后棘齿制动的方向是不同的，要注意制动卡块的安装方向。F 型多用于隧道。

京沪高速铁路接触线用棘轮下锚补偿装置的断线制动棘齿采用伞齿结构设计，如图 6-47(b)所示，进一步提高了大张力条件下断线制动的可靠性。棘轮装置具有转动灵活、传动效率高(与铝合金滑轮补偿装置相当)、防腐性能好、使用寿命长等优点，但价格较高。由于棘轮本体形状复杂、轮径大、薄壁部位多，因而制造上对设备的要求很高，同时对铸造技术水平的要求也很高。

棘轮的安装除了对坠砣 a、b 值进行确定外，还包括补偿绳在棘轮上的缠绕圈数。理顺补偿绳与轮体之间的缠绕关系，并使其正确入槽，防止绳股之间交错、重叠。大、小轮绕绳圈数应遵循以下原则：大轮最少缠绕半圈，最多缠绕三圈半；小轮最少缠绕半圈，最多缠绕三圈半，缠绕时注意两边对称。首次安装时，根据设计坠砣曲线，调整初始缠绕圈数。

棘轮补偿装置在应用中，有多种安装形式，一种为接触线、承力索补偿棘轮上下布置，这种布置对支柱高度、容量要求较高；另外一种为承力索、接触线下锚棘轮水平布置，分别安装在支柱的两侧；还有承力索、接触线共用一个棘轮的并联棘轮补偿装置。安装后，棘轮轴必须处于水平位置，坠砣钢绳运行时不得越过棘轮的齿面。注意补偿绳在棘轮上的缠绕方向，如图 6-48 所示。

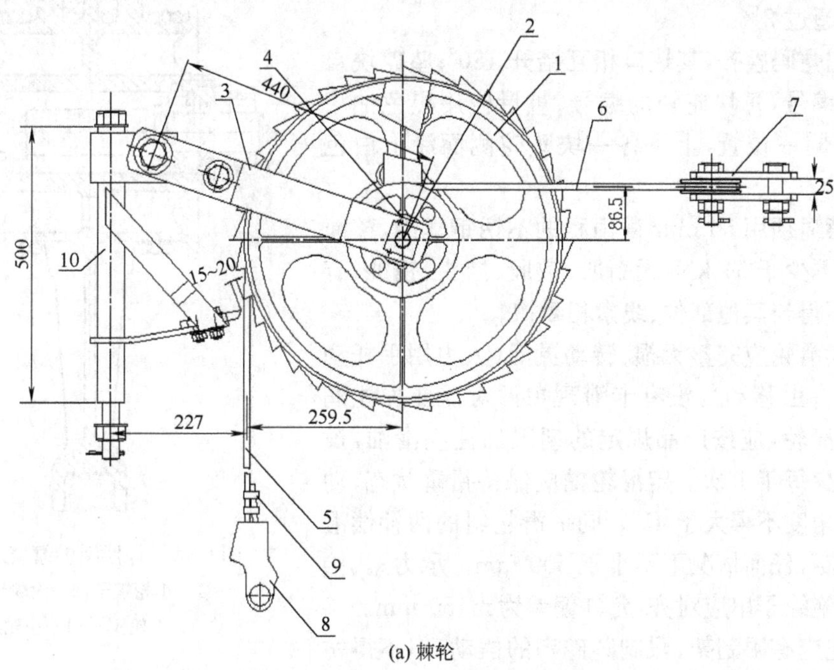

(a) 棘轮

1—棘轮本体；2—棘轮轴；3—棘轮支架；4—圆柱滚子轴承；5、6— 浸沥青钢丝补偿绳；7—平衡轮（线索端）；8—双耳楔型线夹（坠砣端）；9—绳头夹子；10—制动架

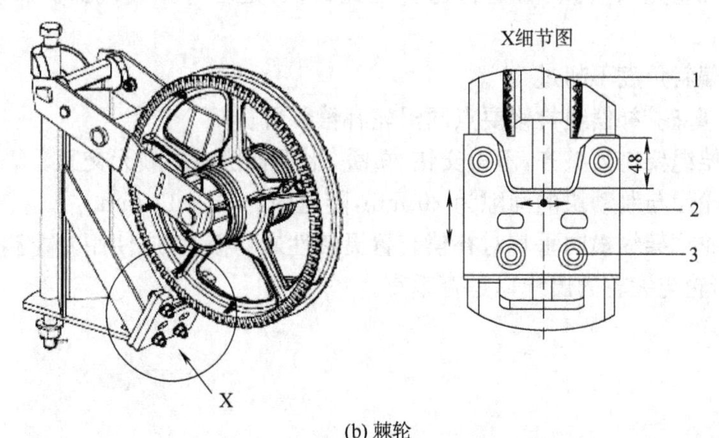

(b) 棘轮

X—制动架；1—轮体；2—制动卡块；3—M12×50 螺栓

图 6-47　棘轮结构图(单位：mm)

(三)补偿器检修要点

1. 滑轮补偿装置检修要点

(1)补偿装置的 a、b 值应符合安装曲线的要求,允许误差±200 mm,b 值最小不得小于 200 mm。在最低温度下的 a 值不得小于 200 mm。

(2)坠砣应完整,无严重破损(砣块有环状裂纹或损伤体积超过 1/5 为严重破损),重量符合张力补偿要求,允许误差不超过 2%。

(3)坠砣叠码整齐,其缺口相互错开 180°;坠砣块自上而下按块编号,每块砣块的编号、重量应用黑色油漆标注在侧面同一位置,上下各一块坠砣侧面涂上白色油漆。

(4)补偿绳须用 50 mm^2 截面积的不锈钢丝绳,整绳破坏拉断力不少于 54 kN,无断股、散股、接头、锈蚀,有防腐油层,不得与其他部件、线索相摩擦。

(5)补偿滑轮应完整无损、转动灵活(人力用手托动坠砣能上下自由移动),没有卡滞现象。对需要加注润滑油的补偿滑轮,应按产品规定的期限加注润滑油,没有规定者至少每年 1 次。定滑轮槽应保持铅垂状态,动滑轮槽偏转角度不得大于 45°。同一滑轮组的两补偿滑轮的工作间距,任何情况下不小于 500 mm。承力索、接触线两下锚绝缘子串应对齐,允许偏差为±150 mm。

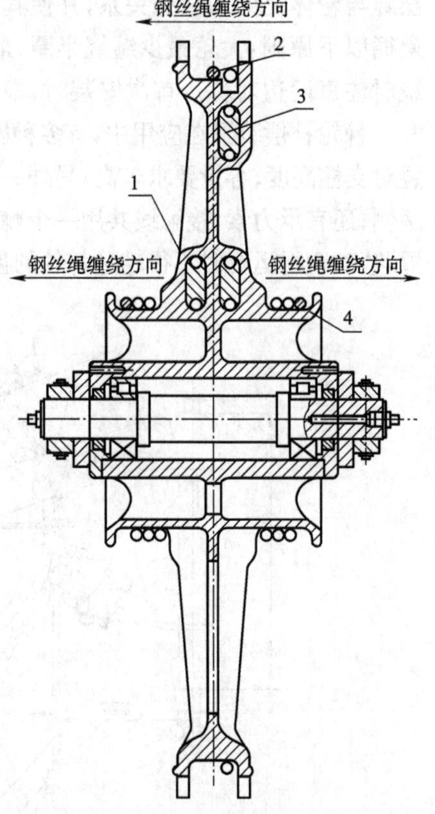

图 6-48 补偿绳的缠绕示意图
1—小轮楔子;2—大轮绳;
3—大轮楔子;4—小轮绳

(6)坠砣应有限制架,限制坠砣串的摆动,但不得妨碍坠砣的升降。限界架安装正确,不得侵入限界。

2. 棘轮补偿装置的检修要点

(1)目测检查棘轮是否有损坏,是否与补偿绳摩擦,是否有开裂现象。棘轮应处于垂直状态。

(2)平衡轮的偏斜角度不超过 20°。

(3)限制导管、坠砣、补偿绳检修要点同滑轮补偿装置。

(4)棘轮上补偿绳要排列整齐,不得交错、重叠,水平补偿绳平顺无交叉。

(5)隧道外棘轮齿与制动块的间隙为 20 mm,隧道内为 14~17 mm。

(6)隧道内坠砣框架纵横向垂直对补偿装置灵活性影响极大,应使用专业测量垂度仪精确测量。检查导向滑轮与大轮的出线口是否垂直。

思考

1. 补偿装置的作用是什么,由哪几部分组成?
2. 对补偿装置的技术要求是什么?
3. 如何使用补偿器安装曲线?

三、工作流程与任务

(一)流程图

补偿装置检修流程如图 6-49 所示。

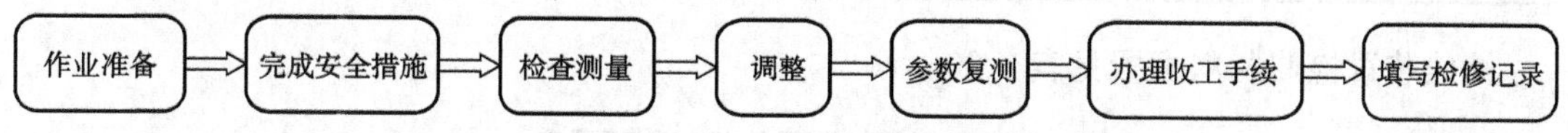

图 6-49　补偿装置检修流程图

(二)任务组织

补偿装置检修人员配置见表 6-18。

表 6-18　补偿装置检修人员配置表

序号	项　目	单位	数量	备　注
1	工作领导人	人	1	
2	主防护员	人	1	
3	地线操作	人	2	
4	地线监护	人	2	兼行车防护
5	高空作业人员	人	2(3)	
6	辅助人员	人	2(4)	兼测量
7	司乘人员	人	2	司机、学习司机各 1 人

补偿装置检修工具配置见表 6-19。

表 6-19　补偿装置检修工具配置表

序号	名　称	规格型号	单位	数量	备　注
1	作业车		台	1	
2	紧线器	16～70	套	1	
3	紧线器	50～150	套	1	
4	手扳葫芦	3 t	个	1	
5	手扳葫芦	4 t	个	1	
6	钢丝套子		套	4	
7	手锤	4 磅	个	2	
8	温度计		支	1	
9	水平尺	500 mm	把	1	
10	小绳		根	1	
11	力矩扳手	60～200 N·m	套	1	

续上表

序号	名　称	规格型号	单位	数量	备　注
12	盒尺	5 m	把	1	
13	活口扳手	450/300	把	2	

补偿装置检修材料配置见表6-20。

表6-20　补偿装置检修材料配置表

序号	名　称	规格型号	单位	数量	备　注
1	铁线	ϕ2.0 mm	kg	若干	
2	铁线	ϕ 4.0 mm	kg	若干	
3	螺栓		套	若干	根据现场实际需要选用
4	螺母		个	若干	根据现场实际需要选用
5	开口销		个	若干	
6	补偿绳	ϕ 50 mm	根	2	
7	坠砣		块	若干	根据现场实际需要选用
8	坠砣杆		套	2	根据现场实际需要选用
9	坠砣抱箍		套	1	
10	承力索终端锚固线夹		个	2	根据现场实际需要选用
11	接触线终端锚固线夹		个	2	根据现场实际需要选用
12	双耳楔型线夹		个	2	
13	止动卡块		个	2	
14	棒形悬式复合绝缘子		个	2	根据现场实际需要选用

(三)技术标准

1. a值、b值

标准值:设计值;

标准状态:标准值±100 mm;

警示值:标准值±200 mm;

限界值:200 mm。

2. 坠砣

(1)坠砣宜采用铁质或高密度复合坠砣。

(2)坠砣块应完整,自上而下编号且叠码整齐,其缺口相互错开180°。坠砣串的重量(包括坠砣杆的重量)符合规定,整串重量偏差小于1%。

(3)限制器的安装位置应满足坠砣升降变化要求。山谷口、高路堤(一般指高出自然地面5 m)、高架桥等"风口"地段,宜采用防风型坠砣限制架。

3. 补偿绳

(1)补偿绳不得有散股、断股、接头现象,且不得扭绞,不得与其他部件、线索相摩擦。

(2)棘轮装置大、小轮缠绕补偿绳符合要求。

(3)承力索、接触线两下锚绝缘子串应对齐,允许偏差为±100 mm。

4. 棘轮补偿装置

(1)棘轮补偿装置安装正确,棘轮本体无裂纹、变形,转动灵活无卡滞(人力用手托动坠砣能上下自由移动)。

(2)对需要加注润滑油的棘偿滑轮,应按产品规定的期限加注润滑油,没有规定者至少3年一次。

(3)制动装置作用良好,制动卡块到大轮轮齿间的距离符合设计要求。

(4)平衡轮与棘轮的间距不小于500 mm。

(5)棘轮大小轮转动灵活,轮槽上下偏斜不得大于5 mm。

(四)检修程序和方法

1. 作业准备

按规程要求填写工作票并交付工作领导人,工作领导人向作业组全体成员宣读工作票、分工并进行安全预想,检查工具、材料。

2. 完成安全措施

做好安全措施,工作领导人确认完成安全措施后,通知各作业组开工。

3. 测量检查

(1)外观检查

①终端锚固线夹检查

a. 承力索终端锚固线夹:检查销钉是否有锈蚀、裂纹现象,检查销钉处开口销是否扳到位,检查终端线夹本体是否有裂纹、锈蚀等现象。检查承力索终端锚固线夹本体与螺纹锲套的距离为8～9 mm,如图6-50所示,允许误差±1 mm。

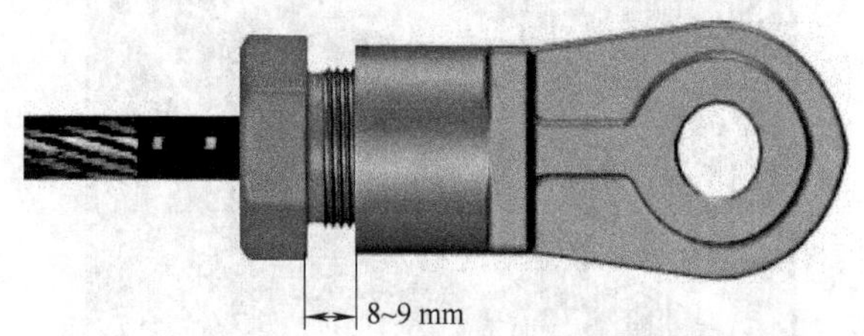

图6-50　承力索终端锚固线夹与螺纹锲套示意图

b. 接触线终端锚固线夹安装正确,外观状态良好,线夹无烧伤、裂纹、锈蚀等异常情况,线索与终端线夹连接符合设计要求。检查接触线露出双耳螺栓的距离,150型接触线终端锚固线夹接触线露头长度为15 mm,如图6-51所示,允许误差±1 mm;85～120型接触线终端锚固线夹接触线露头长度为10 mm,如图6-52所示。

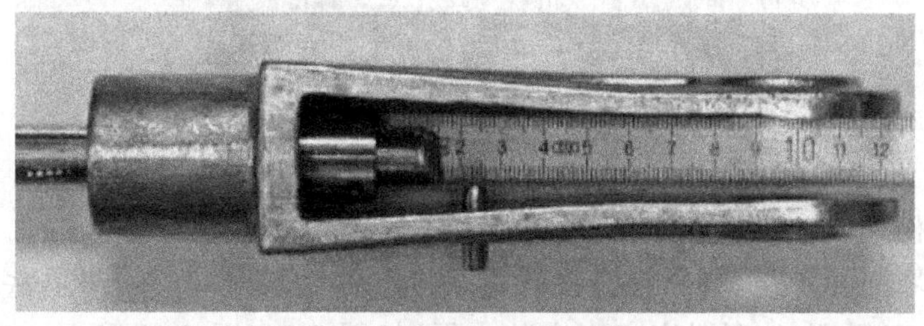

图6-51　150型接触线终端锚固线夹安装示意图

图 6-52　85～120 型接触线终端锚固线夹安装示意图

②下锚绝缘子检查

承力索、接触线下锚绝缘子应对齐，允许误差为±100 mm。绝缘子外观状态良好，无放电烧伤、脏污、破损等，与绝缘子相连接的零部件齐全无缺失。

③下锚拉线检查

外观检查拉线本体，是否出现断股或电气灼伤情况。在确认外观状态良好的基础上，检查拉线的受力情况，在正常状态下，承力索、接触线下锚的拉线必须绷紧受力，拉线回头绑扎100 mm，允许误差±10 mm。UT 线夹 U 螺栓露头长度应大于 20 mm，拉线基础应完整无损，拉线基础地板应与基础密贴。

④棘轮本体检查

棘轮本体，如图 6-53 所示，检查其有无损伤，是否存在变形、裂纹、锈蚀等，转动应灵活。

图 6-53　棘轮本体

⑤下锚底座检查

下锚底座应零配件齐全，型号符合设计要求，底座各零部件连接牢固，底座应无变形、裂纹、锈蚀等。用水平尺测量，下锚底座应安装水平，如图 6-54、图 6-55 所示。棘轮安装好后必须保证棘轮轮缘平面与地面垂直，如图 6-56 所示，避免造成棘轮与补偿绳偏磨。

图 6-54　下锚座安装

图 6-55　水平尺测量

图 6-56　棘轮轮缘与地面垂直

⑥补偿绳与大小轮、平衡轮检查

a. 检查内容

补偿绳不得与棘轮本体发生偏磨，补偿绳不得脱槽，在轮槽内不得重叠，棘轮本体和平衡轮之间的补偿绳不得交叉缠绕，补偿绳应无断股、散股等现象。

大小轮内部有无槽道，对无槽道的棘轮要加强对补偿绳的检查，发现补偿绳有断股或者断丝时，要及时对补偿绳进行更换，补偿绳缠绕是否沿槽道缠绕，补偿绳是否重叠相磨。

钢丝绳上线运行第三年开始每年应均匀涂覆一层中性凡士林加以保护。

平衡轮应完整无损伤，在受力后应呈水平状态，允许偏差在 20°以内。

检查大轮及小轮上的楔子是否安装正确，楔子是否正确安装在棘轮本体楔形槽内，补偿绳与棘轮本体及楔子本体是否紧密贴合，受力面是否正确。

b. 检查步骤：

楔子必须进入棘轮本体楔形槽内，补偿绳必须准确的缠绕在楔子上，楔子、绳、外壳要密贴，如图 6-57 所示。

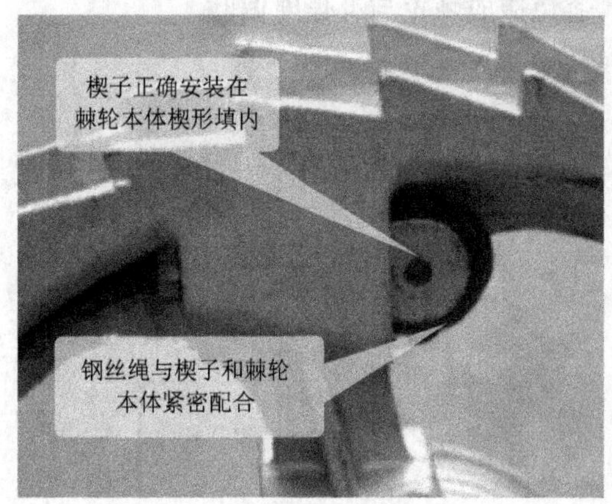

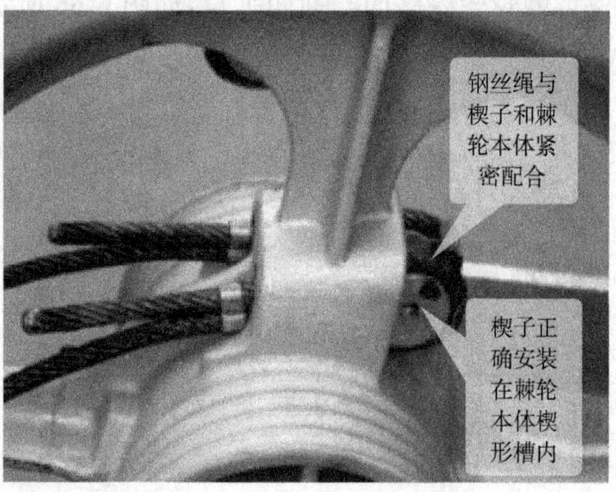

图 6-57　补偿绳缠绕楔子

铜线头卡子抱紧补偿绳，铜线头卡子不受力，不应产生受力畸变、开裂等现象，在正常使用后，与补偿绳间不应产生超过 4 mm 的相对滑移。

露出铜线头卡子外的补偿绳回头应该大于 60 mm，如图 6-58 所示。

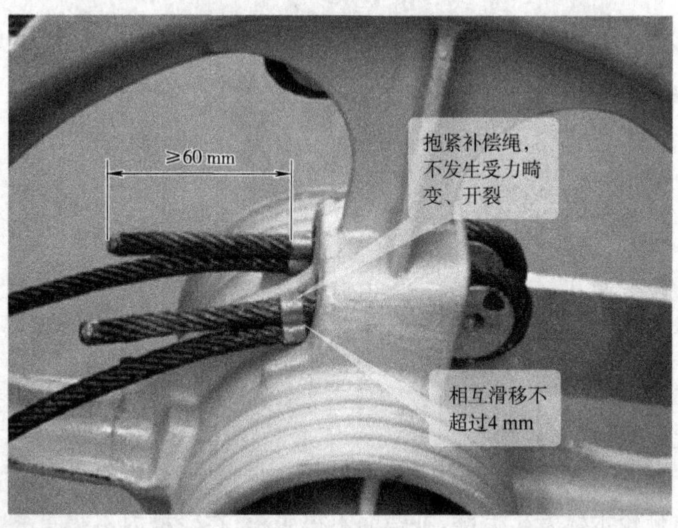

图 6-58　补偿绳回头

⑦限制框架、坠砣串检查

a. 坠砣限制框架应安装正确，满足坠砣串升降变化时的要求，限制坠砣串的摆动，不妨碍升降且受力良好，零部件无锈蚀。

b. 隧道外检查抱箍是否与坠砣限制管存在摩擦，隧道内检查坠砣与框架角钢是否存在偏磨。

c. 坠砣串应完整，叠码整齐，其缺口互相交错 180°，坠砣块无锈蚀、破裂等，坠砣串上、下串动灵活，整串重量差小于 1%。

补偿坠坨串检查方法如图 6-59 所示。

图 6-59 补偿坠坨串检查示意图

⑧承力索棘轮防鸟装置检查

防鸟装置本体应安装牢固，连接螺栓无缺失，外观无裂纹、变形、锈蚀等。

(2)棘轮补偿装置几何参数检查

①a、b 值测量

补偿装置 a 值(坠砣顶部至棘轮中心的距离)、b 值(坠砣底部距基础面距离)及补偿绳缠绕圈数应符合安装曲线的要求，a、b 值不得大于安装曲线值±200 mm，且 a、b 值在极限温度时不得小于 200 mm。

②大、小轮圈数测量

按照图 6-60 所示的安装曲线图检查大、小轮缠绕的圈数是否符合规定，大、小轮缠绕时最小缠绕一圈，最多缠绕三圈半，小轮缠绕时必须两边对称。

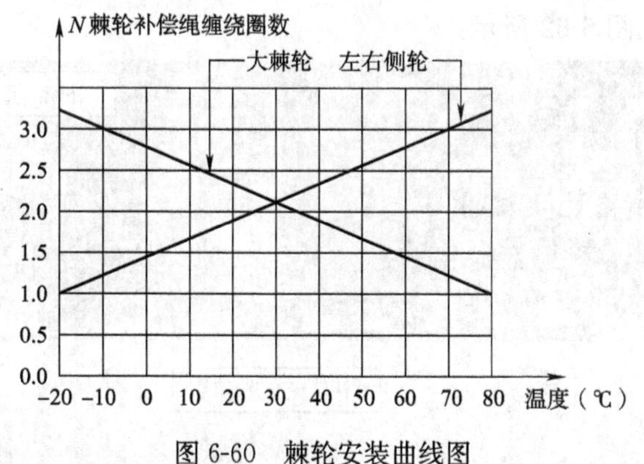

图 6-60 棘轮安装曲线图

③止动卡块与棘轮轮体间隙测量检查

用盒尺测量止动卡块与棘轮轮体的间距，如图 6-61 所示，止动卡块与棘轮轮体之间的距离标准应在 15～20 mm 之间。

图 6-61 间距测量

④螺栓、开口销检查

检查各连接部件螺栓安装正确，螺母、垫片无缺失，螺栓力矩符合要求。开口销不得缺失，开口销的掰开角度 120°～130°，特别是要检查坠砣杆底部的承重板上的膨胀销钉是否安装。上下底座连接角钢内侧间距保证 502 mm，螺栓紧固力矩 120 N·m，并拧紧备紧螺母。

4. 调整

(1)下锚底座偏斜调整

①在坠砣串上方的支柱上合适位置固定手扳葫芦，在坠砣杆环下方打上钢丝套，用手扳葫芦吊起坠砣串并固定在支柱上。

②将紧线器安装在线索上，钢丝套子安装在棘轮底座上部的支柱上，紧手扳葫芦，使补偿绳卸载。

③松动下锚底座螺栓进行调整，用水平尺进行测量，直至下锚底座调整水平，紧固螺栓。

④两个手扳葫芦配合加载，撤除工具，检查各部参数和状态。

(2)补偿绳偏磨、脱槽和重叠交叉调整

补偿绳交叉缠绕如图 6-62 所示。

图 6-62 补偿绳交叉缠绕

①在坠砣串上方的支柱上固定手扳葫芦，在坠砣杆环下方打上钢丝套，用手扳葫芦吊起坠砣串并固定在支柱上。

②将紧线器安装在线索上，钢丝套子安装在支柱上，紧手扳葫芦，使补偿绳卸载。

③调整补偿绳状态，符合规范要求。

④两个手扳葫芦配合加载，撤除工具，检查各部参数和状态。

⑤不得使用铁锤或扳手敲砸棘轮补偿装置本体，防止造成棘轮装置损坏造成设备故障。

(3)平衡轮偏斜角度超标调整

①在坠砣串上方的支柱上合适位置固定手扳葫芦，在坠砣杆环下方打上钢丝套，用手扳葫芦吊起坠砣串并固定在支柱上。

②将紧线器安装在承力索或接触线上，钢丝套子安装在接触网支柱上，紧手扳葫芦，使补偿绳卸载。

③拆除下锚绝缘子与终端锚固线夹的连接螺栓。

④调整线索扭转力，使平衡轮斜角度符合规范要求。

⑤连接下锚绝缘子与终端锚固线夹的连接螺栓。

⑥两个手扳葫芦配合加载，撤除工具，检查各部参数和状态。

(4)a、b值超标调整

①根据现场测量的a、b值，查阅温度张力曲线，确定b值调节量，并根据调节量在补偿绳上适当位置打一紧线器，坠砣杆环下方安装钢丝套，或者在坠砣杆环内穿入钢丝套，紧线器和钢丝套之间连接手扳葫芦。

②摇动手扳葫芦进行紧线，使补偿绳卸载。

③将楔型线夹从坠砣杆环内取下，退出楔子，按照安装曲线图上查出的b值，重新制作回头。回头制作做完毕后复测b值是否符合要求。

④两个手扳葫芦配合加载，撤除工具，检查各部参数和状态。

(5)止动卡块与棘轮轮体间隙超标调整

松开止动卡块4个螺栓，在调节孔范围内调整间距，按要求移动至距轮体15～20 mm处，并使其两边和轮缘中心对齐，再对4个螺栓按照标准力矩进行紧固即可。

(6)补偿绳与楔子体配合不良调整

①对不符合要求的楔子体必须进行调整，参照“楔子体使用说明书”，首先用手扳葫芦拉紧线索及坠砣串，将棘轮补偿装置进行卸载。

②松动楔形槽处的补偿绳，打开铜线头卡子，将楔子退出。

③检查楔形槽及楔子是否有影响楔子与楔形槽配合的毛刺或杂物，清理干净后再次将楔子套上补偿绳后安装进棘轮本体楔形槽内，来回推拉，观察是否存在卡滞现象。受力面正确，配合紧密。

④如果无卡滞，则参照“楔子体使用说明书”的要求安装铜线头卡子，回头长度符合要求，将楔子套上补偿绳后缓慢拉入棘轮本体楔形槽内，按要求安装到位。

⑤手扳葫芦加载，撤除工具，检查各部参数和状态。

⑥如发现楔子有变形、过厚、凸点，无法在本体楔形槽内自由移动时，应及时更换楔子。如本体楔形槽内有凸点、变形，影响楔子自由移动时，应及时更换棘轮装置。

(7)坠砣限制框架倾斜调整

①松动坠砣限制框架与支柱的连接螺栓。

②调整坠砣限制框架至水平位置。

③按照标准力矩紧固坠砣限制框架与支柱的连接螺栓。

(8)坠砣串上下串动不灵活调整

①松动限制管上、下部钩螺栓。

②调节钩螺栓至调节孔的合适位置,使限制导管与坠砣串中心线平行且距离适当。

③按照标准力矩对螺栓进行紧固。

(9)螺栓力矩不达标、开口销角度不符合标准

各部连接螺栓松动,用力矩扳手按照标准力矩进行紧固。对角度不符合标准的开口销进行更换,使开口销扳开角度为120°~130°。

(10)棘轮本体裂纹破损更换

①在坠砣串上方的支柱上固定手扳葫芦,在坠砣杆环下方打上钢丝套,用手扳葫芦吊起坠砣串并固定在支柱上。

②将紧线器安装在线索上,钢丝套子安装在棘轮底座上部的支柱上,紧手扳葫芦,使补偿绳卸载。

③将补偿绳从棘轮本体上拆除。

④更换棘轮本体,调整垂直后正确缠绕补偿绳,检查是否相磨。

⑤两个手扳葫芦配合加载,撤除工具,检查各部数值和状态。

(11)补偿绳断股更换

①在坠砣串上方的支柱上固定手扳葫芦,在坠砣杆环下方打上钢丝套,用手扳葫芦吊起坠砣串并固定在支柱上。

②将紧线器安装在线索上,钢丝套子安装在支柱上,紧动手扳葫芦,使补偿绳卸载。

③更换补偿绳,并检查补偿绳状态是否符合规范要求。

④两个手扳葫芦配合加载,撤除工具,检查各部参数和状态。

⑤更换补偿绳等使补偿卸载的操作时,为防止紧线器滑脱,必须采取防脱措施,在紧线器下部加一个钢线卡子卡住。

(12)终端锚固线夹裂纹、锈蚀更换

①在坠砣串上方的支柱上固定手扳葫芦,在坠砣杆环下方打上钢丝套,用手扳葫芦吊起坠砣串并固定在支柱上。

②将紧线器安装在线索上,钢丝套子安装在棘轮底座上部的支柱上,紧手扳葫芦,使补偿绳卸载。

③拆除终端锚固线夹与下锚绝缘子的连接螺栓。

④更换损伤的终端锚固线夹。

⑤连接终端锚固线夹与下锚绝缘子。

⑥手扳葫芦缓慢加载,撤除工具,检查各部参数和状态。

5. 办理收工手续

(1)工作领导人确认各作业组工作结束,人员机具均已撤至安全地带后,通知监护人员撤除地线及其他安全措施。

(2)工作领导人确认安全措施撤除后,通知驻站联络员申请消除停电作业命令和线路封

锁命令。

(3)工作领导人召开收工会,办理收工手续。

6. 填写检修记录

按照当天检修情况填写检修记录。

四、分析与思考

本任务主要是棘轮补偿装置检调,并将检调结果填入"补偿装置维修记录"表中。本任务关系到接触网的结构和技术标准要求,因此,如何保证设备各项参数的合格至关重要。在实际工作中需要注意以下问题:

(1)需要停电作业的项目必须在停电时间内进行,开具第一种工作票。

(2)使用作业车时,平台旋转要专人盯控,严防碰伤支柱。作业车要设置相应防倾倒措施。

(3)在调整、检修过程中要时刻注意支柱的受力情况,防止支柱受力过猛而发生变形或损坏。

(4)更换补偿绳或调整滑轮间距等使补偿卸载的操作时,为防止紧线器滑脱,必须采取防脱措施,在紧线器下部加一个钢线卡子卡住。

(5)测量 b 值时,还要考虑坠砣抱箍与限制架角钢的距离;测量 a 值时,要考虑坠砣串上沿与双底座槽钢的关系。

任务五　电连接的维护检修

电连接是接触网的重要设备,其学习目标和典型工作任务是接触网维护与检修的重要组成部分,和其他模块共同组成接触网的日常维护与检修工作。

一、任务书——电连接的检调

图 6-63 是横向电连接结构图,根据实训基地实物进行电连接检调,并将检调结果填入表 6-21中。

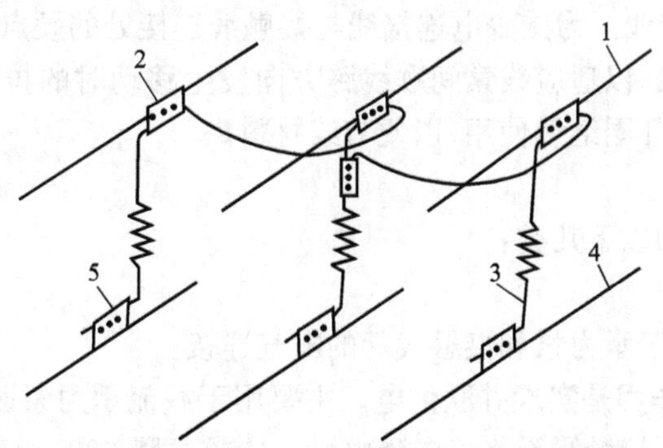

图 6-63　横向电连接结构图

1—承力索;2—承力索电连接线夹;3—电连接线;4—接触线;5—接触线电连接线夹

表 6-21 电连接维修记录表

检修日期	位置	性质	电连接状态	电连接线夹			位移长度(mm)	备注
				螺栓紧固力矩	是否打磨	是否涂电力复合脂		

工长：＿＿＿＿＿

二、知识准备

电连接的作用是将接触悬挂各分段供电间的电路连接起来，保证电路的畅通，实现并联供电，减少电能损耗，提高供电质量。在电气设备与接触网之间，用电连接线进行可靠的连接，使设备充分发挥作用，避免出现烧损事故，完成各种供电方式和检修的需要。电连接的使用场合包括承力索和接触线间、股道间、锚段关节、道岔等处。

电连接线用导电性能好的材料制成，在铜和铜合金接触线区段采用软铜绞线 TJR95、TJR120。电连接线的线径选择主要依据承力索的截面积确定，当承力索为 95 mm^2 及以下导线时，电连接线用 TJR95，承力索为 120 mm^2 导线时，电连接线用 TJR120，在钢铝接触线区段，采用 LJ-150 多股铝绞线。为减少电连接线与接触线连接处的硬点，保持接触网弹性，要求电连接线做成螺旋弹簧状，以适应线索间顺线路方向发生移动时的拉伸。当电连接线在连接处意外烧损时，还可放开几圈继续使用，以便节约材料。

(一)电连接的分类

电连接按其用途分为以下几类：

1. H 型电连接装置

即横向电连接，多用于承力索和接触线间的电气连接。

H 型电连接的主要作用是实现并联供电。主要用于载流承力索区段，使承力索承担的牵引电流通过电连接线进入接触线最终流向受电弓。要求每隔 200～250 m 在承力索与接触线间，安装一组 H 型电连接线。

在载流承力索区段，保证从承力索向接触线的横向电流通道的可靠性和保证主导电回路的可靠性一样重要。接触网结构中承载横向电流的部件非常多，比如腕臂结构、吊弦、接触线中心锚结绳和 H 型电连接，这些通道电气连接不可靠，将会造成发热和烧损。因此，腕臂的定位环(定位底座)和定位器间的电连接，定位线夹安装时的除锈涂电力复合脂，整体载流吊弦、吊弦线夹安装时的除锈涂电力复合脂都是非常重要的安装工艺。

当隧道内为简单悬挂，隧道外为链形悬挂时，应在隧道口承力索与接触线间安装电连接线，这样可以避免承力索电流经吊弦流向接触线，防止吊弦烧损。

2. G 型电连接装置

即股道电连接，用于多股道接触悬挂间的电气连接。

站线接触悬挂的接触线一般比正线接触线线径小，为满足站场上电力机车启动时所需的大电流，在各股道间安装股道电连接线，实现几股道接触网并联供电，可减少能耗和电压损失。

3. M 型电连接装置

即锚段关节电连接，用于非绝缘锚段关节处两支接触悬挂间的电气连接，保证牵引电流通道的可靠性。

4. D 型电连接装置

即道岔电连接，用于道岔两支接触悬挂间的电气连接。

M、D 型电连接线的外形结构相同，也习惯于将使供电分段或机械分段处两侧接触悬挂实现电的连通的装置称为纵向电连接，比如 M 型电连接、电分段处隔离开关与接触悬挂间的电连接线、线岔处的电连接线。电连接线的关键零件是接触线和承力索电连接线夹。

(二)高速铁路电连接线

在高速铁路中，电连接线采用了不同于既有线电连接线的零件和形式。其主要的结构形式如图 6-64 所示。高速铁路的电连接线一般不采用弹簧圈状，接触线和承力索间、承力索间的电连接线为了不增加接触线吊弦间弛度，一般装在吊弦附近，自然松弛不得有拉力改变相邻吊弦的受力状态。

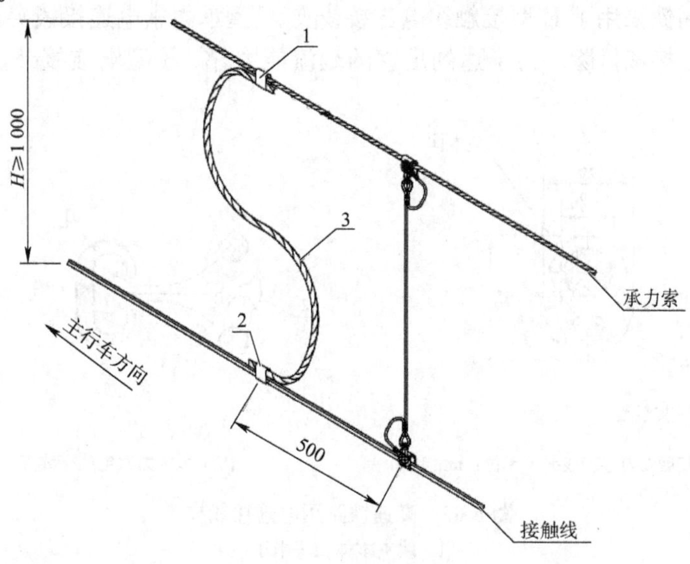

(a) H型（横向）电连接

图 6-64

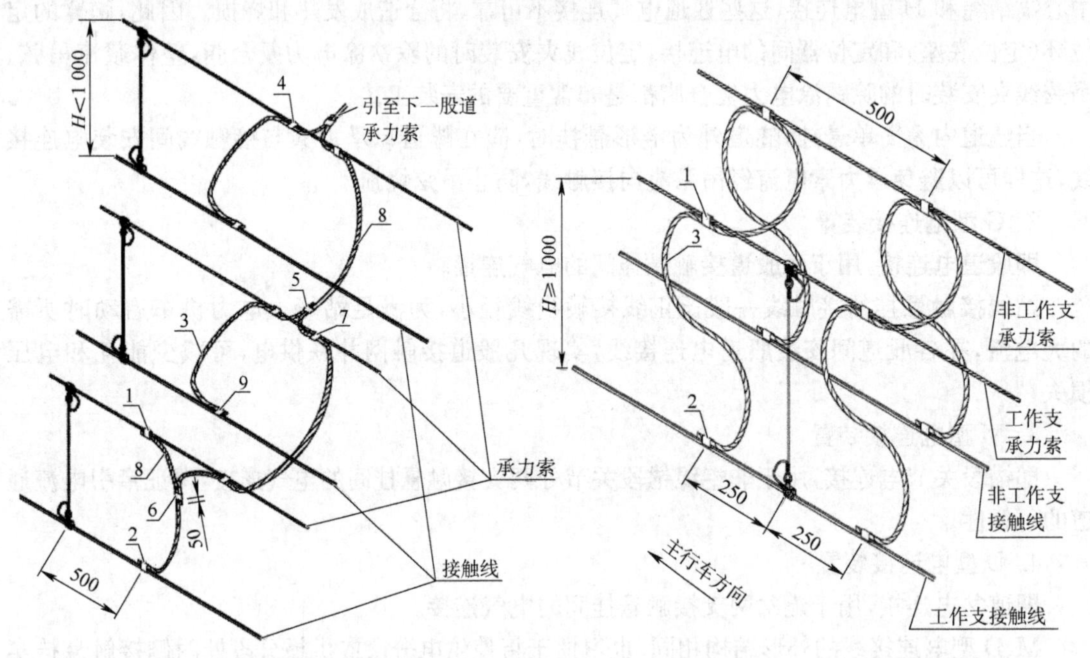

(b) G型（股道）电连接　　(c) M、D型（锚段关节、道岔）电连接

图 6-64　高速铁路电连接线结构图(单位:mm)

1、4、7—承力索电连接线夹;2、9—接触线电连接线夹;3、8—电连接线;5、6—并沟线夹

从承力索、接触线间电连接外形上来说,分为 S 形和 C 形两类,S、C 表示出了电连接线在承力索、接触线间的布置形式,在图 6-64 的(a)图和(b)图中,分别为 S、C 形。S 形在接触线、承力索间距 $H \geqslant 1.0$ m 时采用,C 形在 $H < 1.0$ m 时采用。在接触线线夹处,电连接线线头朝向主行车方向。高铁采用了 E 型接触线电连接线夹、C 型承力索电连接线夹,如图 6-65 所示,须采用专用模具压接和拆除。为了达到足够的载流能力,除 H 型电连接外,每处电连接安装两套电连接装置。

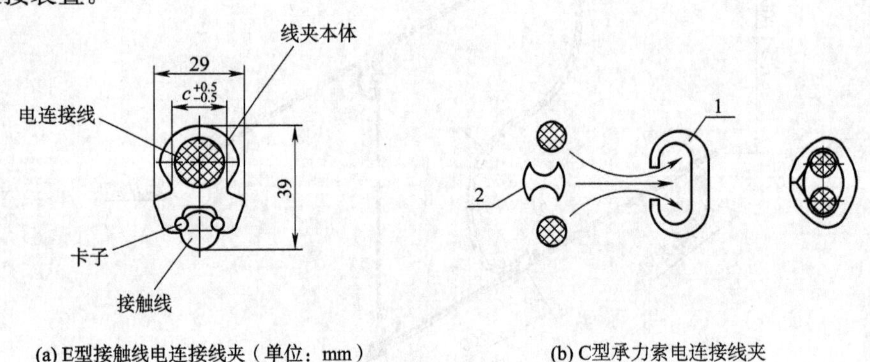

(a) E型接触线电连接线夹（单位：mm）　　(b) C型承力索电连接线夹

图 6-65　高速铁路用电连接线夹

1—线夹本体;2—卡子

高速铁路的精细化施工对电连接线的预制长度、安装位置提出了精确的要求,特别是在锚段关节处。锚段关节处(或分相处)的电连接线将两组接触悬挂连接起来,是纵向电流的通道,

是主牵引回路的重要构成部分。但是,这两组接触悬挂的下锚方向相反,温度变化时,电连接线的线夹有较大的纵向移动,电连接线的预制长度必须满足位移需要,电连接线的安装位置必须使得极限温度时纵向移动最小。对于线岔处电连接线,当线岔处两接触悬挂下锚方向相反时,情况类似(有交叉吊弦时,线岔处下锚方向最好是同向)。

1. 电连接的安装位置

电连接线在锚段关节处的偏斜情况如图 6-66 所示,其偏斜量 S 是由腕臂无偏斜温度、两接触悬挂中心锚结间距和当前温度决定。在进行安装时必须按照设计位置进行安装才能保证极限温度时偏斜量最小。

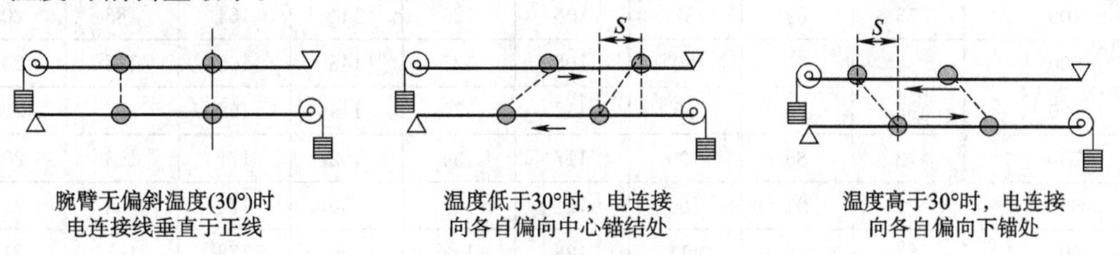

图 6-66　电连接线的偏斜图

注:实心圆点表示承力索(接触线)电连接线夹位置,三角表示中锚

2. 电连接线预制长度的确定

电连接线的长度既要满足接触悬挂间偏斜的需要,又要满足自然松弛状态,因此必须根据安装点情况,精确确定电连接线的长度。电连接线的预制长度主要由三个部分组成,如图 6-67 所示。悬挂 1 处接触线、承力索间高度加安装余量 H_1+K_1;悬挂 2 处接触线、承力索间高度加安装余量 H_2+K_2,两悬挂间段接触线长度(要满足极限温度下的偏移要求)加安装余量 $a+15$。

总线索长度　　　　$L=a+15+H_1+K_1+H_2+K_2$　(cm)

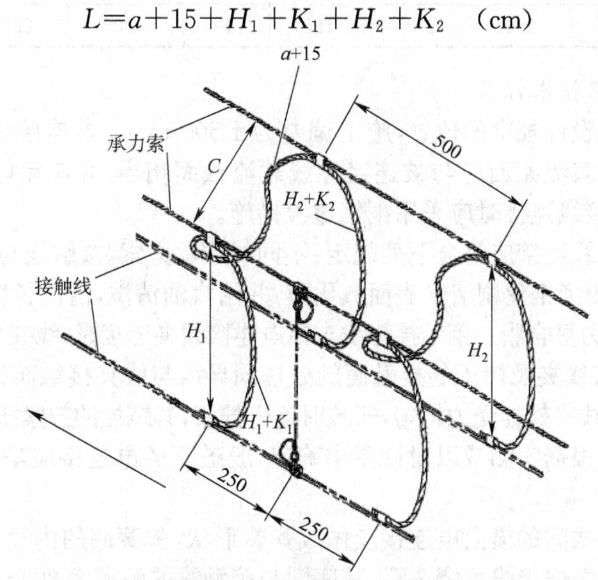

图 6-67　电连接线各部分尺寸图(单位:mm)

式中安装余量 K 根据表 6-22 确定,a 由表 6-23 根据两中锚距离和两接触悬挂间距 C 确定。

表 6-22 安装余量 K 值表

	C形电连接(cm)		S形电连接(cm)								
H	80	90	100	110	120	130	140	150	160	170	180
K	27	26	30	29	28	27	26	25	25	24	23

表 6-23 a 值对照表

a(cm) \ C(cm) 两中锚距离	40	60	80	100	120	140	160	180	200
400	53	69	87	106	125	144	164	183	203
500	58	73	90	108	127	146	165	185	204
600	65	79	95	112	130	149	168	187	206
700	72	85	100	117	134	152	171	190	209
800	79	91	105	121	138	156	174	192	211
900	87	98	111	126	143	160	178	196	214
1 000	94	104	117	131	147	164	181	199	217
1 100	102	112	123	137	152	169	186	203	221
1 200	108	117	128	141	156	172	189	206	224
1 300	118	126	137	149	164	179	195	211	229
1 400	126	133	144	155	169	184	199	216	233
1 500	134	141	151	162	175	190	205	221	237
1 600	142	149	158	169	181	195	210	226	242
1 700	150	157	166	176	188	202	216	231	247
1 800	158	164	173	183	194	207	221	236	252

(三)电连接线检修技术标准

(1)电连接应装在设计规定的位置,施工偏差为±500 mm。电连接线夹与导线接触面应平整、光洁。电连接线载流截面应与被连接导线载流截面相当,并应完好,无松散、断股等现象。铜接触线与铝连接线连接时应采用铜铝过渡措施。

(2)电连接线与导线连接应符合下列规定:不同材质承力索、接触线与电连接线夹连接时,导线与线夹接触面均用细钢丝刷清除表面氧化膜,并用汽油清洗,清洗长度不应少于连接长度的 1.2 倍,接触面涂电力复合脂。钢铝接触线与铝电连接线夹连接时,线夹型号与接触线型号应相符。接触线与电连接线夹及楔子的接触面的处理同导线与线夹接触面处理方式。楔子要安紧,岔头劈开。电连接线夹螺栓受力均匀,安装时逐个拧紧,其螺栓的拧紧扭矩符合设计要求。

(3)电连接长度应根据实测或以设计要求确定,股道间的电连接应呈弧形,预留因温度变化而产生的位移长度。

(4)承力索和接触线间的横向电连接应做成弹簧形状,弹簧圈的内径为 80 mm,弹簧圈铝电连接线可绕 3 圈,铜电连接线可绕 2 圈,其底圈与接触线的距离为 200~300 mm。两承力索间的电连接线做成弹簧形状,弹簧圈的内径为 80 mm,可绕 3~4 圈,弹簧圈应设置在承力索中间,预留两承力索随温度变化时不同方向产生的相对位移长度。

(5)多股道的电连接在平均温度时,应垂直于正线,如无正线时应垂直于较重要的一条线路。

任意温度安装电连接时，全补偿链形悬挂承力索与接触线采用同材质时应垂直安装，不同材质时应按吊弦计算偏移值安装或按设计提供的吊弦安装曲线安装。半补偿链形悬挂同吊弦安装。

(6)隔离开关电连接线距瓷裙的间距不得小于 150 mm，与地部分不得小于 400 mm。引线跨带电导线的高度不小于 400 mm。

思考

1. 电连接的作用是什么，由哪几部分组成？
2. 对电连接的技术要求是什么？
3. 电连接常见故障有哪些？

三、工作流程与任务

(一)流程图

电连接检修流程如图 6-68 所示。

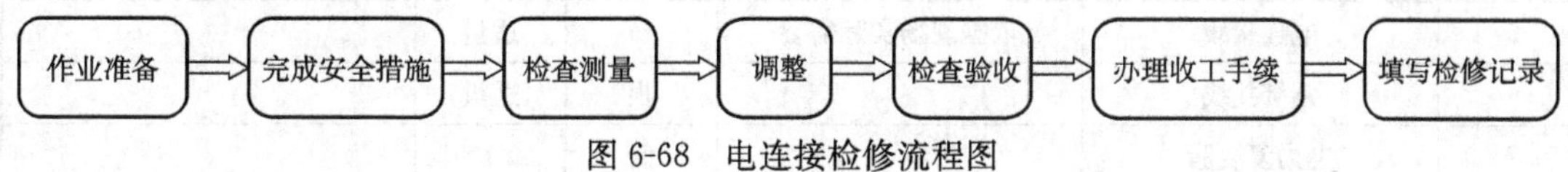

图 6-68　电连接检修流程图

(二)任务组织

电连接检修人员配置见表 6-24。

表 6-24　电连接检修人员配置表

序号	项　目	单位	数量	备　注
1	工作领导人	人	1	
2	主防护员	人	1	
3	地线监护人	人	2	兼行车防护
4	地线操作人员	人	2	
5	高空作业人员	人	2	
6	辅助人员	人	2	
7	司乘人员	人	2	司机、学习司机各 1 人

电连接检修工具配置见表 6-25。

表 6-25　电连接检修工具配置表

序号	名　称	规格或型号	单位	数量	备　注
1	作业车(或车梯)		台	1	
2	滑轮		个	1	
3	小绳		条	1	
4	力矩扳手	0～100 N·m	套	1	
5	温度计		个	1	
6	激光测量仪	DJJ-8	台	1	
7	盒尺	5 m	把	1	

续上表

序号	名　称	规格或型号	单位	数量	备　注
8	短接线		套	2	
9	液压式电连接压接钳		台	1	
10	齿轮剪		把	1	
11	游标卡尺		把	1	

电连接检修材料配置见表 6-26。

表 6-26　电连接检修材料配置表

序号	名　称	规　格	单位	数量	备　注
1	砂纸		张	若干	
2	棉纱		kg	适量	
3	压接式承力索电连接线夹	依据现场实际需要	套	适量	
4	压接式接触线电连接线夹	依据现场实际需要	套	适量	
5	电连接线	依据现场实际需要	m	适量	
6	铜绑扎线		根	适量	
7	电力复合脂		管	1	

(三)技术标准

在锚段关节、线岔和车站电力机车、动车组经常起动处的股道之间等处所,应装设电连接。

(1)电连接位置和数量符合设计要求,安装位置允许偏差±500 mm。

(2)电连接线要求如下。

①承力索、接触线间距<1 000 mm 时采用“C”形连接的方式;间距≥1 000 mm 时采用“S”形连接。其裕度应满足接触线、承力索因温度变化伸缩的要求。

②电连接线均要用多股软铜线制成,其额定载流量不小于被连接的接触悬挂、附加导线的额定载流量,且不得有接头、压伤和断股现象,电连接线端头外露 10～20 mm。

③对于压接式电连接线夹,电连接线不应有压伤和断股现象。

(3)电连接线夹要求如下。

①电连接线夹的材质和规格须与被连接线索相适应,优先采用压接形式。

②电连接线夹与接触线、承力索、附加导线之间连接牢固,线夹内无杂物。

③承力索、接触线电连接线夹压接后应端正,符合压接标准。接触线电连接线夹在直线处应处于铅垂状态,在曲线处应与接触线的倾斜度一致。

④工作支接触线电连接线夹处接触线高度与最近相邻吊弦点高度相等,允许偏差 0～5 mm。

⑤压接式接触线电连接线夹与线槽契合的 U 形螺纹卡子应平行压接于线槽内,不得跳出接触线线槽。U 形螺纹卡子应保证卡子插入后,另一端露头 1～3 mm。

4. 电连接线夹与线索接触面均应涂电力复合脂。

5. 极限温度条件下,交叉跨越线索间距不足 200 mm 的处所应加装等位线。等位线及其连接线夹应与被连接线索材质匹配,截面积不小于 10 mm^2。

(四)检修程序和方法

1. 作业准备

按规程要求填写工作票并交付工作领导人,工作领导人向作业组全体成员宣读工作票、分工并进行安全预想，检查工具、材料。

2. 完成安全措施

做好安全措施，工作领导人确认完成安全措施后，通知各作业组开工。

3. 测量检查

(1)电连接安装结构

在锚段关节处装设2组、线岔处装设1组电连接器。在链形悬挂与简单悬挂的衔接处、加强线(载流承力索)的终端、车站电力机车经常起动处所的股道之间，应装设电连接器。

(2)外观检查

①检查电连接线本体

a. 检查电连接本体无断股、散股、无机械损伤、电弧烧伤断股现象。

b. 检查电连接线伸缩圈无松弛、变形。

②检查电连接弛度

a. 对照安装曲线检查电连接预留弛度。

b. 外观检查电连接不得过紧或过松。

c. 电连接不得低于接触线面。

③检查接触线电连接线夹

a. 线夹应涂有导电膏。

b. 电连接线夹内不得有杂物。

c. 电连接固定牢固。

d. 接触线电连接线夹在直线处应处于铅垂状态，在曲线处应与接触线的倾斜度一致。

e. 电连接线夹无裂纹，不得压偏。

f. 螺纹卡子卡在接触线槽内，环口朝向机车前进方向。

④检查承力索电连接线夹

a. 线夹应涂有导电膏，压接结合处不得有胶带等绝缘杂物。

b. 电连接线夹无裂纹、变形，不得压偏。

c. 检查中夹板安装情况，压块平面应与线夹本体平面相对，不可装反。压块半径小的圆弧面对应直径小的导线，压块半径大的圆弧面对应直径大的导线。中间夹板不得卡在线夹开口之间。

d. 内衬垫的使用范围及型号见表6-27。

观察线夹内衬垫的安装方向，衬垫刻有字样的一面朝外安装、没有字样的一面朝线夹内安装即为正确，否则为错误，应组织更换。

表6-27　承力索电连接线夹本体与内衬垫对照表

序号	使用范围及型号	组合关系	
		线夹本体	内衬垫
1	120/95f、95f/120f、120/120f	B型	A
2	95/120f、95f/95f	B型	B
3	70/95f、70/120f	B型	C
4	120/120f	A型	D
5	95/95f	A型	B

(3)参数测量

①接触线、承力索电连接线夹的露头长度

用盒尺测量接触线、承力索电连接线夹的露头长度,电连接线露头应在 1～20 mm 之间,如图 6-73 所示。

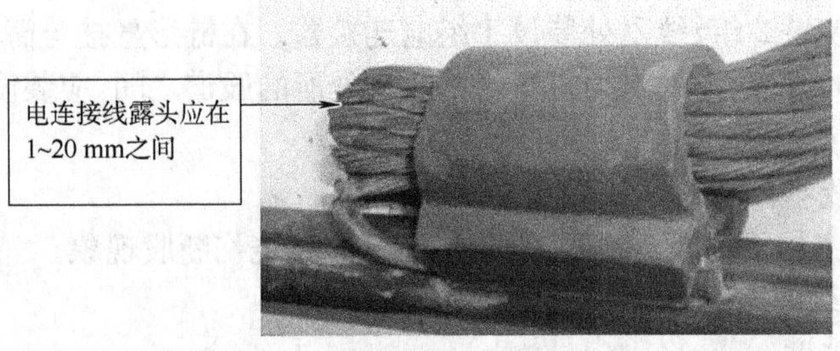

图 6-69 电连接线夹安装图

②测量螺纹卡子外漏长度

用盒尺测量螺纹卡子穿入接触线电连接线夹后应露出接触线电连接线夹 1～3 mm,露头过长或过短均会出现线夹与接触线接触面的接触力减少,致使易出现松脱现象,如图 6-74 所示。

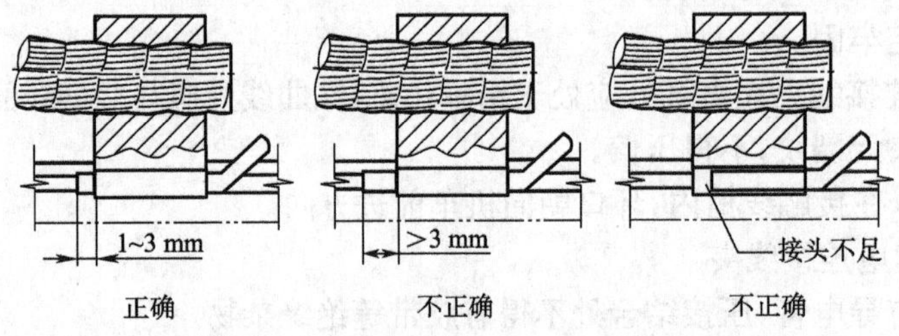

图 6-70 螺纹卡子穿入示意图

③电连接线夹处接触线高度

a. 用接触网激光测量仪测量电连接处的接触线高度 h;

b. 用接触网激光测量仪测量与电连接相邻吊弦点的接触线高度 h_1、h_2;

c. 计算电连接线夹处接触线高度与相邻吊弦点的高差 $\Delta h=(h_1+h_2)/2-h$。

④电连接线预留量检查

用温度计测量现场温度,根据安装曲线查出极限温度下电连接偏移量,检查电连接预留量能否满足偏移量的要求。或计算出电连接在极限温度下的偏移量,比较电连接的预留量能否满足偏移量的要求,公式如下:

一支悬挂电连接最大偏移值:

$$E=L\cdot a\cdot(T_{max}-T_x) \quad 或 \quad E=L\cdot a\cdot(T_x-T_{min})$$

式中 E——偏移值(m);

L——电连接至中心锚结的距离(m);

a——线胀系数(1/℃);

T_x——检修时温度(℃);

T_{max}——设计最高温度(℃)；

T_{min}——设计最低温度(℃)。

锚段关节、线岔或股道电连接的偏移值要将相关悬挂电连接的最大偏移值按偏移方向进行加或减。

⑤利用通止规检测接触线电连接线夹压接是否满足要求

利用通止规检测接触线电连接线夹压接是否到位，主要是通规检测压接后的电连接线夹高度 H 与宽度 W 两个数值，通侧与止侧开口的距离相差为 1 mm。也就是说，若在通侧接触线电连接线夹可以通过而止侧接触线线夹无法通过，证明压接后的电连接线夹外形与规定的尺寸误差在 1 mm 以内。通过竖向与横向两个方面来卡控电连接线夹的外形，基本上可以对电连接线夹压接是否到位进行判断。检测 H 与 W 的通止规分别是两块独立的模板。

⑥通过 H 判断电连接是否压接到位

通规检测接触线电连接线夹时，可以将整个线夹嵌入通规侧，说明线夹在压接时已经承受了规定的压接力，内部不存在压接不到位的情况。同时通规垂直部分必须与接触线电连接线夹侧面相贴，如图 6-71 所示。

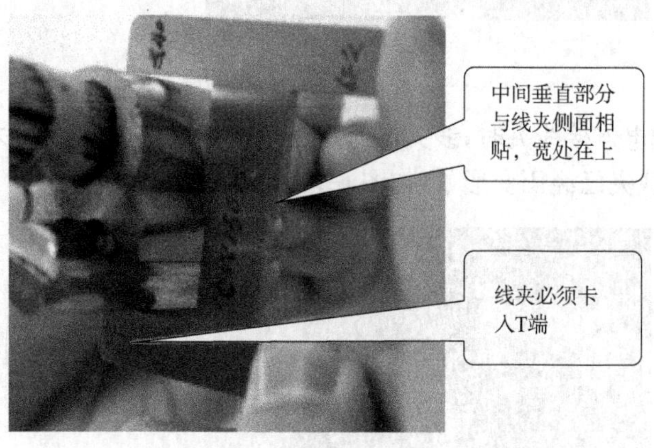

图 6-71　通规检测 H

止规检测接触线电连接线夹时，线夹本体无法从止规侧通过，且线夹本体与止规垂直面不得接触，若接触证明线夹已经压变形了，如图 6-72 所示。

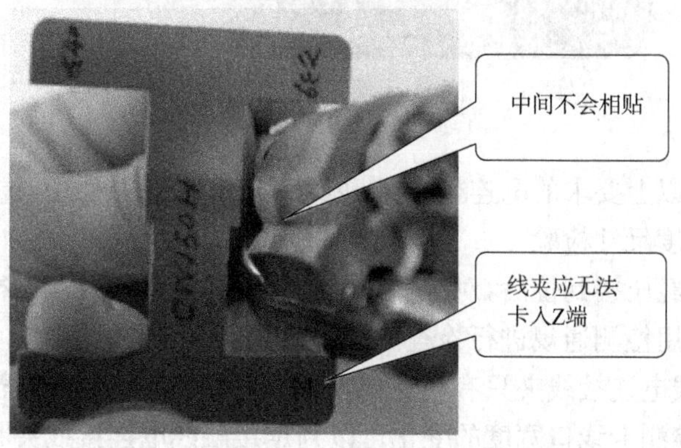

图 6-72　止规检测 H

⑦通过 W 判断电连接是否压接到位

通规检测接触线电连接线夹时，可以将整个线夹嵌入通规侧，说明线夹在压接时已经承受了规定的压接力，内部不存在压接不到位的情况。同时通规垂直部分必须与接触线电连接线夹斜面相贴，证明线夹本体与接触线压接密贴，如图 6-73 所示。

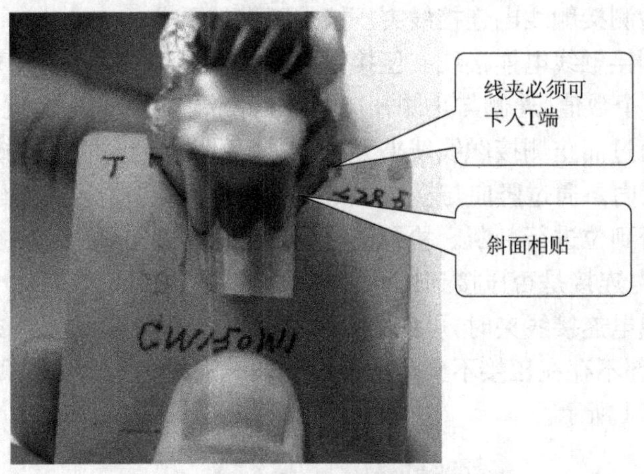

图 6-73 通规检测 W

止规检测接触线电连接线夹时，线夹本体无法从止规侧通过，且线夹本体与止规垂直面不得接触，若接触证明线夹已经压变形了，如图 6-74 所示。

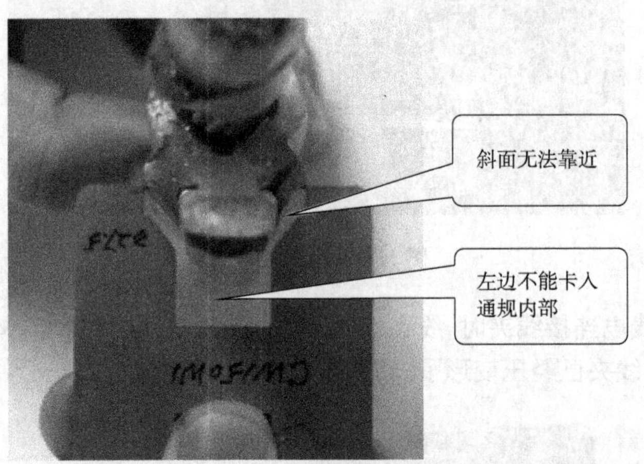

图 6-74 止规检测 W

凡出现不能满足以上要求的电连接线夹，必须及时安排进行处理，重新压接。

⑧线夹卡线口宽度尺寸检验

在电连接线夹已经压接到位后，对接触线电连接线夹要进行日常例行检查，具体手段为利用线夹卡线口宽度专用检测通规进行检查。

原理：由于接触线电连接线夹只有在受到较大外力作用时，下部卡线口张开才可能脱离接触线，所以专用通规检测卡线口宽度的变化可以判定接触线电连接线夹状态是否安全。

以压接后的接触线底面为定位基准面，以通规 W_1 尺寸为基准，测量压接卡口（变形区域内两点之间)的尺寸。若 $W \leqslant W_1$,则卡口尺寸合格,即压接后卡口未松弛;若 $W > W_1$,则卡口尺寸不合格,即压接后卡口松弛,如图 6-75 所示。

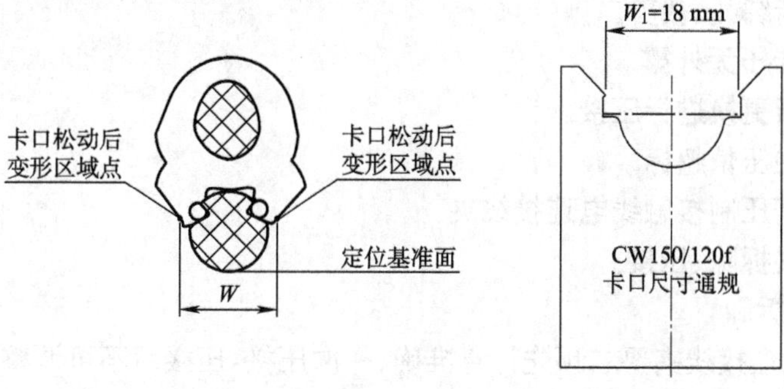

图 6-75　专用通规

使用时将通规的圆弧槽底部紧贴接触线底部,从线夹出线端卡入,顺线方向滑过整个线夹,整个过程中通规的圆弧槽底部应始终紧贴接触线底部。

当尺寸正常时,线夹可以贴着通规的底部圆弧槽顺利卡入并从通规开口中通过。

当尺寸异常时,线夹可能有一段可以贴着通规的底部圆弧槽顺利卡入并从通规开口中通过。如果末端不能通过,或者通规卡口两顶点顶住线夹两侧,而通规圆弧槽底部离开接触线底部,应立即予以更换。检查发现卡口尺寸异常情况如图 6-76、图 6-77 所示。

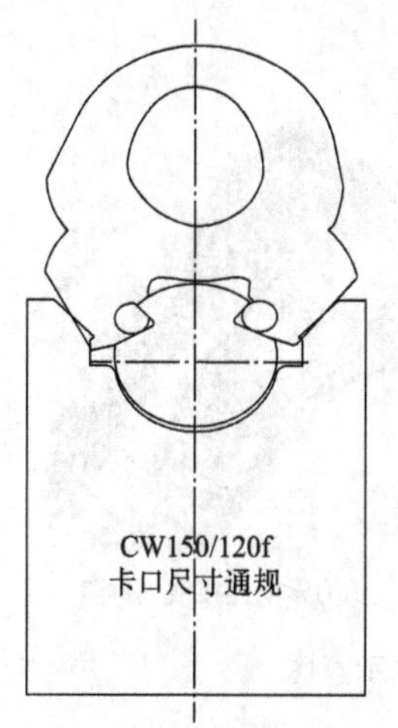

图 6-76　通规圆弧槽底部离开接触线

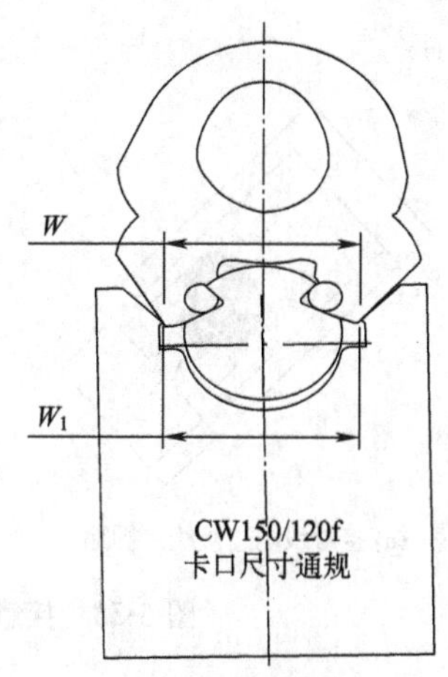

图 6-77　线夹端面与通规卡口干涉

4. 调整

(1)电连接线夹处接触线高度调整

①若电连接线夹处接触线高度低于相邻吊弦,减小电连接线在承力索与接触线间的预留量。

②若电连接线夹处接触线高度高于相邻吊弦,需要重新制作压接接触线电连接线夹。

(2)电连接线预留量调整

①电连接线连接过松,在承力索所上用软铜绞线进行绑扎。

②电连接连接过紧，需重新压制电连接。

(3)电连接线露头过长

处理方法：重新绑扎、裁剪。

(4)U形螺纹卡子无外露

处理方法：重新更换进行压接。

(5)电连接线夹压偏超标

处理方法：重新压制接触线电连接线夹

(6)电连接线夹拆除、压接

①电连接线夹拆卸

a. 全压接式电连接线夹要求预先计算准确、一次压接，压接后不可调整。

b. 当发生压接质量不符合要求、安装位置需要变更、发生事故、线夹损伤等其他原因需要拆除。

c. 拆除电连接线夹可采用专用拆卸工装模或手工锯，不允许采用电锯等大发热量拆除方法，以免损伤导线。

d. 利用专用拆卸工装的操作方法与压接相似，电动液压泵和配套液压钳一样，模具不同。

e. 接触线电连接线夹拆除：将拆卸模装在液压钳上、按图 6-78(a)所示方式将需拆卸的线夹放在模具对应位置，启动电动液压泵，下模刃口移动，沿接触线外侧切开线夹一侧的卡口，从而使压接失效，线夹与接触线分离。（注意：拆卸时应时刻注意下模刃口的切入位置，防止意外损伤接触线。）

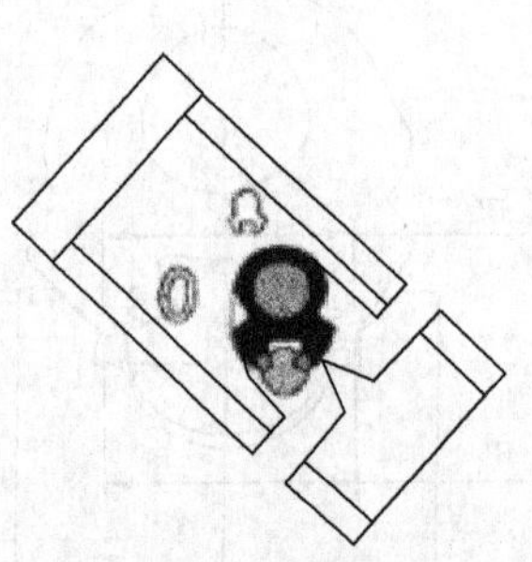

(a) 接触线电连接线夹拆除

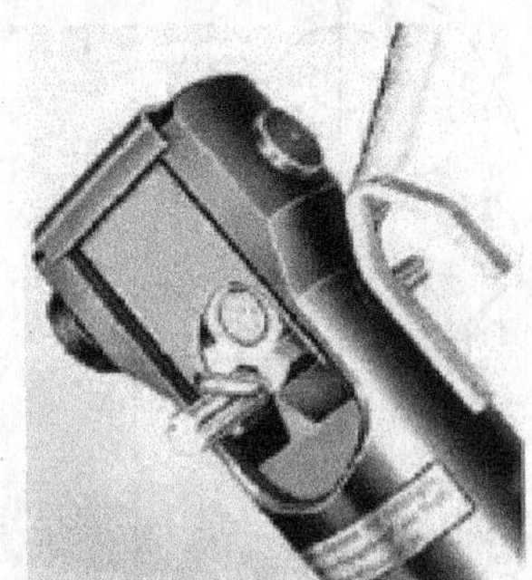

(b) 承力索电连接线夹拆除

图 6-78 接触线电连接线夹拆除方法示意图

f. 承力索电连接线夹拆除：将拆卸模装在液压钳上、按图 6-78(b)示方式将需拆卸的线夹放在模具对应位置，启动电动液压泵，下模刃口移动，沿电连接线外侧切开线夹背部，从而使线夹断开，线夹与承力索分离。（注意：拆卸时应时刻注意下模刃口的切入位置，防止意外损伤承力索。）

②接触线电连接线夹压接

a. 压接前准备：按需要裁剪预设规格及长度的电连接线，裁剪电连接线时用胶带缠绕固定裁剪部位，防止线头散开、变形；准备好电动液压泵及配套的压接钳及与线夹配套的压接(拆卸)模具，液压泵的压力不小于 70 MPa，电动液压钳的压力不小于 24 t。出工前应检查相关工器具状态是否良好。

b. 将接触线、电连接线及电连接线夹内表面用细砂纸打磨，去除氧化皮并清理干净，清理后的表面应目测成金属亮色。打磨时只需注意对U形卡子轻微处理，防止过度打磨损毁U形卡子的螺纹。打磨后用软刷清理干净打磨的粉末等杂物，确保压接部位清洁，如图6-79所示。

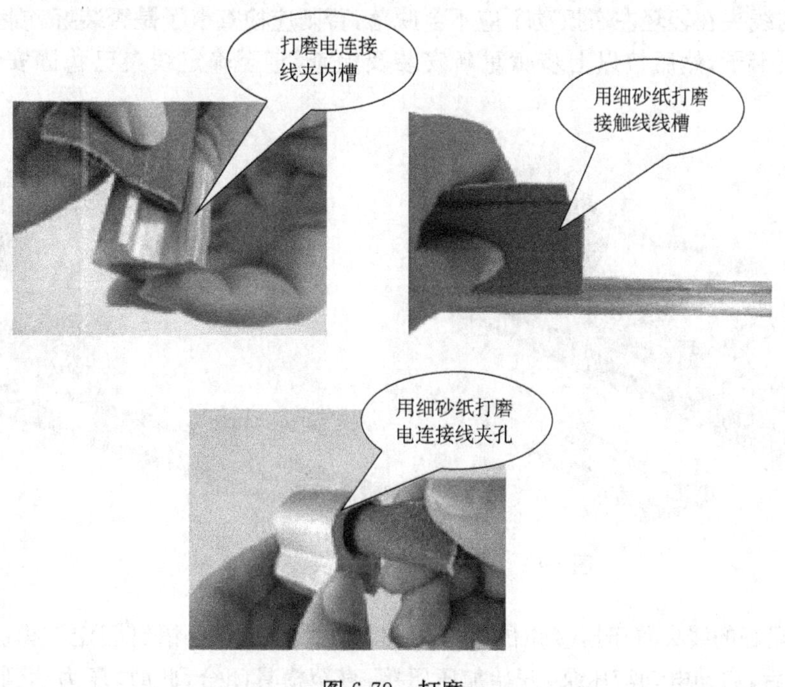

图6-79　打磨

c. 在需要压接的接触线沟槽表面、线夹内表面及通孔内分别均匀涂抹导电膏，如图6-80所示。

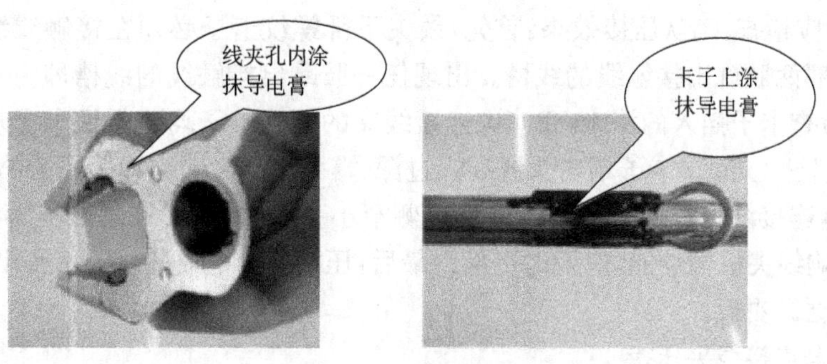

图6-80　涂抹导电膏

d. 将螺纹卡子的两肢稳固地卡在接触线需安装部位的沟槽内，卡子的环口方向朝向机车前进方向。稳固卡入后的卡子在轻轻扳动下应不会离开线槽，如卡子轻扳掉落则需重装卡子或更换卡子。

e. 电连接线插入电连接线夹上部的圆孔内，在另一头露头大约5～10 mm，注意电连接线截断时，应用胶布把线头绑扎好，防止电连接线端头散股，造成安装困难，待电连接线插入线夹孔后，必须拆除并清理干净先前绑扎的胶布，防止影响电气连接性能。

f. 将带有电连接线的线夹本体顺导线方向滑动，使下部卡线口从已安装在接触线线槽中的螺纹卡子开口端移动到螺纹卡子的折弯端，通过螺纹卡子固定在接触线上。螺纹卡子开口端应在线夹外露头 2～3 mm，不允许不露头，也不宜露头过多，以免减少接合部分螺纹配合长度。安装好的线夹在轻轻左右扳动下应不会脱落，否则应检查卡子是否装好，或线夹是否有一边未卡住螺纹卡子，然后按以上步骤重新安装及检查，直至确定线夹已稳固安装，如图 6-81 所示。

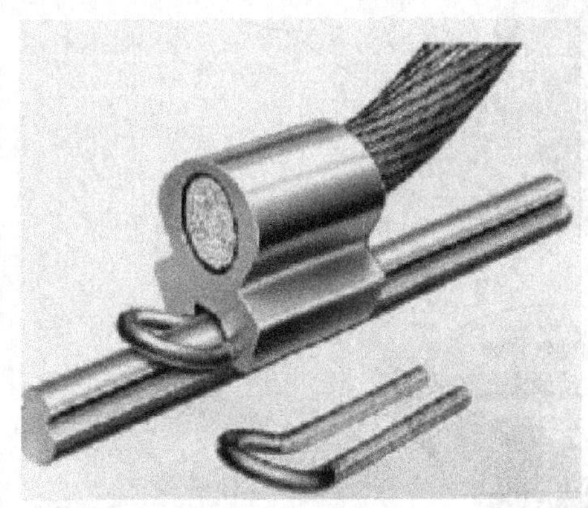
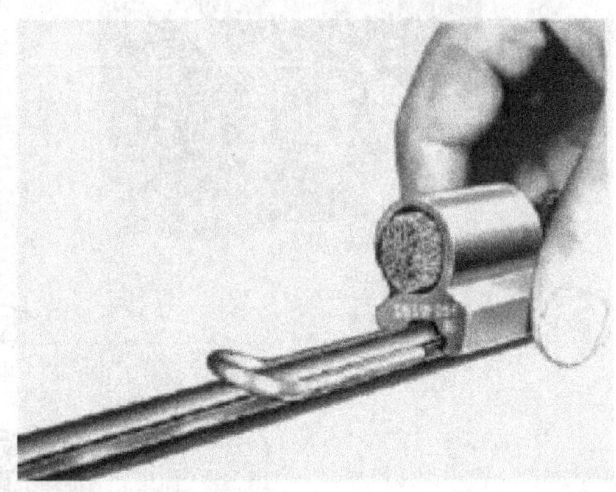

图 6-81　接触线电连接线夹安装方向图

g. 将组配好的线夹置于压接钳的模具中间，放好上模，穿上销钉固定上模。确认线夹组成、位置正确后，启动电动液压泵，开始加压压接，直至模具闭合，此时，压力达到最大（压力表指示不小于 70 MPa），保压 5 s 后卸压松开模具。（特别注意：压接时必须用 120 型模具压接 120 mm^2、85 mm^2 接触线用电连接线夹，用 150 型模具压接150 mm^2 接触线。禁止使用不相对应的模具去压不对应的电连接线夹，禁止承力索压接模具和接触线压接模具交叉使用）

h. 压接后应检查、确认压接效果：首先，线夹下部螺纹卡子必须在接触线线槽中，不得出现一肢或者全部两肢跳出接触线的线槽。出现任一肢跳出接触线的线槽即为不合格，应予以更换。其次，检查卡子插入的深度，每套电连接线夹的螺纹卡子均应保证卡子从一端插入后，在另一端露头 1～3 mm。卡子不出头或插入过深（露头大于3 mm）即为不合格，应予以更换。接着，压偏的电连接线夹在线夹底部会出现单侧窄小直面，此直面的高度不得大于 2 mm，大于 2 mm 会影响线夹机械性能，应及时更换。最后，压接后的电连接线夹不得出现裂纹。一旦发现有裂纹应立即更换。

③承力索电连接线夹压接

a. 将压接处的承力索、电连接线表面及电连接线夹、中夹板压接面用砂带（或砂纸）打磨，去除零件及线索表面的氧化皮，清理后的表面应目测成金属亮色。打磨后用软刷清理干净打磨的粉末等杂物，确保压接部位清洁。

b. 在需要压接的承力索表面、线夹内表面及通孔内分别均匀涂抹导电膏。

c. 将线夹本体挂在承力索压接处，电连接线穿过线夹，使线夹本体带有沟槽的一边在直径较小的一侧；限位楔子穿入中夹板，中夹板两端与线夹本体面平齐，中夹板圆弧应与相应的线索配合，并使标有型号标识的一侧朝外。安装原则为：直径小的装在线夹本体短边一侧（有沟槽标记），直径大的装在线夹本体长边一侧（无沟槽标记），但当承力索与电连接线直径相差不多时，应当将承力索装在线夹长边一侧，电连接线装在短边一侧。如当 TJR95 与 JTMH120 连接时，应将 JTMH120 装在长边侧，TJR95 装在短边侧。中夹板的标识说明：安装时应保证中夹板在线夹的中间位置，标有“A、B、C、D”的一侧朝内，标有“95f”等标识的一侧向外。打有标识一侧的圆弧分别与对应的线型配合，如斜面上标有“95f”一侧的圆弧与 95 电连接线配合，标有“120f”一侧的圆弧与 120 电连接线配合。

d. 用细铜丝缠绕并绑扎线头，防止压接时线头散开。绑扎好后去除干净线头上的塑料胶带，防止塑料胶带等绝缘物压入线夹，影响电气连接性能。

e. 将组配好的线夹置于压接钳的模具中间，放好上模，穿上销钉固定上模。确认线夹组成、位置正确后，启动电动液压泵，开始加压压接，直至模具闭合，此时压力达到最大(压力表指示不小于 70 MPa)，保压 5 s 后卸压松开模具。

5. 检查验收

检修作业完毕后，对检修后的设备质量进行检查验收，验收关键点：

(1)电连接线及线夹选型符合设计要求。

(2)U 形螺纹卡子外漏 1～3 mm，卡子还环口朝向机车前进方向。

(3)电连接线在接触线电连接线夹外漏 5～10 mm。

(4)道岔电连接安装数量为 2 根，必须安装在始触区以外(两接触线间距大于 1 050 mm)，根据线索型号选用电连接线夹。

6. 办理收工手续

(1)工作领导人确认各作业组工作结束，人员机具均已撤至安全地带后，通知监护人员撤除地线及其他安全措施。

(2)工作领导人确认安全措施撤除后，通知驻站联络员申请消除停电作业命令和线路封锁命令。

(3)工作领导人召开收工会，办理收工手续。

7. 填写检修记录

按照当天检修情况填写检修记录。

四、分析与思考

本任务主要是电连接检调，并将检调结果填入“电连接维修记录表”中。本任务关系到接触网的结构和技术标准要求，因此，如何保证设备各项参数的合格至关重要。在实际工作中需要任意以下问题：

(1)作业过程中要严格复核受电弓动态包络线。

(2)电连接线夹不应装在线岔始触区内。

项目七　接触网设备故障应急处置

接触网是电气化铁路重要的行车设备，是向电力机车、电动车组等移动设备安全可靠供电的特殊输电线路，一旦故障停电，将直接影响行车秩序。在接触网发生事故后，各有关单位必须立即组织人力、物力，全力以赴进行抢修，本着“先通后复”的原则，迅速送电、通车。

一、项目描述

以接触网设备为载体，依据接触网抢修规程，在校内铁路综合实训基地和校外供电段实训基地，能对接触网各设备进行应急故障情况下的抢修并分析、上报相关资料。

二、教学目标

1. 熟悉和掌握接触网设备故障抢修预案。
2. 熟悉和掌握接触网设备故障抢修应急处置流程。
3. 熟悉和掌握接触网设备典型故障抢修处置方法。
4. 熟悉和掌握接触网抢修材料、机具储备定额。

三、接触网设备故障抢修作业流程

(一)任务组织

1. 人员组织

各工区应根据具体情况，做好接触网事故抢修的组织落实工作，工区负责人每日要对抢修值班人员进行明确分工，落实抢修工作责任，工区抢修班的人数必须满足一个作业组，凡遇到事故，工区所有人员必须参加抢修。

2. 抢修工具、材料、车辆、照明、通信工具管理

(1)抢修用工具、材料、零部件要有专人保管，专料专用，用后三日内补齐。接触网抢修材料储备定额见表7-1。

表7-1　接触网设备抢修材料储备定额表

序号	材料名称	规　格	单位	数　量		备　注
				工区	值守点	
一、支柱						
1	支柱		根	0	0	根据管内支柱类型确定
二、支撑定位装置						
1	常用的支撑定位结构		套	各6	常用定位器2套	包括平、斜腕臂及连接、悬吊零部件，底座、定位器(含线夹)
2	非常用的腕臂固定底座	各种	套	各1	0	根据管内情况确定
3	隧道内悬挂及定位埋入杆件		套	4	0	根据管内情况确定

续上表

序号	材料名称	规　格	单位	数　量		备　注
				工区	值守点	
4	吊柱		套	4	0	根据管内情况确定
三、接触悬挂						
1	可调式整体吊弦		套	20	5	
2	弹性吊索		套	10	0	
四、下锚及补偿装置						
1	补偿滑轮		套	各1	0	管内各种规格
2	坠砣	铁材质	块	20	0	
3	棘轮		套	2	0	管内各种规格
五、线索及终端、接续线夹						
1	承力索及接触线		m	各100	0	管内各种规格
2	供电线、正馈线		m	各100	0	管内各种规格
3	回流线、保护线及架空地线		m	各100	0	管内各种规格
4	钢绞线		m	各100	0	管内各种规格
5	电连接线	120 mm^2	m	20	0	预制成组
6	承力索终端线夹	各种	套	各2	0	
7	附加导线终端线夹	各种	套	各2	0	
8	接触线终端线夹	各种	套	各2	0	
9	接触线接头线夹	各种	套	6	0	
10	承力索接头线夹	各种	套	6	0	
11	附加导线接头线夹	各种	套	各2	0	
六、硬(软)横跨零部件						
1	横承力索线夹	单、双	套	各4	0	
2	定位环线夹		套	6	0	
3	球头挂环		个	6	0	
4	开式螺旋扣		个	2	0	
5	悬吊滑轮		个	2	0	
6	双耳楔型线夹		个	10	0	
7	杵座楔型线夹		个	10	0	
七、其他零部件						
1	悬式绝缘子		组	5	0	
2	棒式绝缘子		支	5	0	爬距≥1 400 mm
3	复合绝缘子	硅橡胶	支	5	0	
4	线岔		套	2	0	
5	分段绝缘器		台	1	0	
6	线岔电连接器		组	1	0	

续上表

序号	材料名称	规　格	单位	数　量		备　注
				工区	值守点	
7	各种电连接线夹		套	各 4	0	
8	隔离开关	各种	台	0	0	容量按管内最大
9	接触线中心锚结线夹		套	1	0	
10	承力索中心锚结线夹	各种	套	各 1	0	
11	常用的肩架		套	2	0	
12	铁线		kg	10	5	

(2)抢修工具定额同检修工具定额一致。接触网抢修机具储备定额见表 7-2。

表 7-2　接触网设备抢修机具储备定额表

序号	名　称	规　格	单位	数　量		备　注
				工区	值守点	
1	接地线		根	4	2	
2	验电器	25 kV	个	2	2	
3	绝缘手套		副	4	2	
4	绝缘靴		双	4	2	
5	安全帽		个	10	4	
6	安全带		副	10	4	
7	充电电筒		个	20	4	
8	个人工具五件套		套	10	4	
9	数码照相机		个	1	1	
10	望远镜	≥10 倍	个	1	1	
11	打冰杆(绝缘杆)		套	2	1	根据需要配置
12	防护信号旗		套	4	4	红、黄各 2 套
13	防护信号灯		个	2	2	红、黄各 2 套
14	对讲机		个	10		
15	抢修组合箱(包)	便携式	个	6-8	2-4	根据需要组合
16	车梯	便携式	个	1		
17	人字梯		个	2	1	
18	挂梯	7～12 m	个	各 1	1	
19	梯子	7～12 m	个	各 1		
20	攀支柱的脚扣	各种型号	副	4	2	
21	断线钳	铜线、钢绞线	把	各 2	1	液压或充电式
22	棕绳		根	2	1	
23	滑轮组		套	3		
24	链条葫芦	6 t、3 t	个	各 1		
25	手扳葫芦	6 t、3 t	个	各 1		
26	紧线器		套	各 4		根据管内线索型号确定
27	钢丝套		个	4		

续上表

序号	名　　称	规　　格	单位	数量		备　　注
				工区	值守点	
28	接触线紧线紧固夹具		套	2		
29	导线正弯器	五轮	个	2		
30	接触网激光测量仪		套	2		
31	皮尺		个	2	1	
32	游标卡尺			1		
33	水平尺及道尺		个	各2		
34	兆欧表	2 500V	块	1		
35	发电机、临时照明用灯具、电缆		套	2		
36	便携式充电矿灯、安全帽		套	8	4	
37	射钉枪		个	1		
38	螺母粉碎机		把	1		
39	钢锯架		把	2		
40	力矩扳手		套	5		
41	管钳		把	2		
42	割刀		把	2		
43	扁锉		把	2		
44	平锉		套	2		
45	放线滑轮		个	10		
46	压接钳		套	2		
47	大锤		把	2		
48	橡胶锤		把	2		
49	干湿温度计		个	1		
50	急救药箱		个	1		

(3)小型零部件和工具应装入抢修材料箱和工具箱内，正常检修时原则上不得动用，若动用，使用后立即放回箱内，以备抢修时使用。

(4)抢修人员必须配备必要的通信设备，并定期对通信设备进行检查测试。

3. 抢修出动时间

当接到接触网故障信息时，工区应立即组织抢修人员携带抢修工具、材料出动抢修，最晚出动时间：白天 15 min，夜间 20 min。

4. 抢修指挥系统

(1)值班供电调度员为事故抢修的总指挥，负责与工区、事故现场、段生产调度及有关部门保持联系，负责抢修人员、车辆的组织调配，传达领导对事故抢修的指示，向段供电调度通报事故的抢修进展和完成情况。

(2)一般事故抢修由工区负责人担任现场抢修指挥。邻近工区支援抢修时，其抢修人员必须服从现场抢修指挥人员的统一指挥。

(3)重大事故抢修，需要相邻车间组织人员参与时，由发生事故车间主任担任现场抢修指挥。

5. 抢修中的信息传递

在事故抢修现场，现场指挥者必须指定专人在邻近车站坐台防护，与供电调度和段生产调度保持联系，并做好相应记录。

6. 抢修现场防护

抢修指挥者到达现场后，必须首先与供电调度取得联系，同时按规程要求做好现场防护。

7. 事故抢修后的分析、总结、上报

每次事故抢修后，工区、车间、段应本着“四不放过”的原则，认真调查、分析、总结、考核，并逐级上报。

(二)抢修程序

1. 流程

接触网设备抢修流程如图 7-1 所示。

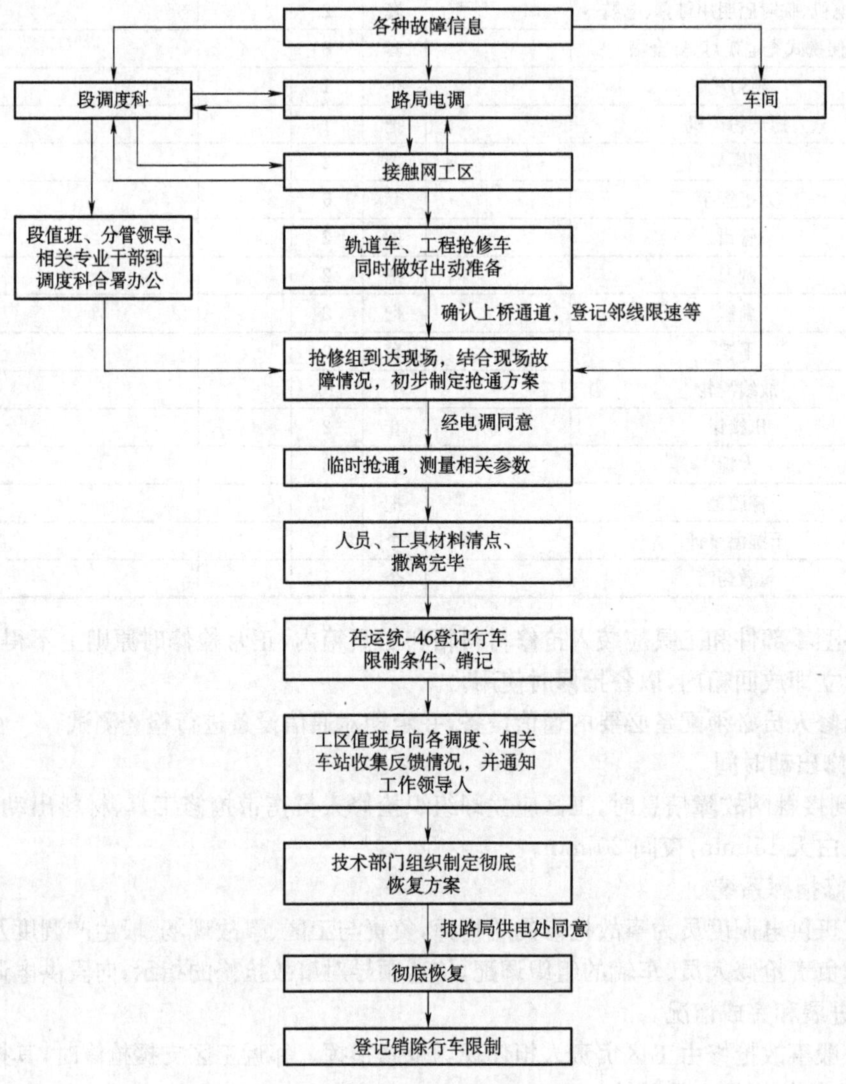

图 7-1 接触网设备抢修流程图

2. 接触网设备应急抢修划小单元方案

以合福高铁应急抢修为例，划定合福高铁 842 供电臂小单元方案。其供电示意图如图 7-2 所示。

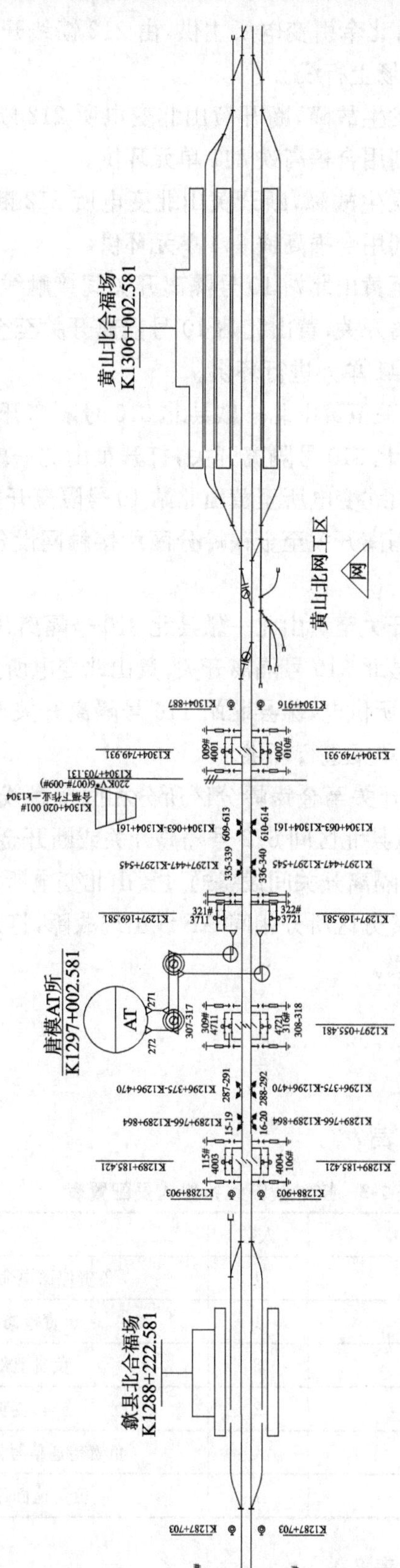

图7-2　合福高铁842供电臂接触网供电示意图

合福高铁 842 供电臂由黄山北牵引变电所主供，由 212 馈线开关馈出，涉及绩溪北合福场—歙县北合福场—黄山北合福场上行线。

(1)若变电所接触网供电线发生故障，断开黄山北变电所 212 断路器及 3121T 上网隔离开关，842 单元通过 AT、分区所利用合福高铁 841 单元环供。

(2)若变电所正馈线供电线发生故障，断开黄山北变电所 212 断路器及 3121F 上网隔离开关，842 单元通过 AT、分区所利用合福高铁 841 单元环供。

(3)若黄山北变电所上网点至黄山北站 10 号隔离开关间接触线发生故障，打开黄山北站 10 号及黄山北变电所 3121T 隔离开关，黄山北站 10 号隔离开关至金锅岭分区所接触网设备通过 AT、分区所利用合福高铁 841 单元进行环供。

(4)若黄山北站 10 号隔离开关至黄山北—歙县北 310 号隔离开关间接触线发生故障，打开黄山北站 10 号、黄山北—歙县北 310 号隔离开关，打开黄山北—歙县北 322 号隔离开关或断开唐模 AT 所 272 断路器，黄山北变电所至黄山北站 10 号隔离开关间设备通过黄山北变电所供电，黄山北—歙县北 310 号隔离开关至金锅岭分区所接触网设备通过分区所利用合福高铁 841 单元进行环供。

(5)若歙县北站 116 号隔离开关至黄山北—歙县北 310 号隔离开关间接触线发生故障，打开歙县北站 116 号、黄山北—歙县北 310 号隔离开关，黄山北变电所至黄山北—歙县北 310 号隔离开关间设备通过黄山北变电所供电，歙县北站 116 号隔离开关至金锅岭分区所接触网设备通过分区所利用合福高铁 841 单元进行环供。

(6)若歙县北站 116 号隔离开关至金锅岭分区所分相间接触线发生故障，打开歙县北站 116 号隔离开关，打开绩溪北—歙县北区间 672 号隔离开关或断开金锅岭分区所 274 断路器，黄山北变电所至歙县北站 116 号隔离开关间设备通过黄山北变电所供电。

(7)若黄山北变电所至金锅岭分区所分相间 AF 线出现故障，打开黄山北变电所 3121F 上网隔开，将 842 单元改为直供方式。

(三)应急处置办法

1. 接触线断线应急处置办法

(1)任务组织

接触线断线抢修人员配置见表 7-3。

表 7-3　接触线断线抢修人员配置表

序号	人员分工	人数	主要工作
1	驻站(所)联络员	1	负责停送电命令的申请、作业区防护
2	工作领导人	1	负责抢修指挥及人员的安全
3	操作人员	3	负责上部抢修的全部作业
4	作业车司机	2	负责操纵作业车
5	验电接地	4	负责传递信号及验电接地，兼行车防护
6	辅助人员	1	负责地面作业及其他辅助工作

接触线断线抢修工具配置见表 7-4。

表 7-4　接触线断线抢修工具配置表

序号	工具名称	规格	单位	数量	备　注
1	作业车(或梯车)		台	1～2	
2	接触网激光测量仪		台	1	
3	手扳葫芦		套	2	满足张力要求
4	断线钳(电动切刀)		把	1	
5	接触线扭面器		把	2	
6	手锤		个	1	
7	木锤		个	1	
8	锉刀		个	2	
9	棕绳		根	2	
10	滑轮组		组	1	
11	紧线器		套	4	
12	钢锯		个	2	
13	安全带		条	每人 1	
14	直弯器		个	1	
15	通信照明工具		套	若干	
16	个人工具		套	每人 1	
17	安全防护用品		套	每人 1	
18	力矩扳手		套	1	

接触线断线抢修材料配置见表 7-5。

表 7-5　接触线断线抢修材料配置表

序号	材料名称	规格	单位	数量	备　注
1	接触线		m	若干	
2	接触线接头线夹		副	2	
3	铁线	ϕ4 mm	m	若干	
4	定位器		个	若干	
5	吊弦线夹		套	若干	
6	临时吊弦		条	若干	
7	弹性吊索			若干	
8	瓷瓶、电连接、铜绑线、电力复合脂等			若干	

(2)抢修方法

接触线发生断线事故之后，为了缩短抢修时间，尽快恢复供电行车，处理接触线断线一般有两种抢修方法。

①导线断线损坏范围较小，断口两侧无较大损伤、变形，可以将折断的导线用紧线器固定，直接紧线对接做导线接头。此方法只适用于导线断线损坏范围较小，断头的损坏不超过 100 mm(断头两侧之和情况)。

②若导线损坏范围较大或抢修时间紧迫，可视具体情况确定方案。如果动车组惰行可以通过故障区段时，可把接触线临时连接(用手扳葫芦)吊在承力索上，但要保证跨中最小高度满足该区段限界要求，确定好升降弓运营里程，采取降弓通过的方法。具体遵循如下原则：

a. 站场侧线断线,可线将线索紧起,保证咽喉区行车,送电先开通正线。站场正线或区间断线,可将线索紧起,采取降弓通过的办法送电通车。

b. 利用紧线器、葫芦等临时连接方式送电时,必须加装分流短接线,严禁利用受力工具导通电流回路。

(3)抢修过程

①抢修人员到达现场后,先派人查看设备的损坏程度(并在断线落地点设置防护,未验明接地前,任何人不得进入断线落地点 10 m 范围内),工作领导人根据现场的具体情况(包括下锚、中锚、线岔等损坏情况)制定抢修方案和安全措施,同时和路局供电调度员取得联系,汇报现场的事故情况和抢修建议方案,申请停电抢修的命令。

②在与供电调度员联系的过程中,同时进行事故抢修的准备工作,备好各种工具和材料,确定操作人和辅助人员的职责,布置抢修方案和安全措施等。

③当收到供电调度员下达的停电抢修作业命令后(需封锁线路时还须在线路封锁后),工作领导人按照预定的分工,立即布置好防护工作,然后组织验电接地和抢修工作。

④接触线断线抢修时,在紧线之前和紧线过程中,应指定专人到中心锚结和断线侧的落锚处,主要观察事故对中心锚结的影响和紧线时中心锚结的受力情况。在落锚处,紧线时观察补偿绳在补偿装置内的动作情况,出现脱槽、卡滞等现象时立即通知工作领导人。

⑤断线点距离过大时可以使用滑轮组,或者选用 10 m 长 3 t 型号的手扳葫芦。在使用滑轮组时,接近达到满荷载前,用链条式手扳葫芦取代滑轮组。

⑥接触线接续的施工流程:

a. 首先安装两个楔形紧线器,其中一个紧线器紧靠断线点安装,另一个楔形紧线器则应该远离另一个断线点安装,用手扳葫芦紧线,直到吊弦恢复到垂直状态。如果断头不超过 100 mm,可直接用接触线接头线夹连接。

b. 接头做好后,先将紧线工具放松,使接头受力,检查接头质量,无误后,拆除紧线工具,安装临时吊弦,调整悬挂,整正导线达到标准,使设备达到开通条件。

c. 导线断线处理后,必须将该锚段全部巡视一遍,特别是中心锚结、线岔、补偿装置、锚段关节等设备,要考虑季节、气温变化时对设备的影响,确定是否可以送电通车。

⑦抢修工作完毕后,人员下网,拆除地线,撤除防护,消令送电。

⑧根据现场情况,限制动车组运行速度。按规定栅栏外观察动车组的运行情况,确认无异常并经供电调度员同意后人员撤离,抢修工作结束。

2. 承力索(包括加强线,下同)断线应急处置办法

(1)任务组织

承力索断线抢修人员配置参照接触线应急处置办法。

承力索断线抢修工具配置见表 7-6。

表 7-6 承力索断线抢修工具配置表

序号	工具名称	规格	单位	数量	备 注
1	作业车(或梯车)		台	1~2	
2	接触网激光测量仪		台	1	
3	手扳葫芦		套	2	满足张力要求
4	断线钳(电动切刀)		把	1	
5	手锤		个	1	

续上表

序号	工具名称	规格	单位	数量	备　注
6	木锤		个	1	
7	棕绳		根	2	
8	滑轮组		组	1	
9	紧线器		套	4	
10	安全带		条	每人 1	
11	通信照明工具		套	若干	
12	个人工具		套	每人 1	
13	安全防护用品		套	每人 1	

承力索断线抢修材料配置见表 7-7。

表 7-7　承力索断线抢修材料配置表

序号	材料名称	规格	单位	数量	备　注
1	承力索		m	若干	
2	承力索接头线夹		个	2	
3	铁线	ϕ4 mm	m	若干	
4	细绑线		m	若干	
5	吊弦线夹		个	若干	
6	临时吊弦		条	若干	
7	瓷瓶、电连接、铜绑线、电力复合脂等			若干	

(2)抢修方法

承力索发生断线事故后，为了缩短抢修时间，尽快恢复供电行车，处理承力索断线一般有两种抢修方法：

①将折断的承力索用紧线工具紧起，做接头后即可送电通车。

②若抢修时间紧迫，争取早送电通车时，亦可利用紧线工具，将承力索紧起，必须加装一段承力索或电连接做短接线，张力符合要求，必要时降弓通过。

(3)抢修过程

①同接触线断线应急处置方法抢修过程①。

②同接触线断线应急处置方法抢修过程②。

③同接触线断线应急处置方法抢修过程③。

④同接触线断线应急处置方法抢修过程④。

⑤承力索断线补偿流程(压接式)：

a. 用滑轮组或者手扳葫芦将折断的承力索两端拉起后，处理好承力索断头，直接用接头线夹做接头，或采用楔型线夹、双环杆做接头。

b. 接头做好后，先将紧线工具放松，使接头受力。检查接头受力情况，确认无误后，拆除紧线工具，安装临时吊弦，调整悬挂，使设备达到开通条件。

c. 承力索断线处理后，应对整锚段进行巡视测量，特别要注意中心锚结、线岔、绝缘锚段关节等处是否达到要求。

⑥抢修工作完毕后，人员远离带电设备，拆除地线，撤除防护，消令送电。

⑦按规定栅栏外观察送电后动车组的运行情况，确认无异常并经供电调度员同意后人员

撤离，抢修工作结束。

3. 承力索或接触线终锚脱落应急处置办法

采取安全措施后，卸载部分坠砣，检查中心锚节，将脱落承力索（或导线）用手扳葫芦紧起，设置硬锚，巡视测量调整相关设备（检查中锚，测导高等），其技术参数合格后，消令送电，恢复行车。

4. 吊弦脱落应急处置办法

(1)任务组织

吊弦脱落抢修人员配置参照接触线应急处置办法。

吊弦脱落抢修工具配置见表 7-8。

表 7-8　吊弦脱落抢修工具配置表

序号	工具名称	规格	单位	数量	备　注
1	作业车（或梯车）		台	1	
2	钢卷尺		个	1	
3	接触网激光测量仪		台	1	
4	安全带		条	每人 1	
5	通信照明工具		套	若干	
6	个人工具		套	每人 1	
7	安全防护用品		套	每人 1	
8	吊弦压接钳		套	1	

吊弦脱落抢修材料配置见表 7-9。

表 7-9　吊弦脱落抢修材料配置表

序号	材料名称	规格	单位	数量	备　注
1	吊弦线夹		套	若干	
2	可调吊弦		套	若干	

(2)抢修方法

①承力索吊弦线夹脱落时，更换吊弦或者直接拆除该吊弦。

②接触线吊弦线夹脱落可以采取降弓措施通过，然后申请天窗处理。

(3)抢修过程

①当收到供电调度员下达的停电抢修作业命令后（需封锁线路时还须在线路封锁后），抢修人员按照预定的分工，布置好防护工作，验电接地。

②人员上作业车（或梯车）平台。

③拆卸损坏的吊弦并妥善保管，以分析脱落原因，同时分别检查是否需要更换吊弦线夹、承力索是否烧断股、接触网是否烧伤。

④换上预制的临时吊弦。

⑤用临时吊弦安装在较长线路区段使用时，应安装电连接。

⑥测量接触线的拉出值、导高，调整有关零件，使之符合要求，无其他问题结束作业。

⑦抢修工作完毕后，人员下网，拆除地线，撤除防护，消令送电。

⑧按规定栅栏外观察送电后动车组的运行情况，确认无异常并经供电调度员同意后人员撤离，抢修工作结束。

5. 弹性吊索脱落应急处置办法

(1)任务组织

弹性吊索脱落抢修人员配置参照接触线应急处置办法。

弹性吊索脱落抢修工具配置见表 7-10。

表 7-10　弹性吊索脱落抢修工具配置表

序号	工具名称	规格	单位	数量	备　注
1	作业车(或梯车)		台	1	
2	断线钳		个	1	
3	钢卷尺	5 m	把	1	
4	皮尺	50 m	把	1	
5	力矩扳手		套	1	
6	棕绳		根	若干	
7	接触网激光测量仪		套	1	
8	安全带		条	每人 1	
9	通信照明工具		套	若干	
10	个人工具		套	每人 1	
11	安全防护用品		套	每人 1	

弹性吊索脱落抢修材料配置见表 7-11。

表 7-11　弹性吊索脱落抢修材料配置表

序号	材料名称	规格	单位	数量	备　注
1	弹性吊索		m	40	
2	细绑线		m	若干	
3	铁线	ϕ4.0 mm	m	若干	
4	弹性线夹		个	4	
5	吊弦线夹		套	若干	
6	可调吊弦		套	若干	

(2)抢修方法

①若时间宽裕,更换损坏的弹性吊索及吊弦。

②若时间紧迫,则直接拆除弹性吊索及吊弦,在定位点两侧加装两个吊弦,保证接触网定位点处高度。

(3)抢修过程

①人员到达事故现场后,如果发现弹性吊索脱落并且断头接地,必须采取防护措施,使任何人在装接地线以前不得进入距断线落地点 10 m 以内,所有准备工作必须在规定范围以外进行。

②当收到供电调度员下达的停电抢修作业命令后(需封锁线路时还须在线路封锁后),抢修人员按照预定的分工,布置好防护工作,验电接地。

③安装弹性吊索,并在落锚侧留余头 200 mm,用张力仪把吊弦紧到规定张力,紧上吊弦线夹。紧张力之前,把安装的吊弦在规定的位置上安装完毕。

④检查定位器坡度及顺线路方向偏移值。测量导线导高、拉出值,调整有关零件,使之符合规定。

⑤抢修工作完毕后,人员远离带电设备,拆除地线,撤除防护,消令送电。

⑥按规定栅栏外观察送电后动车组的运行情况，确认无异常并经供电调度员同意后人员撤离，抢修工作结束。

6. 中心锚节损坏应急处置办法

(1)任务组织

中心锚结损坏抢修人员配置参照接触线应急处置办法。

中心锚结损坏抢修工具配置见表 7-12。

表 7-12　中心锚结损坏抢修工具配置表

序号	工具名称	规格	单位	数量	备　注
1	作业车(或梯车)		台	1	
2	大绳		根	1	
3	滑轮		个	1	
4	铁线	ϕ4.0 mm	m	1	
5	钢卷尺	5 m	个		若干
6	接触线扭面器		个	2	
7	激光测量仪		套	1	
8	断线钳		个	1	
9	安全带		条	每人 1	
10	通信照明工具		套	若干	
11	个人工具		套	每人 1	
12	安全防护用品		套	每人 1	

中心锚结损坏抢修材料配置见表 7-13。

表 7-13　中心锚结损坏抢修材料配置表

序号	材料名称	规格	单位	数量	备　注
1	铜绞线	50 mm	m	100	
2	接触线中锚线夹		个	6	
3	线夹		个	2	

(2)抢修方法

①接触线中锚辅助绳损坏，若时间紧迫，则直接把损坏的中锚绳拆除，保证供电和行车；若时间宽裕，损坏程度较小，则现场使用 50 mm^2 铜绞线制作辅助绳并更换。

②当承力索中锚辅助绳断落：

a. 安排 2 名人员携带 ϕ4.0 mm 铁线分别向两端关节巡视，并将该锚段的承锚坠砣用双股铁线提住(铁线留有 100～200 mm 的松弛量)。

b. 高空作业人员用断线钳将中锚中心柱承力索座两侧剪断，并将垂下的中锚辅助绳拆除。

c. 确认该锚段设备不影响送电和行车，消令送电开通。

③承力索中锚辅助绳绝缘子炸裂：作业人员更换悬式绝缘子后，将中锚辅助绳重新落锚，确认设备状态良好后，消令送电开通。

(3)抢修过程

①抢修人员到现场后，若发现中心锚结辅助绳断线，必须采取防护措施，任何人在装设接

地线以前不得进入距断线落地点 10 m 范围内。

②当收到供电调度员下达的停电抢修作业命令后(需封锁线路时还须在线路封锁后),抢修人员按照预定的分工,立即布置好防护工作,验电接地。

③更换接触线中锚绳时,先用 ϕ4.0 mm 铁线把承力索和接触线捆在一起,减小结构高度。

④在规定位置安装中锚绳。

⑤解开铁线,观察附近吊弦及中锚绳的状态,调整合格后,清理作业现场。

⑥抢修工作完毕后,人员机具撤离并拆除地线,撤除防护,消令送电。

⑦按规定栅栏外观察送电后动车组的运行情况,确认无异常并经供电调度员同意后人员撤离,抢修工作结束。

7. 腕臂损坏应急处置办法

(1)任务组织

腕臂损坏抢修人员配置参照接触线应急处置办法。

腕臂损坏抢修工具配置见表 7-14。

表 7-14　腕臂损坏抢修工具配置表

序号	工具名称	规格	单位	数量	备　注
1	作业车(或梯车)		台	1	
2	手扳葫芦	3.0 t/1.5 t	个	1	
3	钢丝套子		个	1	
4	大绳		条	1	
5	滑轮		个	1	
6	安全带		条	每人 1	
7	通信照明工具		套	若干	
8	个人工具		套	每人 1	
9	安全防护用品		套	每人 1	
10	力矩扳手		套	2	
11	切管刀		套	1	
12	钢卷尺		把	2	

腕臂损坏抢修材料配置见表 7-15。

表 7-15　腕臂损坏抢修材料配置表

序号	材料名称	规格	单位	数量	备　注
1	平腕臂	ϕ70 mm	个	3	
2	斜腕臂	ϕ70 mm	个	3	
3	铁线	ϕ4.0 mm	m	若干	
4	腕臂用棒式绝缘子		个	2	
5	相关连接零部件		套	2	

(2)抢修方法

①若平腕臂发生折断故障时,在处理过程中,要根据具体情况组织抢修措施。

②当斜腕臂发生折断事故时，则可现场更换。

(3)抢修过程

①当收到供电调度员下达的停电抢修作业命令后(需封锁线路时还须在线路封锁后)，抢修人员按照预定的分工，立即布置好防护工作，验电接地。上网人员1～2人为宜。

②人员网上进行操作前，应先用手扳葫芦将接触线拉住，卸载以方便作业。

③拆除损坏的零部件，不同情况应采取不同的处理方法。

a. 当直线上水平腕臂发生故障时：

➤ 取掉斜腕臂管帽，用手扳葫芦倒链端钩在斜腕臂管口处。

➤ 另一端通过钢丝套子把手扳葫芦的另一个钩子连接到支柱上。

➤ 摇手扳葫芦使斜腕臂及其接触悬挂基本恢复到正常状态。

➤ 通过两股 $\phi 4.0$ mm 铁线从绝缘瓷瓶瓶口处与斜腕臂管口处连接，取代手扳葫芦。

➤ 拆除手扳葫芦。

b. 当直线上斜腕臂发生故障时：

➤ 把从斜腕臂上拆下来的定位管、定位器放好。

➤ 把足够长的新斜腕臂与绝缘子端连接好，另一端与套管座相连。

➤ 把拆除的定位管安装在斜腕臂上。

➤ 调整承力索的高度。

➤ 若斜腕臂露头过长，则锯掉多余部分。

➤ 调整定位。

c. 曲线外侧的水平腕臂和斜腕臂的处理方法与直线的方法相同。

d. 当曲线内侧发生故障时，由于受到向支柱侧拉力影响，需采取另一种处理方案。

➤ 准备一根足够长度的临时腕臂，此腕臂连接绝缘子的一端应预先做好套丝处理并接好连接件，处理时把此端同绝缘子连接好。

➤ 把斜腕臂恢复到正常角度后，把临时拉杆的另一端用 $\phi 4.0$ mm 铁线与斜腕臂固定到一起，要求牢固可靠。

➤ 若临时腕臂的长度过长与相邻线路的距离保证不了1.6 m时，则需锯断多余部分。

➤ 调整接触悬挂。

④抢修完毕后，人员下网拆除地线，撤除防护，消令送电，大约需要30～60 min。

⑤按规定栅栏外观察送电后动车组的运行情况，确认无异常并经供电调度员同意后人员撤离，抢修工作结束。

8. 绝缘子故障应急处置办法

(1)任务组织

绝缘子故障抢修人员配置参照接触线应急处置办法。

绝缘子故障抢修工具配置见表7-16。

表7-16 绝缘子故障抢修工具配置表

序号	工具名称	规格	单位	数量	备 注
1	作业车(或梯车)		台	1	
2	大绳		条	2	

续上表

序号	工具名称	规格	单位	数量	备　注
3	单滑轮		个	2	
4	铁线	ϕ4.0 mm	m	若干	若干
5	激光测量仪		套	1	
6	安全带		条	每人1	
7	通信照明工具		套	若干	
8	个人工具		套	每人1	
9	安全防护用品		套	每人1	
10	手扳葫芦	3 t	把	2	
11	钢丝套	1.2 m	根	2	

绝缘子故障抢修材料配置见表7-17。

表7-17　绝缘子故障抢修材料配置表

序号	材料名称	规格	单位	数量	备　注
1	棒式绝缘子		个	4	管型、耳型分别准备
2	悬式绝缘子		串	2	1串5个瓷瓶，2种规格

(2)抢修方法

绝缘子表面因脏污引起闪络，擦拭后送电；绝缘子内部击穿和严重破损的，必须更换。

(3)抢修过程

①当收到供电调度员下达的停电抢修作业命令后(需封锁线路时还须在线路封锁后)，抢修人员按照预定的分工，立即验电接地，并布置好防护工作后开工。

②拆除破损部件。

③更换步骤：

a. 直线和曲线外侧绝缘子由于受力方向的原因，可以一同考虑，上端绝缘子更换按以下步骤进行：

- 首先在支柱侧打好钢丝套子，挂好手扳葫芦，把手扳葫芦倒链的钩头勾住斜腕臂管口。
- 摇手扳葫芦受力后，使绝缘子卸载，拆除故障的绝缘子。
- 更换新绝缘子，与平腕臂连接牢固后，拆除手扳葫芦和钢丝套子。

b. 直线和曲线外侧下部绝缘子更换按下列步骤进行：

- 用手扳葫芦链条钩子勾住承力索，另一端通过钢丝套子与支柱顶端连接。
- 松开绝缘子与斜腕臂固定的U螺栓，收紧手扳葫芦时，绝缘子与斜腕臂分离。
- 拆掉棒式绝缘子并吊下。
- 吊上应更换的棒式绝缘子，与斜腕臂和腕臂底座连接。
- 拆除手扳葫芦等工具。

c. 曲线内侧上部绝缘子更换按下列步骤进行：

- 在支柱侧打好钢丝套子，挂好手扳葫芦，把手扳葫芦倒链的钩头勾住斜腕臂管口，但倒链留有一定弛度。

➢ 在斜腕臂管口挂一小滑轮，大绳捆在接触线上，另一端通过小滑轮，人员在地上拉大绳。
➢ 拉绳使耳型绝缘子卸载后，拆除损坏的绝缘子。
➢ 更换新绝缘子。
➢ 与平腕臂连接牢固后，拆除手扳葫芦和钢丝套子。

d. 曲线内侧下部绝缘子更换方法同曲线外侧下部绝缘子。

e. 当成串绝缘子全部击穿时，更换悬式绝缘子按下列步骤进行

➢ 把 AF 线通过滑轮、铁线放在肩架下。
➢ 拆除绝缘子，用大绳卸下。
➢ 用大绳吊上新绝缘子。
➢ 把加强线松到鞍子里。
➢ 拆除滑轮、铁线。

f. 下锚处或中锚处和软横跨处承受张力的悬式绝缘子更换按下列步骤进行：

在绝缘子两端打上楔形紧线器，通过手扳葫芦使绝缘子卸载，更换新绝缘子，慢慢地松手扳葫芦，没有问题后，拆除手扳葫芦和楔形紧线器。

④抢修完毕后，人员下网，拆除地线，撤除防护，消令送电。

⑤按规定栅栏外观察送电后动车组的运行情况，确认无异常并经供电调度员同意后人员撤离，抢修工作结束。

9. 定位管、定位器故障应急处置办法

(1)任务组织

定位装置故障抢修人员配置参照接触线应急处置办法。

定位装置故障抢修工具配置见表 7-18。

表 7-18 定位装置故障抢修工具配置表

序号	工具名称	规格	单位	数量	备 注
1	梯车		台	1	
2	大绳		条	1	
3	滑轮		个	1	
4	激光测量仪		套	1	
5	安全带		条	每人 1	
6	通信照明工具		套	若干	
7	个人工具		套	每人 1	
8	安全防护用品		套	每人 1	

绝缘子故障抢修材料配置见表 7-19。

表 7-19 定位装置故障抢修材料配置表

序号	材料名称	规格	单位	数量	备 注
1	定位管	ϕ55 mm	个	若干	
2	定位器	900、1 100、1 300	个	若干	

(2)抢修方法

先拆除定位管、定位器,列车降弓通过,后续再要点进行更换。

(3)抢修过程

①当收到供电调度员下达的停电抢修作业命令后(需封锁线路时,还需在线路封锁后),抢修人员按照预定的分工,布置好防护工作,验电接地后开工。

②拆除破损设备。

③更换好的定位器、定位管。更换的定位器长度与原长度规格尽量一致,若不一致需调好拉出值。当定位管发生故障时,若更换的定位管与相邻线路的距离保证不了1.6 m时,需锯断多余的定位管。

④抢修完毕后,人员下网,拆除地线,撤除防护,消令送电。

⑤按规定栅栏外观察送电后动车组的运行情况,确认无异常并经供电调度员同意后人员撤离,抢修工作结束。

10. 附加悬挂断线应急处置办法

(1)任务组织

附加悬挂故障抢修人员配置参照接触线应急处置办法。

附加悬挂故障抢修工具配置见表7-20。

表7-20　附加悬挂故障抢修工具配置表

序号	工具名称	规格	单位	数量	备　注
1	楔形紧线器	150～300	个	2	
2	手扳葫芦	3.0 t/1.5 t	个	2	
3	压接钳		个	1	
4	断线钳		个	1	
5	带绝缘杆的杂物杆		个	1	
6	铁锯		个	1	
7	大绳		条	2	
8	滑轮		个	2	
9	安全带		条	每人1	
10	通信照明工具		套	若干	
11	个人工具		套	每人1	
12	安全防护用品		套	每人1	

附加悬挂故障抢修材料配置见表7-21。

表7-21　附加悬挂故障抢修材料配置表

序号	材料名称	规格	单位	数量	备　注
1	铝线	24.0 mm²	m	100	
2	压接管		个	2	
3	铁线	ϕ4.0 mm	m	若干	

(2)抢修方法

回流线、保护线、吸上线断线,人员到现场后,使用绝缘工具将线索清出限界以外固定好,即可恢复供电行车。临时处理后,再要点接续断线。

(3)抢修过程

①当收到供电调度员下达的停电抢修作业命令后(需封锁线路时还须在线路封锁后),抢修人员按照预定的分工,布置好防护工作,验电接地后开工。

②观察测量断线的长度。

③解下断线地点两端定位处的绝缘子,使线索能落到地面。

④处理断头,用手扳葫芦紧线,使用预绞式接续条做接头,但注意一个跨距内不得有 2 个接头。

⑤用大绳和滑轮把线索吊上,并放入鞍子。

⑥抢修完毕后,拆除地线,撤除防护,消令送电。

⑦人员机具撤离,抢修工作结束。

11. 供电线、AF 线断线应急处置办法

(1)任务组织

抢修人员分工同接触线断线应急处置办法。

抢修工具有:车梯、脚扣、挂梯、梯子、4 t 手板葫芦、紧线器、钢丝套子、大绳、滑轮、扳手、地线、压接模具。

抢修材料有:同型号的正馈线、PW 线,并沟线夹,压接管,电力复合脂,砂纸。

(2)抢修方法

供电线、AF 线断线故障,优先考虑采用分断牵引所上网单极开关,解除 AT 所、分区所并联,AT 供电改直接供电方式,恢复供电和行车。牵引所上网未设置单极开关,考虑甩掉故障的供电线或将供电线脱离接地,越区或环绕供电。不能实行越区供电时,则必须将供电线接通。

(3)抢修过程

接到抢修命令后,设置好防护,并安排验电接地,方可开工。

①解除相邻两跨悬挂点的悬垂线夹。

②使用滑轮组将两断头拉起,然后用手扳葫芦进行紧线。

③使用预绞式接续条做接头。

④拆除滑轮组及手扳葫芦等工具。

⑤人员机具下道,撤除地线和防护,消令返回。

12. 支柱折断、折弯应急处置办法

支柱折断、折弯是接触网比较严重的故障,一般破坏比较严重,抢修难度大。抢修时一般是临时抢通,降弓通过,正式恢复时重新立支柱。断杆处有附加悬挂时,要视具体情况采取措施保证安全距离,恢复送电。

支柱折断的抢修方法一般有四种:一是用临时支柱代替原有支柱(以小铁塔作为临时支柱);二是暂时取消折断支柱侧的悬挂支撑、定位等部件,将承力索和导线吊起,慢行或降弓通过;三是当支柱未从根部折断,断点与地面有一定距离时,可利用断杆根部绑一木杆的方法;四是借助地理条件,如断杆处于路堑、山侧或稳固的建筑物时,可在高处打地锚角钢的方法把接

触悬挂支撑起来。采用方法视具体情况而定，一般采用第一种方法，因为简单实用，符合接触网事故抢修原则。当支柱断 2 根时，可根据情况立 1 根临时支柱，断 3 根时，可根据情况立 2 根临时支柱。

(1)任务组织

支柱折弯、折断抢修人员配置参照接触线应急处置办法。

支柱折弯、折断抢修工具配置见表 7-22。

表 7-22　支柱折弯、折断抢修工具配置表

序号	工具名称	规格	单位	数量	备　注
1	接触网抢修列车组		台	1	
2	作业车		台	1	
3	车梯		台	1	
4	大绳		根	3	
5	单滑轮	1.5 t、3 t	个	2	
6	滑轮组		副	1	
7	铁线	ϕ4.0 mm	m	40	
8	道尺及导高杆		把	1	
9	导线整正器		把	1	
10	激光测量仪		台	1	
11	手锤		把	1	
12	钢丝套		副	2	
13	手扳葫芦	4 t	组	2	
14	撬杠		根	2	
15	挡板	长 2 m、宽 1.5 m	块	1	
16	楔形紧线器		个	4	
17	断线钳		把	1	
18	安全带		条	每人 1	
19	通信照明工具		套	若干	
20	个人工具		套	每人 1	
21	安全防护用品		套	每人 1	

支柱折弯、折断抢修材料配置见表 7-23。

表 7-23　支柱折弯、折断抢修材料配置表

序号	机料名称	规格	单位	数量	备　注
1	抢修支柱(含腕臂、定位装置)		根	1	
2	带可调螺栓孔的支柱(含腕臂、定位装置)		根	1	
3	杉木杆		根	1	
4	腕臂		根	2	可根据图纸用
5	承力索、导线		m	各 60	

续上表

序号	机料名称	规格	单位	数量	备　注
6	承力索终端线夹		个	若干	
7	接触线终端线夹		个	若干	
8	钢线卡子		个	若干	
9	可调吊弦		个	若干	
10	电连接、电连接线夹		个	若干	
11	铁线、绑线		m	若干	
12	悬式绝缘子、棒式绝缘子		个	若干	
13	导线接头线夹		个	若干	

(2)准备工作

①抢修人员到达现场后，先派人查看事故现场的设备破坏程度(如有断线发生应设置防护，禁止进入断线落下 10 m 范围内)。工作领导人根据现场的具体情况，制定详细的抢修方案和安全措施，积极地和供电调度员取得联系，汇报现场情况和抢修方案，申请停电命令。

②在与供电调度员联系过程中，其他人员可同步进行抢修准备工作，安装临时支柱底座，组装腕臂，打开手扳葫芦、滑轮组等工具，埋设或固定地锚拉线点，连接临时支柱拉线，将要更换和补强的线索备好，分工准备，布置抢修方法和安全措施等工作。

(3)抢修过程及方法

①当收到供电调度员下达的停电抢修作业命令后(需封锁线路时还须在线路封锁后)，抢修人员按照预定的分工，布置好防护工作，验电接地开工。

②组织人员立即拆卸折断支柱的悬挂，清理旧支柱。一般情况下旧支柱折断或倾倒后已经落地，若未落地，要采取可靠安全的方法，用吊车或用大绳把支柱拉倒，再拆除。

③关节锚柱弯折处理方法。

a. 单根锚柱弯折

如果线路未受到损坏且为单根锚柱折断时，采用临时性通车的方法进行抢修。

有砟道床区段：组立抢修支柱；将锚柱上脱落的下锚支接触悬挂临时锚固在相邻的转换柱或绑在工作支的承力索上(拆除中锚)，将接触悬挂固定在抢修支柱上，将断线的回流线分别固定在相邻两支柱上。故障区段设置升降弓标，电车机车降弓通过。

整体道床区段：锚柱折断可将接触线绑到承力索上，保证接触线高于规定最低允许高度，降弓通过。

如果是列车脱轨造成线路受损且锚柱折断，故障影响较大时，采用一次性恢复的方法与工务的线路抢修同步进行，增加抢修人员。

b. 两锚柱折断

采用临时性通车的方法进行抢修。

有砟道床区段：组立抢修支柱；将两个锚段合并为一个锚段并加装电连(拆除中锚)，将接触悬挂固定在抢修支柱上，将断线的回流线分别固定在相邻两支柱上。故障区段设置升降弓标，电车机车降弓通过。

整体道床区段：锚柱折断可将接触线绑到承力索上，保证接触线高于规定最低允许高度，降弓通过。

④中间柱折断。

方案一：中间柱折断时，可以不立支柱，不定位，将接触线绑到承力索上，保证接触线高于规定最低允许高度，降弓通过。

方案二：

有砟道床区段：可用抢修支柱代替，将接触悬挂固定在临时支柱上，送电开通，根据具体情况降弓或限速通过。

整体道床区段：支柱折断可将接触线绑到承力索上，保证接触线高于规定最低允许高度，降弓通过。

⑤中心柱、转换柱折断。

有砟道床区段：抢修方案基本同中间柱，如是绝缘锚段关节中心柱、转换柱折断，两悬挂不能保证规定的绝缘距离时，可暂不做绝缘锚段关节使用。如需立抢修支柱时，则应立两个，分别定位。

整体道床区段：支柱折断可将接触线绑到承力索上，保证接触线高于规定最低允许高度，降弓通过。

⑥中间柱弯曲。

当中间柱上部弯曲时，拆除支撑装置，将杉木杆固定在支柱下部，用绝缘子将承力索、接触线临时吊起，保证接触线高于规定最低允许高度，降弓通过。保护线可直接悬挂在杉木杆上，用绝缘子将正馈线悬挂。当中间柱根部弯曲必须立支柱时，拆除弯曲的支柱重新立支柱。

⑦软（硬）横跨柱事故抢修方法。

方法一：拆除支柱、横梁，将承力索和导线绑在一起，调整接触线高度不低于本区段最低规定高度，安设升降弓标，降弓通过。

方法二：

有砟道床区段。拆除支柱、横梁，用抢修支柱作临时固定，保证正线接触线高度、拉出值满足技术参数，开通正线。侧线承导绑扎固定，保证本区段最低规定高度，安设升降弓标，降弓通过；若不能保证本区段最低规定高度或侧面限界时，登记封锁该股道。

整体道床区段：拆除支柱、横梁，将承力索和导线绑在一起，调整接触线高度不低于本区段最低规定高度，安设升降弓标，降弓通过。

方法三：软（硬）横跨钢柱被撞弯或撞斜，可在其弯斜的反方向装 2 根拉线，维持其稳定后，提升断柱邻近两侧各股道承力索悬挂点，机车降弓通过，调整接触网参数，临时恢复供电、开通。

⑧工作完成后，调整好拉出值，同时检查整个锚段波及的范围，调整好线岔、锚段关节、电连接等，使设备达到开通条件。

⑨抢修工作完毕后，人员下网，拆除地线，撤除防护，向供电调度员申请消令。

⑩按规定观察送电后动车组在事故点的运行情况，无异常后，人员撤离，抢修工作结束，以后按计划尽早恢复设备的正常状态。

13. 补偿装置损坏应急处置办法

(1)任务组织

补偿装置损坏抢修人员配置参照接触线应急处置办法。

补偿装置损坏抢修工具配置见表7-24。

表7-24 补偿装置损坏抢修工具配置表

序号	工具名称	规格	单位	数量	备注
1	作业车(或梯车)		台	1	
2	大梯		台	1	
3	手扳葫芦	4 t	个	2	
4	楔形紧线器		个	4	
5	大绳		根	3	
6	滑轮		个	3	
7	滑轮组		套	1	
8	断线钳		把	1	
9	铁线	ϕ4.0 mm	m	20	
10	导线整正器		把	1	
11	激光测量仪		副	1	
12	手锤		把	2	
13	钢卷尺		把	1	
14	安全带		条	每人1	
15	通信照明工具		套	若干	
16	个人工具		套	每人1	
17	安全防护用品		套	每人1	
18	安全带		条	每人1	

补偿装置损坏抢修材料配置见表7-25。

表7-25 补偿装置损坏抢修材料配置表

序号	机料名称	规格	单位	数量	备注
1	接触线		m	200	
2	承力索		m	200	
3	导线接头线索或套管		副	各2	
4	棘轮、平衡轮		根	各1	
5	定位器		副	4	配定位环
6	悬式绝缘子		片	10	
7	补偿坠砣		块	10	
8	坠砣拉杆		根	1	

(2)抢修方法与过程

①当收到供电调度员下达的停电抢修作业命令后(需封锁线路时还须在线路封锁后),抢修人员按照预定的分工,立即布置好防护工作,验电接地后开工。

②在平衡轮补偿绳断线的事故中,线索向中心锚节移动,但由于承力索鞍子、吊弦、定位装置、中心锚节等设备的制约,偏移不会太大。因此,在处理事故中,用一手扳葫芦,一端通过钢

丝套子挂在瓷绝缘子端头，另一端把钢丝套子系在支柱上，连接牢固后紧手扳葫芦，使断线处的接触线或承力索的所有参数符合规定。若时间允许，可更换新补偿绳，否则，利用手扳葫芦或铁线打一硬锚。

③在棘轮补偿绳断线的事故中，坠陀会落地，线索偏移大约 3 m 左右，因有平衡轮补偿绳的约束，线索不会落下来，抢修方法同平衡轮补偿绳断线事故抢修方法。若有时间，更换新的补偿绳。

④工作结束后，测量、检查锚段关节内的接触线高度、拉出值、工作支与非支间距、高差，调整有关零件，使之符合规定，检查电连接状态。

⑤抢修作业完毕后，清理作业现场，并向供电调度员申请消令。

⑥按规定在栅栏外观察送电后动车组的运行情况，确认无异常并经供电调度员同意后人员撤离，抢修工作结束。

14. 线岔损坏应急处置办法

(1)任务组织

线岔损坏抢修人员配置参照接触线应急处置办法。

线岔损坏抢修工具配置见表 7-26。

表 7-26　线岔坏抢修工具配置表

序号	工具名称	规格	单位	数量	备　注
1	作业车(或梯车)		台	1	
2	大绳		根	2	
3	滑轮		个	2	
4	铁线	ϕ4.0 mm	m	40	
5	手扳葫芦	4 t	把	2	
6	楔形紧线器		个	4	
7	滑轮组		把	1	
8	断线钳		把	1	
9	激光测量仪		套	1	
10	导线整正器		副	1	
11	通信照明工具		套	若干	
12	个人工具		套	每人 1	
13	安全防护用品		套	每人 1	
14	安全带		条	每人 1	

线岔损坏抢修材料配置见表 7-27。

表 7-27　线岔损坏抢修材料配置表

序号	机料名称	规格	单位	数量	备　注
1	接触线		m	60	
2	限制管		副	1	
3	导线接头线夹		个	4	
4	定位线夹		个	4	

续上表

序号	机料名称	规格	单位	数量	备　注
5	吊弦线夹		个	10	
6	定位器、定位管、定位环		套	2	
7	棒式绝缘子		套	2	
8	腕臂		套	2	

(2)抢修方法

方法一:降弓通过。

方法二:线岔变形但正线正常时,去掉限制管,将侧线吊起,开通正线,禁止电力机车通过该线岔侧线。

(3)抢修过程

①当收到供电调度员下达的停电抢修作业命令后(需封锁线路时还须在线路封锁后),抢修人员按照预定的分工,立即布置好防护工作,验电接地后开工。

②如果线岔处两支或一支接触线被刮伤,急需切断做接头时,需确定接触线接头距两支接触线交叉点的位置。

a. 若线岔处的接头影响接触线在限制管中的活动或接触线夹出现在线岔中不允许出现线夹的区域,需将接触线延长切断一定长度后,再做接触线接头,此时,接触线需做两个接头。

b. 根据标准安装限制管,若时间满足,按线岔各项技术参数调整,以达到恢复通车的条件;若抢修时间紧急,根据情况可不对线岔进行调整,在靠近线岔的两个定位点及跨中处,通过铁线把接触线吊起到承力索上,达到接触线设计最低高度,设好升降弓标示牌。

③如果线岔事故造成站场软横跨的接触悬挂损坏范围较大,则可先恢复正线,其他侧线可采取封闭等措施,但必须保证供电可靠及人身安全,且采取必要的防护及技术措施。

④作业结束后,清理作业现场,人员下网,撤除防护,向供电调度员申请消令。

⑤按规定检查动车组在故障点的运行情况,一切正常后,撤离人员,抢修作业结束。如果采取临时降弓措施,要尽早恢复。

15. 隔离开关故障应急处置办法

(1)任务组织

隔离开关故障抢修人员配置参照接触线应急处置办法。

隔离开关故障抢修工具配置见表 7-28。

表 7-28　隔离开关故障抢修工具配置表

序号	工具名称	规格	单位	数量	备　注
1	作业车(或梯车)		台	1	
2	大绳		根	3	
3	滑轮		个	3	
4	断线钳		把	1	
5	钢卷尺		把	1	
6	安全带		条	每人 1	
7	通信照明工具		套	若干	

续上表

序号	工具名称	规格	单位	数量	备　注
8	个人工具		套	每人1	
9	安全防护用品		套	每人1	

隔离开关故障抢修材料配置见表7-29。

表7-29　隔离开关故障抢修材料配置表

序号	机料名称	规格	单位	数量	备　注
1	电连接线	S120	m	80	
2	隔离开关上连接板		套	1	
3	铁线	ϕ4.0 mm	kg	1	
4	隔离开关硅橡胶绝缘子		个	2	

(2)抢修方法

原则上常开开关故障时,可将引线甩掉送电,常闭开关故障时,拆除引线将其短接后送电。使用权不属供电部门的开关处理后要及时通知相关单位并在相关记录上签认。

(3)抢修过程

①当收到供电调度员下达的停电抢修作业命令后(需封锁线路时还须在线路封锁后),抢修人员按照预定的分工,立即布置好防护工作,验电接地后开工。

②检查故障设备,隔离开关的支柱绝缘子破坏或脏污造成闪络击穿时,需要更换新绝缘子,因为更换绝缘子时间不长,且拆卸安装方便,比采用临时引线的方法简单。

③常闭隔离开关主触头接触不良或未接触造成主触头烧坏处理方法:采用不小于同样载流能力的电连接线短接隔离开关,起到旁路隔离开关作用,保证接触网在电路上不开断。常开隔离开关主触头烧坏焊接到一起处理方法:把隔离开关至棒式绝缘子处引线拆除,使隔离开关处于开路状态,做好安全措施,保证接触网处于电路上断开。

④作业结束后,检查安全措施符合规定,清理现场,人员撤离,向供电调度员申请消令。

16. 电连接器损坏应急处置办法

(1)任务组织

电连接损坏抢修人员配置参照接触线应急处置办法。

电连接损坏抢修工具配置见表7-30。

表7-30　电连接损坏故障抢修工具配置表

序号	工具名称	规格	单位	数量	备　注
1	作业车(或梯车)		台	1	
2	大绳		根	3	
3	滑轮		个	3	
4	断线钳		把	1	
5	导线整正器		把	1	
6	激光测量仪		套	1	
7	钢锯		把	1	

续上表

序号	工具名称	规格	单位	数量	备　注
8	安全带		条	每人1	
9	通信照明工具		套	若干	
10	个人工具		套	每人1	
11	安全防护用品		套	每人1	

电连接损坏故障抢修材料配置见表7-31。

表7-31　电连接损坏故障抢修材料配置表

序号	机料名称	规　格	单位	数量	备　注
1	电连接线	S120	m	30	
2	电连接线夹		副	2	
3	铁线	ϕ4.0 mm	kg	20	

(2)抢修方法

电连接故障的抢修原则为:先用螺栓式电连接替代后开通,再次申请天窗点将螺栓式电连接更换为压接式电连接。

(3)抢修过程

①当收到供电调度员下达的停电抢修作业命令后(需封锁线路时还须在线路封锁后),抢修人员按照预定的分工,立即布置好防护工作,验电接地后开工。

②电连接烧断时,原处更换螺栓型临时电连接。

③电连接烧伤时,根据情况进行补强,然后更换。

④在剪断电连接线后,要检查压接的线夹是否松动。不符合规定的,用锯将线夹锯掉。

⑤抢修工作完毕后,人员下网,拆除地线,撤离防护向供电调度员申请消令。

⑥在作业结束后,观察送电后动车组运行情况。正常以后,人员撤离,抢修作业结束,另外申请时间恢复正常状态。

17. 分段绝缘器故障应急处置办法

(1)任务组织

分段绝缘器故障抢修人员配置参照接触线应急处置办法。

分段绝缘器故障抢修工具配置见表7-32。

表7-32　分段绝缘器故障抢修工具配置表

序号	工具名称	规格	单位	数量	备　注
1	作业车(或梯车)		台	1	
2	大绳		根	2	
3	单滑轮		个	2	
4	导线整正器		个	1	
5	断线钳		把	1	
6	导高、拉出值测量仪		套	1	
7	楔形紧线器		个	4	

续上表

序号	工具名称	规格	单位	数量	备　注
8	手扳葫芦	4 t	套	1	
9	手锤		把	1	
10	专用扳手		把	2	
11	安全带		条	每人 1	
12	通信照明工具		套	若干	
13	个人工具		套	每人 1	
14	安全防护用品		套	每人 1	

分段绝缘器故障抢修材料配置见表 7-33。

表 7-33　分段绝缘器故障抢修材料配置表

序号	机料名称	规格	单位	数量	备　注
1	分段绝缘器		台	1	
2	硅橡胶绝缘子		个	1	
3	铁线	ϕ4.0 mm	kg	40	
4	电连接线		m	若干	

(2)抢修过程

①当收到供电调度员下达的停电抢修作业命令后(需封锁线路时还须在线路封锁后),抢修人员按照预定的分工,立即布置好防护工作,验电接地后开工。

②若分段体开断或与接触线断开,由人员在开断两侧分别拆卸,然后在断线两头分别打上紧线器、手扳葫芦,把接触线紧到一定安全高度,最低导高满足安全限界要求后,再用铁线临时把两紧线器连接起来取代手扳葫芦,然后申请封锁线路,另外申请时间安排安装新分段绝缘器。若分段本体未断,在分段两侧接触线适当位置,打上紧线器、手扳葫芦,拆除分段绝缘器,然后申请封锁线路、降弓通过,另外再申请时间,安装新分段绝缘器。若不允许封闭线路时,就必须更换新分段绝缘器。

③作业结束后,人员下网,撤除防护,做好安全措施后,向供电调度员申请消令,而且要尽快申请时间,恢复正常状态。

④按规定栅栏外观察送电后动车组的运行情况,确认无异常并经供电调度员同意后,人员撤离,抢修工作结束。

18. 分相绝缘器故障应急处置办法

(1)器件式电分相故障

①分相绝缘器接口处导线抽脱的,一般用紧线工具紧起后即可送电降弓通过,但有效主绝缘一般不少于两节。

②主绝缘烧损的,如果满足不了绝缘和机械要求,则必须更换。

③分相处打碰弓严重的,可临时降弓通过。

(2)锚段关节式电分相故障

①当分相关节处发生打碰弓等不影响供电的故障时,采取动车组降弓通过的办法。

②当发生断线、断杆等故障，应尽快争取恢复一组绝缘锚段关节，设置动车组降弓区域后送电。

19. 避雷器故障

高速铁路接触网避雷器均通过一个支持绝缘子固定后上网，所以当避雷器发生爆炸，不会出现避雷器引线侵入基本建筑限界的现象。

(1)任务组织

主要机具：车梯、大绳、梯子、断线钳。

主要材料：铁线。

(2)抢修方法

将避雷器的引线甩开。

20. 锚段关节故障

(1)任务组织

主要机具：接触网作业车、车梯、梯子、大绳、4 t手扳葫芦、钢丝套、紧线器、正面器、5轮直弯器、接触网激光测量仪、5 m钢卷尺、力矩扳手。

主要材料：可调吊弦、铁线、铜绑线、电力复合脂、砂纸、铁线。

(2)抢修方案

降弓通过。

(3)注意事项

绝缘锚段关节因抢修调整为非绝缘锚段关节时应向供电调度汇报。

21. 供电线高压电缆故障应急处置办法

牵引变电所(亭)高压电缆故障率较高，故障查找难度大、处理时间长。

①遵循"先通后复、先通一线"的抢修原则。必要时采取分合网上、所内开关，切除故障高压电缆，采用越区供电等方式，尽量减少故障停电时间。

②发生大型高压电缆故障时，应立即联系电缆厂家及就近电缆专业技术人员到现场协助抢修，日常要建立联系制度，储备好电缆料具。

③变电所馈线电缆故障：拆除故障电缆头与供电线的连接，启用备用电缆。如备用电缆故障或无备用电缆则通过打开对应上网隔离开关(无上网隔离开关时拆除上网引线)及所内对应断路器甩开故障电缆，采取通过分区亭进行环供，同时调整保护定值，限制动车组对数。

④分区所馈线电缆故障：拆除故障电缆头与供电线的连接，启用备用电缆。如备用电缆故障或无备用电缆则通过打开对应上网隔离开关(无上网隔离开关时拆除上网引线)及所内对应断路器甩开故障电缆，开环运行。

⑤AT所馈线电缆故障：拆除故障电缆头与供电线的连接，启用备用电缆。如备用电缆故障或无备用电缆则通过打开对应上网隔离开关(无上网隔离开关时拆除上网引线)及所内对应断路器甩开故障电缆，AT所退出运行。

⑥变电所上下行馈线电缆同时故障：拆除故障电缆头与供电线的连接，启用备用电缆。如备用电缆故障或无备用电缆则通过打开对应上网隔离开关(无上网隔离开关时拆除上网引线)及所内对应断路器甩开故障电缆，采取越区供电方式，同时调整保护定值，限制动车组对数。

⑦分区所兼开闭所所有进线电缆及馈线电缆发生故障：拆除故障电缆头与供电线的连接，启用备用电缆。如备用电缆故障或无备用电缆则通过打开对应上网隔离开关(无上网隔离开

关时拆除上网引线)及所内对应断路器甩开故障电缆,同时闭合相邻供电臂联络开关进行迂回供电。

⑧电缆及配件故障的具体处理办法:电缆没有损坏,只是电缆头损坏可以剪去损坏部分,临时用并钩线夹连接,但要保证各个方面的绝缘距离,人员可能触到的地方要做好安全防护;电缆和电缆头同时损坏时,可以在地面上铺设临时电缆(专人看护),电缆两侧用并钩线夹临时连接,做好防护,动车组通过后,再进行处理;电缆、电缆接头损伤严重不能使用时,拆除损坏电缆,向电力调度申请越区供电。

22. 长大桥梁、隧道接触网故障应急处置办法

长大桥梁距地面高度大,人员机具的行动受到限制,抢修方法受限,工具、料具传递极为不便;特大桥区段受风力影响大,桥下多有河流,交通困难不容易达到,抢修时使用接触网作业车。

(1)工具材料

特大桥区段接触网事故抢修,除了带全日常抢修工具外,还要增加工具、材料。具体情况如下:10 m 铝合金梯或竹梯子 1 架(有条件时使用),每个抢修小组增加小绳 2 条、大绳 1 条。

(2)抢修方案

①当接到长大桥、隧道发生事故的通知后,设备所属工区作台要令人员立刻到达车站运转室进行申请接触网作业车运行点,全体员工根据事故类型准备材料、工具上接触网作业车。接触网作业车抢修箱材料、工具时刻保持充足、良好。接触网作业车准备出库进行抢修作业。

②如本工区接触网作业车由于车站或区间轨道、故障动车组原因不能进入故障区段时,则安排相邻工区申请接触网作业车、人员、工料具支援,本工区人员和机具上汽车出发至大桥、隧道相邻工区接触网作业车来车方向一端,乘坐相邻工区接触网作业车至故障地点展开抢修工作。

③如接触网作业车无法到达故障地点,应立即出动相邻工区汽车到达距大桥、隧道较近的一段,人员携带机具从大桥、隧道一端或两端赶赴事故地点。

④线索故障时,应尽快使接触网脱离接地,满足动车组降弓通过要求,在故障地点两端立降、升弓标志并在车站做好登记,临时恢复送电。当在钢架结构部分发生故障时,根据现场情况可申请双线路封锁。现场的接触网故障根据各类具体故障抢修预案进行。

23. 隧道内接触网故障抢修应急方案

隧道内空间小,人员机具的行动受到限制,抢修方法受限,尤其是双线隧道时邻线设备距离近,隧道内视线不良,影响抢修速度。双线隧道时封锁一条线路作业安全隐患大,必要时应进行双线封闭作业。隧道内悬挂特殊,无支柱等设备可以借助攀爬、固定,故障抢修困难,隧道抢修时应带上足够的照明设备,使用接触网作业车。抢修时应尽快使接触网脱离接地,满足机车降弓通过要求,同时在故障地点两端立升、降弓标志并在车站做好登记,临时恢复送电。

(1)隧道内接触网故障抢修方案

①当隧道内发生断线且腕臂发生严重损坏故障时,应立即拆掉腕臂,并按照接触线或承力索断线抢修方案进行处理,然后在腕臂底座用铁线固定硅橡胶绝缘子对接触网进行抬高或定位、保证接触线高度不低于该区段规定最小值且接触网距周围接地体保持 350 mm 及以上的安全距离,最后送电降弓通过。

②当吊柱发生严重损坏或脱落等故障时,先拆除腕臂,然后在固定吊柱的化学锚栓上用铁

线悬挂硅橡胶绝缘子对接触网进行抬高，保证接触线高度不低于该区段规定最小值，送电降弓通过。

③当化学锚栓脱落时要将相邻两侧的悬挂抬高，保证接触线高度不低于该区段规定最小值，送电降弓通过。若必须修复悬挂、定位装置、杆件等，可用铁线将绝缘子固定在原杆件上，恢复悬挂和定位。若埋入杆件整体脱出或已松脱，可用高标号的快干水泥灌注。

④个别悬挂点或定位点损坏时，若不侵入限界且不影响送电的，可暂不处理。否则，降弓通过或停电处理。

⑤对短时间难以修复的故障，可设置无电区或无网区。

(2)安全注意事项

①双线隧道时应申请封锁上下行垂停作业，同时加强防护力量和监护力量。

②照明设备必须齐全、可靠，无阴影和照明死角，发电设备油料充足，充电设备充电饱满。事故较大、抢修时间较长时应考虑使用通风装置，防止作业时间过长时作业车、发电机产生大量废气，尽量使用充电照明设备。

24. 覆冰、强风等灾害性天气应急处置办法

覆冰、强风天气下易发生接触悬挂舞动和接触网大面积覆冰两种故障，具体抢修方案如下。

(1)接触悬挂舞动

当因覆冰、强风等原因引起接触悬挂舞动时，可根据频率及振幅大小采取限速措施，必要时动车组停止运行，采取内燃动车组牵引过渡措施。

①接到接触网晃动报告后，接触网设备管理单位技术人员与工区作业人员要在第一时间赶赴现场并立岗驻守，严密注视灾情和动车组运行情况，及时上报现场情况，以便果断采取有效措施。

②当接触网上下晃动量为200～300 mm或左右晃动量为100～150 mm时，采取动车组限速(45 km/h)通过晃动区断，并观察弓网运行情况。

③当接触网晃动幅度过大(上下晃动量大于300 mm或左右晃动量大于150 mm)时，应适时采取降弓通过晃动区段，降弓通过的距离应根据动车组牵引重量确定，一般不超过1 km为宜。当晃动区段长，无法采取降弓通过时，应采用内燃机车摆渡方案组织行车。

④因接触网晃动，导致接触网已有明显缺陷，无法保证受电弓安全运行时，应停电，果断采取禁止动车组通过并做好处理缺陷的措施。

⑤冻雨天气下公路很难行车，工区抢修人员应直接乘轨道车到故障区段、巡视查找故障点。若区间有动车组阻隔，应立即采取反行行车或其他交通工具，迅速将抢修人员及机具材料送达故障地点，查明情况，迅速抢通。

若故障区段上下行被堵塞，调度应通知相临工区的抢修待令人员乘轨道车直接出动进行抢修，本工区人员到达现场后加入到抢修组织中。

(2)接触网大面积覆冰

①因覆冰影响导致受电弓无法正常取流的区段，路局启动“接触网导线机械除冰应急预案”。

②安排一定数量的动车组开行，利用电弧熔化接触线上的薄冰。

③对结冰较厚并导致受电弓无法取流的区段，采用人工除冰。除冰时，用铲刀、木锤等工

具刮除冰块，不可敲打接触线，避免接触线产生硬弯。

④车站侧线是结冰较厚的区段，工区要及时除冰，防止动车组升弓取流时烧毁导线。

⑤冻雨天气下公路很难行车，工区抢修人员应直接乘轨道车到故障区段，巡视查找故障点。若区间有动车组阻隔，应立即采取反行行车或其他交通工具，迅速将抢修人员及机具材料送达故障地点，查明情况，迅速抢通。

若故障区段上下行被堵塞，调度应通知相临工区的抢修待令人员乘轨道车直接出动进行抢修，本工区人员到达现场后加入到抢修组织中。

25. 雨、雪、雾等恶劣天气应急处置办法

雨、雪、雾等恶劣天气易发生绝缘闪络、接地故障，同时视野、交通受限。

(1)工具材料

工具：接触网检修作业车、车梯、棒式绝缘子更换器、手扳葫芦。

材料：在原有材料基础上多带清扫用品(抹布、去污剂)、棒式/悬式绝缘子、铁线、接触线接头线夹等。

(2)抢修方案

①绝缘闪络：对闪络绝缘进行清扫，送电开通。

②绝缘击穿机械强度良好：属于接地绝缘部分，直接进行更换；属于上下行间绝缘，取消该供电臂范围内的"V"形天窗作业；属于小单元间绝缘，取消该供电范围内的小单元作业。

③绝缘击穿机械强度损坏：直接进行更换或取消该处定位装置，将承力索和接触线绑扎在一起，并保证接触线不低于该区段规定的最小高度时，降弓通过。

(3)安全注意事项

①在原有工具的基础上加带照明器材、报话机、地线等保证作业过程安全。

②作业过程中加强行车防护，作台人员加强与现场联系。

26. 山洪、山体滑坡造成接触网事故的应急处置办法

山洪、山体滑坡对接触网可能造成断线、断杆，悬挂、支持、定位装置大面积损坏等事故。一旦发生山体滑坡，工区及时向段生产调度和供电调度员反馈现场信息，根据上级指示处理。

接触网设备管理单位事故抢修领导小组应根据现场反馈的信息正确判断事故影响大小，全力调配人员、机具、材料，及时输送抢修物资到达现场，审定、调整现场抢修方案的合理性和可实施性，指导现场实施抢通，直至正常通车。

山洪、山体滑坡造成接触网事故抢修时必需确认山洪、山体滑坡没有继续或扩大的迹象。

27. 跨越电力线(含附属通信线等)断线应急处置办法

(1)抢修的基本程序

①当发生雷击、冻雨等恶劣天气时，接触网设备管理单位、车间、工区要随时掌握天气预报，将天气预报内容纳入段、工区交班会，不良天气时加强对电力线跨越的处所进行巡视。

②巡视中若发现有安全隐患时要立即通知产权单位，并做好监控。必要时要求立岗进行驻守，密切注视现场情况并及时上报，以便果断采取有效措施。

③若发生跨越电力线脱落，通常会引起接触悬挂线索断线的故障。工区要做好抢修准备，加强对抢修料具的检查，要确保重要件(如接头线夹、定位器、吊弦、绝缘子等)齐备完好，抢修机具、照明用具状态良好。

④段调度要立即通知产权单位及路局供电调度员；路局供电调度员立即通知跨越电力线所属的电力公司。

⑤接到路局供电调度员通知，电力公司做好安全措施后(电力公司故障区段的断路器、隔离开关确实已经断开，并对馈出线挂地线)，工区方可开始进行抢修作业。

(2)抢修的基本方案

跨越电力线脱落并断开：首先确认电力线所属电力公司已采取安全措施后用绝缘工具把断落的电力线清出限界以外，与接触网保证有足够的安全距离。若接触网无异常则直接开通线路，若接触悬挂损伤时要按照相应方案进行抢修。

跨越电力线脱落未断开：首先确认电力线所属电力公司做好安全措施后，剪断电力线，再按照上面方案进行抢修。

28. 配合行车事故救援

在电气化铁路区段发生行车事故时，一般需要邻近工区人员携带抢修作业机具和材料迅速出动，赶赴事故地点进行有关救援配合或抢修损坏接触线设备的作业。

根据行车事故的性质及接触线设备损坏程度、范围，救援配合作业可分一般配合，大面积拨网并抢修损坏的接触网设备，拆网、拨支柱、抢修损坏的接触网设备等几种。在配合抢修时，一般应遵守下列原则：

①要顾全大局，听从事故现场上级部门领导的统一指挥，主动与兄弟单位密切配合，决不能因接触网非责任事故而袖手旁观。

②利用吊车起吊，需要移动接触网时，应尽快确定方案，按照尽量少动接触网且动后易恢复的原则，以最短的时间移动完毕，以减少吊车等待时间。移动时一般卸开影响起吊的相关部件，利用滑轮组将线索拉到适宜位置，以方便吊车作业。

③如果接触网遭到破坏，在起复事故列车的同时应交叉作业，尽可能提前做好接触网恢复的准备工作，即在不影响吊车作业范围外尽量恢复，将接触网的恢复时间压缩到最低限度。

④车站咽喉地带，道岔群处容易发生脱轨事故，接触网设备在车站咽喉地带也较复杂。配合这类事故应根据具体情况灵活掌握，采用最佳方案。总的原则是先通正线，同时保证两个以上股道的开通。

29. 配合一般性行车事故救援

所谓配合一般性行车事故救援，就是行车事故发生后，未造成接触网设备损坏(或损坏程度小)，同时在整个救援过程中不需要对接触网设备进行较大规模变动的配合作业。

(1)任务组织

抢修人员配置参照接触线应急处置办法。

抢修工具配置见表 7-34。

表 7-34　一般行车事故配合抢修工具配置表

序号	工具名称	规　格	单位	数量	备　注
1	作业车(梯车)		台	1	
2	单滑轮		个	4	
3	杉木杆			2	

续上表

序号	工具名称	规　格	单位	数量	备　注
4	手扳葫芦	4 t、3.0 t或1.5 t	个	各2	
5	楔形紧线器	25～70、50～150	个	各2	
6	钢卷尺		个	2	
7	道尺		个	1	
8	线坠		个	1	
9	棕绳		条	2	
10	小绳		条	4	
11	激光测量仪		个	1	
12	安全带		条	每人1	
13	通信照明工具		套	若干	
14	个人工具		套	每人1	
15	安全防护用品		套	每人1	

抢修材料配置见表7-35。

表7-35　一般行车事故配合抢修材料配置表

序号	机料名称	规　格	单位	数量	备　注
1	铁线	ϕ4.0 mm		若干	
2	定位器	1 100 mm	个	若干	
3	吊弦线夹		个	若干	
4	定位管		个	若干	
5	腕臂		个	2	
6	绝缘子	上、下悬式	套	各2	
7	发电机			若干	夜间照明
8	临时照明			若干	
9	电缆			若干	
10	电线			若干	
11	灯具			若干	

(2)配合过程

人员到达事故现场后,立即进行以下工作:

①向供电调度员申请停电作业命令。供电调度员下达准许作业命令之前,任何人不得进行可能接近接触网带电部位及其他带电部位的救援作业和配合作业。

②当收到供电调度员下达的停电抢修作业命令后(需封锁线路时还须在线路封锁后),抢修人员按照预定的分工,立即验电接地,并布置好防护工作后开工。

③根据行车救援总指挥的要求,将个别跨距内侧的接触线抬高。将接触线抬高的方法是先将跨距内相邻两支柱处定位器卸载,缩短吊弦抬高接触线高度,用ϕ4.0 mm铁线绑起,直至符合行车救援要求,大约15～30 min。

④当使用此方法仍然不能满足要求时,就需要移动接触网

在满足救援吊车作业条件的前提下,应尽量采取拆、移量小,且容易恢复的方案,并尽可能缩短拆、移作业时间,一般不应超过 20 min,减少吊车等待时间。

a. 水平移动接触网

将距故障点较近一端的补偿坠砣卸载或用手扳葫芦提升,以减小承力索和接触线张力。然后,在需移网支柱处,将承力索从鞍子内取出,拆掉接触线定位,直接用两套滑轮组将承力索和接触线向需移动的方向拉。移动几处接触网为宜,依现场情况确定。

b. 垂直抬高接触网

将故障点接触网跨距两端支柱处接触线定位器定位线夹松开,缩短吊弦,直接抬高接触线。

⑤根据行车救援总指挥的要求,进行救援配合中的其他临时作业。

⑥根据情况,在不影响行车救援的前提下,恢复拆卸的接触网及有关部件,并调整接触悬挂。

⑦行车救援完毕后,彻底恢复接触悬挂并调整各部件至技术要求,大约需 30～60 min。

⑧行车事故救援总指挥宣布行车救援的全部作业结束并开通线路后,向供电调度员申请接触网送电命令。

30. 大型行车事故救援配合预案

在电气化铁路区段,当发生动车组正面冲突、侧面冲突、尾追碰撞事故时,一般会造成接触网设备损坏。现场根据整体救援进展情况及基础外对救援的影响情况,适时抢修损坏的接触网设备或恢复配合过程中临时拆卸的部分设备部件。在行车事故救援中,往往根据现场情况采取拨网、断线,甚至拔支柱等方法。接触网恢复时,接触网抢修人员要分成几个作业小组,根据情况尽快同时展开作业,最大限度的缩短救援时间。

(1)任务组织

抢修人员配置参照接触线应急处置办法。

抢修工具配置见表 7-36。

表 7-36 大型行车事故配合抢修工具配置表

序号	工具名称	规 格	单位	数量	备 注
1	抢修列车组		台	若干	
2	作业车(梯车)		台	若干	
3	轨道吊(汽车吊)		台	若干	
4	大梯子		架	若干	
5	楔形紧线器	各种型号	个	足够	
6	紧线滑轮组		套	2	
7	单滑轮		个	6	
8	棕绳		条	6	
9	手扳葫芦	4 t、1.5 t 或 3.0 t	个	若干	
10	断线钳		个	若干	
11	压接钳		个	若干	

续上表

序号	工具名称	规　格	单位	数量	备　注
12	锉刀		把	若干	
13	锯弓		把	若干	
14	手锤		把	若干	
15	铁锤		把	若干	
16	木锤		把	若干	
17	十字镐		把	若干	
18	铁锹		把	若干	
19	木垫			若干	
20	捣固锤			若干	
21	激光测量仪		套	若干	
22	皮尺			若干	
23	钢卷尺			若干	
24	安全带		条	每人 1	
25	通信照明工具		套	若干	
26	个人工具		套	每人 1	
27	安全防护用品		套	每人 1	

抢修材料配置见表 7-37。

表 7-37　大型行车事故配合抢修材料配置表

序号	机料名称	规　格	单位	数量	备　注
1	定位器	900 mm、1 100 mm、1 300 mm	个		
2	定位管		个	5	
3	吊弦线夹		套	若干	
4	临时吊弦		条	若干	
5	棒式绝缘子	耳型、管型	个	足够	
6	悬式绝缘子		个	若干	
7	接触线并沟线夹		个	若干	
8	腕臂		套	若干	
9	双耳连板		个	若干	
10	承力索接头套管		个	若干	
11	铁线	ϕ4.0 mm		若干	
12	细绑线			若干	
13	铝绑线			若干	
14	小型发电机			若干	
15	照明电缆				
16	电线			若干	

续上表

序号	机料名称	规　格	单位	数量	备　注
17	灯具			若干	
18	接触线接线夹		个	若干	
19	支柱		个	若干	

(2)配合救援作业

①事故现场有断线情况，在没有供电调度员停电作业命令之前，任何人不得进入距断线落下地点 10 m 范围以内。

②向路局供电调度员申请接触网停电作业命令，当收到供电调度员下达的停电抢修作业命令后(需封锁线路时还须在线路封锁后)，抢修人员按照预定的分工，立即验电接地，并布置好防护工作后开工。

③如果有支柱折断，拆除断柱上的悬挂。

④断柱拆卸后，根据行车事故情况救援情况及地形情况，立应急支柱。

⑤救援列车的吊车进行起吊机车、车辆作业时，接触网往往会限制吊车的吊放作业，甚至无法进行。在这种情况下，根据现场情况进行拨网、将此地段接触悬挂断线拆除或拔支柱等配合作业。

⑥根据行车事故救援总指挥的命令及情况，有时需要拆除影响吊车作业地段的接触网。

a. 用断线法拆除接触悬挂，将拆除部分盘起或切成若干段后拉到远离线路的处所。同时，将腕臂等支持装置转向线路方向后，用 $\phi4.0$ mm 铁线与支柱临时绑扎。

b. 用断线法拆除附加悬挂，并将其拉到远离线路的处所，根据行车救援总指挥的命令进行拨支柱作业。

⑦大面积拨网。

第一种方法：

a. 在需要拨网的范围，将每处支柱上的承力索卸下鞍子，并将定位器卸载。每隔一个支柱，在另一侧线路的相对应支柱上挂一组单滑轮，大绳通过单滑轮一端系在需拆卸悬挂的承力索。

b. 待需拨网范围内承力索均出鞍子且定位器卸载后，同时拉大绳，将接触悬挂拉到对面支柱的接触悬挂处。如果拉绳人员不足或曲线力过大，可以采用在支柱根部用铁丝套子固定一个手扳葫芦，通过手扳葫芦把网拨到位，或者卸除落锚处坠陀，视现场情况而定。

c. 用 $\phi4.0$ mm 铁线将两组悬挂临时绑扎住，大绳系牢。此方法大约需要 30～60 min。

d. 同时，将腕臂等支持装置转向线路方向后用 $\phi4.0$ mm 铁线与支柱临时绑扎。

第二种方法基本同上方法相同，把拆卸承力索与接触线绑到临近支柱上，为救援列车腾出空间。

第三种方法，把手扳葫芦一端打在腕臂端头，另一端打在支柱上，解下水平腕臂底座销钉，紧手扳葫芦，把腕臂摇起后，用 $\phi4.0$ mm 铁线固定到支柱上。

⑧列车脱线造成线路损坏、接触网支柱折断 1～2 根但接触悬挂线索未断，救援列车在邻线起复救援时，需向邻线拨移接触悬挂、邻线接触悬挂向支柱侧拨移进行配合。

将救援列车所在线路上方的接触悬挂从腕臂、定位装置上取下，向支柱侧拨移并固定在支柱上，腕臂要顺线路固定在支柱上。将脱线列车上方的接触悬挂从腕臂、定位装置上取下，把承力索、接触线绑扎在一起向邻线拨移并与邻线接触悬挂绑扎在一起，也固定在支柱上。将断开的回流线分别固定在两相邻支柱上。救援列车作业完毕让出线路后，上下行并联运行，先恢复本线行车(在任一端两支接触悬挂上做电连接)，采用一次性恢复的方法与工务的线路抢修同步进行，将受损线路上的接触悬挂、回流线恢复原位，接触网恢复原有运行方式。

⑨列车颠覆、相撞造成线路及接触网设备大面积损坏、中断铁路行车、路行和轨行机械同时进行救援时，需将损坏线索收拢固定在两相邻支柱上进行配合。

将救援机械作业区段断损的线索迅速收拢，固定在两相邻的支柱上。临时性通车与工务的线路抢修同步进行，将两个锚段合并为一个锚段并加装电连接(拆除中锚，将两侧坠砣固定)。把接触悬挂固定在抢修支柱上(曲线应新立支柱)，将断线的回流线分别固定在相邻两支柱上，故障区段设置升降弓标，电力机车降弓通过，另行要点进行一次性恢复。

⑩根据行车救援总指挥的命令，进行其他救援的配合作业。

⑪若线路情况及救援情况允许，适时恢复接触网拆卸地段的悬挂，调整被波及跨距的接触悬挂。

⑫在接触悬挂暂时无法恢复到技术要求的地段，根据情况，按要求确定升降受电弓运营里程。

⑬清理作业现场。

⑭当行车救援总指挥下达救援工作结束和开通线路命令后，结束作业，向供电调度员申请送电。

31. 接触网异物处置

①接触网工区接到应急处理的通知后立即向段调度汇报，同时根据路局供电调度通知的异物信息立即组织抢修组人员携带必要的抢修工具、材料及有关作业票据赶赴故障地点及就近车站。出发时接触网工区抢修负责人向路局供电调度员及段调度汇报抢修队伍已经出发。若需要出动轨道车或搭乘动车组前往故障地点抢修时，段调度应提前向路局供电调度申请。

②段调度接到应急处理的信息后立即通知主管领导及值班领导，值班领导接到信息后立即赶赴段调度指导现场抢修。

③驻站(所)联络员到达车站行车室(路局调度所)、抢修组成员到达故障点附近的进出线路的地点后，应立即向路局供电调度员汇报人员已经到达相应地点。

④抢修组成员对现场进行巡视检查，确认异物影响范围并提出抢修的建议方案(含是否需要停电、垂停还是"V"停、)报路局供电调度员、段调度，同时联系驻站(所)联络员根据抢修方案需要办理相关登记、要令手续。段调度、应急值守人员及值班领导对应急处置的技术方案和安全措施进行指导、把关。

⑤驻站联络员根据现场反馈的条件(气候、温湿度、异物情况)及抢修方案向路局供电调度员提出相关抢修处理申请，具体如下：

a. 若异物不影响行车安全的，可暂不处理，后续天窗进行处理。

b. 若具备执行"V"形停电作业条件的，申请"V"停并同时申请本线封锁、邻线限速160 km/h及以下。若涉及穿越邻线的，还应申请邻线短时封锁。

c. 若不具备执行"V"形停电作业的，申请垂停作业。若涉及穿越邻线的，还应申请邻线短时封锁。

⑥若设置了驻所联络员，线路封锁令由驻所联络员申请，停电令由现场指定的要令人员申请。

⑦驻站联络员接受调度命令并填写在《接触网停电作业命令票》或《接触网间接带电作业命令票》上。若无法进行处理，由驻站联络员在行车室登记降弓通过，降弓地点设置在异物前后1 km范围内。

⑧待停电命令(或间接带电作业命令)和封锁命令均下达后，抢修组成员上线处理。采用间接带电作业方式处理接触网异物时，要严格执行《高速铁路接触网安全工作规则》有关规定。供电调度员在发布间接带电作业命令前，要撤除本线和相邻线路馈线重合闸。

⑨现场抢修作业完毕，且人员、机具撤离至安全地带后，由驻站联络员消令。对于设置了驻所联络员的设备管理单位，线路封锁令由驻所联络员消令，停电令由现场指定的要令人员消令。

32. 接触网跳闸故障处置

发生接触网跳闸时，段调度应立即将故障信息通知相关工区，初步判断可能的故障原因。同时调度、段值守人员对照故标杆号表，根据故障距离查阅对应的区间及杆号，用以指导工区现场查找故障。

网工区应按照登乘驻站、汽车、轨道车三种方式分组，每组确定负责人并提前将负责人姓名、联系方式报段调度及路局调度。

网工区接到跳闸信息后，应立即安排人员进行添乘巡视，段调度协调添乘事宜。同时，网工区根据跳闸类型及数据，安排人员携带相关的工器具及材料出动进行巡视。若发生跳闸的区段安装有视频监控系统，应立即派人查看监控记录。

①若重合闸成功，且未发现接触网及相关设备有异常现场，可申请当日临时天窗上线检查设备，查找跳闸真实原因。

②若重合闸成功，但是发现设备或者外部环境存在安全隐患，则应立即组织力量申请处理，防止造成二次跳闸或更严重设备故障。

③若重合闸失败，且已查找到具体的跳闸原因，可根据具体的故障类型按照本文其他的处置预案进行处置。

④若重合闸失败，且未找到具体原因，立即组织人员申请停电封锁上线检查设备。若仍然无法找到跳闸原因，则根据划小单元方案排查并切除故障区段。若上线查找到跳闸原因，可根据其他预案组织抢修，条件不允许的情况下应采取动车组降弓惰行的方式，优先保证运输。

跳闸故障处置结束，原因查明之后，车间应该2 h内上报故障速报，12 h内上报分析报告。

33. 电力机车受电弓自动降弓处置

①段调度科负责与动车段调度建立动车组运行途中自动降弓的联动机制，一旦发生动车组运行途中自动降弓，段调度科与动车段在应急处置过程中保持紧密联系。

②发生自动降弓时，段调度科要主动与动车段调度联系，索取故障代码、故障原因等相关信息，初步判断故障原因。

③发生受电弓途中自动降弓，无法排除接触网设备原因时，为提高巡查接触网设备针对性，由段调度负责联系动车段调度科索取相关受电弓视频，便于分析查找。

④为确认设备损坏情况等，段人员需要入库登动车组顶部时，由段调度负责联系动车段调度安排相关动车所人员协助段人员登顶查看。

⑤段技术科负责从动车段收集各动车组车型的受电弓故障代码及其含义资料，并交给段调度。

⑥接到受电弓自动降弓信息后，段调度应立即安排网工区进行设备巡视检查，应同时安排进行添乘巡视、线下栅栏外巡视和高铁综合视频巡查，同时安排人员在列车前进方向停靠车站对受电弓状态进行拍照。拍照时应从高向低拍照，确保能拍到受电弓全貌，同时重点查看受电弓滑板是否受损、受损部位、受电弓是否缠绕接触网线索、车顶其他设备状态。

⑦网工区人员添乘巡视时需采用携带2C装置或行车记录仪等设备添乘相邻行别动车组巡查本线接触网设备，调度科联系协调登乘事宜。

⑧线路外巡视范围按照动车组停车地点运行后方10 km范围内，或受电弓降弓地点运行后方2 km范围内。同时接触网发生跳闸时可参照故标指示位置2 km范围内综合考虑。

⑨接触网历史状态查询。段技术科接到自动降弓故障信息后，应及时调阅最近一次2C数据回放分析等制度，查找接触网隐患处所和设备。

⑩天窗点内上线排查。在线外巡视接触网设备无异常但受电弓出现损坏又无法确认是否与接触网存在关系的情况下，段调度科及时联系增加天窗计划。天窗点内对相关接触网进行全面排查，消除设备隐患。段技术科负责对隐患排查情况进行跟踪、盯控、分析以及整治。

⑪信息反馈。段调度科在接触网设备排查中，应及时向路局供电调度和供电处应急台汇报情况，提出需协调的问题。段技术科负责在接触网设备排查结束后，及时组织分析，形成分析报告，并报路局供电处。

四、分析与思考

本任务主要是接触网设备故障抢修，事故发生后对接触网抢修人员在抢修时间和作业能力上提出了很高的要求，如何在短时间内先恢复通车，关系到行车秩序。如何保证作业人员在抢修过程中采取合理的应急处置方案至关重要。在实际抢修工作中需要注意以下问题：

(1)抢修人员集合出动不及时，耽误抢修时间，导致影响行车时间延长。

(2)抢修人员对故障情况不清楚，现场所需的工具、材料等预想不到位，到达现场发现所带器具和抢修料不全或型号错误，导致影响抢修速度。

(3)抢修人员现场通信不畅通，与供电调度等沟通不及时，耽误抢修决策，影响故障抢修。

(4)抢修人员现场抢修作业时，过于追求速度，整个作业过程中增加了安全隐患。

(5)抢修人员抢修作业结束后，现场的工具和更换的材料应确认全部撤离。

项目八　接触网运行管理

接触网是电气化铁路重要的行车设备，接触网的运行检修应坚持“预防为主、重检慎修”的方针，按照“定期检测、状态维修、寿命管理”的原则，遵循专业化、机械化、集约化维修方式，依靠铁路供电安全检测监测系统(6C 系统)等手段，建立信息资源共享平台，实行“运行”“检测”“维修”分开和集中修组织模式，确保接触网运行品质和安全可靠性。

接触网运行维修是通过对设备定期检测、分析诊断、质量评价和鉴定，并依据结果实施修理，恢复设备正常运行状态的循环管理过程。主要包括运行、检测、维修等管理工作。

接触网设备应充分利用铁路供电安全检测监测系统(6C 系统)等手段，定期进行检测，开展即时、定期分析诊断，按照标准值、警示值、限界值界定设备状态，划分缺陷等级(两级缺陷)，为设备维修提供依据。

铁路供电安全检测监测系统(6C 系统)包括：弓网综合检测装置(1C)、接触网安全巡检装置(2C)、车载接触网运行状态检测装置(3C)、接触网悬挂状态检测监测装置(4C)、受电弓滑板监测装置(5C)和接触网及供电设备地面监测装置(6C)。

维修是指在接触网系统实际运行状态出现不允许的偏差或发生故障时，对接触网系统进行必要修复，恢复正常功能，以及通过精确检测、调整修理，恢复设备标准状态的过程。接触网维修分为一级修(临时修)、二级修(综合修)、三级修(精测精修)三级修程。

达到或超出限界值的一级缺陷纳入一级修(临时修)，由运行工区及时组织修理；达到或超出警示值且在限界值以内的二级缺陷纳入二级修(综合修)，由维修工区按计划修理；达到一定条件的开展三级修(精测精修)，恢复设备标准状态。

一、运行管理

(一)设备接管

(1)接触网设备开通运行前，应按规定进行检查验收，符合下列条件方可接管运行。

①接触网设备经过验收，具备开通条件。

②危及供电安全的树木清理、35 kV 及以下跨越线迁改以及侵限建筑物拆除均已完成，接触网设备已采取必要的防鸟措施。

③接管单位的生活设施和生产配套设施已竣工，并交付使用。

④接管单位开展检测、维修以及抢修工作所需的工机具、材料等配备齐全。

⑤接管单位已配备接触网抢修列、绝缘子水冲洗车。

⑥接管单位收到开通所需的竣工文件和技术资料。

(2)接触网设备开通前，资产管理单位(或建设单位)应组织设计、施工、供应商等相关单位向接管单位提供下列书面和电子版技术资料。

①接触网竣工工程数量表。

②接触网竣工图纸。主要包括供电分段示意图，车站、区间接触网平面布置图，供电线路

平面布置图，接触网装配图，设备零件图及安装曲线、接触线磨耗换算表等。

(3)工程施工记录。主要包括隐蔽工程记录，锚栓拉拔试验记录，轨面标准线记录(支柱侧面限界、外轨超高等)，不同电压等级附加导线、引线、接触悬挂等线索交叉时的最小间距及对地距离等。

(4)每根支柱装配图表。主要包括定位、支持装置、相邻跨距吊弦等。

(5)各种线索、零部件、设备安装档案。主要包括生产厂家、批次、安装地点和安装时间等。

(6)设备、零部件、金具、器材的技术规格、合格证、出厂试验记录、试验报告、安装维护手册(使用说明书)，承力索、接触线、绝缘部件及接触网零部件等抽样检验报告，电缆相关资料(主要包括电缆及附件合格证、出厂试验报告、现场试验报告、电缆清册、电缆路径图等)。

(7)项目可行性研究、初步设计及其批复文件、施工设计(含变更设计)、图纸及审核意见资料。

(8)设备招标技术规格书、采购的产品供应合同以及施工单位工程质量保证合同。

(9)上跨接触网电线路相关资料、主要包括上跨电线路名称、位置、电压等级、上跨线高度、产权单位及联系方式等。上跨接触网的构筑物相关资料，主要包括构筑物名称、位置，最近的构筑物墩距线路中心的距离，接触网带电部分距构筑物最小距离、产权单位及联系方式等。

(10)开通前最后一次接触网几何参数静态测量数据、波形图，动态检测波形图及检测报告。

(二)计划与天窗

接触网生产计划包括年度检测、维修计划和月度维修计划三部分。年度检测和维修计划由供电段于前一年 11 月底以前分别下达到车间，同时报铁路局。月度维修计划由供电段编制后下达维修车间。

为保证定期检查和及时处理设备缺陷，在列车运行图中须预留接触网维修天窗。接触网三级修或改造时，天窗计划原则上应逐日连续安排。对较大车站(如枢纽、区段站等)和必须利用垂直天窗作业的区段，应根据设备状况定期安排天窗停电维修。

(三)质量管理

为保证维修质量，接触网用料入库前，验收部门应对接触网重要零部件和线材进行检查，确认出厂合格证、检验报告与产品一致后实施验收，向供电段提供验收报告，否则不得上线使用。

接触网运行维修要落实记名制度，每次作业完成后应及时填写相应记录并签认。工长和车间主管人员要定期检查各项任务完成情况并签认。运行工区一级修或单项设备检查完成后，由当日工作领导人负责检查验收，确认作业质量。维修工区进行的所有作业，运行工区应进行质量检查验收。检测车间应及时将相应区段的即时分析、定期分析以及缺陷通知单报供电段技术主管部门，由技术主管部门下达至供电车间、维修车间。维修工作完成后，供电车间、维修车间应将缺陷反馈单反馈技术主管部门，维修记录留存备查。

接触网三级修、更新改造竣工后，由施工单位向铁路局提报验收申请，铁路局组织设计、施工、监理单位和供电段进行验收。质量分析应根据接触网检测和运行过程中存在问题，对接触网质量状态进行综合诊断，找出设备在运行中出现的特殊性、普遍性问题及质量状态变化规律，针对反映出的质量问题，制定整治措施，纳入维修计划。质量分析报告主要内容包括：

①检测、维修计划完成情况；

②检测、维修及设备运行中发现的具体问题；

③产生问题的原因分析及采取的措施；

④接触网质量状态的变化规律和趋势。

二、检测与分析诊断

(一)检测

检测是指利用仪器、设备或人工等方式，对接触网进行检查测量，掌握设备质量及运行状态的过程。包含监测、静态与动态检测、检查、零部件检验四部分。检测后必须进行分析诊断，并以此作为编制维修计划的依据。

1. 监测

监测是对接触网外观、零部件状态、主导电回路、绝缘状况、外部环境和弓网配合等运行状态进行监视测量的过程，分为移动视频监测和定点监测两种方式。

(1)移动视频监测利用安装在检测车辆、机车或动车组上的监测设备对接触网进行外观检查。主要包括接触网安全巡检装置(2C)、车载接触网运行状态检测装置(3C)、接触网悬挂状态检测监测装置(4C)。

(2)定点监测利用安装在接触网关键处所、特殊地点的监测设备，监测列车通过时接触网或受电弓状态，接触网设备绝缘状态、温度、位移变化，以及外部环境是否存在异常。主要包括受电弓滑板监测装置(5C)、接触网及供电设备地面监测装置(6C)。

①接触网安全巡检装置(2C)

接触网安全巡检装置(2C)监测周期为10天，主要监测接触网设备有无明显脱、断、偏移及其他异常情况，有无鸟巢、危树等可能危及接触网供电的周边环境因素，有无侵入限界、妨碍机车车辆运行的障碍等。

②车载接触网运行状态检测装置(3C)

车载接触网运行状态检测装置(3C)实施周期为实时或定期实施，主要是监测接触网与受电弓运行状态、接触网温度等。

③接触网悬挂状态检测监测装置(4C)

接触网悬挂状态检测监测装置(4C)实施周期为3个月，主要是监测接触网设备零部件有无烧伤、缺失、断裂、松动及其他异常情况。

④受电弓滑板监测装置(5C)

受电弓滑板监测装置(5C)主要是监测受电弓有无异常状态。

⑤接触网及供电设备地面监测装置(6C)

接触网及供电设备地面监测装置(6C)主要功能有：

a. 绝缘部件状态监测：Ⅲ、Ⅳ污秽等级区段应建立领示点，优先采用在线实时监测装置。主要监测领示点绝缘部件附盐密度或泄漏电流。

b. 主导电回路电气节点监测：优先采用在线实时监测装置。

接触网及供电设备地面监测装置(6C)监测周期为：

a. 在线监测装置：实时；

b. 示温贴片装置：利用全面检查、步行巡视等方式确认；

c. 利用紫外成像仪监测电缆终端或中间接头状态(有条件时)：12 个月；

d. 利用红外热像仪测量电气节点接触状态(有条件时)：12 个月。

2. 静态与动态检测

(1)静态检测是指利用运行检测车辆在接触网静止状态下进行非接触式测量，或人工使用仪器、工具测量接触网技术状态。

①线岔和自动过分相地面磁感应器。周期为 6 个月。

②接触线几何参数(接触线拉出值、跨中偏移值、接触线高度、接触线坡度)；绝缘锚段关节、关节式电分相；轨面标准线。周期为 12 个月。

③非绝缘锚段关节、补偿装置。周期为 36 个月。

④接地电阻测试。周期为 60 个月。

⑤对动态检测超限处所进行复核、确认。不定期检查项目。

(2)动态检测是指利用弓网综合检测装置(1C)、车载接触网运行状态检测装置(3C)等手段，测量接触网技术状态及弓网接触取流状态。

①弓网综合检测装置(1C)

主要内容：接触线动态拉出值、导高；硬点、一跨内接触线高差；弓网接触力、接触线抬升量、燃弧；接触网电压。

周期：15 天。

②车载接触网运行状态检测装置(3C)

主要内容：接触线动态拉出值、高度、接触线的相互位置；燃弧次数、燃弧时间、燃弧率；接触网温度。

周期：实时或定期。

3. 检查

检查分为巡视检查、全面检查、单项设备检查和非常规检查。

巡视检查是对接触网外观、绝缘部件状态、外部环境及电力机车、动车组取流情况进行目视检查，分为步行巡视检查和登乘巡视检查。

全面检查、单项设备检查具有检查、测量和试验等多重职能。针对无法或不易通过静态和动态检测、监测手段掌握设备及零部件运行状态的所有项目，利用天窗在接触网作业车作业平台、车梯或支柱上进行近距离检查，并进行必要的测量和试验等。全面检查是对所有设备进行检查；单项设备检查是对个别设备进行专项检查，并兼有维护保养职能。

非常规检查通常在特殊情况下或根据需要进行。

(1)步行巡视检查

主要内容：有无侵入限界、妨碍列车运行的障碍；各种线索(包括供电线、正馈线、加强线、回流线、保护线、架空地线、吸上线和软横跨线索等)、零部件、各种供电附属设施等有无烧损、松脱、偏移等情况；补偿装置有无损坏，动作是否灵活；绝缘部件(包括避雷器、电缆终端)有无破损和闪络；吸上线及各部地线的连接是否良好；支柱、拉线与基础有无破损、下陷、变形等异常；限界门、安全挡板或网栅、各种标识是否齐全、完整；自动过分相地面磁感应器有无缺损、破裂或丢失。有无因塌方、落石、山洪水害、施工作业及其他周边环境等危及接触网供电和行车安全的现象。

周期:防护栏内区间一般不进行步行巡视。车站、动车所巡视周期 3 个月,隧道内巡视周期 12 个月,防护栏外巡视周期 3 个月。

(2)登乘巡视检查

主要内容:接触网状态及外部环境,有无侵入限界、妨碍列车运行的障碍,有无因异物、落石、山洪水害、施工作业及其他周边环境等危及接触网供电和行车安全的现象;绝缘部件有无闪络放电现象以及电力机车、动车组受电弓取流情况。

周期:需要时。

(3)全面检查

主要内容:无法或不易通过监测、检测或其他检查手段掌握设备运行状态的所有项目,如接触悬挂、定位支撑装置、支柱(含拉线)和基础、附加悬挂、接地装置、标识等螺栓是否齐全,有无松脱现象,零部件安装方式是否正确、有无裂纹、变形、烧伤,线索有无锈蚀、散股、断股、烧伤等;重点处所的附加导线对地距离及线索、引线、接触悬挂间距测量,接触线重点磨耗测量,高压电缆绝缘测试;利用接触网作业车检测受电弓检查动态包络线。

周期:36 个月。

(4)单项设备检查

①分段绝缘器、分相绝缘器、远动隔离开关及其操作机构。周期:6 个月。

②避雷装置(雷雨季节前,含接地电阻测量)、非远动隔离开关;高压电缆及附件。周期:12 个月

(5)非常规检查

一般用于在接触网发生跳闸、故障或出现极端天气气候条件和灾害后,对相应接触网设备状态变化、损伤、损坏情况进行检查。非常规检查的范围和手段根据检查目的确定。

4. 零部件检验

(1)零部件检验是指对拆卸送检的接触网零部件进行外观检查、补充特殊试验,确认其质量状态的过程。零部件性能下降、状态劣化,判定即将或基本达到寿命时,应进行更换。

(2)当接触网零部件接近预期寿命,或日常检查发现存在质量隐患、无法确认其能否在预期寿命周期内安全运行时,应对该类批零部件进行抽样质量检验。

(3)对满足下列情况之一,应根据分析结果进行专项或抽样质量检验。

①发现同一处所或部位重复发生磨损、裂纹、腐蚀、烧损等异常现象时。

②特殊环境(大风、严寒、沿海、潮湿、隧道、周边有严重污染源等)区段检查发现接触网零部件状态劣化,表面腐蚀或磨损明显,需确认其是否能够继续安全使用时。

③检测发现接触网参数与初始参数对比变化较大,经分析确认与其连接的零部件性能关联性较大时。

④区段内接触网零部件脱落、裂损、烧伤等故障多发时。

⑤需要检验判断确认零部件运行状态或预期残余寿命时。

(4)零部件检验应由获得国家计量认证和实验室认可的专业检验机构进行,并出具检验

报告。

(5)零部件检验结果应纳入分析诊断和质量鉴定报告,作为接触网设备维修的依据。

(二)分析诊断

分析诊断是根据接触网检测结果,判断设备运行状态、判定缺陷等级,为维修提供依据。分析诊断包括即时分析诊断、定期分析诊断。

检测监测设备报警或发生危及行车信息时,应立即进行即时分析诊断。

(1)当弓网综合检测装置(1C)、车载接触网运行状态检测装置(3C)、受电弓滑板监测装置(5C)和接触网及供电设备地面监测装置(6C)等设备出现报警、异常信息时,应立即分析原因并安排处理。

(2)当接触网安全巡检装置(2C)、接触网悬挂状态检测监测装置(4C)及静态检测发现严重缺陷、状态异常时,检测工区应立即分析设备缺陷对接触网运行产生的影响,报供电车间安排处理。

(3)定期检测工作完成后,检测工区、运行工区应在表8-1所示时限内完成定期分析诊断。

表8-1　6C分析要求完成时间表

装置名称	分析项点	分析主体	完成时限
1C	缺陷数据	检测工区	3日
	全面分析	检测工区	10日
2C	季节性、关键性问题	检测工区	1日
	全面分析	检测工区	3日
3C	全面分析	检测工区	10日
4C	季节性、关键性问题	检测工区	3日
	全面分析	运行工区	20日
5C、6C	全面分析	检测工区	1日

(4)当检查和人工静态检测发现设备缺陷时,由发现班组分析并纳入维修处理;当零部件检验发现质量缺陷,供电段技术主管部门应立即分析零部件质量缺陷对接触网运行产生的影响,并安排修理;当发生跳闸、中断供电、打碰受电弓等异常情况时,供电段技术主管部门应立即组织对该区段检测资料进行分析诊断,查找原因并修理。

(5)根据检测结果,对设备的运行状态用标准值、警示值和限界值三种量值来界定。标准值为标准状态目标值,一般根据设计值确定;警示值为运行状态提示值,一般根据设备技术条件允许偏差来确定;限界值为运行状态安全临界值,一般根据计算或运行实践来确定。标准状态是设备最佳运行状态,一般根据施工允许偏差确定。

(6)根据设备运行状态值,设备缺陷分为两种。

①静态设备缺陷等级划分为两级。一级缺陷:达到或超出限界值。二级缺陷:达到或超出警示值且在限界值以内。

②动态检测缺陷等级划分见表8-2。

表 8-2 高速铁路接触网动态检测评价标准

<table>
<tr><th colspan="4">项 目</th><th>一级缺陷</th><th>扣分标准</th><th>二级缺陷</th><th>扣分标准</th><th>统计步长</th></tr>
<tr><td rowspan="4">接触网几何参数</td><td colspan="3" rowspan="2">接触线拉出值 a(mm)</td><td>$a \geq 550$</td><td>40 分</td><td rowspan="2">$450 < a < 500$</td><td rowspan="2">5 分</td><td rowspan="2">跨</td></tr>
<tr><td>$500 \leq a < 550$</td><td>10 分</td></tr>
<tr><td colspan="3" rowspan="2">接触线高度 H(mm)</td><td>$H \geq 6\,600$
$H <$该区段允许的最低值</td><td>40 分</td><td rowspan="2">1. 标准值$+100 \leq$
$H <$标准值$+150$
2. 标准值$-100 \leq$
$H <$标准值-50</td><td rowspan="2">1 分</td><td rowspan="2">跨</td></tr>
<tr><td>$6\,500 \leq H < 6\,600$
$H \geq$标准值$+150$
$H <$标准值-100</td><td>5 分</td></tr>
<tr><td rowspan="3">接触线平顺性参数</td><td rowspan="2">硬点 A_v
(m/s^2)</td><td colspan="2">200～250 km/h</td><td>$A_v \geq 588$</td><td>5 分</td><td>$490 \leq A_v < 588$</td><td>1 分</td><td>跨</td></tr>
<tr><td colspan="2">300～350 km/h</td><td>$A_v \geq 686$</td><td>5 分</td><td>$588 \leq A_v < 686$</td><td>1 分</td><td>跨</td></tr>
<tr><td colspan="3">一跨内接触线高差 $2A$(mm)</td><td>$2A \geq 150$</td><td>5 分</td><td>$100 \leq 2A < 150$</td><td>1 分</td><td>跨</td></tr>
<tr><td rowspan="7">弓网受流参数</td><td rowspan="3">弓网接触力
F(N)</td><td rowspan="2">最大接触力
F_{max}</td><td>200～250 km/h</td><td>$F_{max} \geq 250$</td><td>5 分</td><td>$200 \leq F_{max} < 250$</td><td>1 分</td><td>跨</td></tr>
<tr><td>300～350 km/h</td><td>$F_{max} \geq 300$</td><td>5 分</td><td>$250 \leq F_{max} < 300$</td><td>1 分</td><td>跨</td></tr>
<tr><td colspan="2">最小接触力 F_{min}</td><td>$F_{min} < 20$</td><td>5 分</td><td>$20 \leq F_{min} < 40$</td><td>1 分</td><td>跨</td></tr>
<tr><td rowspan="3">燃弧</td><td colspan="2">最大燃弧时间 t_{max}(ms)</td><td>$T_{max} \geq 100$</td><td>5 分</td><td>$50 \leq T_{max} < 100$</td><td>1 分</td><td>跨</td></tr>
<tr><td colspan="2">燃弧率 u</td><td>$u \geq 5\%$</td><td>5 分</td><td>$1\% \leq u < 5\%$</td><td>1 分</td><td>km</td></tr>
<tr><td colspan="2">燃弧次数 n(次)</td><td>$n \geq 6$</td><td>5 分</td><td>$4 \leq n < 6$</td><td>1 分</td><td>km</td></tr>
<tr><td colspan="3">接触线抬升量 DH(mm)</td><td>$DH \geq 120$</td><td>5 分</td><td>$80 \leq DH < 120$</td><td>1 分</td><td>跨</td></tr>
<tr><td>网压</td><td colspan="3">接触网电压 U(kV)</td><td>$U > 29$
$U < 19$</td><td>5 分</td><td>—</td><td>km</td><td></td></tr>
</table>

三、修程修制

一级修(临时修)是为了使设备状态保持在限界值以内,对导致接触网功能障碍的缺陷、故障立即投入、无事先计划的临时性维修。主要包括一级缺陷的临时性修理、危及接触网供电周边环境因素处理、导致接触网功能障碍的故障修复(必要时采取降弓、限速、封锁等处置措施)。

二级修(综合修)是为了使设备状态保持在警示值以内,对定期检测发现缺陷有组织、有计划的维修,以及设备全面维护保养。主要包括二级缺陷集中修理和设备全面维护保养(必要的防腐和注油等)。二级修(综合修)可结合全面检查进行,或根据缺陷情况有计划地安排。

三级修(精测精修)是指通过检测动态条件下的弓网作用参数、测量静态条件下的接触网几何位置,检验零部件质量状态,依据检测、检验分析结果,全面调整接触网静态几何参数,更换失效或接近预期寿命的零部件和设备,更换局部磨耗接近限值的接触线,恢复接触网标准状态。

(1)满足下列条件时,应开展一次三级修(精测精修)工作。

①一般运行 7 年或弓架次达到 50 万次以上;

②动态检测发现弓网动态作用特性成区段持续不良、故障多发以及线路平纵断面发生调整的区段。

(2)铁路局应委托具有资质的设计单位完成三级修(精测精修)施工设计,并组建专业队伍或委托具有高速铁路接触网施工业绩的专业队伍实施。

供电段每年应对接触网线路周围 2 km 以内的所有污染源进行调查，确定污秽等级，明确绝缘部件监测监控及清扫维护要求。

绝缘部件清扫周期如下：

①Ⅰ、Ⅱ级污秽等级区段：3 年；

②Ⅲ级及以上污秽等级区段：1 年；

③分段、分相绝缘器：6 个月。

④特殊处所应缩短周期，适时安排清扫。潮湿隧道的绝缘部件参照Ⅲ级及以上污秽等级管理。

四、质量评价与鉴定

（一）质量评价

（1）质量评价是通过对接触网动态几何参数、接触线平顺性参数、弓网受流性能参数等进行综合分析，掌握设备动态运行功能。

（2）质量评价一般以正线公里为单元，根据每公里接触网扣分数进行评价。质量评价等级分为优良、合格、不合格三种。

总扣分 $t<10$ 为优良，$10\leqslant t<40$ 为合格，$t\geqslant 40$ 为不合格。

（3）区段质量评价根据区段内每公里接触网评价结果确定，优良、合格、不合格公里数为相同质量等级公里数之和。

优良率、合格率、不合格率分别按下列公式计算：

$$优良率=\frac{优良设备数量(正线公里)}{设备评价总数量(正线公里)}\times 100\%$$

$$不合格率=\frac{不合格设备数量(正线公里)}{设备评价总数量(正线公里)}\times 100\%$$

$$合格率=1-不合格率$$

（二）质量鉴定

（1）质量鉴定主要是通过静态方式对接触网几何参数、设备及零部件状态进行综合统计分析，掌握设备整体技术状态。

（2）质量鉴定可采用静态检测、接触网悬挂状态监测检测图像分析、人工检查的方式，按单项设备和整体设备分别进行。

接触悬挂、附加导线以条公里为单位，隔离（负荷）开关、避雷器等以台为单位，线岔、绝缘器（含关节式分相）等以组为单位，整体设备以换算条公里为单位。

质量鉴定以跨距为鉴定单元。若在被鉴定的跨距内有一处不合格，即视为该跨距不合格（在悬挂点及定位点处，跨距长度按相邻跨距的平均值计算）。

对一个锚段的接触线、承力索、附加导线等，当接头及补强数量超过规定值后，该锚段即视为不合格设备。整根高压电缆有一项不合格的，即视该根电缆为不合格设备。

（3）质量鉴定等级分为三种。

①优良：绝缘部件（含空气绝缘间隙）、接触线几何参数和主导电回路的设备状态未超过警示值者；

②合格：设备状态未超过限界值者；

③不合格：设备状态达到或超过限界值者。

优良率、合格率、不合格率分别按下列公式计算：

$$优良率=\frac{优良设备数量(换算条公里)}{设备鉴定总数量(换算条公里)}\times 100\%$$

$$不合格率=\frac{不合格设备数量(换算条公里)}{设备鉴定总数量(换算条公里)}\times 100\%$$

$$合格率=1-不合格率$$

(4)质量鉴定结果应详细记录，并作为当年设备质量运行状态填入接触网设备履历。供电段要针对鉴定存在的问题进行分析总结，提出整改措施并组织实施。对鉴定不合格的设备按照责任进行考核。

(5)质量鉴定范围应包括所有接触网设备，但下列设备可不作鉴定：

①已封存的设备；

②本年度新(改)建或已列入当年大修计划的设备。对本年度新(改)建或大修设备的质量状况，可按工程竣工验收质量评定结果统计。

五、维修技术标准

接触网系统整体技术标准是基于最大长度为 1 950 mm 的受电弓弓头。受电弓弓头轮廓如图 8-1 所示。

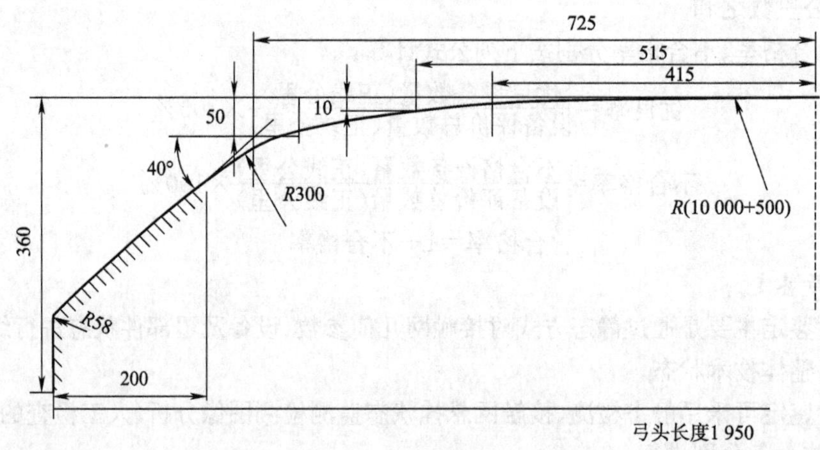

图 8-1 受电弓弓头外形轮廓图(单位：mm)

(1)接触网系统满足设计的速度目标值。

(2)接触网应满足系统载流量的需要。

(3)接触网在自然环境中应满足系统可靠性、安全性要求，有足够的机械、电气强度和安全性能。任何条件下安全系数至少满足以下规定：

①承力索的机械强度安全系数不应小于：

➢ 铜或铜合金绞线 2.0；

➢ 钢绞线 3.0；

➢ 钢芯铝绞线、铝包钢和铜包钢系列绞线 2.5。

②软横跨横向承力索的机械强度安全系数不小于 4.0，固定绳的机械强度安全系数不应

小于 3.0。

③供电线、加强线、正馈线、回流线等接触网附加导线的机械强度安全系数不应小于 2.5。

④绝缘部件的机械强度安全系数应不小于：

➢ 瓷及钢化玻璃悬式绝缘子(受机电联合负载时抗拉)2.0；

➢ 瓷棒式绝缘子(抗弯)2.5；

➢ 针式绝缘子(抗弯)2.5。

⑤耐张零件的机械强度安全系数不应小于 3.0。

(4)各部位螺栓紧固力矩符合零部件规定要求。

(5)接触网与受电弓在接触点载流量、材质、几何参数、动态性能等方面相匹配，接口条件满足国标和铁标相关规定。

受电弓动态包络线是指运行中的受电弓在最大抬升及摆动时可能达到的最大轮廓线。接触网任何设备不得侵入动态包络线范围内。受电弓动态包络线如图 8-2 所示。

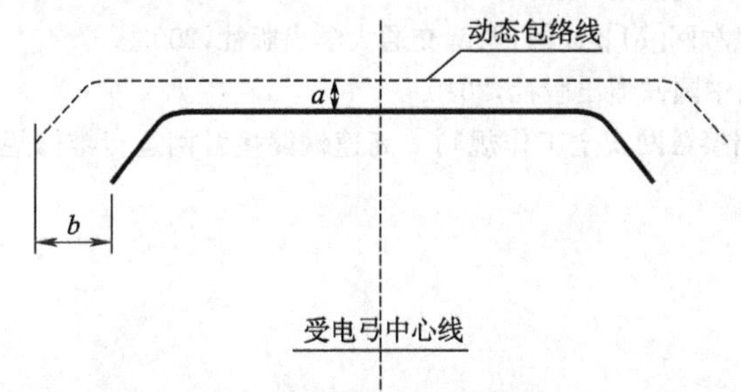

a—设计规定的受电弓动态抬升量150 mm (线岔始触区为200 mm)。
b—设计规定的受电弓横向摆动量 (直线区段为250 mm，曲线区段为350 mm)。

图 8-2　受电弓动态包络线示意图

受电弓动态包络线应符合下列规定：受电弓动态抬升量 150 mm(线岔始触区为 200 mm)，横向摆动量直线区段为 250 mm，曲线区段为 350 mm。

(6)接触网设备技术标准见本书各项目中《技术标准》部分。

参考文献

[1] 中国铁路总公司.铁路技术管理规程(高速铁路部分)[S].北京:中国铁道出版社,2014.

[2] 中华人民共和国铁道部.电气化铁路接触网零部件技术条件:TB/T 2073—2010[S].北京:中国铁道出版社,2010.

[3] 中铁电气化局集团有限公司.电气化铁道接触网[M].北京:中国电力出版社,2004.

[4] 张道俊.接触网运营检修与管理[M].北京:中国铁道出版社,1996.

[5] 吉鹏霄.电气化铁路接触网[M].北京:化学工业出版社,2011.

[6] 王祖峰.接触网[M].北京:中国铁道出版社,2010.

[7] 于万聚.高速电气化铁路接触网[M].成都:西南交通大学出版社,2003.

[8] 董昭德.接触网[M].北京:中国铁道出版社,2010.

[9] 中国铁路总公司.高速铁路接触网安全工作规则　高速铁路接触网运行维修规则[S].北京:中国铁道出版社,2016.

附录一　接触网各部螺栓紧固力矩

主要产品使用螺栓规格及紧固力矩一览表				
序号	名　称	螺栓规格	紧固力矩(N·m)	允许紧固力矩范围(N·m)
1	定位线夹	M10 不锈钢	25	25～32
2	承力索吊弦线夹	M10 不锈钢	25	25～32
3	可调整体吊弦、整体吊弦装置	M10 不锈钢	25	25～32
4	可调整体吊弦、整体吊弦装置	M10 不锈钢	25	25～32
5	接触线吊弦线夹	M10 不锈钢	25	
6	接地线连接线夹	M12 不锈钢	25	
7	电连接线夹	M10 不锈钢	25	
8	套管绞环	M10U 不锈钢	25	
9	套管双耳	M10U 不锈钢	25	
10	套管双耳	M10 不锈钢	25	25～32
11	杵座鞍子、钩头鞍子	M10 不锈钢	25	25～32
12	杵座鞍子、钩头鞍子	M10 不锈钢	25	
13	线岔中定位线夹	M10 不锈钢	25	25～32
14	接触线中心锚接线夹	M12 不锈钢	44	44～56
15	接触线中心锚结线夹	M12 不锈钢	44	44～56
16	接触线中心锚结线夹	M12 不锈钢	44	44～56
17	承力索中心锚接线夹	M12 不锈钢	44	44～56
18	承力索座	M12 不锈钢	44	44～56
19	定位环	M12 不锈钢	44	44～56
20	定位环	M12 不锈钢	44	44～56
21	定位环	M12 不锈钢	44	44～56
22	长定位环	M12U 不锈钢	44	
23	铜接头线夹	M12 不锈钢	44	
24	接地线连接线夹	M12 不锈钢	44	
25	压管	M12 不锈钢	44	
26	套管双耳	M12 不锈钢	44	44～56
27	套管双耳	M12 不锈钢	44	44～56
28	定位器中定位支座	M12 不锈钢	44	44～56
29	特型定位器中定位支座	M12 不锈钢	44	44～56

续上表

序号	名　称	螺栓规格	紧固力矩(N·m)	允许紧固力矩范围(N·m)
30	接触线电连接线夹(斜型)	M12 不锈钢	44	44～56
31	电连接线夹(长方形)	M12 不锈钢	44	44～56
32	锚支定位卡子	M12 不锈钢	44	44～56
33	横承力索线夹	M12 不锈钢	44	44～56
34	双横承力索线夹	M12 不锈钢	44	44～56
35	定位环线夹	M12 不锈钢	44	44～56
36	带耳定位环线夹	M12 不锈钢	44	44～56
37	地线线夹	M16 钩螺栓	59	
38	接地线夹	M16 钩螺栓	59	
39	底座槽钢	M16 底座 U 形螺栓	59	
40	特型拉杆底座	M16 不锈钢	59	
41	定滑轮装置	M16 底座 U 形螺栓	59	
42	地线线夹	M16 钩螺栓	59	
43	承力索座	M16(Q235 A)	70	
44	压管	M16 不锈钢	70	
45	软横跨固底座	M16 不锈钢	70	
46	套管绞环	M16 不锈钢	70	
47	套管双耳	M16U 不锈钢	70	
48	承力索接头线夹	锥套螺栓	80	
49	接触线终锚线夹	锥套螺栓	80	
50	承力索终锚线夹	锥套螺栓	80	
51	承锚角钢	M22 不锈钢	98	
52	线锚角钢	M22 不锈钢	98	
53	特型钢锚角钢	M22 不锈钢	98	

附录二 接触网图例

1. 本标准适用于一般的站场及区间接触网平面。
2. 本标准采用的线条宽度规定为以下三种：
   (1)粗型———— 宽度为 0.9 mm
   (2)中型———— 宽度为 0.6 mm
   (3)细型———— 宽度为 0.3 mm
3. 符号中所注尺寸均以 mm 计，适用于比例尺 1∶1 000 及 1∶2 000 的接触网平面。
4. 规定符号见下表。

序号	名称	符号
1	电化的正线(区间图中允许用中型线条)	(粗)
2	电化的站线及段管线等	(中)
3	非电化既有线路	(中)
4	预留线路	(细)
5	接触悬挂非工作支，供电线及分区所引出线	(细)
6	加强线	(细)
7	回流线	(细)
8	正馈线(AF 线)	(细)
9	保护线(PW 线)	(细)
10	架空线(GW 线)	(细)
11	接触线硬锚，供电线及分区亭引出线下锚	
12	承力索硬锚	
13	接触线补偿下锚	
14	承力索补偿下锚	
15	链形悬挂硬锚	
16	半补偿链形悬挂下锚	
17	全补偿链形悬挂下锚	
18	加强线下锚	

续上表

序号	名　　称	符　　号
19	回流线下锚	
20	正馈线(AF)下锚	
21	保护线(PW)下锚	
22	架空线(GW)下锚	
23	区间曲线及其头尾： R——曲线半径(m) L——曲线全长(m) l——缓和曲线长(m)	R—L—l　2
24	区间曲线及其头尾： R——曲线半径(m) L——曲线全长(m) l——缓和曲线长(m)	R—L—l
25	拉出值 300 mm，书写位置即为拉出方向；也可不注"300"，用半箭头表示，箭头指向即为拉出方向	300 (或　)
26	拉出值 150 mm(除"300"允许用半箭头表示外，其余均应写出数值)，书写位置即为拉出方向	150
27	区间单线腕臂钢筋混凝土柱	3
28	区间单线腕臂钢柱	
29	站场单线腕臂钢筋混凝土柱	d　2.5　$d=$ 2.5(1/2 000) 4.0(1/1 000)
30	站场单线腕臂钢柱	
31	站场单线定位钢筋混凝土柱	
32	站场双线腕臂钢柱	
33	站场钢筋混凝土柱软横跨	
34	站场钢柱软横跨	
35	站场钢柱硬横跨	

续上表

序号	名　　称	符　　号
36	非绝缘关节	
37	绝缘关节	
38	半补偿链形悬挂中心锚结、简单悬挂中心锚结	
39	区间全补偿链形悬挂中心锚结	
40	站场全补偿链形悬挂中心锚结(虚线为锚结拉线)	
41	分段绝缘子串	
42	分段绝缘器	
43	分项绝缘器(三根绝缘棒的)	
44	股道间电连接	
45	常分隔离开关	
46	常合隔离开关	
47	常分的带接地闸刀的隔离开关	
48	常合的带接地闸刀的隔离开关	
49	管形避雷器	
50	区间隧道	6 3
51	站场隧道	6 3
52	隧道内非绝缘关节(全补偿悬挂下锚)	5 5

续上表

序号	名　　称	符　　号
53	隧道内绝缘关节(全补偿悬挂下锚)	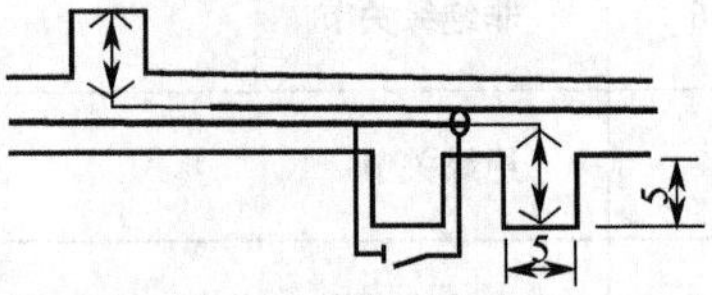 5　5
54	上承式桥梁及设计电化线路在上面的立交桥、拱桥等	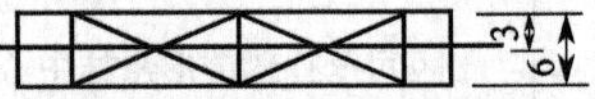 3　6
55	下承式栓焊桥梁	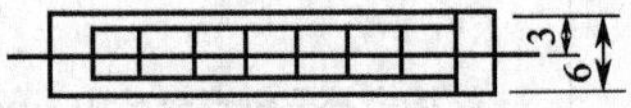 3　6
56	小桥、涵渠	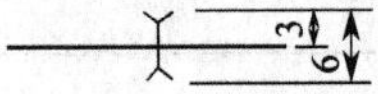 3　6
57	设计电化线路在下面的立交桥	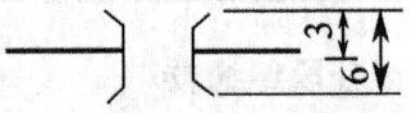 3　6
58	架空水槽、水管	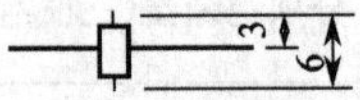 3　6
59	天桥	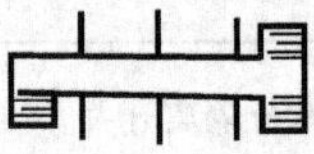
60	地道	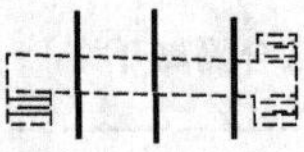
61	渗沟	
62	雨棚	
63	仓库	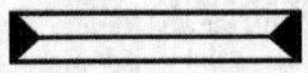
64	站房	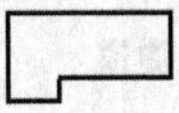
65	路肩挡墙	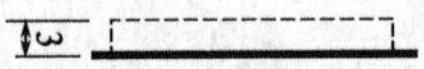 3
66	托盘式路基墙	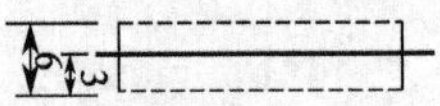 6　3

续上表

序号	名 称	符 号
67	有限界门的平交道	3 6
68	区间长(短)链标记	1T4.5 4 20~25
69	回流线跨越接触悬挂	
70	吸上线位置	
71	吸流变压器	
72	水鹤	
73	进站高柱色灯信号机	
74	通过高柱色灯信号机	
75	区间公里标	
76	机车检查坑	
77	接触网起测点	
78	接触网工区	
79	区间横向电连接	
80	扼流变压器	
81	AT 区段双极隔离开关	
82	AT 区段区间 AEPW 线在钢柱上悬挂	
83	AT 区段区间 AEPW 线在钢筋混凝土柱上悬挂	
84	AT 区段站场 AEPW 线在钢筋混凝土柱上悬挂	

续上表

序号	名　　称	符　　号
85	架空线在站场钢筋混凝土柱上悬挂	
86	AT区段AF、PW线在钢筋混凝土支柱上下锚 AF_1—2380.00：AF_1表示馈线第一锚段； 2 380.00表示锚段长度 PW_1—2380.00：PW_1表示保护线第一锚段； 2 380.00表示锚段长度	AF_1—2380.00　AF_3—1965.00 PW_1—2380.00　PW_3—1965.00
87	接触悬挂锚段下锚 4：表示锚段4 1286.08：表示锚段长度	4 —1286.08
88	道岔型号及编号 $N_5-\frac{1}{38}$	$N_5-\frac{1}{38}$
89	跨距长度(m)	65
90	土壤安息角	30°
91	土壤承压力(MPa)	200
92	火花间隙	
93	放电器	
94	接地极	

附录三　接触网常用零件

零　　件	用　途	零　　件	用　途
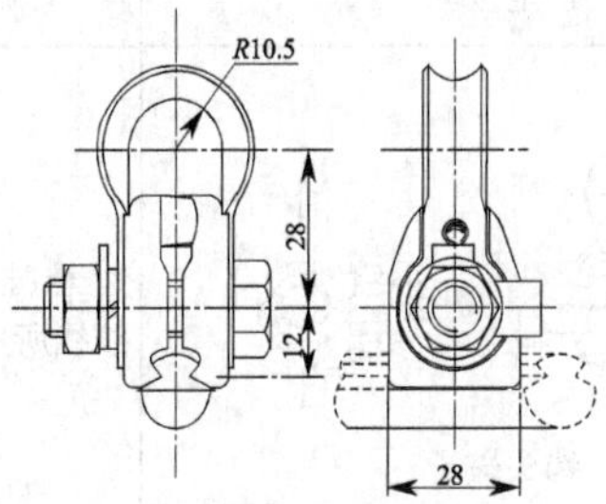 接触线吊弦线夹	用于直径不大于 5 mm 的吊弦分别悬吊标称截面为 85～150 mm^2 的铜合金接触线或 110 mm^2、85 mm^2 铜接触线	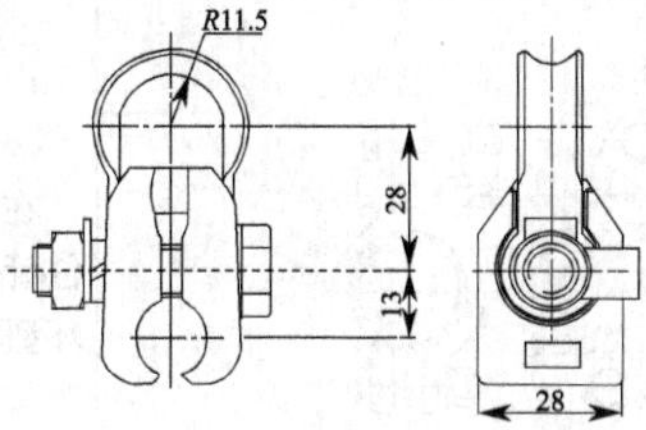 承力索吊弦线夹	用于铜镁合金承力索上悬吊直径不大于 5 mm 吊弦
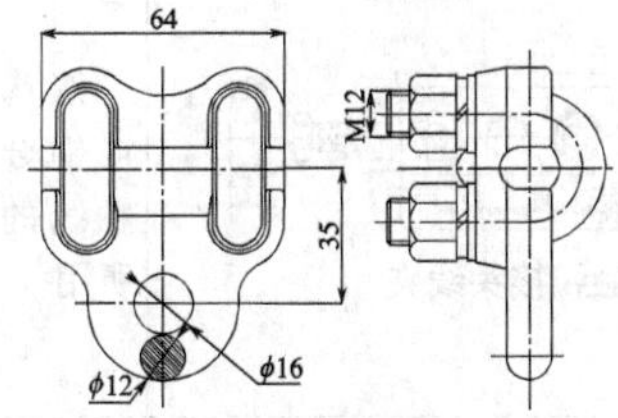 横承力索线夹	用于截面为 50～80 mm^2 的软横跨横承力索处悬挂吊弦	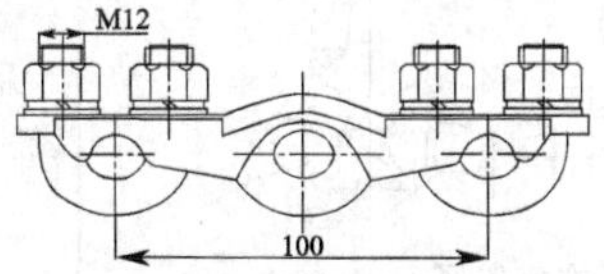 双横承力索线夹	用于截面为 50～80 mm^2 的软横跨双横承力索处悬挂吊弦
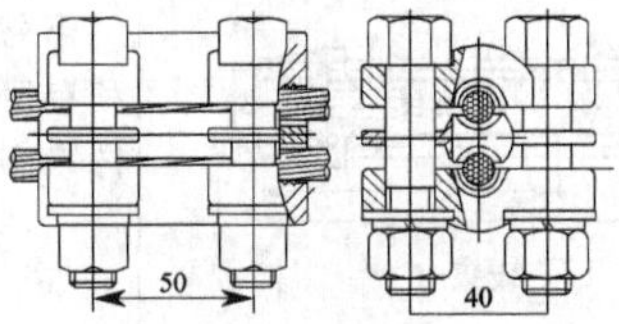 承力索中心锚结线夹	中心锚结处对承力索（THJ 70—120）与中心锚结绳（THJ 70—120）之间的固定和连接	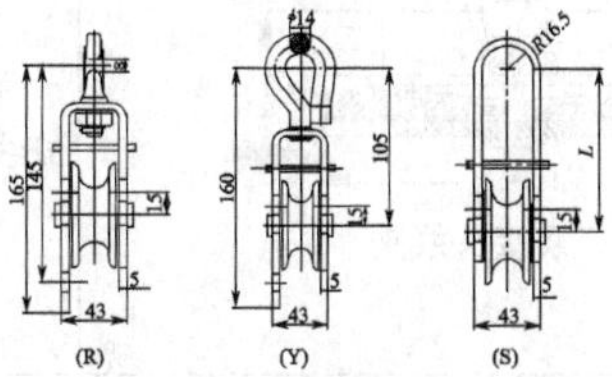 悬吊滑轮	用于腕臂、硬横跨、隧道悬挂承力索和弹性吊索
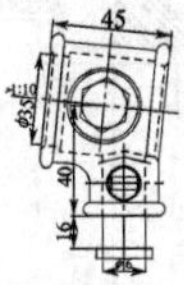 支持器	用于定位装置中固定定位线夹	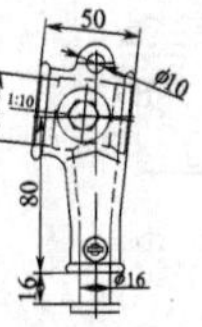 长支持器	定位装置中固定定位线夹
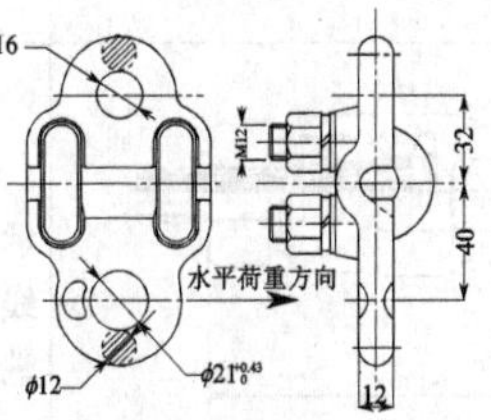 定位环线夹	软横跨 9～11.5 mm 的定位索上安装定位器或悬吊接触悬挂所用	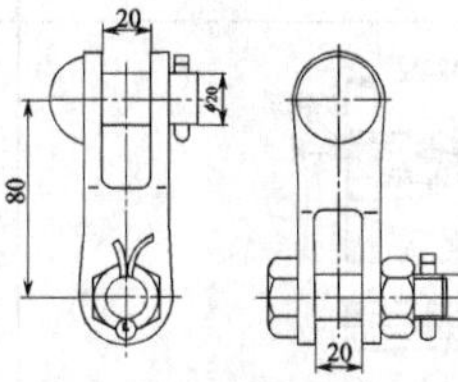 双耳连接器	用于两单环零件连接处

续上表

零　件	用　途	零　件	用　途
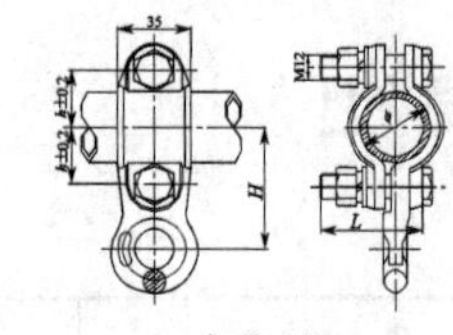 定位环	腕臂及定位管中连接定位器或连接其他带钩头型零件	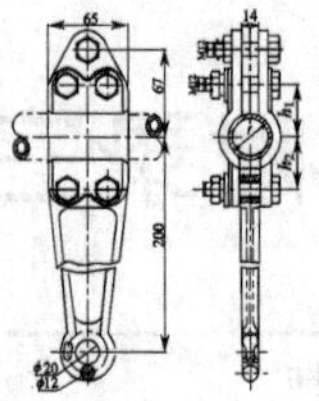 长定位环	用于道岔定位或反定位处连接定位器
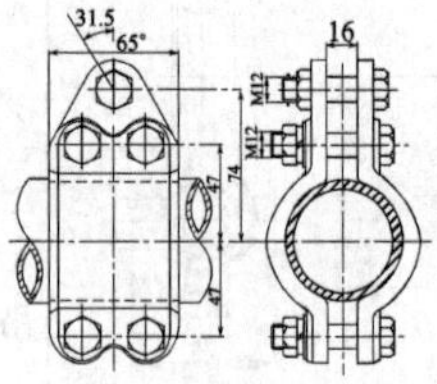 套管双耳	在腕臂或定位管上连接耳环型零件	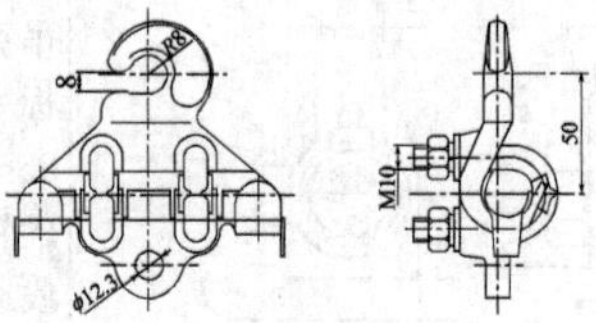 钩头鞍子	悬挂金属绞线所用
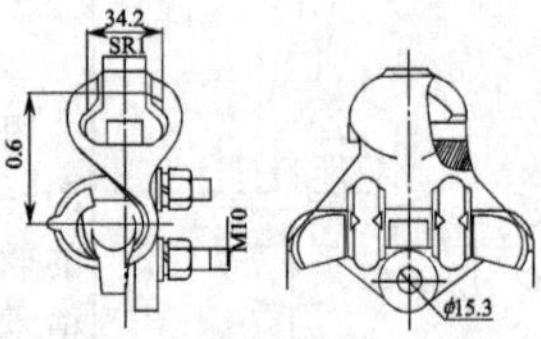 杵座鞍子	悬挂金属绞线所用	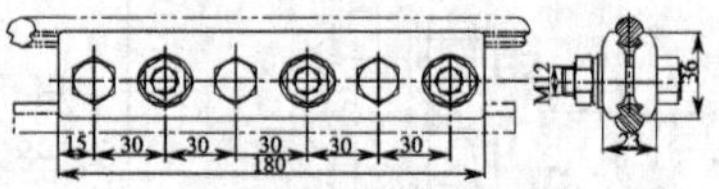 接触线接头线夹	双沟形铜或铜合金接触线的接头所用
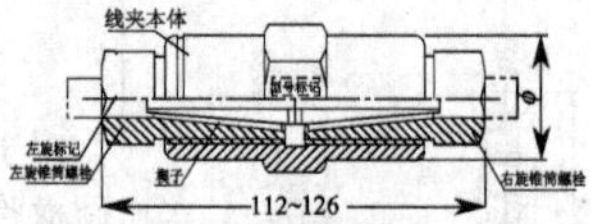 承力索接头线夹	用于承力索绞线接头	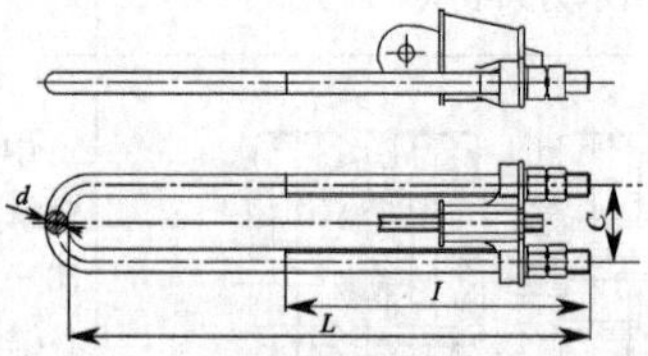 UT线夹	下锚拉线和单环类零件的连接
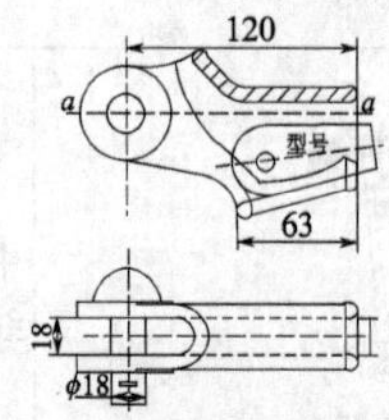 双耳楔型线夹	承力索、横向承力索、上下部定位绳及补偿绳等的终端与耳环形零件连接	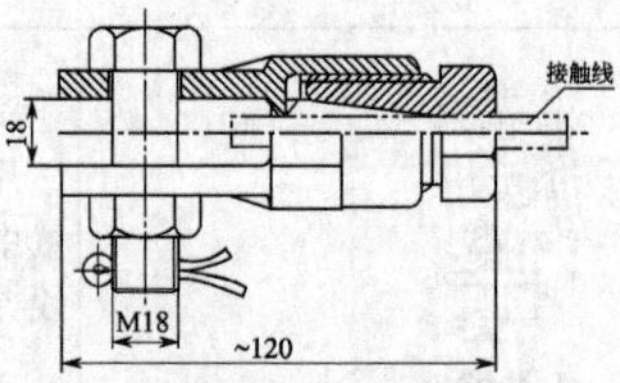 接触线终锚固定线夹	铜或铜合金接触线终端下锚
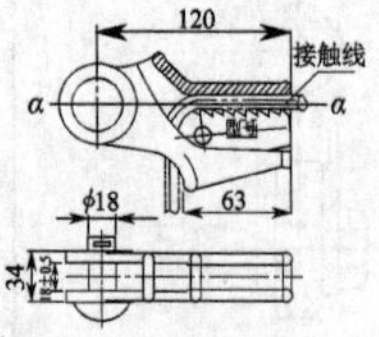 接触线终端锚固线夹	铜或铜合金接触导线终端下锚所用	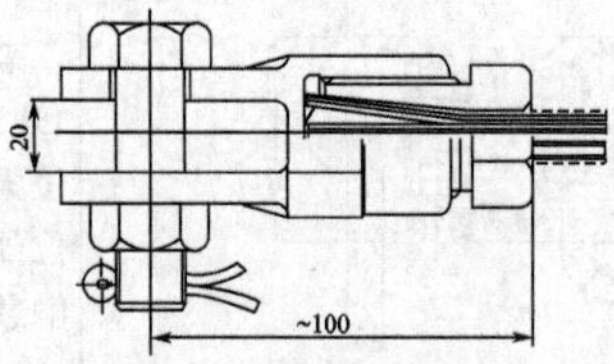 承力索终端锚固线夹	硬铜绞线承力索、钢绞线承力索终端下锚

续上表

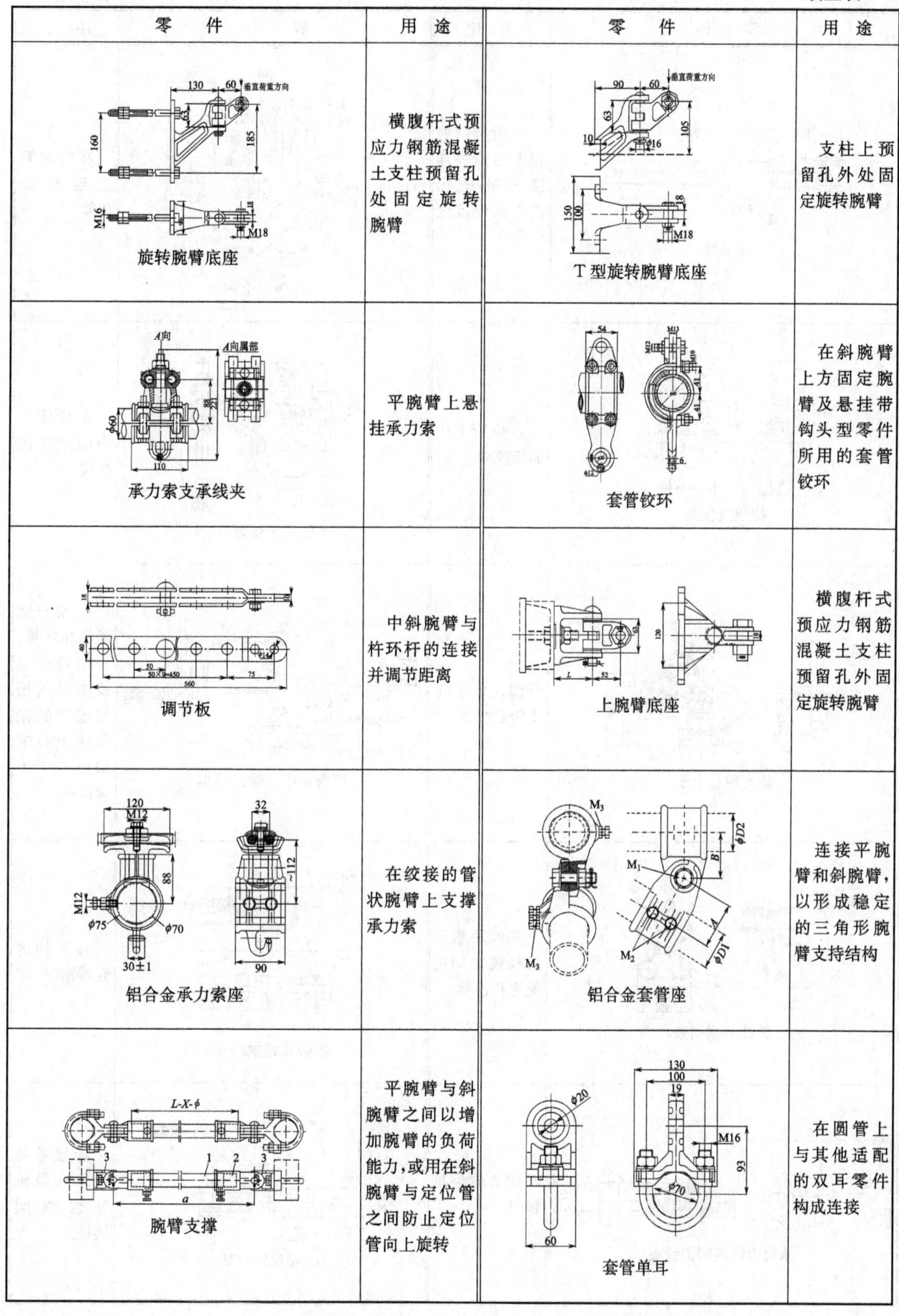

零　件	用　途	零　件	用　途
旋转腕臂底座	横腹杆式预应力钢筋混凝土支柱预留孔处固定旋转腕臂	T型旋转腕臂底座	支柱上预留孔外处固定旋转腕臂
承力索支承线夹	平腕臂上悬挂承力索	套管铰环	在斜腕臂上方固定腕臂及悬挂带钩头型零件所用的套管铰环
调节板	中斜腕臂与杵环杆的连接并调节距离	上腕臂底座	横腹杆式预应力钢筋混凝土支柱预留孔外固定旋转腕臂
铝合金承力索座	在绞接的管状腕臂上支撑承力索	铝合金套管座	连接平腕臂和斜腕臂，以形成稳定的三角形腕臂支持结构
腕臂支撑	平腕臂与斜腕臂之间以增加腕臂的负荷能力，或用在斜腕臂与定位管之间防止定位管向上旋转	套管单耳	在圆管上与其他适配的双耳零件构成连接

续上表

零　件	用　途	零　件	用　途
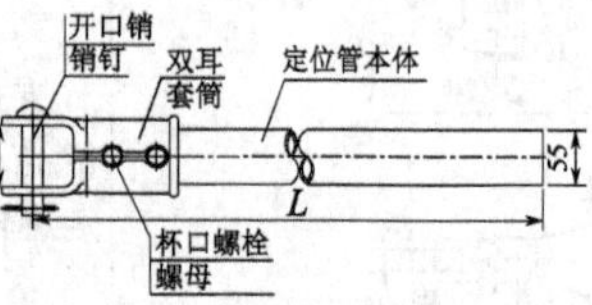 定位管	一端与斜腕臂上定位环连接，一端通过定位支座连接定位器	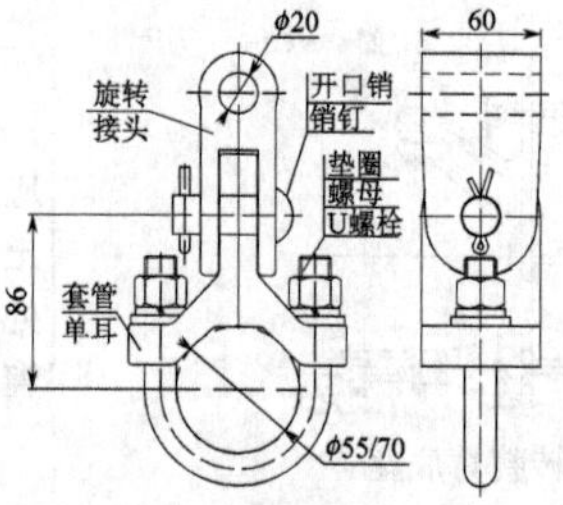 铝合金定位环	在斜腕臂上连接定位管
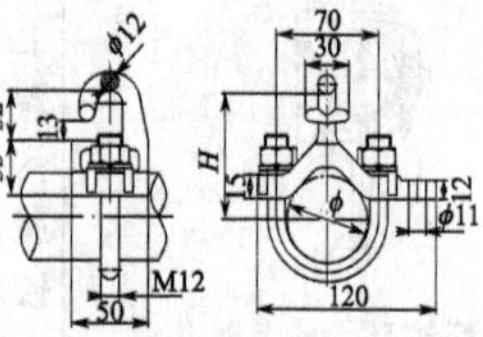 拉线定位钩	定位管上中固定拉线	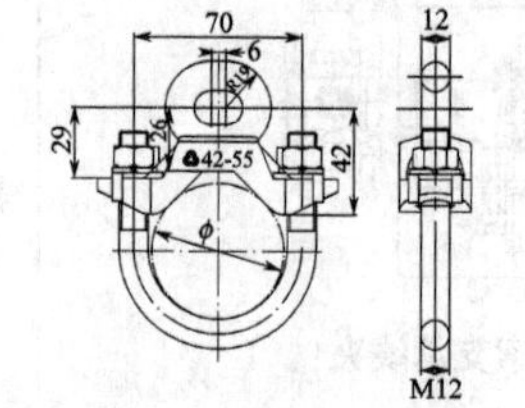 防风定位环	定位管上中固定防风拉线
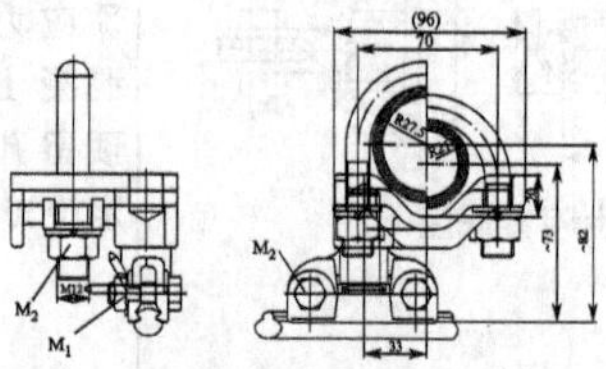 锚支定位卡子	固定非工作支接触线	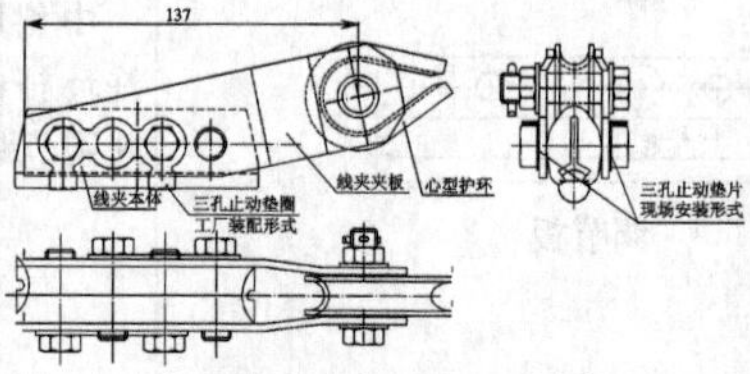 两跨式中心锚结线夹	一端与接触线相连接，一端通过与线夹采用压接连接的接触线中心锚结绳与承力索连接
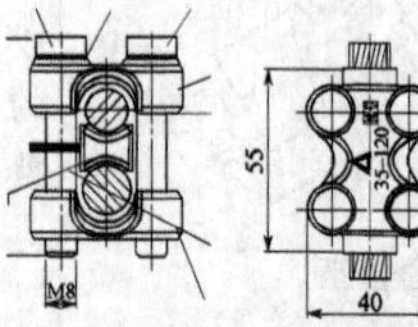 弹性吊索线夹	弹性吊索及接触线之间的固定和连接	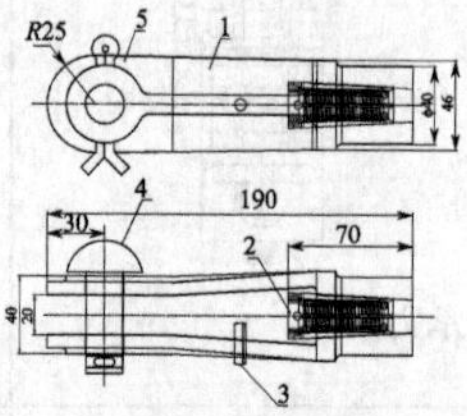 接触线终锚线夹	接触线的终端锚固
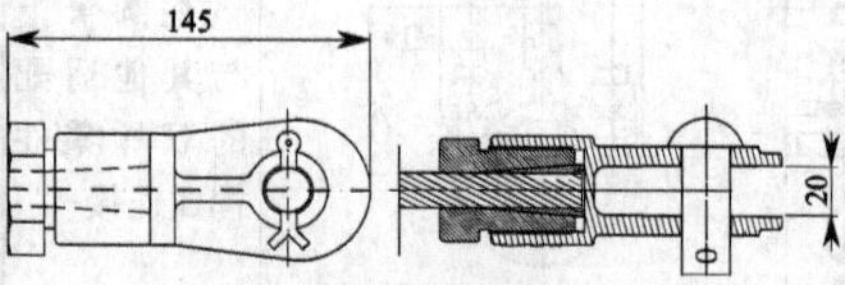 承力索终端锚固线夹	承力索终端锚固	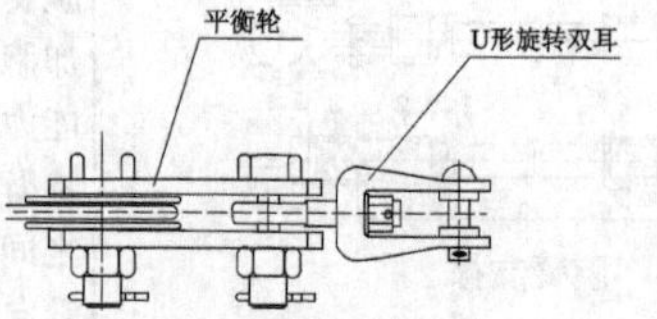 U形旋转双耳	接触悬挂线索和棘轮补偿绳间连接